図（1-22）テオティワカン

図（2-2）イグアスの滝遠望①

図（3-16）南極半島のブラウン・ブラフに上陸

図（5-3）アコンカグア山遠望

図（6-15）一五体のアフ・トンガリキ

図（7-5）エンジェルフォール①

図（8-29）ブルー・ホール

図（9-6）レンソイスの上空から

図（10-20）ミスカンティ湖とミニケス山（5900m）

ラテン・アメリカの旅

北原靖明　著

ラテン・アメリカの旅◇目次

第一〇章　チリ、アルゼンチン再訪　365

はじめに

「ラテン・アメリカ」とは、一四九二年コロンブスによる新大陸到達以後、ラテン系のスペインやポルトガル二国により植民地化された地域を指している。その版図は、現在の北アメリカのメキシコ合衆国から、中米南米の大部分をカバーする。歴史的にこの地域をさらに大まかに区別すると、メキシコ合衆国から中米に到るメソ・アメリカと呼ばれる北部と、ペルーを中心とする中央アンデス地方とに分けられよう。コロンブス以前のメソ・アメリカには、BC一二世紀に遡るオルメカ文明から、マヤ、アステカへと連なる文明が存在した。これらのメソ・アメリカ地域に発展した文明と並行的に中央アンデスには、チャビン、ワリ、インカ等の諸文明があった。スペイン人達が新大陸にやって来た頃、メソ・アメリカではアステカ帝国、中央アンデスではインカ帝国が、それぞれ全盛期を迎えていた。しかし数十万の兵士を動員できたはずのこの二大帝国は、三〇年も経たないうちにいずれも一〇〇〇人に満たない少数のスペイン軍兵士により滅ぼされたのである。私がラテン・アメリカに関心を抱いたきっかけは、この史実に係わりがある。増田義郎氏の『古代アステカ王国』(中公新書)のアステカ滅亡史を読んだ時の異様な感銘は、半世紀経った現在でも忘れられない。

新大陸に進出したスペインとポルトガルは、一四九四年のトルデシリャス条約により現在のブラジルをポルトガルの支配下に、その他の地域をスペインの領域とすることで棲み分けることになった。その後スペインの支配地域では、メキシコ市とペルーのリマ市に副王府が置かれ、後には三番目のラ・プラタ（現在のアルゼンチン、ウルグアイ、パラグアイを含む地域）副王府がブエノスアイレス市に追加設置され、三つの行政区分になった。一九世紀初頭の独立運動により新大陸のスペイン領植民地は、殆ど同時期に多くの共和国として独立を果たす。ただメキシコだけは、さらに独立後ほぼ一〇〇年経った一九一〇年になって再度の革命が起った。ポルトガル領のブラジルは、そのまま単一のブラジル連邦共和国として今日に到っている。独立運動期の指導者のうち南米で特に名高い人物は、カラカス地方出身のシモン・ボリーバル（一七八三―一八三〇）とラ・プラタ出身のサン・マルティン（一七七八―一八五〇）である。ボリーバルはボリビア共和国やベネズエラ・ボリーバル共和国等の国名に、マルティンは中南米の多くの都市にある広場の名称として人々の記憶に残った。ラテン・アメリカの旅の途中で寄り道した南極への旅も、本書に纏めている。

歴史への興味に加えてラテン・アメリカに惹かれた第二の理由は、この地域に係わりのある文学だった。最初に読んだ作品は、ラ・プラタに生まれたイギリス人鳥類学者W・H・ハドソン著の『緑の館』（一九〇四）である。ギアナ奥地の森林地帯を背景にした、少女の悲しい物語だ。当時は、まだ中南米の文学が殆ど日本には紹介されていなかった。

一九七〇年代になって、突然ラテン・アメリカ文学の翻訳が急増する。それまで欧米の文学作品に馴染んできた日本の読者には、異質で新鮮な文学だった。ラテン・アメリカの広大な大地でしか生まれないような一見現実離れしているが緻密な描写による小説世界は、「マジック・リアリズム（魔術的現実描写）」と賞賛された。その代表的作品が、ベネズエラ奥地を舞台とするキューバ出身のアレッホ・カルペンティエールの『失われた足跡』（一九五三）であり、アマゾン河の最上流マラニヨン川畔のイキトス市周辺を描いたペルーの作家バルガス・ジョサの『緑の家』（一九六六）であり、コロンビアのガルシア・マルケスによる架空の町マコンドの年代記『百年の孤独』（一九六七）である。架空の場所はさておき、交通不便で治安も良いとはいえない作品の舞台を実際に訪ねることは叶わなかった。しかし、ラテン・アメリカの旅にあって絶えず私の脳裏に過《よ》ぎったのは、これら作品世界の中の風景である。

　動機はともあれ私がラテン・アメリカの現地で実見したのは、太古から変わらぬ雄大な自然と、営々と続く人間の労苦の足跡である。膨大な水量を誇るイグアスの滝、南極の崖とアザラシやペンギンの営巣地、ドレーク海峡とマゼラン海峡、荒涼としたパタゴニア、破裂音を立てて崩れ落ちるペリトモレーノ氷河の先端、ギアナ高地のテーブル・マウンテンとエンゼル・フォール、ガラパゴスのゾウガメや野鳥達、ケツアール鳥や吼え猿との出会い、ベリーズ沖のブルー・ホール、ブラジルのパンタナール湿原、レンソイスの果てしなく波打つ白砂漠、ウユニ塩湖、アンデスの高峻な白い峰、荒蕪地に佇むリャマやアルパカ、アタカマ高地の「月の谷」に沈む夕日、赤青緑の原色を見せるプルママルカの岩肌――このようなラテン・アメリカでしか経験できない壮大な自然に、未来の読者の皆さんを御誘いしたい。

　あるいは、マヤの巨大なピラミッド、ジャングルの中の宮殿、古代都市テオテワカン、銀山と革命と文化に富む美しい町グアナファト、画家夫妻リベーラとカーロの物語、ナスカの地上絵、クスコ市の頑強な石組み、ペルーの天空の都市マチュピチュ、ブエノスアイレス市民の恋人エビータ、アルゼンチンのフットボール、イースター島のモアイ達、パナマ運河、サン・サルバドールの古代人の足跡、ブラジルの植民都市サンルイス、チリのチロエ島の木造教会、昔ながらにインディオ達が住むトコナオ村、コルドバ市のイエズス会の遺産、立体的な港町バルパライソ等々、ラテン・アメリカ地域で人類が蓄積してきた多様な文化的営みに触れる旅を、まだこの地域を訪ねていない方々にも想像の中で楽しんで頂きたい。本文に出てくる仲間達とご一緒に。

そのようなささやかな願いを込めて、本書を上梓致します。

第一章　ユカタン半島から
メキシコ中央高地へ

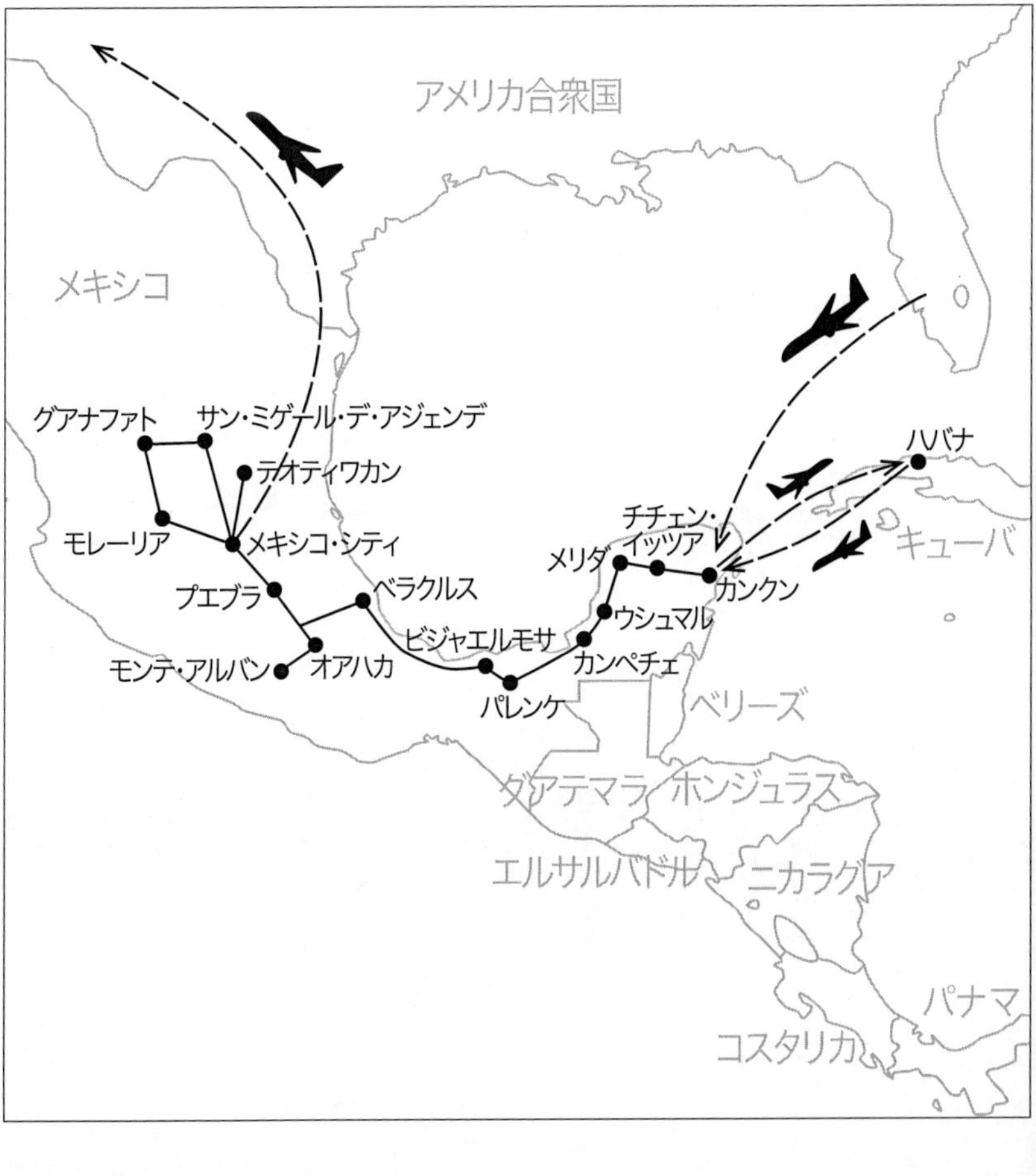

その一　マヤ・アステカの遺跡めぐり

一．カンクン到着

二〇〇二年二月六日正午頃、なんとかカンクンに着いた。暦上は昨日の午後成田を飛び立ったことになるが、およそ四〇時間もかかっている。日付変更線を越えての日本との時差は、一五時間。機内で隣あわせた二人連れの若い女性と一緒に、セントロ（市の中心）行きバスに乗り込んだ。彼女らは、カンクン三泊、ロス・アンゼルス一泊の豪華ホテルつきで九万円という格安だが、いささか慌しい旅をしている。しかし、せっかくのカンクン滞在も飛行機の延着で二泊になったと残念そうだ。ちなみに私の航空券は、一ヶ月間のフィックス・オープン（一ヶ月内なら帰国便を一度だけ変更できる）の格安で一二万円である。変更の効かない一ヶ月フィックスのチケットなら二万円ほど安くなるが、万一の場合を考えて融通性をもたせた。

この旅は、最初の乗り換え空港ダラスでトラブルが起こった。南国テキサスには珍しく、みぞれ交じりの大雪になったのである。乗り継ぎ機への待ち時間は二時間、滑走路に停止した機内に閉じ込められ、よく状況がわからぬまま時だけが過ぎていった。機内のアナウンスもない。機長もよく事態の予測がつかなかったのだろう。スチュアードに尋ねると、離陸が完全にストップしているようだという。窓外が次第に薄暗くなる。定刻の乗り継ぎをあきらめたころ、ようやく機体が移動を始め、空港ビルに横付けした。

地上事務員によれば、国際線がすべて運航中止になっている。メキシコなど中南米方面へは米国内の他の空港まで飛び、そこから乗り継がねばならない。国内線なら飛べるというのはよくわからないが、臨機に対応するしかない。航空便の変更手配のためのカウンターには、既に長い列ができていた。人により目的地も希望もまちまちだから、列はなかなか前に進まない。このような突発事故の場合、大勢のツアー客を引き連れた添乗員はさぞ大変だろうと思いながら、二時間ほど待って、やっとマイアミ経由のカンクンまでの航空券を手に入れた。

ところが、今度は予定の二〇時四五分発のマイアミ行き便名とゲート番号が、いつまで経っても電光表示板に出てこない。機体に凍結した氷を除去するのに手間取っていた。結局、さらに四時間ほど待って、深夜一時にダラス空港を離陸した。

三時過ぎ、マイアミ着。ただし、この間の時差が一時間あり、マイアミの方が進んでいるから、実際の飛行時間は約一時間である。一一時〇五分のカンクン行きまで、再び七時間待った。これまでの私の待ち時間記録は、シンガポールでの八時間である。ただシンガポール空港は、レストランや土産物店も多く、時々待合ロビーでピアノなどの生演奏もある。時間によっては、市内へのミニ・ツアーに参加することもできる。しかし、マイアミ空港は、広いばかりで気を紛らわすものがない。空港の周りは、草地だけだ。

いよいよ搭乗手続きが始まったが、ダラスからの国内線に比べ身体検査がやたらと厳しい。これまで何度も米国に来たが、このようなことは初めてだ。前年九月一一日のニューヨークでのテロ事件のせいである。バックパックに小分け整理していた携帯品をすべてばらされたうえ、靴下も脱がされた。女性客には女性の検査官が、ボディ・チェックする。まるで箱根の関所改めのようだ。もたもたしてパッチ姿にされた日本人がいた。洗面具ケースに入れていた長さ五センチほどの化粧ハサミも、没収されてしまう。ただ

図（1-1）カンクンのビーチ

し、この後は順調に離陸し、一時間でカンクンに到着した。

カンクンは、メキシコ合衆国の南部から、東のカリブ海に向けて尾びれのように突き出たユカタン半島の先端にある。人口六〇万、かつてのアカプルコにかわり、近年メキシコで最も人気あるリゾートになっている。外国からの観光客が集まるのは、カリブ海とラグーン（潟）のあいだに伸びたおよそ二〇キロにわたる細長い砂州にあるホテル・ゾーンである。豪華なホテルが、競うように並んでいる。空港からセントロに向かう空港バスは、この砂州を経由し、乗客を目的のホテルで降ろしていく。同乗の多くは浮かれ気分の若い人たちで、ラグーンと外海をつなぐ川を走っている観光船を見て、早くも喚声をあげる。同じ飛行機で知り合った二人の女性も、「二日間で、三日分遊ばなきゃ」といいながら、途中で降りた。他の乗客とは異質の旅人である私だけが、一人バスに取り残された感じがする。

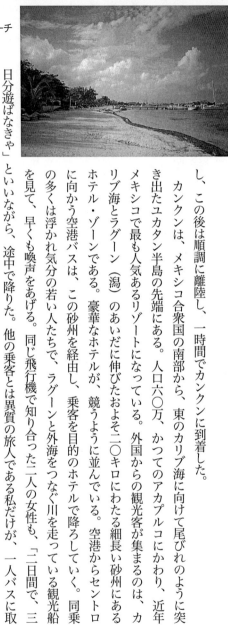

初日だけ予約しておいたクラブ・ヴェラーノ・ビートというホテルは、たまたまホテル・ゾーンのはずれ、セントロまで二キロほどの場所にあった。庭や食堂が椰子や棕櫚など南国の植物に覆われた、こじんまりとした二階建てのホテルだが、日本円にして一万三〇〇〇円とメキシコにしては高い。メキシコ国内の他の都市にくらべてカンクンのホテル・ゾーンの物価は、約二倍とガイドブックにある。ダラス空港で航空券の変更手続きをしたおり、その場の事務員に一日遅延の電話を直接ホテルに入れてもらっていたので、問題なくチェック・インを済ませた。

カンクンは、リゾートとして人気があるだけでなく、ユカタン半島に点在するマヤ遺跡観光の拠点でもある。今回の旅は、マヤ遺跡やインディオ（原住民）の多い地方を訪ねながら、中央高地にあるメキシコ・シティまで北上する予定だ。カンクンは、出発地に過ぎない。ただし、できれば寄り道して訪ねたいところが一箇所あった。飛行機ではひと飛びの、カリブ海に浮かぶ島キューバの首都ハバナである。

ホテル内の旅行社は午後の休み中で、夕方にならないと開かない。レセプションで、六〇米ドルを五三三ペソに換金する。今日はほかに予定もないので、ホテル周辺の砂浜で写真を撮ったあと、バスで七、八分ほどのセントロに出かけた。セントロとホテル・ゾーンの間は、一番のバスが片道五ペソで頻繁に走っている。セントロには、バス・センターを中心に中級ホテルなどが集まり、市庁舎や公園がある。道の両側は工事中で雑然としていて、人や車の移動のたびに砂埃が立った。ホテル・ゾーンほど垢抜けしていないが、ここには手ごろな土産物店やスーパー・マーケットがあり、バックパッカーには住み心地がよさそうだ。

ヴェラーノ・ビートに戻り、旅行社でハバナ行きの手配をした。明日から三泊四日で、費用は三〇〇米ドル。航空料金、朝食込みのホテル代金、明朝ホテルから空港へ送り届けるマイクロ・バス、ハバナ空港と現地ホテル間の送迎バス代金、半日のハバナ市内観光などが、料金に含まれている。キューバ入国には、入国証明が要る。今回は念のため日本で査証をとってきたが、入国証明なら八米ドルを払えば、現地の旅行社が簡単に代行してくれるようだ。近くに食べ物屋台や手ごろな食堂がないので、ホテルのレストランでポーク・チーズのタコス（八五ペソ）とスプライト（五ペソ）の夜食を摂る。

二. ハバナ（キューバ）の街歩き、ヘミングウエイ旧居、漁村コヒマル

九時三〇分、旅行社の車が迎えに来た。ホテル・ゾーンを経由しない最短ルートで、昨日着いたばかりの空港に向かう。出国税が四一米ドルと少し高いが、手続きは簡単でボディ・チェックもない。通路の両側各三席の中型機が、一二時定刻どおり離陸。飛行時間五五分、軽食や飲み物でくつろぐいとまもなく、着陸準備の機内放送があった。

機体を降りて、強い陽射しを浴びながら、空港の建物まで歩く。首都の国際空港といっても簡素な建物で、レストランや免税店などない。入国審査官は、眼鏡をはずさせてパスポートの写真と比較し、旅行先、滞在場所を煩く尋ねた。最も近い米国との国交がないキューバは、財政収支上の重要性にもかかわらず、観光産業の発展に障害がある。旅行者は、メキシコなど他の周辺国を経由しなければ入国できないのである。

ゲートを出ると、現地旅行社の送迎バスが待っていた。広いハバナ市内に散在するホテルを回って客を降ろしていくから、目的のディアウビージェ・ホテルまで四〇分ほどかかる。一五時にチェック・インした。マイアミと同じく日本と一五時間の時差があり、カンクンよりは一時間進んでいる。白地にベージュの枠どりした一四階建てのホテルの七階。旧市街（ラ・アバーナ・ビエーハ）のはずれにあり、マレコン（海岸通り）の向こうに広がるカリブ海が、北側の窓から見える。

夕方、旧市街のカテドラル前まで散歩した。片道約二五分、すべて石畳の道である。路地に沿って、壊れた窓ガラスが多く一見廃屋のような四、五階のビルが、いくつも並んでいる。しかしみな、人が住んでいる。道端に出ている人も多い。歩いている顔見知りに、上階から声をかけたりしていた。旧市街のはずれにある、貧しい人々の居住区かもしれない。しかし彼らの声は明るく、危険なスラムという雰囲気はな

かった。

二月八日朝七時過ぎ起床。今日は曇天で、長い湾曲を描く海岸に白波が砕けている。地上階のレストランで、ビュッフェ朝食。予定の九時にかなり遅れて、ハバナ半日観光の日に焼けた男のガイドがロビーに現れた。ツアーの同行者は、ウルグアイから来た夫婦と背の高い息子の三人家族。そのためガイドは、交互に英語とスペイン語を使い分ける。

まず、旧市街の東端港に通じる運河の下のトンネルを抜けて、対岸のモロ要塞へ。キューバは、コロンブスの第一回目の航海（一四九二）以来スペイン領だった。英国は、ヨーロッパでの七年戦争（一七五六―六三）中の一七六二年から一年間、キューバを占領している。そのとき軍事拠点としたのが、モロ要塞である。その後、スペイン領フロリダとの交換で、キューバはスペインに返還され、米西戦争（一八九八）までスペインの支配下にあった。そのため公用語はスペイン語で、宗教はカトリックというように、スペイン文化の影響が強い。国名は正しくはクーバと発音し、首都ハバナを現地ではラ・アバーナと呼ぶ。スペイン語では、Hを発音せず、二番目の母音にアクセントをおいて長母音にすることが多いのである。「ラ」は多くの都市が女性名詞で、これに付される定冠詞だ。

モロ要塞内部は、コロンブスの航海や歴史を展示した小さな博物館になっている。要塞の先端には灯台がある。しかしここの最大の見ものは、運河越しに見る人口二〇〇万を越えるハバナ市街のパノラマだ（39頁　図1－2参照）。

外海沿いに建ついくつかのホテルを除けば高層ビルは少ないが、運河沿いの緑地の背後に植民地時代の建物が並び、その奥に丸屋根を乗せた白亜の大きな建造物がある。ワシントンの国会議事堂をまねたキューポラと呼ばれる旧議事堂だという。モロ要塞に相対する対岸の運河入り口にフエルサ要塞、運河を少し入ったところにプンタ要塞があり、植民地の中心部であった旧市街の守りを固めていた。その旧市街は、歴史地区として世界文化遺産に指定されていて、ハバナ観光のスポットになっている。再び海底トンネルを抜けて、歴史地区に入る。

まず、この地区の中心アルマス広場へ。丈の高い椰子や棕櫚が茂っている。「パルム（棕櫚）は、とても有用な植物です」とガイド。「幹は建材に、葉は屋根を葺き、実は豚の飼料にされました」。周りの露天に、古本を満載した書架が並んでいた。広場に面して、北に掘りを廻らせた頑強な石造のフエルサ要塞、東に洒落たサンタ・イサベル・ホテル、南に自然史博物館、西に市立美術館（旧大統領官邸）がある。市立美術館を入り口から覗くと、椰子が茂った中庭に白いコロンブス像が立っていた。広場の周辺だけは、石畳の代わりに木製の畳が敷かれている。当時の大統領が、石畳に響く車馬の騒音を嫌ったためという。ウルグアイ人の父親が、ガイドの説明の合間に、近くの店に寄っては、なにか訊いている。カメラのバッテリーが切れたらしい。なかなか見つからない。

東西に走るオビスポ通りに入る。道幅六、七メートルに過ぎないが、レストランやホテル、商店が並び、観光客の多い繁華な通りである。すぐ右手メルセデス通りと交差する角にある濃いベージュ色の建物は、ヘミングウエイゆかりのホテル、アンボス・ムンドスだ。この通りの西の端には、バー・レストラン「ラ・フロリディータ」、三筋北エンペロダード通りのカテドラル近くに、レストラン「ラ・ボデギータ・デル・メディオ」など、彼が半世紀前に通った有名店もある。「ラ・アバーナ」は、ヘミングウエイの思い出に満ちた土地である。あとで一人ゆっくりと訪ねることにしよう。

図（1-4）ハバナの革命広場

この地区には、コロニアル、バロック、クラシックなど様々な様式の建築がある、とガイドの男が説明した。「コロニアルの特徴は?」と尋ねたら、「赤、青、黄、緑などすっきりと明るい単色の壁に、矩形で縦長の大きな窓です」という。道路の側溝に、一九世紀に使われていたガス灯の管が残っていた。

カテドラルへ向かう路地に折れる。開かれた窓から、椅子に座った一〇数名の男女の子供たちが見えた（35頁　図1－3参照）。小学校の一室である。同じ高さの目線で通行人から見られるのでは落ち着かないと思うが、彼らは慣れているらしく気にしていない。窓向きに壁側に座っていた女の先生と、視線が合った。

くすんだ壁のカテドラルは、あまり大きくないが、ファサードの形や凹凸、柱組が少し込み入っている。一八世紀初頭に建てられたバロックという。ローマ法王も訪問した、格式ある寺院なのである。建物で囲まれたカテドラル前の小広場の青空レストランで、人々がくつろいでいた。フエルサ要塞に戻り、三〇分の自由行動。ここはフリーマーケットで、青やピンクの大きなビーチ・パラソルの影に並べられた卓上に、レース、首飾り、楽器、木工品などが広げられている。狭い通路を歩く客相手に、露天商が声をかける。

このあと、新市街ベダード地区の中心、革命広場に連れていかれた。広場の一角の高みに、一九世紀末の独立運動指導者ホセ・マルティの記念館と高い星形の塔が建つ。国の祝典日には、国家評議会議長フィデル・カストロがここに立ち、広場を埋める観衆に向かって演説することになっている。広場を隔てたビルの壁面に、カストロの盟友チェ・ゲバラの輪郭をかたどった大きな素描がある。

「カメル」（らくだ）と綽名される黄色の長い車体を持つ市バスが停まっていた。小

図（1-5）レストラン「ラ・フロリディータ」内のヘミングウェイ胸像

図（1-6）ホテル「アンボス・ムンドス」511 号室

型トラックのようなグレイの運転台に、少し低い乗降用部の前後に高い客車輌を連結している。二こぶらくだのようだ。旧国会議事堂、ガルシア・ロルカ劇場、ハバナ大学など主な建物を車窓から見て、一三時ホテルに戻った。

六階のプール横のレストランで昼食、ここからもキューポラのドームが見える。二時間ほど午睡。夕方、再びオビスポ通りに行く。ラ・フロリディータは、濃いピンクの壁を張った陸屋根の平屋、青地に白く店名をしるした金属製の看板を屋根から路上に突き出していた。ドアを入ってすぐの部屋に大きなカウンターがあり、中央仕切りの奥がレストランになっている。カウンター左手端が、ヘミングウエイの定席だった。今はロープで囲われ、プロ野球名選手の永久欠番のように誰も使わない。パパと親しまれたヘミングウエイへの、キューバ人の敬意と友情のしるしだろう。ヘミングウエイの胸像や写真が、脇の白い壁際に置かれている。彼が一九五四年ノーベル文学賞を受けたとき、友人たちがここに飾ったものだった。

コロニアル風ホテル・アンボス・ムンドスは、一九三〇年代ヘミングウエイが旅人としてしばしばキューバを訪ねたときからの定宿だった。現在ミニ博物館として公開されている五一一号室に、二ドル払って入室。手ごろなスペースに肘掛け椅子と籐椅子、書棚、サイド・テーブル、ガラス・ケースに納められたタイプライター、直筆の原稿や手紙などがある。南東の角部屋だから窓が広く、明るい。その少し窪んだ空間にダブルベッドが置かれている。すべて、作家が仕事をしていた当時のままだという。『誰がために鐘は鳴る』の大部分は、この部屋で執筆された。ただ、周りの建築のため、窓からの景色は変わったかもしれない。彼の書き残したものと、現在見えるものとは少し違っている。

日が暮れると、路上やレストランでのライブの演奏で、旧市街が活気づく。ハバナは、マンボなど独自のリズムを生み出した土地柄である。日ごろはクラシックか民謡しか興味のない私も、一旦海外にでると土地ごとの民族音楽を楽しんでいる。音楽は、それが生まれた土地で聴くのが一番よい。もう一つのヘミングウエイの店ラ・ボデギータ・デル・メディオを覗いて、二〇時ホテルに戻った（35頁　図1－7参照）。

翌日二月九日一〇時、レセプションで手配してもらったタクシーに乗り、南一〇キロにあるサン・フランシスコ・デ・パウラ村に行く。運転手は、少し英語ができる。約一五分、フィンカ・ビヒーア（「望楼のある別荘」を意味する）邸の敷地の入り口に着いた。ヘミングウエイが一九四〇年から死の前年の一九六〇年までの二〇年間住んでいた家だ。運転手は、車を出てゲートの女性に入場料を払い、再び敷地内の高い椰子並木の道を二〇〇メートルほど走って、邸の建物の前で停めた。数段上がった入り口の前に棕櫚の大木が茂る、白亜の平屋である（35頁　図1－8参照）。

訪問者は、入り口左手のテラスに回り、開放されている邸の外を一周しながら内部を見学する。カメラ撮影は、できない。南向きの表側の最も広い部屋が、居間。中央の小卓を囲んで肘掛け椅子と籐椅子が二つずつ、壁に大きな刺繍が掛かっている。特に人目を引くのは、壁に下がっている三つの雄じかの首から作った剥製である。

南東の隅から邸の西に廻ると順に、作家の寝室、小書斎、客室、バス・トイレ、北側に大書斎、夫妻の寝室、食堂など。ヘミングウエイは、主にこの北側の書斎で書き物をしたらしい。少し湾曲した長い書き物机とタイプライターがある。書棚に本が詰まっている。彼は、九〇〇〇冊以上の蔵書を持っていた。母屋の北に、後から建て増した三階建ての望楼のような別棟があり、最上階にも書き物机がある。遠景にハバナ市街と海が見えた。

母屋の西にプールがあり、その横をさらに進むと、大きな屋根で保護された下に、手入れの行き届いた大型モーターボート、ピラール号が保存されている。かつてこのボートは、ハバナ港やその東隣の漁村コヒマルに係留され、持主やグレゴリオ・フェンテス船長の出動を待っていた。ヘミングウエイは、一五〇マイル離れたフロリダの先端キーウエストとの間を、このボートでしばしば往来したのである。

一九三九年末、三人目の妻マーサと結婚したヘミングウエイは、妻の要望でサン・フランシスコ・デ・パウラに土地と屋敷を手に入れ、一九四〇年アンボス・ムンドスから移ってきた。『誰がために鐘は鳴る』（一九四〇）による印税収入で、購入したのである。自身作家で自我の強かったマーサとの結婚は、三年で破局を迎えた。最終的なこの邸の主婦は、四人目の妻メアリーである。彼女は、家庭的な人柄で、ヘミングウエイも安らぎを得たようである。彼女は、園芸好きでバラ園を作り葡萄の木を育てた。狩猟好きで生涯多くの野生動物を射殺した作家も、この別荘では前後五七匹の猫と数匹の犬を飼っていた。

だが、もともとヘミングウエイをキューバに引き付けたのは、近海で獲れる巨大なカジキやセイルフィッシュ（カジキの一種）だった。彼らはそれぞれ、五月から七月と七月から九月にかけてキューバの北岸を西から東に流れるメキシコ湾流（ガルフ・ストリーム）にのって陸地に接近してくる。カジキは歯がなく獲物を飲み込んでしまうので、針をかけるのが難しい。釣り糸を切られないよう、釣り人と船長が共同して、カジキと数時間も闘わなければならない。カジキ漁を通じて、ヘミングウエイは、多くの漁師や土地の人との交友を深めていく。後に彼の愛艇ピラール号の船長となるグレゴリオ・フェンテス、『老人と海』（一九五二）の主人公サンチャゴ老人のモデルとされるアンセルモ・エルナンデス、パパ・ヘミングウエイ・スペシャルのダイキリ（古典的ダイキリは、ラム、レモン・ジュース、砂糖のカクテルに砕氷を加えたもの、ヘミングウエイは砂糖なしで飲んだ）の創製者といわれるレストラン「ラ・フロリディータ」の持主コンスタンティーノ等が親しい友人になった。

一九五〇年代には、ヘミングウエイはハバナの住民に広く知られる人物になっていた。映画制作のため、監督や俳優がラ・フロリディータやビヒーアでヘミングウエイと会っている。たとえば『誰がために鐘は鳴る』の主演ゲーリー・クーパーとイングリット・バーグマン、『老人と海』のスペンサー・トレイシー。「女優エヴァ・ガードナーは、ビヒーアのプールで、裸体で泳いだ」、と作家は仲間に吹聴した。

一九六〇年のキューバ革命後、ソ連のミコヤン副首相もビヒーアを訪問している。そして、ヘミングウエイ作品の愛読者であったカストロ議長。五〇年代から毎年コヒマルで開かれていたマーリン漁大会へミングウエイ・カップに、革命に成功したばかりの若いカストロが出場し優勝したのである。翌年米国帰国中にヘミングウエイが自殺したため、二人の出会いはこれが最初で最後になった。カストロは、未亡人メアリーの希望に沿い、この邸を政府の管理財産として作家の生前のままに保存してきたのである。カストロは、野球の投手をするなどスポーツの愛好家でもある。活動的なヘミングウエイに共感するところがあったのかもしれない。

キューバ市内に戻り、ハバナ港に沿って東の漁村コヒマルを訪ねた。

「コヒマルには、『老人と海』の漁師が、まだ生きています」と運転手。ピラール号の船長と混同しているらしい。

「グレゴリオのこと？」

「そうです」

「一〇二歳で亡くなった、と二週間前日本の新聞に載っていたが」

「え？」、運転手は驚いた顔をした。日本のメディアは、ある種のニュースには敏感で素早いのである。

――『老人と海』のサンチャゴ老人は、三日三晩一人で体長一八フィートのマーリンと闘い、舷側に繋いでコヒマルの港に帰ってきた。この作品は、殆ど老人のモノローグからなる。彼は、この大物を上手く捕獲できたら、コブレの聖母マリアに詣でてもよい、とつぶやく。漁師の守護コブレの聖母マリア絵は、亡き妻の形見として小屋に飾ってあった。しかし、帰港した時、マーリンは途中で鮫の群れに襲われ、骨だけになっていた。老人は、マストを肩に坂道を登り小屋にたどりつく。サンチャゴ老人を崇拝している漁村の少年は、老人を介抱するため、小屋のすぐ上にあるカフェ「テラス軒」でコーヒーを頼んだ。老人は、深い眠りに落ちている――

フィンカ・ビヒーアでのノーベル賞受賞の非公式祝賀会で、ヘミングウエイは次のように述べている。

……この賞はキューバに与えられたものである。なぜなら『老人と海』は、自分と同じキューバ市民であるコヒマルの仲間の支援で発想され、創作されたからである……。

ノーベル賞のメダルは、共和国の東端サンチャゴ・デ・キューバにあるコブレの聖母マリア寺院に寄贈された。

「テラス軒」は、二階建ての瀟洒なコロニアル風の海鮮料理レストランとして、今でもコヒマルに残っている。あとから加わったものは、公園にある白亜の輪を支える六本の列柱に囲まれたヘミングウエイの胸像である。漁村の人が建てたものだ。ヘミングウエイの作品との連想がなければ、コヒマルはどこにでもある漁村に過ぎない。

伝記作家ノルベルト・フエンテスによれば、ヘミングウエイは、自由奔放、磊落《らいらく》な芸術家という公的なイメージを、甲冑のようにまとって自分を保護していた。ケニアでのマサイ族の勇士と一緒のサファリや犀との一騎打ち、打ち倒した野獣と一緒の写真、第一次世界大戦中のイタリア戦線への特派員活動、共和派将校としてフランコ軍と戦った一九三九年のスペイン戦線、ピラール号でいつも誇示していた裸の巨体。作品の中でも男らしさ（マチスモ）を表象する人物が絶えず登場する。その代表が、『老人と海』のサンチャゴ老人である。

おそらく、ヘミングウエイが理想とした心身ともにタフネスを備えた男性像と、現実の生身の繊細な芸術家ヘミングウエイの間に、初めからミスマッチがあった。ちょうど、虚弱な身体を、ボディビルや武道で鍛えようとした三島由紀夫と同じように。そのため年齢不相応に肉体も精神も衰弱し、死に追い込まれたのではないだろうか。

ともあれ、ヘミングウエイは、人間味あふれる人物としてハバナで思い出されているようだ。ある意味では、キューバの作家以上に、キューバ的作家なのである。ハバナでは、私の好きな地元の作家アレッホ・カルペンティエールについても知りたいと思っていた。しかしガイドの運転手や旅行代理店で聞いても、誰も生家さえ知らなかった。大学や図書館で尋ねれば分かるだろうが、そのゆとりもなく諦める。

文学者は、最終的には残した作品によって評価されるはずである。同時に、作者の生き様を知ることにより、作品への理解も深まるといえる。『老人と海』や『海流の中の島々』(遺作として、一九七〇年メアリー夫人により刊行)などの作品は、キューバの風土と共に記憶されるだろう。

ハバナ最後の夜も、旧市街の通りで、人込みの賑わいや生演奏を楽しんだ。

二月一〇日正午ころ三日振りで、再びカンクンに戻った。次に訪問を予定しているチチェン・イッツア遺跡行きのバス時間を調べるため、空港からセントロのバス・ターミナルに直行する。当初、目的地で今夜泊まるつもりだったが、遺跡周辺には適当なホテルがないという。そこで出発を明日に延ばして、セントロの「コロニアル」というパティオ(中庭)のある、三階建ての小ホテルにチェック・インした(二七米ドル)。セントロの中心部を南北に走るトゥルム通りから西に入った、レストランやホテルが並ぶトゥリパネス小路にある。少し賑やかな場所だが、ターミナルに近くて便利だ。

まだ日が高いので、リゾート気分を少し味わうため、ホテル・ゾーンの中心にあるコンベンション・センターまで再びバスに乗る。高級ホテル、レストラン、ディスコ、ナイト・クラブ、ショッピング・センター、マリーナ、旅行代理店が集中している。五キロほどの沖合いにある、ムヘーレス島への渡船の船着場もある。カンクンとその周辺は、シュノーケリング、ダイビング、フィッシング、ウインドサーフィン、ジャングル・ツアーなどが年中楽しめるマリーン・スポーツのメッカなのである。海遊びの好きな人なら、何日過ごしても飽きないだろう。残念ながらその趣味がない私は、雰囲気に触れただけで、先を急がなければならない。

セントロのマーケットで食料品と飲み物を仕入れて、ホテルの部屋で夕食を摂る。夜、賑やかな音楽につられて、路地の突き当たりの人だかりのする場所に出かける。小さな教会脇の広い空き地に臨時の舞台がしつらえられ、ギターや打楽器による演奏が始まった。屋台の店も出ていた。人々は、演奏を見物したり、曲にあわせて踊ったり、笑ったり、走り回る子供と戯れたりして、気ままに楽しんでいる。夏の宵に我が家に近い小学校の校庭で催される、盆踊り大会の雰囲気である。ベッドに横になっても、広場からの騒音は零時頃まで聞こえていた。

三 アステカ遺跡チチェン・イッツア、メリダのカーニバル

目覚めると雨音がしている。出発間際にますます激しくなった。もちろん、折りたたみ傘を携帯しているが、靴やバックパックはできるだけ濡らしたくない。ホテル入り口で逡巡していると、一見無愛想に見えていた眼鏡に髭面のホテルの主人が、「モメント」（ちょっと待って）と声をかけた。ごみ処理に使う大型の黒いビニール袋を取り出して、はさみを入れている。そして、これを着けていけ、というように私に手渡した。バックパックを担いだまま上から被ると、ぴったりである。サンドイッチマンに似て、首と両手を出せるように上手く穴が穿たれていた。おそらく彼は、これまで時々インスタントのレイン・コートを作っては、旅人にくれていたのだろう。

七時五五分のメリダ行き普通バスに乗る。九時発の急行もあるが、チチェン到着時間は大差ないだろうと思った。ところが途中で三〇分の休憩などがあって、目的地に着いたときは正午をまわっていた。スコールのような激しい雨は既に止んでいて、陽射しが強い。

図（1-9）チチェン・イッツアのピラミッド

バス停に近いゲートをくぐるとすぐに、写真で既に馴染みのある頂部が台形のマヤ式ピラミッドが視野に入った。「カスティージョ」（字義的には「城砦」）と呼ばれ、宗教的儀式のための神殿跡である。台座まで九層の基壇が重なり、高さ二五メートルほどの直方体の頂上神殿に向けて、四方から三五度ほどの傾斜で階段が延びている。中央階段には神聖とされた羽毛の蛇神（ククルカーン）の大きな浮き彫りがある。ただ羽毛のほうは、春秋の節分の日のみ、くっきり浮き上がるように彫られているということで、今日は文様の形がよくわからない。マヤは、農業とこれにかかわる天文学や建築技術に偏って高度に発達した文明だったが、この文様の工夫などもその例とされている。手強に見える傾斜だが、実際には簡単に登れた。

この神殿には、隠れたもうひとつの内部神殿があるが、そこに行くには地上に戻り、改めて薄暗く細い内部階段を登り直さなければならない。ここで初めて、かねて興味を持っていた雨神チャック・モール像の実物にお目にかかる。頭に河童の水盤のような円盤を戴き、大きな耳と鼻を持ち、首だけまげて丸い目をこちら側に向けて横臥し、腹上に皿を懐いた縦横一メートルほどの石像である。褪せているが、赤や橙の染料も残っていた。

私が初めてメキシコに関心を懐いたのは、増田義郎著『古代アステカ王国』という新書版の本を手にしたときである。社会人になったばかりの頃のことだから、ずいぶん古い話だ。アステカは、トルテカ人の築いた後期マヤ文明（九世紀から一二世紀）の衰亡後、一三世紀に起こった文明なので、トルテカ・マヤの遺産をいくつか引き継いでいる。ケツァルコアトル（トルテカ人のククルカーン）の信仰もそのひとつ

図（1-10）球技場

である。全盛期にあった大帝国アステカが、コルテス率いるわずか数百人のスペイン軍により一五二一年に滅ぼされたのは、この蛇神の信仰も一因だという話を増田氏は紹介している。後期古典期マヤの神は、人間の生贄を求めるという厄介な神である。そのため後期マヤやアステカでは、生贄に供する捕虜の確保のためにも、部族間の紛争が絶えなかった。捕らえられた捕虜は神官の手で殺害され、その生温かい血染めの心臓が、チャック・モール像の腹上の皿に置かれたという。この話を背景にチャック・モールをみると、一見かすかに笑みを浮かべたようでユーモラスな像が、不気味なものに映る。高度な技術や文化と平行して残酷な信仰も持ち得るという人類しかない不幸な心性が、つとに現れているのがトルテカ・マヤやアステカの文明だ。

カスティージョのすぐ東には、数メートルほどの角柱が整然と並ぶ千本柱の間といわれる空間があり、その奥に頑強な角錐台の基壇を重ねた「戦士の神殿」が建っているが、入場が禁じられている。カスティージョの北にある緑色の水を貯えた「聖なる泉」（セノテ）の縁を回って、長辺一五〇メートルはある「球技場」に入る。四、五メートルの壁の上部に取り付けられた丸い輪に、ゴム・ボールを蹴り込む球技だったらしい。元祖フット・ボールだ。ただし、遊びではなく、宗教的な行事である。勝ったチームの主将は、栄誉を担って首を刎《は》ねられ、神に捧げられた。本当だろうか、文字通り首になるために誰が本気で球技を戦うだろうか、と現代人なら誰でも思うだろう。刎ねられた戦士の首から飛び散る鮮血が、球技場の壁に彫られている。すぐ横の「ツォンパントリ」（頭蓋骨の城）という台座の壁一面には、様々な形の頭蓋骨の彫刻がある。生贄の首は、

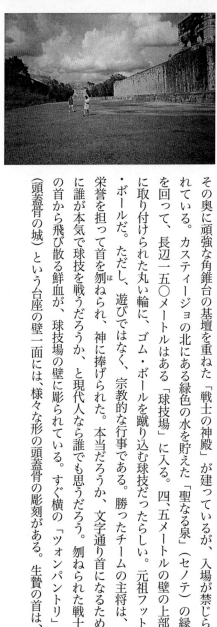

この台座の上に晒されたらしい。信仰のためなら人間は、大抵のことができる。その一方で彼らは、音響効果も計算できた。ここの訪問者は、あちこちで拍手を打って反響を確かめている。球技場の壁は、上部ほど少し内側にでていて音の拡散を防ぐので、響きが高いのだ。

これまで見物したのは新チチェンといわれ、文化的価値の高い最も発達した後期マヤの遺跡群である。この他にチチェンには、木立に覆われたあまり整備されていない旧チチェンといわれる区画があり、「カラコル」（天文台）や「尼僧院」と称する朽ちかかった遺跡が残っている。より古い古典期（六から八世紀）のマヤ遺跡といわれる。強い日照の中を歩き回ったので、旧チチェンの見物はおざなりになった。ゲートにある売店の日陰で一息入れて、一五時の特急バスを待つ。人口六〇万、ユカタンの州都メリダ着一七時。

バス・ターミナルは、ソカロ（スペイン人が建設した都市の中心にある広場。通常、広場の周りにカテドラル（大聖堂）、州や市の庁舎が建つ）から一キロ以上離れたはずれにあった。この町は典型的な植民都市で、碁盤の目のように整然と区画が仕切られている。ソカロに近い、ホテル・マルガリーテにチェック・イン。地上階の建物を通り抜けたところに、小さな中庭とレセプションがある。ファン、シャワー付きで一一米ドルとバックパッカー向きの安宿だが、ベッドやシーツは清潔で問題がない。早速ソカロに出かけた。

メリダは、コルテスが帰国した後の一五四二年モンテホ率いるスペイン軍が侵攻し、ユカタンの植民地化の基礎固めをした土地である。ソカロにある豪壮なカテドラルは、カトリック伝道の拠点であり、モンテホの豪邸も残っている。今日はカテドラルの前やソカロ内の空き地に多くの屋台の店がでている。ソカロを囲む道路は規制され、周囲の歩道に椅子席が並んでいた。この一週間、ここでカーニバルが催されて

図（1-2) ハバナ市街

図（1-7）ハバナのマレコン海岸通り

図（1-3）小学校の教室

図（1-11）メリダのソカロ

図（1-8）ヘミングウェイ旧居

図（1-13）パレンケ—十字架の神殿

図（1-17）トルコルーラの市場

図（1-19）サント・ドミンゴ教会の内陣

図（1-20）民族ダンスのショー

いるのだ（35頁　図1‐11参照）。

夕食のため、近くの「ラ・アバーナ」というわりに大きなバー・レストランに入った。スペイン語のメニューしかない。見当をつけて、手ごろなコースを注文する。ハマイカ（ぶどう酒色をした少し甘い飲み物）、今日のスープ、パン、肉を載せてチーズで固めたトースト、米を牛乳とシナモンで煮たアロス・コン・レッチェというデザートで三三ペソ。ボリュームが多くて、食べ残してしまう。食事が終わったころ、それまでスペイン語でしか対応しなかった担当のボーイが来て、「チップは含まれてない」とこれだけは英語で念を押して、請求書をテーブルに置いていった。

戸外は既に闇に包まれていた。ソカロを囲む道路は幾重にも人垣ができていて、前に出られない。カーニバルのパレードが始まっていた。ほとんどがトラックのような荷台を飾り、色とりどりの照明で浮き立たせた山車。新しい山車の入場に合わせて、ソカロ中央に設えられた拡声器から、登場グループの紹介らしい声が聞こえる。そして観客の拍手。標語を書いたプラカード、宣伝文句、記章かロゴのある旗。その上で楽器を演奏し、仮装し、華やかな衣装を着けて歌い、踊り、見物人に呼びかけ、投げキッスを送り、花を撒く。観衆に精一杯の愛きょうを振り撒いている若くて溌剌とした女性たちは、いつどこで見ても楽しい。いろいろな動物のキャラクターや人形も登場した。観衆からも声がかかる。名を呼んでいる。顔見知りが、出演しているのかもしれない。それぞれ意匠をこらしたパレードは、ソカロの周りを一周して去っていく。しかし次々に新手が登場するから、列が途切れることはない。少し雨がぱらつきだしたが、祭りの熱気で打ち消されてしまう。カーニバルのことは昔から聞いていたが、メリダまで来て実見するとは思わなかった。日本でこれに近い祭りは、どれだろうか。次々に新手が登場してパレードが進む点では、

図（1-12）ウシュマル……魔法使いのピラミッド

徳島の阿波おどりがある。しかし演技者の乗る山車のパレードということでは、弘前の「ねぷた」の雰囲気のほうが近いかもしれない。青森の「ねぶた」は、規模が大きく、観衆も適宜参加できる長所もあるが、山車の間隔があき少し雑然としている。そんなことを考えながら、かれこれ一時間ほど見物していた。まだパレードは続いている。しかし雨脚がやや激しくなったので、ここらで退散してホテルに戻った。

四．魔法使いのピラミッド、若いフランス人カップル、要塞都市カンペチェ

九時のバスで、一時間半かかってウシュマルへ。チケット売り場のあるビルでバックパックを預けて、身軽になる。ゲートから少し坂を上ると、有名な「魔法使いのピラミッド」が、忽然と姿を現した。チチェンのピラミッドに比べ約四〇メートルと高く、基盤も広く大きい。茶褐色の小判状に固めた材料を横向きに、濃淡の縞のような幾何学文様に積み重ねた石組である。この文様といわゆるマヤ石材からなる建造物は、この地方の名をとってプーク様式と呼ばれる。この七世紀頃に建てられたピラミッドは、マヤ古典期（AD三〇〇～九〇〇）を代表する遺構である。最下層の基壇が大きく上部まで滑らかに積み上げられ、四面も角ばらず曲面でつながっているので、全体としてきわめて優美な印象を与える。頂上には、チチェンと同じく長方形の神殿が載っている。しかし側面の石材が剥げ落ちて穴があき、修復作業中で、登頂禁止の札が正面の石段の前に立っていた。立て札がなくても、四五度に近い急斜面で歩幅の小さなこの石段は、怖くて登る気がしない。転べば、間違いなく致命傷を負う。しかし立て札を無視した自己責任の若い

男女が、よじ登るようにして頂上に近づいていた。

裏手の「尼僧院」と呼ばれる建物に回る。こちら側から見たピラミッドの裏階段のまわりには、火星人のような二つの丸目を付けた雨神チャックの奇怪な顔が無数に彫られていた。この地方は、雨量不足の乾燥地なのである。ここではじめてマヤ・アーチを目にした。ヨーロッパの建築に見られるような曲線的な基材を徐々に積み上げ、その重力を支柱にかけるように設計された円形アーチと異なり、マヤ・アーチは矢じりのように直線的に上細りになっている。両側の壁から基材を中央に突き出していき徐々に先細りになるように積み重ねたのである。尼僧院は、広い矩形の中庭を囲んで建つ四つの建物からなり、内部は多くの小室に分かれている。壁面全体には、蛇神ククルカンとチャックのレリーフや幾何学模様で覆われていた。

球技場の中を抜け、南の「総督の宮殿」に向かう。ここは、ウシュマル遺跡のなかでも遺構が密集する区画で、亀の石彫りのある「亀の家」、壁だけ残った上部に鳩の巣のような多くの格子窓が穿たれた「鳩の家」、「大ピラミッド」(高さ三〇メートルほど)などが、総督の宮殿に連結する。大ピラミッドは、少し崩壊していたが、段幅があり危険性もないので、ここから総督の宮殿の裏手に出た。尼僧院にせよ総督の宮殿にせよ、印象で適当に名付けられたもので、宗教的目的に使われたこと以外はよく分からないらしい。文様ばかりで、碑文がないからである。しかし総督の宮殿は、遺跡群の中で素人でも納得できる見事な建造物である。広い空き地の中に、一〇メートルほどの石垣で固めた基盤がある。幅広い正面石段。この基盤の上に横幅一〇〇メートルもある長方形の薄赤レンガ色の重量感のある宮殿が載っていた。前面の壁の下半分は、適当な間隔毎に内部への入り口がある。壁上部は一面に複雑で繊細なプーク式幾何学文様が彫られている。二ヶ所に、マヤ式アーチもあった。

国道に出て、一三時のカンペチェ行きのバスを待つ。あたりは崖下の草地で、停留所の標識も立っていない。道の向こうにレストランがあるので尋ねると、今までいた草地の方を指し示した。そのうち、遺跡の方から下ってきた若いカップルが近寄って、バス停はここかと確かめた。彼らは夫婦ではなく、パリっ子同士の友達である。二人とも快活で、感じのよい若者だ。二週間の休みをとって、メキシコやグアテマラのマヤ遺跡めぐりをするという。先刻、魔法使いのピラミッドを登っていたのはこの二人らしい。次の訪問地は、私と同じパレンケだ。二〇分も遅れたバスに同乗して、パレンケへの中継地カンペチェに向かう。カンペチェ着一七時。パレンケまでの夜行バスは、零時三〇分と二時三〇分の二便、長い待ち時間だ。それより困ったのは、手持ちのペソが足りなくなったことである。銀行も既に閉まっている。バス停近くに換金所もホテルもない。そこで地図上で少し離れているが、この町でただ一つの五つ星のラマダ・ホテルを訪ねることにした。大きなホテルなら、夜でも換金してくれるだろう。

カンペチェ州の首都カンペチェは、メリダと同じくモンテホ軍により一五四〇年に占領されてから整備された、典型的なスペイン人の植民都市だ。後に貿易の拠点になったが、海賊の襲来に備えて要塞化した。旧市街は六、七メートルほどの高い市壁で囲まれており、その内部はソカロを中心に碁盤の目状に道が走っている。陸側とカリブ海に面した二ヶ所に、それぞれ古くからの陸門と海門がある。この旧市街を抜けて、海岸通りにあるラマダ・ホテルまで徒歩で一五分かかった。風があり、海面は白波が立っている。ホテルのレセプションで一二〇米ドルのチェックを換金し、一〇五〇ペソを受け取る。交換率は良くないが、今夜のバスにはどうやら乗れそうだ。

たそがれ時になった帰途、ソカロに立ち寄った。カテドラルの両側の鐘楼に灯がともり、公園は外灯により明るく照明されているが、ほとんど人影がない。旧市街の店舗は早々に閉じ、人通りも絶えて少しさびしい。この市は交通の要衝というだけで、観光にはあまり力を入れていないのだろうか。

暗い街路でバス停への道を間違え、いささか手間取る。こうした遅れのため、零時三〇分のバスの切符は、既に満席で売り切れていた。ウシュマルから連れになったフランス人カップルより二時間遅れの、真夜中二時三〇分発のバスまで、なお六時間も待つことになる。すべてが組織され効率よく観光地をまわるパッケージのツアーと違い、バックパッカーの旅には、忍耐と体力が必要である。ただし、気に入ったところに適宜立ち寄れるし、観光以外のことで意外な経験もする。なによりも、独りで探しながら訪ねた場所は、いつまでも記憶に残るものだ。

五．ジャングルの中のパレンケ遺跡、ラ・ヴェンタ公園の巨石人頭像

二月一三日朝七時四〇分、パレンケに着いた。人口二万の田舎町だが、バス・ターミナルの付近は商店がひしめいていて、活気がある。近郊のマヤ遺跡めぐりの基地となる町。グアテマラへ通じる道路も走る。パレンケ遺跡行き乗り合いのコレクティーボ（マイクロ・バス）乗り場まで、ソカロ方面に向かってファレス通りを三ブロック歩いた。

およそ一五分、コレクティーボは、ジャングルを分けて小山の斜面を登っていく。ジャングルに開かれた空間の中にくっきりと白い壁面を見せて五〇〇棟以上も点在するのが、パレンケの遺跡群である。スペイン人宣教師によって発見される一八世紀の半ばまでのおよそ一〇〇〇年間、この遺跡は眠れる森の美女

のようにジャングルの中に埋没していた。現在この遺跡は、マヤ古典期の完成期（七〜九世紀）を代表するものとして注目されている。ただし、あまりに広大なため一部しか発掘されておらず、全貌を目にできるまでなお歳月がかかるらしい。

入場ゲート（三五ペソ）を入ってすぐ右手に、「頭蓋骨の神殿」と呼ばれる神殿がある。マヤ・アーチを残して崩れかかった小神殿に過ぎないが、その柱に気味の悪い頭蓋骨のレリーフが彫られている。これにつづいて有名な「碑銘の神殿」がある。下から次第に小さな角錐台の基盤を八層に積み上げ、最上部に五つの入り口のついた神殿が載る、あまり高くないマヤ・ピラミッドだ。いくつか踊り場のついた正面の七〇段ほどの石段を登り終わって神殿の前に立ったとき、誰かが目の前に紙片のようなものを差し出した。よく視ると、急な石段を不恰好な姿で登っている私自身の写真である。傍らに、半そで半パンの四〇がらみの大男が、即席カメラを手に持って笑顔で立っていた。こんないたずらをして興ずるのは、米国人くらいだろう。自分の早業に得意なのだ。「ありがとう」と受け取ったものの、内心ではいささか憮然としている。構えもなく油断した、ありのままで無様な自身の姿はあまり見たくない。

神殿の壁面にマヤ文字で、碑文が書かれている。この碑銘から、ピラミッド建設のほぼ正確な年代がわかった。カン・バラム二世（在位六八五—七〇二）が、父パカル王（在位六一三—六八五）のために建造した墓所だったのである。日本でいえば大化の改新（六四五）を挟んで、飛鳥から白鳳に移る時代に相当する。一九五二年になって、神殿の地下にパカル王の棺の間が発見された。それまで、ファラオの遺体を納めたエジプトのピラミッドと異なり、マヤのピラミッドは都市センターの中心になる神殿とされていた。この定説が、パレンケについては覆った。見物人のために後から作られた右手の急な傾斜の道を伝って、棺の間に下りる。白く塗られた鉄格子で遮られた壁の窪みの奥に、朱色の剥げ落ちた石棺が安置されていた。

碑銘の神殿のすぐ近くに、これと直角に「宮殿」と呼ばれる遺跡の中でもっとも大きな構造物があり、前面に階段がある。宮殿で目立つのは、西安の雁塔を小型にしたような、正面右よりに建つ四階建て角型の塔である。各面が、東西南北を正確に指していることから、天文台だったともいわれる。最上階には、屋根のひさしが出ていた。宮殿の内部は、いくつかの中庭を囲んで段差のある建物が回路でつながり、水道管の跡も残っている。既にスチーム・バスや水洗トイレもあった。貴族でもオマルを使っていた一七世紀のベルサイユ宮殿より、はるか昔のことである。どの文明も、偏向して発達するようだ。

その裏手に、宮殿に水を導いた幅一メートルほどの水路があり、現在も澄んだ水が流れる。ジャングルに囲まれているから、水に不自由しないのである。水路にかかる小橋を渡って、少し高みにある小型だがそれぞれ個性のある「太陽の神殿」、「十字架の神殿」(36頁　図1-13参照)、「葉の十字架の神殿」と呼ばれる三つの神殿を訪ねた。いずれも、内部にあるレリーフの特徴からの命名である。このうち太陽の神殿は、屋上に付けられた透かしの飾り板が美しい。ここから眺める宮殿や碑銘のピラミッドと遥か彼方に開けた低地を俯瞰する全景も見事だ。パレンケ遺跡は、ウシュマルやチチェンのように人を威圧するような巨大さはないが、繊細で優美な建造物が多く、ジャングルの濃い緑の樹木の中で調和している。太陽の神殿と向かいあう小丘にある葉の十字架の神殿への坂道で、「ボンジュール」という声がした。昨夜カンペチェのバス・ターミナルで別れたフランス人カップルである。「先刻、遺跡に来ました。パレンケの町でゆっくり朝食をすませてきたので」。朝からなにも飲食しないで、次第に暑くなる遺跡の中を、夢中になって歩き回っていたことに気づいた。

彼らとコレクティーボに同乗して、パレンケの町に戻る。私はここから北上し、彼ら二人はチアパス州を南下してグアテマラに向かう。チアパス州の国境の近くはメキシコで最も貧しい地域で、一九九四年以来サパティスタ国民解放軍が武力行使を繰り返している。隣国グアテマラも観光地を一歩はずれると、治安がいいとはいえない。しかし軽装にバックパックを担いだ若いパリっ子の二人は、何とかなるでしょう、とまったく屈託がない。男性は長身、黒髪、丸顔で気軽な感じ、女子学生は、中肉中背でブロンド、細面で澄んだ瞳の理知的な美人。どちらも、きれいな英語を話す。

生き生きとして快活なカップルを見ていて、若い頃、こんな可愛いガール・フレンドと外国を回れたらよかったな、などと考えている。私も学生時代から、外国に行くことばかり夢見ていた。戦後の一〇数年は、国の財政上からも所得の点でも、個人で自由に外国を旅行すること自体が難しかった。今になって、青春回帰のような旅を続けているのである。

一二時ちょうどのバスで、ときおり放牧されている牛を見ながら草原の中の道路を二時間半駆け抜けた。タバスコ州の州都ビジャエルモッサは人口約二五万、近年石油プラントで発展している都市である。この地で訪ねたい場所はただひとつ、巨石人頭像が見られるラ・ベンタ遺跡公園だ。閉園にならない前にと、二〇ペソを払ってタクシーで急ぐ。入場料も二〇ペソ。

ジャングルのように熱帯樹木が繁茂した広い園内を散歩しながら、木々のあいだに配置された三〇個以上の石像を、ひとつひとつ見て回る。いずれも石油開発で破壊の危機に晒されていた、一〇〇キロ以上も離れたラ・ベンタ遺跡から移されたものである。この石像のなかで目立つのは、やはり巨石に刻まれ台座に載った四個の人頭像だろう。いずれも、大きな目、ひしゃげた鼻、厚い唇を持ち、アメリカンフットボ

図（1-14）ラ・ベンタ公園の人頭像

ールのようなヘルメットを頭に被っていた。大きなものは、二メートル以上はある。そのほか、畏まった表情で拱手した前髪を伸ばした人物像、壁穴から人物が身を乗り出した祭壇、死児を抱いた男、女人像、空を見上げる猿、白いイルカなどの少しデフォルメされてはいるが写実的石像、三メートルほどの長さの太い丸木を縦横に荒く組み合わせた墳墓、蛇の目石のモザイクがあった。巨石人頭像は、紀元前一二〇〇から三〇〇年に栄えたオルメカ文明を代表する遺産である。当初、ビジャエルモッサのあるメキシコ湾岸南部が、オルメカ文明発祥の地とされた。その後、グアテマラやエル・サルバドルの太平洋岸にも人頭像が発見され、今ではメソ・アメリカ（文化的区分による中米地域）に広まっていた文明と考えられている。顔の特徴からオルメカ人は、モンゴロイド系という説が有力のようだ。いずれにしても、マヤの古典期に先んじてまったく異質の、かなり高度の文明の存在したことが分かっている。

方向や距離感もつかんだので、歩いて町の中心まで引き返す。二キロ足らずである。ADO社のターミナルで、今夜二三時発のベラクルス行きファースト・クラスのチケット（二六六ペソ）を買った。二晩続けて、夜行バスの旅になる。出発まで十分過ぎる時間があるから、市域を散歩する。市の繁華街は、ベニート・フアレス像（一八六七年から七二年までメキシコ共和国大統領を務めた。隣接オアハカ州の片田舎の生まれ、混血メスチーソ出身者で、現在でも国民に敬愛されている）が立つフアレス公園の南一帯の数ブロック。フアレス通りは歩行者天国で、レストラン、ホテルが並んでいる。歩道にテーブルと椅子を並べた屋外レストラン、屋台、土産物店、コンクリートのベンチ、植木、風船売りの呼び声、平日なのに夕方から既に人出が多い。野外レストランのテーブルでトリパ（タコスの一種）とハマイカを注文して、道行く人を眺めた。タコスのぱりっとした皮に包まれた炒めたての具は、どれもおいしい。

六、港町ベラクルス

二月一四日早朝四時四〇分ベラクルス州の州都のセントラル・コミネーラ（バス・センター）着。都心から少し離れているので、夜明けまで待合室に留まり、七時の市内バスでソカロに行く。その周辺にはホテルが多いが、この時刻にチェック・インできるのは、中級以上のホテルしかない。ソカロのアルマス広場に面して並んだ三つの大型ホテルの一つ、「コロニアル」を選ぶ。シングル一泊三六五ペソ、今回のメキシコ滞在中での最高値になったが、二日続けて夜行バスで過ごした後の休養には良いだろう。ベラクルスは旅の中継点で、特に目当ての場所もない。とりあえず三日ぶりでシャワーを浴び、洗濯を済ませ、午前中は部屋でのんびり過ごす。

正午過ぎソカロのインフォメーションを訪ね、市内の情報と簡単な地図をもらう。カンビオ（換金所）でトラベラーズ・チェック一〇〇米ドルを換金して、八九八ペソ受け取った。銀行や空港より若干換算率がよい。おまけの飴玉をくれた。近くのグラン・カフェ・ラ・パロックィアで、ベラクルス豆の載ったトーストとアメリカン・コーヒーの昼食（二三ペソ）。人気店らしく賑わっている。コーヒーが旨い。

カフェの前のインスルヘンテス通りを数ブロック歩いて、波止場の先端に出る。白い灯台ファロ・カロンサへ通じるプロムナードには、小旗をはためかせた露店やかき氷の屋台が出ていた。水兵の姿をよく見かける。すぐ近くにネットを廻らせた兵営がある。百万都市ベラクルスは、メキシコ湾に面したこの国最大の港町である。一五一九年、コルテス率いるキューバからのスペイン軍が、遠征の第一歩を印したのも、この地だった。市内のあちこちに、植民地時代の歴史的な要塞跡が散在している。

東南方向のヴィラ・デル・マール（海辺の別荘）まで、湾曲したビーチ沿いにおよそ二キロを歩いた。ここには、水族館やショッピング・モールがある。平日の午後のためか、モールは閑散として人が少ない。二、三の家族づれが、水族館の入り口付近にたむろしているだけだ。バスでソカロに戻る。ホテルのレセプションで、家宛のファクスを依頼したら、電話で誰か話しているという。電話と兼用だから、他人に任せるとこういうことになる。妻に、手短に現在地と今後の予定を話すが、三分間で一六五ペソと思わぬ出費をした。すでに、日本では夜半にちかい。

ソカロの一角にあるレストラン「パーディニョーラス」で、夕食に「ワサナンゴ・デ・ベラクローサ」というここの名物の鯛料理を食べた（九五ペソ）。茶色のソースをたっぷりかけた鯛が一匹皿に載っている。味は良いが、骨が取りにくい。

図（1-15）コロニアル・ホテル前のマリンバ演奏

日が落ちてホテル前の路上が賑やかになった。三つ並んだホテルの地上階はレストランになっていて、広場とのあいだの路上もテーブル席が広がっている。ナプキンを手にかけた給仕が、顧客のテーブルを行き交う。その客相手に、何組ものグループが楽器演奏を始めたのだ。マリンバ（木琴）、ギター、アコーデオン、コントラバス風の弦楽器、壺状に編まれ、縁を擦って軋ませる奇妙な楽器。四拍子の速いテンポの、軽快なリズムが繰り返される。このリズムは、この地発祥のソン・ハローチョであろうか。演奏が一段落すると、奏者が帽子を逆さにして、チップ集めに客席を回る。演奏と人声は、午前零時まで続いた。

翌朝七時、カテドラルの鐘の音で目覚めた。ホテル最上階の展望台からアルマス広場を見下ろす。一辺五〇メートルほどの小さな広場に椰子など熱帯植物が植えられ、ベンチがある。椰子の樹上から、カテドラルの鐘楼がのぞいていた。まだ人通りもなく、静かである。

昨日と逆にソカロの北西に向けて散歩した。このあたりは港湾施設が立ち並び、どこを歩いてもすぐに工場の壁で行き止まる。そこで陸橋に上がってみた。この陸橋は、何本もの鉄路が分かれたベラクルス駅を越えて、一キロほどつづく。右手には、倉庫や工場の建物が雑然と散在する広大な敷地が、海岸線まで広がっている。起重機がいくつも見えた。はじめは、その先の海に突き出ている歴史的なサン・ファン・デ・ウルア要塞まで歩いて行くつもりだった。しかし徒歩の範囲ではなさそうだ。

ソカロに戻り、数ブロック離れた切符売り場に行く。夜行急行もあるが、今度は明朝発オアハカ行きのセカンド・クラスのバス券を買う（二五九ペソ）。山岳地帯に入るので、景色を見ながら移動したい。もう一日ベラクルスで休養だ。近くのベーカリーでピッツア（一三・五ペソ）を仕入れ、ミニ・スーパーで一リットルのスプライト・ボトルを買い（七ペソ）、ホテルの部屋に戻った。ベッドに転がっていたら、二時間半も眠ってしまう。

一七時。目覚ましに、昨日と同じカフェでカプチーノを飲む。すぐ向かいの民芸品市場は、文様や景色を絵付された小皿、壷、木彫り、金属製の首飾り、楽器、水着、Tシャツ、スポーツ用具などを、所狭しと路面にまでひろげた小店が並んでいた。日が暮れると照明に美しく浮き出た雑貨の前に、通行人の足が止まる。手ごろな土産物もあるが、先の長い旅人は諦めなければならない。

アルマス広場の路上レストランには次第に客が集まり、すでに肩に楽器を担いだマリアッチのグループや卓上に据えたマリンバの前に並んだ楽員が、演奏を始めている。そのレストランの一つ海鮮料理専門のプレンデスで、夕食にエビに唐辛子ソースをかけたカマローネス・エンチポトラーダス（九八ペソ）を注文した。新鮮で食欲を刺激する。バックパッカーであることを忘れて、二晩続けてちょっとしたグルメをやっている。

七．モンテ・アルバン遺跡、トルコルーラの市、トゥーレの木、オアハカ

八時四〇分バス・センター発。一〇時二〇分コルドバで一〇分間の休憩。桜色の花をつけた樹木を見る。やがてメキシコで初めて、山岳地帯に入った。霧がかかる。牧場が時々現れる。一三時、北方のプエブラやメキシコ・シティへの分岐点となる峠で再び一〇分の停車。このあたりは、メキシコ中央高地の南端にあたる乾燥地帯である。岩石や潅木のあいだに、様々なサボテンが大きく奇怪な茎を伸ばしていた。少し離れて、山並みも続いている。

ベラクルス州からオアハカ州への州境は、かなり険しい山岳地帯だ。樹木が殆どなく、山肌がむき出しになっている。やがて道は下りになった。ネパールのような亜熱帯によく見られる紫の花をつけた木々。斜面から麓にかけて急に人家が増えだしたと思ったら、そこは盆地の中にある人口四〇万の州都オアハカである。一六時。

ターミナルは、ソカロの北東二キロと少し離れている。予定していたホテル、ポサーダ・マルガリータ

はソカロへの途中なので、その近くのサント・ドミンゴ教会を目当てに歩いた。地図で見当を付けていたブロックを探すが見つからず、区画のまわりを何度も行き来する。そのはずで、表に画廊を兼ねた喫茶店があり、その横に開けた中庭の奥がホテルの入り口だった。小さなホテルだが、部屋は清潔でソカロにも近いので、ここに決める（一六〇ペソ）。

早速、ソカロ近くのインフォメーションに行き、遺跡や民族村へのバス連絡を調べた。ソカロの公園の中央には、緑色の丸屋根の付いた円形舞台があり、中等学校の生徒たちが吹奏楽演奏をしていた。観客の中には、父兄も混じっているらしい。曲の終わりごとに、大きな拍手がおきた。

これまで訪ねた都市同様、ソカロに面して北にカテドラル、南に州庁舎がある。州庁舎の南隣は、一ブロック全体が、ファレス食品市場とベインテ・デ・ノビエンブレ市場だ。ありとあらゆる野菜、穀物、香辛料、肉、海産物がある。どの国に行っても、地元の人で賑わっている市場に紛れ込むのは楽しい。市場には、調理台を囲んで板の座席をおいた屋台がある。その屋台の一つに地元の人と並んで腰掛け、肉片をとろけるチーズに加え、タコスで包んだケサディージャ・コン・チョリソを試食した。

ソカロの東を南北に走るマセドニオ・アルカラ通りを北に歩いて、七ブロック目のホテルに戻った。この通りは石畳の歩行者天国で、土産物店や食品店が遅くまで開いていて、通行人が絶えない。落ち着いた、治安の良さを感じさせる市街地である。

二月一七日（日曜）、日本を出てから一〇日たった。七時三〇分、近くのサント・ドミンゴ教会の鐘で目覚める。メキシコでは、教会の鐘の音が、目覚まし時計になる。昨日買っておいたハム・チーズのサンドイッチで手早く朝食を済ませ、ソカロの西三ブロックのメソン・デル・アンヘル・ホテルに急いだ。八時三〇分発モンテ・アルバン遺跡行きの始発に乗るためである。現地の見物時間二時間で、帰りのバスも決められていて、往復で二〇ペソ。九時に遺跡に着いた。オアハカ盆地を見下ろす丘の上にある。メキシコの遺跡はすべて、日曜は無料で公開されている。

この遺跡は、紀元前五〇〇年ごろから建設が始まり、AD五〇〇—七五〇年ごろに全盛期を迎えたサポテカ人が建設したもので、これまで見て来たマヤやトルテカより少し古い。山上に作られた広い平坦地の南北に二つの基壇があり、そのあいだに、大神殿、宮殿、球技場、天文台と呼ばれている遺構が配置されているのは、チチェンやウシュマルと同じであるが、ピラミッドは残っていない。理由は分からないが、八五〇年ごろサポテカ人はこの土地を捨て、精巧なモザイク模様の遺跡で知られるミトラに移ったといわれる。その後の居住民により、北の基壇の北側に多くの墳墓が作られた。

図（1-16）モンテ・アルバン遺跡—踊る人のレリーフ

モンテ・アルバンで発見されたもっとも有名な遺物は、巨石平板に彫られた「踊る人のレリーフ」である。諸手を招くように持ち上げたり左右に開いたりして、一見ユーモラスに思われるので、この名が付けられた。しかし人物はみな目をつぶり、なかには首を垂れているものもある。ある者は、血を噴出していた。性器を切断された男の姿も。現在では、殺害された捕虜を写し取ったものとされている。古代都市間は交流と戦が繰り返されていたのだろう。この時遺跡の壁に並んでいたレリーフはレプリカで、オリジナルの一部がゲート横の博物館に陳列されている。

市内に戻り、近郊行きのバスが発車する二級ターミナルに向かう。毎日曜日にトルコルーラで開かれる先住民の露天市を見物するためである。オアハカの東三二キロの

図（1-18）トゥーレの大木

この村まで、バスで一時間かかった。終点のバス停から約一キロ、村道の両側に、野菜、果実、靴、民族衣装、レース、タペテ（敷物）、民芸品など、地元の住民の産品が、天幕で覆った台の上に並んでいた（36頁　図1-17参照）。足をしばられて地面に放置された七面鳥がしわがれ声で鳴く。赤や紫色の頭巾を巻き、ブラウスの袖口から、いかつい褐色の二の腕をむき出したおばさんに混じって、エンジ色を基調にした明るい色彩刺繍の民族衣装「ウィピル」や、「レボッソ」と呼ばれるショールを纏った先住民の女性の売り子たち。

露天市の中ほどの空き地に建つ教会では、日曜のミサが行われていた。村人はカトリック教徒である。ただ、内部で演奏されているのは、ギターによるラテン音楽だった。広場の木製ベンチで一休み。似たような中型の二匹の黒犬が、日向で死んだように眠っていた。

オアハカへの帰りに途中下車して、「トゥーレの木」と呼ばれる樹齢二〇〇〇年を越える名木を見た。糸杉の一種で、高さ四二メートル、幹周りは五八メートルもあり、幾つも分かれた梢にこんもりと葉を茂らせている。アメリカ大陸最大の巨木という。これほどの大木が、深山幽谷の奥ならいざしらず、交通の激しい国道のすぐ近くに残ったこと自体、奇跡のように思える。

二級バス停近くにある市内最大のアバストス市場の屋台で、チキンを唐辛子、トマト、木の実にチョコレートを加えたモーレ・ソースで味付けしたポージョ・エン・モーレを食べた。メキシコの味に次第に馴染んでいる。どの国に出かけても、土地のものを食べるのが愉しい。ポサーダ・マルガリータ・ホテルの入り口にある喫茶店でコーヒーを頼み、日暮れまで横の庭のテーブルに座って、家宛の絵葉書を書き、日記を付けた。庭には石の像が立ち白壁に蔦が這って、スペインに多いパティオ（中庭）を思わせる。

翌日は、世界文化遺産に指定されているオアハカ中心部の歴史地区をゆっくりまわった。午前中、二つの教会を訪ねる。この町ではこの教会の方が、ソカロのカテドラルより歴史を持ち、美術的にも優れているといわれる。まず、ホテルに近いサント・ドミンゴ教会（36頁　図1－19参照）。わずかに桃色味を帯びた入り口の壁面、その両脇にこれより少し丈の高い、淡青の丸屋根を載せた鐘楼が建つ、素朴ですっきりしたファサードである。

しかし、一歩内陣に入るとメキシコ風バロックといわれる豪華絢爛とした金箔や宝石に輝く祭壇が、参拝者を圧倒する。主祭壇は、中央部が前面に張り出し、聖人を表すレリーフのパネルが上下左右に並び、全面が金箔で覆われている。同じ金箔でも、たとえばタイの仏像に貼られたものと違い、けばけばしさがなく重厚である。主祭壇の右手奥にあるサンタ・ロサリア礼拝堂の美しさも、これに劣らない。この教会は、スペイン人による征服から半世紀後の一五七五年に礎石が打たれ、一世紀以上かかって完成されている。植民地時代ふんだんに採掘された金が、惜しみなく使われたのだ。ドーム状の天井は、淡い青の生地に、宝石が燦然と鏤《ちりば》められている。

ソカロの西五ブロックにあるラソレーダ教会は、サント・ドミンゴより一世紀後の一七世紀の建築である。四層からなる聖人の繊細なレリーフが、正面の壁面を飾っている。ラソレーダは、オアハカ地方で最も重要な教会として、多くの信仰を集めているという。教会前には、一二月に催される聖母祝賀のための、踊りの広場がある。

昼食のために立ち寄ったソカロ北東角のレストラン「エル・メソン」で、郷土料理という「カスエラ・デ・ケソ」(三一ペソ)を興味本位で注文した。地元名産のチーズを土鍋で溶かしたものという。たしかに、まだ沸騰音を立てて白い泡を噴き出している黄色のチーズをのばした、直径一五センチほどの熱い土鍋が、ナイフとフォークを添えてテーブルに置かれた。ほかに、なにもない。フォークを突き立てナイフを入れても、一片がなかなか切り取れない。チーズが、やたらにねばるのだ。おまけに、わずかに塩味がするだけで、チーズ自体あまり特別の味もない。これでは、市販のチーズを一本丸齧りする方がまだましだ。三分の一も食べられないで、ついに諦める。今回は、好奇心が空振りに終わった。近くで、明朝発のプエブラ行きのバス券を買う(一九三ペソ)。

メキシコ合衆国は、総人口約九〇〇〇万、そのうちスペイン系白人一五%、メスチーソ(先住民とスペイン系の混血)六五%、先住民インディオ二〇%である。メスチーソは混血の割合により、褐色の濃淡の程度が異なる。この国では、肌の白さに裕福度が比例するといわれる。政治と経済の実権は白人が握り、先住民は社会的弱者に甘んじている。そのため、チアパス州の一部の政情が不安なのである。

国内の他州に比べオアハカは、先住民の比率が高いが、政情はいいらしい。一九世紀の昔にせよ彼らの代表ベニート・フアレス大統領を生んだ土地柄である。先住民の文化や慣習が残り、地方色が濃い。フアレスの死去した七月の半ばに、市街地西北の丘で、毎年ゲラゲッツア祭が開かれる。祭りでは、色鮮やかな民族衣装をまとった男女の舞踊が披露されるのである。その舞踊の一部が観光客用のショーとして、ソカロに面したモンテ・アルバン・ホテルで、毎晩二回開かれる。今夜は、そのショーを見物することにした。六〇ペソ払って、周りにテーブル席を並べた地上階の広間に案内された。上の階まで吹き抜けになっていて、その手すりに立ってショーを見下ろすこともできる。テーブル席に数組の客がつき飲物を注文しているうち、開演の七時三〇分になった。手元に、踊りの名前や意味、由来と地方を紹介する簡単な英語のプログラムが配られる。オアハカ各地の舞踊が、一〇曲ほど演じられるらしい。まず、ソンブレロ風の白い帽子に白の上下をつけた男性と、白のブラウスに襷を十字にかけ、色とりどりの刺繍のスカートをはいた女性との四組のペアのダンス。ついで、明るい色調の衣装に換えた女性四人による「パイナップルの花」の踊り。女性が男性を誘惑する仕草、花嫁の行列、海亀の卵集めと鶏の交尾動作を示す土俗的ダンスと続く。女性の踊り子をまじかに見ると、若い子に混じってトラコルーラの露店にいたおばさんのように体格のいい年増が、額や肩に汗の粒を浮かべていた。最後に男女入り乱れての激しいダンスで、一時間半ほどのダンス・ショーは終わる（36頁　図1－20参照）。

図（1-21）プエブラの町並み

八．華やかな植民都市プエブラ

二月一八日九時のバスで、三日前に走り抜けた山岳地帯を、ベラクルスへの分岐点テフアカンまで戻った。ここから首都メキシコ・シティへの国道が、北に向かっている。ただし、首都に行く前に立ち寄りたい町が、ひとつあった。世界遺産に指定されている代表的植民地都市プエブラである。一三時五〇分、目的の町に着いた。メキシコ・シティに近い一〇〇万都市、プエブラ州の州都プエブラだ。バス・ターミナルも、これまでで一番大きい。

インフォメーションで、ソカロ行きの市バスの乗り場を教えてもらった。ソカロまで三キロあるという。ターミナルの外の屋台で、一本一〇ペソの地元名物タカテを買った。羊羹のような味と舌触りである。ターミナルから二ブロック東の停留所を見つけ、九番のバスに乗った。地方の中小の都会と違い、初めて訪ねる大都会では、土地勘を掴むまでは少し気を使う。運転手に尋ねて、ソカロに近い八ポインテー・五・デ・マーヨで降ろしてもらった。五月五日通り西八条というところか。

その後地図で調べたところこの市街は、ソカロにあるアルマス広場の北西角の交差点を基点にして、東西通りを東か西の〇〇条、南北通りを北か南の〇〇条と呼んでいる。札幌と同じような通りの表示である。いずれも計画により整備された人工都市だ。五月五日通り（プエブラ戦勝記念日）は、この基点より南で九月一六日通り（独立記念日）と名前を換えて南北に走る、市内一の繁華な歩行者天国の通りなのである。

ソカロのインフォメーションで、近所の手ごろなホテルを尋ね、簡単な地図をもらった。二ブロック東に歩いた北六条東二条のレアル・ド・パリアにチェック・イン。シングルで一三〇ペソ、小道のすぐ向うにエル・パリア民芸品市場がある。

まだ日が高いので、ソカロの周辺を散歩した。アルマス広場は、中央に噴水が上がり、広大で美しい。州庁舎や広場のまわりにカテドラルがあるのは、これまで見てきた都市と同じ。五月五日通りのサント・ドミンゴ教会の主祭ロサリオ礼拝堂も、オアハカにある同名の寺院のものに劣らず精緻かつ重厚である。一六世紀から一七世紀のヨーロッパにあるバロック建築以上に、天井から壁面、柱にいたるまで華麗に彫刻され、贅沢に金箔が使われている。メキシコ・バロックは、建物内部のすべての部分を石膏などの下地材で厚く塗り、白いところを上から掘り下げ、浮き彫刻に仕上げてから彩色するという（加藤薫『メキシコ壁画運動』平凡社）。当時の植民地の富裕さを物語っている。

夜は、ホテルに近いレストラン「ラ・チィキータ」で、カルド・ソチル（鶏肉、アボカド、ライスなどを煮込んだスープ）とタコスを食べた（三二ペソ）。専ら、各地のタコスを食べている。土瓶で出された濃いコーヒーも旨かった。

翌朝八時、手元の略図では山手高台にある城砦まで散歩した。途中にあるサン・フランシスコ教会は、ファサード壁面のタイル絵が美しい。山手の住宅区に入ると小道が曲がりくねって、道路標示も分かり難くなる。いくどか迷い、道を尋ねた末、一〇時頃城砦のある公園に出た。空堀で囲まれた円形の小さな砦に過ぎない。ただ、この高みから見下ろす大都市プエブラのパノラマは良かった。

五月五日通り西一八条のサンタ・モニカは、一見狭い修道院である。しかし、ここにはからくりがあって、秘密の通路を通りぬけた裏には、現在プエブラ博物館になっている修道女の広大な宿坊が隠されていた。一八五七年フアレス大統領は大改革を実施し、それまで強大な富を蓄積していた教会や修道院の土地を国家に没収する。これを免れるためサンタ・モニカ修道院は、ファサードを民家に見せかけていたのだ。

博物館へは、横手の道路に別の目立たない入り口がある。噴水や実をつけたオレンジの木が茂る二つのパティオを囲んで、礼拝堂や宗教画の掛かった大小のホール、修道女が生活した空間がある。

五月五日通りを南に下り、ホテルに通じる東二条通りで右折する。この通りや少し北側の東四条通りや六条通りは、ピンク、グリーン、イエロー、ブルーなどビルごとに壁の色彩を異にし、大きな縦長の長方形の窓を開いた三階建てのコロニアル様式の建物が続く美しい通りだ。窓には文様のある金属の手すりのついた小さなバルコニーがせり出し、窓と窓の空間には、人物像のタイル絵がはめ込まれている。「セルダンの家」や「砂糖菓子の家」は、その代表だろう。広いプエブラには訪ねだしたら、まだいくらでも見所がある。しかし、旅にでてから既に半月たった。メキシコでは、まだ見たい場所が多い。少し先を急がなければならない。

中央バス・ターミナルで、一三時二四分発のメキシコ・シティ行き急行に乗る（七五ペソ）。首都の東バス・ターミナルに、一五時五〇分に着いた。メトロ（地下鉄）のサン・ラザロ駅から三つ目のピノ・スアレス駅で乗り換えて、ソカロ経由の四駅目イダルゴで下車する。首都だけにメトロが縦横に走っている。この国で初めて乗る車輌である。イダルゴ駅から近いサン・フェルナンド広場に、当てにしている日本人経営の経済的な宿、サン・フェルナンドがあるはずだ。しかし大きなホテルの標識も出ていないので、しばらくレストランとならんでいるいくつかのビルの前を、行きつ戻りつした。たまたま、近くにいたメキシコ人が、お前さんの探しているのはこの家だろう、と鉄柵に囲まれた家を指し示した。近づいてよく見ると、壁に嵌めた金属パネルにホテル名が書いてある。運良く外出から戻ってきた日本人の若者が、呼び出しのブザーを押した。内部から来客を確かめる声がして、やっとドアが開き、鉄柵の入り口も開く。若者に続いて室内に入ると、「お帰りなさい」と声がかかった。久しぶりに聞く日本語だ。

このホテルには、男女別のドーミトリー（共用部屋）とシングルがあるが、今日はドーミトリー（七米ドル、あるいは七〇ペソ）が満員。シャワー共用のシングル一二〇ペソを払う。日本人客に限っているようだ。ほとんどが個人あるいはグループのバックパッカーである。入り口すぐの部屋の真ん中に大きなテーブルが据えられている。宿泊者はここに集まって、飲み食いし、旅の計画をたて、雑談する。ユース・ホステルと同じで、だれでも気軽に話しに加わり、旅の情報が交換できる。

とりあえずシャワーを浴び、下着の洗濯を済ませたところで、窓外に夕立が来た。雨が止むのを待って、近所でパン（七ペソ）、セブン・アップ二リットル（一一ペソ）、シガレット（一三ペソ）などの買い物をした。

その二　アステカ帝国の滅亡、革命と現代のメキシコ

九．テオティワカン、メキシコ・シティのソカロ、卒業旅行の四人組

八時半、朝食のため階下に降りてゆく。大きなテーブルの上に、食パン、マーマレード、バター、籠に盛られたモンキー・バナナの房が置かれていた。隣の共用キッチンには、常時、湯沸かし器の熱湯、インスタント・コーヒー、ティー・バック、シュガーが備えてある。これらを各自が好きなだけ食べたり飲んだりする。毎朝かわらない。この朝食は、シングル、ドーミトリーの区別なく、宿泊費に含まれている。

市内見物は後回しにして、今日はメキシコ最大の遺跡テオティワカンに行く。遺跡めぐりの最後にふさわしいだろう。ただ、首都から五〇キロと近く交通の便も良いため、訪ねる人が多い。団体客が到着する前の、涼しい午前中がよい。メトロで北方面バス・ターミナルに行き、一五分間隔で発車しているバスで約一時間、一〇時三〇分目的地に着いた。

バス停からゲートに向かう空き地で、三〇メートルはある高いポールが立ち、その先端にある四角の枠から伸びた四本のロープにそれぞれ体を結んだ四人の白シャツに赤いズボンをはいた男たちが、遠心力でポールの周りを回っている。柱の頂点にも一人の男がいた。回転が次第に遅くなり遠心力も弱まるにつれ、ロープの先が下にさがり、やがて男たちは地上に立った。これを見届けて、頂点に残っていた男もポール

を伝って降りてきた。立ち止まる見物人も少ないところで、彼らはなにをしていたのだろうか。そのときはそのまま通り過ぎた。あとになって、「ボラドール・ダンス」と呼ばれる、本来宗教的意味を持つ、スペイン先住民が伝えた有名なダンスだったと知る。柱上にいたのは、リズムを奏でるキャプテンで、他の四人は、ボラドール（空を飛ぶ人）と呼ばれ、頭に羽毛をつけて鳥を表象している。天上界を表す一三回彼らはポールの回りを舞うのである。四は、世界の四方を指す。

西側からゲートを入ると正面に「城砦」と呼ばれる区画がある。大きな広場とこれを囲む建造物からなる。その一画の裏階段から上るケツアルコアトルの小ピラミッドは、壁面や石段の手すりに無数に彫られたトラロック（雨神）とケツアルコアトル（首周りに羽のある蛇神）の彫刻で注目されている。遺跡が発見されたとき、ケツアルコアトル像の方はすべて石材で覆われていた。トラロック神を信仰する種族が、ケツアルコアトル派を戦で破り追放したという学説がある。

テオティワカンが人口二〇万を擁し当時世界に例のない大都市センターを築いたのは、ＡＤ三五〇年から六五〇年のあいだといわれている。その後、内紛か外敵（たとえば、九世紀メキシコ北部から侵入した牧畜を生業とするトルティカ人）の侵攻で衰亡した。マヤ文明と違い遺跡に文字がほとんど残されていないので、原因が分からない。一三世紀に興ったアステカ族に発見されたときは、既に巨大な廃墟だった。後で触れるように、ケツアルコアトルの伝説だけ、アステカ人に引き継がれていく。

南北四キロの「死者の道」と呼ばれる大きな道が、遺跡の中央を縦断している。見学者は、両側に散在する遺構に寄りながら、北の突き当たりにある「月のピラミッド」を目指して進む。どの建造物を見物するにも上り下りがあり、日陰も少ないから、気温が高いときはかなり体力を消耗する。

遺跡の中で最も規模が大きいのは、「太陽のピラミッド」と呼ばれる、一辺約二〇〇メートル高さ約六〇メートルの神殿の基壇である。その上にあったはずの神殿は、残っていない。五層の基壇が積まれ、これを踊り場とする幅広く緩やかな石段により、誰でも容易に最上部まで登ることができる。

月のピラミッドは、太陽のピラミッドから数百メートル北にある。月のピラミッドの背後には、樹木が少なく青みを帯び、なだらかで広い山容が、薄いエンジ色のピラミッドを浮き上がらせるように包んでいた。ピラミッドに太陽とか月を冠したのは、アステカ人である。月のピラミッドの上は、この遺跡全体の展望に最も良い場所だ。今まで歩いてきた死者の道や太陽のピラミッドの巨大さ、遺跡の規模が実感できる。出口ゲート近くの小宮殿で、鮮やかな色彩を残す猫や蝶のレリーフを見た。写真でも宣伝され、メキシコへの観光客の殆どが訪ねるテオティワカンを、これ以上詳述する必要もないであろう。

ユカタン半島の東端カンクンに着いてから半月以上かけて、主として古い遺跡、オルメカの巨石人頭像、古典期から後期古典期の農耕文明マヤ、マヤ文明とも係わりながらも独自の文明を築いたテオティワカンの遺跡を巡ってきた。メキシコ合衆国の南半分に相当する。いずれの遺跡も世界文化遺産に指定された、人類共有の財宝である。この国には、発掘中のものも含めて、なお多くの見るべき遺跡がある。それはまたの機会ということになる。メキシコ滞在の後半は、古代文明の最後に栄えたアステカとこれを滅ぼしたスペイン人の植民地、そして独立以後の現代メキシコの一端に触れる旅になるだろう。

シティに戻って、ソカロに行く。メキシコ・シティは、合衆国の総人口約九〇〇〇万のうち二〇〇〇万人が集中居住する、世界最大の都会である。ただ東京都と同じく広い首都圏全体を含めての話だ。都心部は、メトロとバス網が発達していて、移動に支障はない。都心部には、東にソカロ、西にソナ・ロッサという二つの中心地区がある。ソナ・ロッサは、高級レストラン、ブティック、ディスコ、土産物店などが集まる高級繁華街。メキシコ・シティのソカロは、正式には憲法広場と呼ばれ、公的行事が催される広大な石畳の空間で、北面にカテドラル、東面に国立宮殿が建っている。泊まっているサン・フェルナンドは、どちらにも歩いていける中間の便利な場所にある。

ソカロ地区は、スペイン人に征服されるまでは、アステカ帝国の首都の中心部だった。トルテカ人の都市が衰えた一三世紀、同じく北方の牧畜地帯からこの土地に進出したアステカ人は、当初周辺の諸部族に従属する弱小集団に過ぎなかった。彼らが居住を認められたのは、盆地に広がるテスココ湖の中の湿地帯である。当時のテスココ湖は、南北五〇キロ、東西三〇キロに及ぶ大きな湖だった。アステカ人は、湿地を埋め立てて、都市の建設を始める。アッチラ大王の脅威に晒された人々が、干潟に都市国家ベネチアを建設したのに似ている。

やがてこの地域の覇者となった軍事国家アステカは、一辺四キロに及ぶほぼ正方形の人工島に、中央広場や大小いくつかのピラミッド、王宮などを中心に、マーケットや石造の民家で埋め尽くされるテノチティトランと呼ばれる華麗な都を造り上げた。一三四四—五のことである。盛時の人口は二、三〇万。この島は北、西、南の陸地から延びた歩幅三〇歩ほどの堤道が通じていた。北の堤は一〇キロと最も長く、最短の西岸のチャプルテペク（ソナ・ロッサの西隣にあたる。現在チャプルテペク公園となり、城や国立人類学博物館がある）と繋がる堤道でも三キロあり、水道が引かれていた。新大陸には馬が棲息せず、鉄や車の知識もなしに、人々は大土木事業を次々に起こす。土木技術に優れていただけでなく、天文学、暦学、租税システム、司法組織、絵文字も発達した。

アステカ文明の中で最も特異なのは、彼らの宇宙観であり宗教観である。太陽が、アステカ人の信仰の中心を占めた。宇宙の暗黒を照らし、夜と死から人類を救ってくれるのである。夜間には太陽が、暗黒に住む無数の星と戦っている。この太陽に力を貸すためには、星の数だけの捕虜を捕まえて、生贄として太陽に捧げなければならない。かくてアステカ人は、後期古典期の遺跡チチェンやウシュマル以上に、多くの捕虜を生贄にし、神殿のチャック・モールが支える皿上に生暖かい心臓を捧げた。

その一方で、アステカ側の記録によれば、彼らは、生贄に反対する農業と豊穣を護る羽毛の蛇神ケツァルコアトルが、東方から帰還することを恐れていた。アステカの伝説によれば、軍神ウィチィロポリトリに追われた蛇神は、アステカの暦で一の葦の年に戻ってきて、この土地に報復すると予言して去る。一五一九年が、該当する年にあたる。アステカ帝国は、モクテスマ王の治下で全盛期を迎えていた。

運命の一五一九年二月、キューバ総督の秘書兼財務官で三三歳のエルナン・コルテスは、総督ベラスケスの命令を無視して、五〇〇余りの兵士を率いて、黄金伝説の国メキシコに向かった。カンクンの南のコスメルで準備を整えてから、メキシコ湾沿いに北上し、現在のベラクルス市の地点に上陸。ここからは、テノチティトランがある中央高地が、西方遥かに望まれる。コルテスは、意志堅固で決断力があり策に富んだ、現場の指揮官として最高の人物だった。彼は、遠征途中でアステカの情報を集め、これに敵対する部族を味方につける工作をしながら、現在のプエブラの北、ポポカテペトルとイシュタシワトルという二つの五〇〇〇メートル峰を指標に、首都に近づいた。

最終的にアステカ王国が崩壊する一五二一年八月までの詳細は、すでに史実として定まっている。モクテスマの後継者による反乱で一時窮地に立ち、スペイン軍に多くの犠牲者がでたが、沈着なコルテス

図（1-23）憲法広場に建つ国立宮殿

図（1-24）テンプロ・マヨールに残るチャック・モール像

はこれを乗り切った。ただ、数一〇万人の兵士を動員でき、全盛期にあった大軍事国家アステカが、いかに優れた兵器で装備されていたにせよ、一〇〇〇人にも満たないコルテス軍に敗れたことに、多くの人は納得できなかった。学説が分かれるのは、そのためである。ケツアルコアトルの伝説も、その一つだろう。コルテス一行をケツアルコアトルと信じたモクテスマ王が、早々に戦意を喪失してしまったという。アステカの年代記作者が、自ら納得するために後に創作したともいわれる。一方でケツアルコアトル白人説は、スペイン人が権威を高めるために作り出した話に過ぎないという見方も、近年提起された。

むかし、増田氏の『古代アステカ王国』を読み、特に興味を引かれたのは、日常的に行われていた人間の生贄と、運命の一五一九年だった。そして湖上に輝く都、テノチティトラン。スペイン人たちが一目見て壮麗さに感嘆したというアステカ人の都も、結局死闘の中で廃墟と化す。後にやってきた本国の支配者たちは、モクテスマ王の宮殿跡に、メキシコ植民地の宮殿を建てた。現在私の正面にある国立宮殿である。

その左手、すぐ北側の一画は、むき出しの廃墟となっていた。テンプロ・マヨールと呼ばれ、かつての中央神殿跡である。一九七九年から発掘が始まり、現在公開されている。手すりのある通路に沿って、遺跡の上や周りを歩いた。既にチチェンで見た心臓受けのチャック・モール像や頭骸骨の彫刻のあるツォンバントリ（首晒し台）もあり、後期古典期マヤ文化の影響は明らかだ。付属の博物館に、テノチティトランの想像模型が展示されていた。この広大なアステカの都は、いまやメキシコ・シティの都心部の地下に埋まっていて、発掘復元することはできない。

テスココ湖も殆ど埋め立てられてしまった。ソカロから一六キロほど南にあり、舟遊びで人気あるソチミルコの水路は、その名残である（69頁　図1－25参照）。南バス・ターミナル近くのメトロの終点タスケーニャで、ペセロ（路面電車）に乗り換える。ソチミルコ駅に着いて、近くの若い男に水路への道を尋ねた。教えてもらった道筋を頭に描きつつ、道の角を曲がると、その男が立っていた。三度ほどこれを繰り返しているうちに、遊覧船乗り場に来た。若い男は、客引きだったのだ。

青い丸屋根に赤い手すりをつけた屋形船が、何艘も泊まっている。ウイーク・デイの昼下がり、遊覧客もなさそうだ。一人で船に乗っても、つまらない。もともと水辺を歩くつもりで来たのだ。だが、ここには遊歩道がない。水路に沿って散在する船着場に近付くための、行き止まりの小道だけだ。水路は所々広がり、曲がっている。静穏な空気があたりを包む。両岸の樹木が、藻で濁った水面に影をおとしていた。

今晩は、箕面市から卒業旅行に来たという学生と相部屋になり、宿泊費も半額の七〇ペソ。夕食のため連れ立って、近くのレストランに行く。混んでいる店内を見回していると、手招きするひとがいた。同じサン・フェルナンドに宿泊している女性である。彼女と連れの若い男が座るテーブルに合席させてもらう。彼女は、一ヶ月この国でスペイン語の講習を受けた後、各地を旅した。今日はメキシコ・シティでプロレス修行をしているこの従弟の若者を、激励のため呼び出したところらしい。

……まだ修行中だから、三〇分間の短いマッチしか出来ないし、試合手当てもわずかだ。三〇分マッチでも、メキシコに住み始めた当初はとてもきつかった。なにしろ、二二〇〇メートルの標高だからね。空気も、いいとは思わない。だが、もう慣れたさ。部屋代は月七〇〇〇ペソ、自炊すればなんとかやれる……プロレス見習いは、そんな話をした。メキシコの平均月収は、換算すれば三万円である。

「プロレスには善玉と悪玉がいるけど、あなたはどちら?」

「むろん、善玉です。日本人レスラーは、善玉が多い」

テレビで見るレスラーに比べると、この若者は筋肉質で体が締まっている。それが、レスラーにとって得かどうか分からない。食欲は旺盛だ。なにしろ、従姉のねーさんが奢ってくれているのである。話に夢中になって、私の料理に添えられたパンまで、食べてしまった。

二月二二日(金)、曇りで風があり、涼しい。

メトロのチャプルテペック駅下車、タマヨ美術館の前を過ぎ国立人類学博物館を訪ねた。博物館前の広場に、三色旗がはためいている。外側から赤、白、緑のメキシコ国旗だ。真ん中の白地の部分に、植物や動物を図案化した丸い紋章が付く。

ゲートを入ると、噴水のある大きな中庭を「コ」の字型に囲んで左右と正面に考古学の展示フロアーがある。地域別時代別に配置され、これまで見てきた遺跡を整理復習しながら理解するのによい。上階は、現在も残っている先住民の衣食住にわたる生活を紹介する民族学フロアーとなっている。今回は、地上階の考古学フロアーを中心に見学した。ただ、残念ながらたまたま第九室メキシコ湾岸と第一〇室マヤが閉鎖されていた。第一室から第四室までは、先古典期までのメソ・アメリカの考古学の入門、第五室では昨日訪ねたばかりのテオティワカン出土した雨神の巨像オリジナル、第六室は訪ねることが出来なかったトルテカ人の象形文字を刻んだ石碑、第七室アステカ、第八室オアハカの踊る人のレリーフ（オリジナル）など、見ごたえのある展示物が並んでいる。なかでも、地上階正面奥の第七室アステカにある直径三・六メートルの太陽の石は、太陽神のまわりにアステカの暦を図形化したもので、その美しい文様に多くの見物客が見とれていた。テノチティトラン滅亡後、路傍に放置されていたものという。

博物館を出て、同じチャプルテペック公園内にある城に向かう。この公園には、動物園や国立劇場もあり、菓子や飲物、アイス、ホットドッグ、タコスなどの飲食物、土産ものを売る屋台が並んでいて、行楽客で賑わっている。少し迷った後、城に通じる坂道を見つけた。やや急な傾斜を登って折り返したところに、現在は歴史博物館になっているチャプルテペック城がある（三五ペソ）。内部、「革命の間」の壁面一面に、「ディアス独裁制から革命へ」というシケイロスの大きな壁画がある。一九一一年の革命時この国を支配していたのが、この城の主ディアス大統領だった。

メキシコが、宗主国スペインから独立したのは、一八一〇年にイダルゴ神父、モレーロス、アジェンデら、いわば独立の志士たちが上げた狼煙をきっかけとした独立戦争を経て、一八二一年イトゥルビデが大統領に就任したときである。しかし、彼は帝位を狙い、一年あまりで失脚した。

一八二四年の憲法により、メキシコは共和国になる。その後も政情は安定せず、幾度か保守反動と革新のあいだを揺れ動いた。なかでも悪名高いのが、サンタ・アナ独裁時代（一八三六―一八五五）である。サンタ・アナは、権力を握るのに長けていただけで定見もなく、場当たり的に政治や軍事を取り仕切った。その結果米国に乗ぜられて、テキサス、ニュー・メキシコ、アリゾナ、カリフォルニアなど、国土の半ばを失う。合衆国の建て直しに立ち上がったのが、これまでにも幾度か触れたベニート・フアレスである。

一八五七年連邦政府の権限を強化する新憲法が発布された。一時フランスのナポレオン三世の介入によるマクシミリアン（オーストリアの大公）王政下三年間の幕間劇が挟まるものの、ファレスは大統領として（一八六七―七二年）、改革（レフォルマ）に成功する。

ファレス後の一八七六年政権に就いた同じオアハカ出のメスチーソ、ポルフィリオ・ディアスは、三五年も大統領の地位にとどまり独裁制を敷いた。時計の振り子を再び反動側に戻す。出自に劣等感を持っていたのか、顔面を白く薄化粧し、白人を妻にした。彼は、ヨーロッパ文明の崇拝者で、極端な欧化政策をとる。外国資本の導入により産業は発展したが、その一方で、農民や労働者が過酷な収奪を受けた。かくて一九一〇年の革命が起こり、基本的人権や自由、政教分離を規定した一九一七年の現行憲法が成立した。これ以後が、メキシコの現代といえるだろう。

チャプルテペック城内には、ディアス夫妻が使った調度のほか、入り口近くに、赤いプレートに金の飾りを施した皇帝マクシミリアン用の馬車が展示されていた。ナポレオン三世に利用されただけの人の善い皇帝は、国民の期待を受けて善政をしたと思っていたらしいが、改革の嵐のなかで銃殺された。

花壇のある上階の中庭を取り巻く通路を歩きながら、窓ガラスを通して市街地を展望する。どちらを見ても公園の樹木の向こうに大小のビルが連なっている。いずれの遠景もうす青く霞む山並みだ。メキシコ・シティは、中央高地の中の盆地にあることが実感される。今ではだいぶ改善されたらしいが、一〇年ほど前までは大気汚染が深刻な首都だった。急激な人口の集中による環境汚染と自動車の排ガスが、盆地に停滞したのである。景色をカメラに収めていると、小学生の集団がやって来た。仲間うちで、「チーノ（中国人）？」とか「コレアーノ（朝鮮人）？」などと囁やいている。少し大胆なのが、「ハポネース（日本人）

図（1-25）ソチミルコ

図（1-26）リベーラの壁画「テノチティトランの光景より — 市場風景」

図（1-27）シケイロスの壁画「民衆から大学へ、
大学から民衆へ」

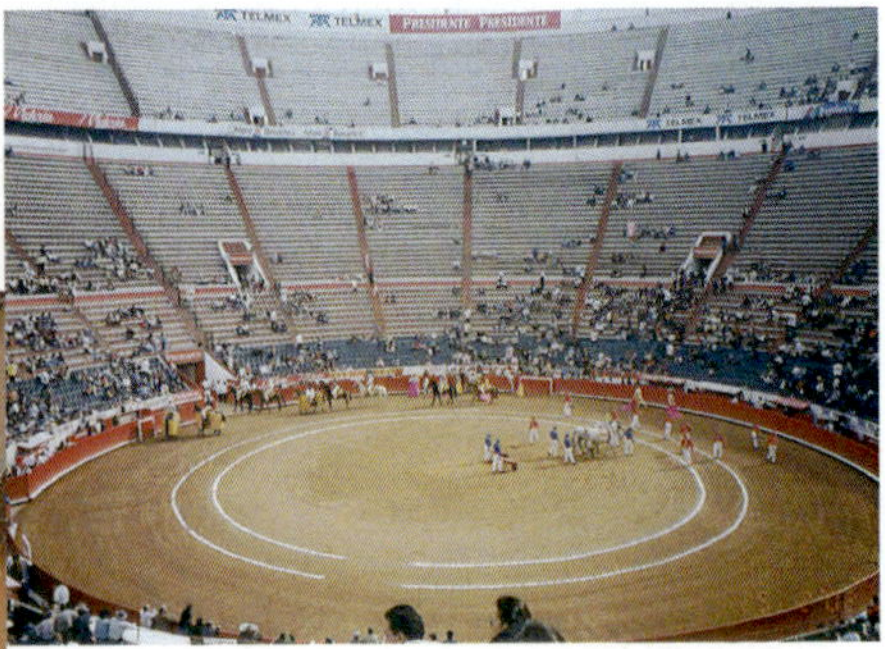

図（1-29）メキシコシティの闘牛場

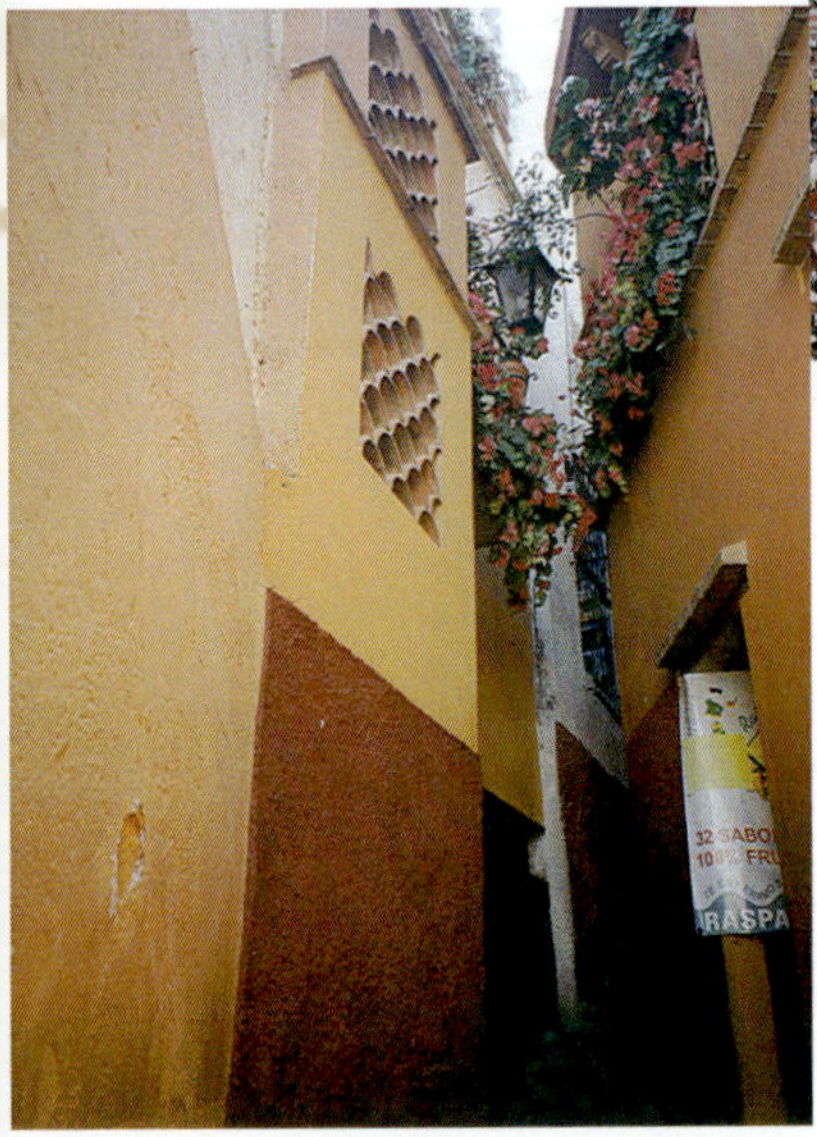

図（1-32）接吻の小道

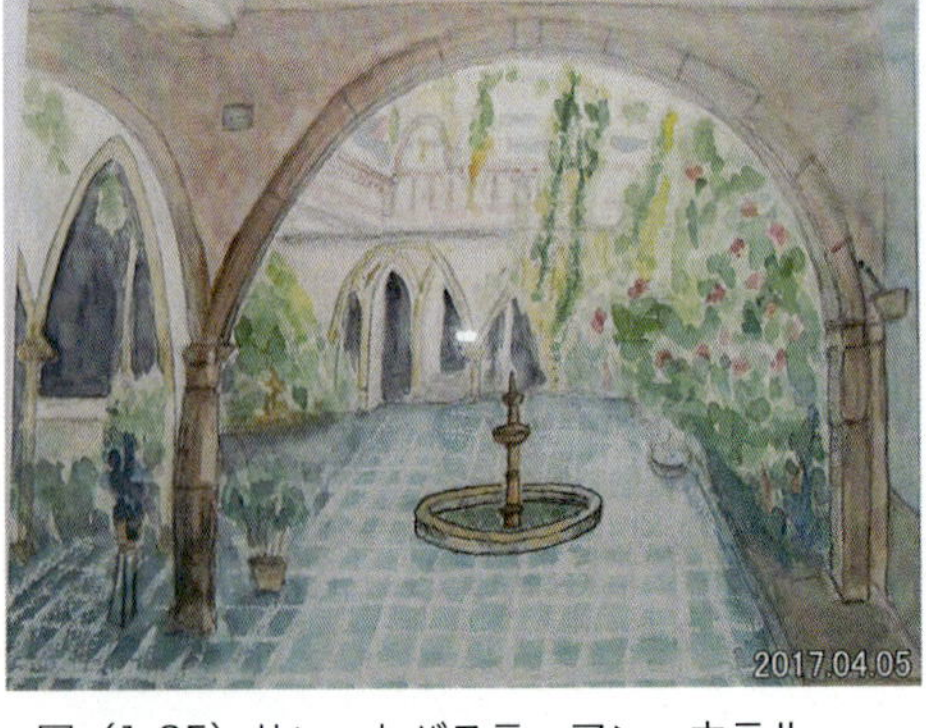

図（1-35）サン・セバスティアン・ホテル
のパティオ（著者自筆）

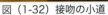

か？」と直接私に訊いた。「シ、ソイ　ハポネース（そう、日本人だ）」と答えると、彼はうれしそうに仲間と顔を見合わせた。

チャプルテペック公園からメトロのイダルゴ駅まで、東北に向けて「パセオ・デ・ラ・レフォルマ（改革通り）」が走っている。ソナ・ロッサを抜ける約三キロの繁華な通りだ。ホテルへの帰りには、この道を歩いた。

ちょうど昼飯時に近いので、少し横道にそれて「ユグ」という小きれいなレストランに寄った。店は、まだ混んでいない。給仕が持ってきたメニューにゆっくり目を通す。分かっても分からなくてもメニューは、ゆっくり眺めるものである。妻と二人のときはいつも急かされて、そうはいかない。眺めて楽しんでいるのを、迷っていると勘違いしているのだ。

内容がわからないときには、定食（コミーダ・コリーダ）を注文するのが無難である。だがこの店のメニューに、カルド・タルピーノというのを見つけた。手持ちノートの試食予定料理のリストに、鶏ガラでとったブイヨンにトマト、ニンニク、タマネギ、アボカド、鶏肉、米などが少しずつ入ったこのスープは、お奨めとある。これだけでどうかと給仕の顔を見たが、彼は注文を訊いただけで引き下がった。よく分からぬときは、余分な注文はしないほうがいい。果たして、具がたっぷり入った濃い味のスープに、ピリ辛のサラダとパンが添えてあった。昼には、これで十分だ。

改革通りに戻ってすぐの広場には、高い柱の上に金のエンゼル像を載せた独立記念塔が建っている。シティのシンボルのような塔で、台座の下にはイダルゴら独立の英雄が眠る。さらに一キロ先には、ドーム状の革命記念塔が見えた。

一旦サン・フェルナンドに戻り、午後は再びソカロに出かけた。噴水や彫像、記念碑、円形舞台のあるアラメダ公園の緑地の道を通り抜ける。出口付近に、ベニート・ファアレスの像を見た。

ソカロのメトロポリタン・カテドラルは、この国のカトリック総本山だけあって、外観の規模も、内部装飾もみごとである。しかし、オアハカのサン・ドミンゴ教会の美しい金の祭壇を見た後では、装飾や彫刻の見事さにはあまりおどろかない。カテドラルの地下には、アステカ帝国のケツアルコアトル神殿が、埋まっている。スペイン人は、アステカの神殿もろとも彼らの宗教も根絶やしに破壊してしまった。

東隣にある国立宮殿は、ソカロの憲法広場の東全面を占める。横長で三階建て、不用な装飾を省き落着いた建物。かつて、国政の中心であった旧国会議事堂である。地上階は、上部に鉄格子のついた窓のある壁面、一階（日本でいう二階）は深紅のひさしのついた大きな窓が並ぶ。ゲートがある中央部はドーム状の屋根があり、一階がバルコニーになっている。ドームの上に、メキシコ国旗がはためいていた。毎年九月一六日の独立記念日には、このバルコニーに立つ大統領の声に合わせて、広場に集まった市民が独立万歳を唱えるという。一八一〇年民衆に呼びかけ独立運動に立ち上がった「イダルゴの叫び」の故事にちなむものである。宮殿入場には、パスポートなどで身分を証明しなければならない。

入り口を入ると、噴水のある中庭にでる。アーチ型列柱の並んだ回廊が、各階の四面について、見学者は中庭を見下ろすことができる。ただ、要所に衛兵がいて、どこにでも立ち入れるわけではない。

この宮殿の見ものは、正面階段から一階の回廊にかけての壁一面を覆うディエゴ・リベーラの大壁画「メキシコの歴史」である。その中の「偉大なる都テノチティトランの光景より―市場風景」（一九四五年）（69頁　図1－26参照）という画面では、青い鉢巻をし、右手に羽毛の扇を持ち、白い着衣のモクテスマ二世が、幌のような駕籠に担がれて群衆のなかに描かれている。路傍で甕や篭に入れた穀物を売る老婆、取引のため向かい合った数組、価格交渉らしく指を折り曲げている赤いマントの男、大きな敷物を丸めて転がしている労働者が近景にある。背景として、手前から堤道が直線的にテノチティトランの中央大広場にある大神殿の正面階段に延びている。これを囲むいくつかのピラミッド。広大な市街地を縦横に走る水路。湖に背後の赤茶けた丘、そして、遠景の山脈に白い雪を戴く二つの高峰は、まぎれもなくポポカテペトルとイシュタシワトルだ。別の画面では、シャベルで土を掘り起こす農夫。働く原住民の男たちはみな、褌しか着けていない。羽毛の帽子を被り、手に手に白の細長い棒をもった盛装した原住民。あるいは、甲冑を着けて戦うスペイン兵士。宣言書を読み上げるスペイン人高官。そのような画面が回廊に沿って、延々と続くのである。この壁画は、リベーラの死で未完成に終わった。

一七時三〇分憲法広場への立ち入りが制限された。やがて正面入り口から軍楽隊の演奏と共に、衛兵が行進してきた。広場中央にある掲揚台から揚がっていた大きな国旗が、国歌と共に静かに降ろされる。

夜、サン・フェルナンドの丸テーブルで、周りに座っている人たちの話を何気なく聞く。なかに、関西弁で話す四人組の若者がいた。兵庫、摂津市、京都の出身者で、学部はいろいろだが同志社大学の四回生、卒業旅行に来たのだという。この就職難の時代に、松下、国土庁、ペンタックスなど、みなよい働き場所が決まっていた。

「どうしてメキシコへ」と尋ねてみる。

「四人の誰も来たことがなく、面白そうな国だから」

「ここからハバナに飛び、帰りはカンクンに戻ってきます」別の一人が付け加えた。

「どのくらいの予算ですか」、これはバックパッカー共通の関心事だ。いかに抑えた費用で楽しい旅を演出できるかという、技術の問題である。

「二週間フィックスで、格安航空券六万五〇〇〇円、ただ、往復にシカゴで一晩過ごす費用は含まれません」

変更が一切できず、乗り換え連絡のよくない固定切符だから、飛び切り安い。多分シカゴでは、飛行場の待合室で一夜を明かすつもりだろう。

今度は私が質問される番だ。まず、今やっていることについて。

「悠々自適の生活ですか」

「人生、なかなか自適とはいかない」

「?」

「当ててみてください」

「ひょっとして、学校の先生」

これは、昔から旅先で殆どいつも相手から発せられた推量だった。よく学期末や夏季に休暇が取り易い教師が、仕事を離れた旅をする種族だ、という通念のためかもしれない。私の話し方や雰囲気から教師と推定されていたのだったとしたら、ばりばりの現役実務者であった当時の自分としては、少し問題である。

「今は、貴方たちと同じ学生ですよ。ちょうど長い論文が受理されたばかりで、私の旅も卒業旅行みたいなものです」

日本人ばかりの宿で、お互いに外国にいるある種の緊張から開放されている。話題は日本のことになった。彼らは、下京区の自宅住まいや右京区あたりの下宿から通学している。桂付近の話がでたので、国道九号線で亀岡から老いの坂を越え、京都市内に入ったところにある「仁左衛門の湯」という温泉の名を口にした。妻とドライブで時々出かける、流行りのスーパー銭湯である。露天の岩風呂がいい。

「仁左衛門なら、時々行ってる」「俺も」「わしもだ」、なんと、みな同じ温泉の愛好者と分かり、大笑いになった。

「ああ、露天風呂に入りてぇ」、と叫び出すものもいる。

「今度は、仁左衛門で会えるかもね」

サン・フェルナンド・ホテルの管理人は、三〇前後の日本人である。最初は、このホテルのオーナーと思っていたが、シティに来て一年半ほどという。まだ複雑なスペイン会話はできないようだ。

サン・フェルナンドは、四階まで吹き抜けのビルである。地上階に男女別共同寝室、キッチン、シャワー、トイレ、上階にはシングルやツインがある。屋上は、洗濯ものの干し場で、宿泊者の下着や靴下が、いつも所狭しとロープに吊るされていた。屋上にも、予備の個室があった。

時々階上からヨチヨチ歩きの幼児を連れたメキシコ人の母親が降りてきた。オーナー夫人かもしれない。しかし、オーナーには、滞在中お目にかからなかった。

ほかに、毎日のように立ち寄って管理人を手伝い、宿泊客にシティの情報を教えたり、一緒に外でフットボールの蹴り合いの相手をする青年がいた。ここに寝泊りすることもあるようだ。彼は、若い女性の宿泊客から「お兄チャン」と呼ばれ一目置かれているが、普段どこに住んでいるのか、なにをしていたのか、よくわからない。

ホテルの住人として忘れてはいけないのが、ピッキイという当年七歳のテリア系の小さな犬。ふさふさとした茶色の毛が、視野をさえぎるほど前に垂れている。彼の定席は、入り口すぐのソファーと男性の共同寝室入り口の床。この場所が、事情を知らない宿泊者で占領されているときは、所在なげにあたりをうろつくのだった。入り口のドアがあいていれば、ピッキイだけは鉄柵のあいだを擦り抜けて、戸外と自由に往来できる。

以上が、メキシコ・シティで前後六日ほど私が泊めてもらった、サン・フェルナンドの定住者である。あとは、入れ替わりに数日寝泊りしては去っていく、一時の過客だった。

次の日、市街地の南にあるメキシコ国立自治大学を訪ねた。外国を旅していて時間に余裕ができれば立ち寄るのが、大学のキャンパスである。大学もいろいろだから、一つを見て一般化するつもりはないが、その国の若者の雰囲気が少しは分かるかもしれない。この大学は、ラテン・アメリカで最大という大学図書館の、壁を飾るオゴルマンのモザイク壁画を見ておくのもわるくない。メトロに乗り、終点一つ手前のコピルコ駅でおりた。すぐキャンパスの入り口があり、林の中の坂道を少し登ると、大学の建物がいくつも見える。だが、構内のかっても分からず地図も持たないから、どこに図書館があるかわからない。

構内をぶらぶら歩いていると、空き地に木製の卓や椅子を並べ、軽食やスナックを出す売店の前に出た。独りでサンドを齧りながら本を広げているもの、駄弁っている三人の女子学生、ノートを見せて話している数人の男女のグループが、それぞれのテーブルについていた。思いきって男女のグループに近付いて、図書館への道を尋ねる。彼らは、地図を描いてくれるが、現在地も方向も分からず、途方にくれた。

すると、仲間に指名された男が、ノートを閉じて立ち上がった。案内してくれるらしい。すぐ近くかと思って彼の後に続くと、構内のタクシー溜まりで一台拾って、一緒に乗るよう促した。タクシーは、起伏のあるキャンパスの樹林の下道を、かなり走って、大きなビルの前で停まった。学生は、同伴してきた外国人に図書館の内部を見学させるよう館員に頼んでくれる。帰りのタクシー代を渡そうとするが、自分は近道を知っているからといって、両手を交互に前後に振って駆けだす動作をした。お礼をいい、勉強の時間を妨げたことを謝って、親切な学生と別れる。

しばらく開架閲覧室や索引、コンピューターで検索している学生などを見ながら回って戸外に出た。図書館の正面上階に、高さにして六、七階に相当する巨大な直方体が載っている。その四壁にオゴルマンの壁画（一九五二年）が描かれているのだ。スペイン人、アステカ人、動物、植物、円や角や線が組み合わされた複雑な文様。茶、白、鶯色が基調となっている。四壁それぞれに、アステカや植民地時代、現代、太陽や月に宇宙など異なるテーマがあるらしいが、印象は、ウシュマルの尼僧院や総督の家で見た幾何学文様と共通する。やはりこの国の歴史的遺産が現代にも受け継がれているのだろうか。この壁画と対照的なのは、図書館の前に広がる芝生を隔てて南側にある本館の壁を覆う、シケイロスの「民衆から大学へ、大学から民衆へ」というタイトルで知られる立体絵画である。宇宙服のようなものを付け、嵌めた手袋をひろげた数人の男が色鮮やかに描かれている。意味はわからない（69頁　図1-27参照）。

午後は、ピッキイを相手に、サン・フェルナンド・ホテルでのんびり過ごした。

一〇．黒いマリア、闘牛見物

二月二四日（日曜）、メトロのバシリカ駅で降りて、グアダルーペ寺院に詣でた。駅から寺院への一キロほどの参道の両側には、ぎっしりと屋台が並んでいる。その先の柵の内部が境内で、正面が旧寺院、左

図（1-28）グアダルーペ寺院

手円形の野球ドームのような近代的な建物が、一八世紀に建て替えられた新寺院である。屋根の中央部が円錐状に盛り上がり、先端に十字架が載っている。日曜のためか、いつも変わらないのか、境内は参拝客でごったがえしていた。花輪をつけた車が、次々に入場してくる。寺院内ではちょうどミサが始まっていて椅子席は満席、立ったままの参拝者がその周りを幾重にも列を作っていた。中央祭壇にあたるところに黄色の壁面と黄色の十字架、ドーム上丸天井からいくつも丸い照明が下がっている。教会の概念とおよそかけ離れた内部だ。ソカロのカテドラルは、国内カトリックの総本山であるが、グアダルーペは人種を問わずメキシコ人の聖地となっている。それは、崇拝の対象である黒い聖母マリアに与えられた二重の性格のためである。

高山智博著『メキシコ多文化思索の旅』によれば、スペインのエストレマドゥーラ地方にあるグアダルーペ寺院の聖母像も褐色なのである。コロンブスは、新大陸に向かう前後二度この聖母寺院に詣でた。メキシコの征服者コルテスもこの聖母の崇拝者だったという。

一方、アステカ時代この地には、豊穣の女神トナンツィン信仰があった。一五三一年先住民の前に黒い聖母が現れてから、グアダルーペのマリア信仰が、先住民のあいだに広まったという。コルテスの征服から、一〇数年しか経っていない。この話には、なにかからくりがありそうだ。容易に思いつくのは、スペイン人が先住民にカトリックを押し付けるため、肌の色が近い黒い聖母を利用した可能性である。あるいは、先住民が、マリアの仮面を自分たちの女神につけて、もともとの信仰を守り続けたのかも知れない。

本場スペインでも見る機会がなかった闘牛が、当地で一一月から三月のシーズン中は毎日曜に開かれるという。午前中と逆に、メトロでサン・アントニオ駅まで南下し、闘牛場のプラザ・デ・メヒコまで歩く。チケット売り場前で、同志社の四人組と出会った。一五時三〇分開場、九九ペソの普通チケットを買って入場する。闘牛場は、七、八〇列の座席を摺り溝に見立てれば、すり鉢そっくりだ。すり鉢の底は、二重の赤い板垣に囲まれた、土のフィールドである。中央にチョークで二重の円が描かれている。最前列の特別席を除けば、客はあまり入っていない。名のあるマタドールの出場がないのかもしれない。

一六時、華やかなファンファーレとともに、華麗に装った徒歩のマタドール、栗毛の馬に騎乗したマタドール、槍を片手に防御具足をつけた馬に騎乗したピカドール、手綱を引かれて二頭並んだ白馬の順で、お目見えした。今日の八回の闘牛に登場する役者たちであろう。黄色のシャツに、タイツを着ている。フィールドを横切り、観客の拍手に答えながら場内を半周して、一旦退場する（70頁　図1－29参照）。

場内が静まったところで、堂々たる体躯の雄牛の登場。名前と年齢、体重を書いたプラカードが、観衆に示される。およそ五歳半の成牛が多い。場内に入った牛は、自分の置かれた立場がよく分からないというように、あたりを見回している。それから、闇雲に走り出す。牛がいつまでも呆然と立っていると、補助的なマタドールが数人牛に近付き、赤の布をちらつかせて、「ほう、ほう」とけしかけるのだ。彼らは、危険とみるや、周りの赤い木柵の内側に逃げ込んでしまう。

そのうち馬に乗ったピカドールが、牛の肩あたりを槍で突き刺す。続いて三人の手裏剣使いが、それぞれ二本の花飾りの付いた手裏剣を、ほぼ等間隔で左右の首筋に沿って突き立てた。牛の首から肩にかけて、血が流れている。ここで牛に致命傷を与えては、あとがつづかない。牛を適当に興奮させ、弱らせてから、主役のマタドールが登場するのである。

牛に近付いたマタドールは、目の前で赤の布をちらつかせて、牛を挑発する。肩や首に手傷を負っている牛は、苦痛と怒りのため挑発に乗って、闘牛士に襲い掛かった。いかにぎりぎりまで牛を引き付けて体をかわすかが、マタドールの勇気と技術の見せ所である。空を切った牛は、体勢を立て直して闘牛士に向かった。こういうことを幾度も繰り返すと、さすがの猛牛も弱ってくる。肩から血が流れている。隙を見たマタドールは、剣で一突きに心臓部を刺し通す。牛の巨体が傾き、どっとばかりに地上に横倒しになった。

観衆の喝采と拍手、これに応えてマタドールは諸手を上げ、次に片手を胸に当て、腰を屈めて深いお辞儀をした。遺体は、二頭の白馬につけた金具にかけられ、流血の線を描きながらフィールドを引きずられ、二〇分ほど前生きて入場したゲートから、消えていく。赤シャツに白ズボンの清掃担当が、板箒で荒れたフィールドをならす。どの闘牛もまったく同じ手順で始まり、地上を引き摺られる牛の退場で終わった。

一度倒れた牛が、渾身の力を絞って立ち上がり、柵に沿って歩き出したことがあった。絶望的で悲壮な光景だ。数歩歩いて彼は倒れ、もはや立ち上がれなかった。別の闘牛では、マタドールが牛に引っ掛けられ、あやうく角に刺されそうになった。補助マタドールが飛び出してきて、牛の注意をそらす。そのあいだにマタドールは、危地を脱した。これは、フェアな闘いではない。いつのまにか牛のほうに同情し、マタドールをやっつけろ、けつに一発かませろ、などと応援をしていた。

肉食民であるヨーロッパ世界では、もともと動物を屠殺するのにあまり抵抗感がない。貴族の典型的なスポーツは狩猟だし、近代まで「豚いじめ」が、庶民の日常的娯楽だった。スペインの闘牛も、狩猟や動物の屠殺が、儀式や祭りやショーにまで洗練されたものだろう。伝統や習慣の違いに無知で、他国の文化に干渉する偏狭で独善的な、ある種の動物愛護グループには組しないし、単純に闘牛を残酷だと批判するつもりもない。ただ、五歳になったばかりではかなく命を絶たれる牛に、憐憫を感じるのである。我が家の猫と比べている。――チビ、猫に生まれて良かったな。食べたいときに食べ、眠くなれば横になる。寒いときには炬燵があり、潜り込める飼い主の布団がある――。旅先で家郷を思い出すとき、そこにはいつも猫のチビがいた。

五回も同じ闘牛の儀式を見せられると、さすがにもう十分という気になった。張り切って見物に来ていた同志社大の四人組も、同じ気分らしい。まだまだ闘牛は続くが、頃合をみて帰途につく。二〇時、サン・フェルナンドの入り口で、ピッキイの出迎えを受けた。

一一．モレーリアの水道橋

二月二五日、メキシコ・シティの滞在を中断し、少し北にある三都市を駆け足で廻ってこようと思った。北のバス・ターミナルで、九時三〇分のモレーリア行きプリマ・プラス社のバスに乗る（一九〇ペソ）。ユカタンからシティまでの南部の旅は、ADO社の長距離バスのお世話になった。ここより北は、プリマ・プラス社の勢力圏である。五時間かかって、一四時三〇分モレーリアの郊外ターミナル着、市内バスに乗り換えてソカロに行った。どの町でも主な見所は、ソカロのまわりにある。

とりあえず、インフォメーションでホテルの所在を尋ね、その一つアジェンデ・ホテルにチェック・イン。広い中庭に、大きなネットを張った鳥舎で小鳥たちが賑やかに囀《さえず》っている。直ちに町の探訪に出かけた。

モレーリアは、人口五八万、メキシコ・シティの西隣で太平洋まで広がるミチョアカン州の州都である。

図（1-30）モレーリアの水道橋

アステカ滅亡から間もない一六世紀の半ばに建設が始まった、メキシコで最も古い植民都市のひとつ。メキシコ独立に立ち上がった志士のひとりモレーロスにちなんで、一八二八年モレーリアと改名された。大学の創設も、同様に古い。カテドラルを挟んで東西に二つの公園、その北を東西に走るマデロ・ポニエンテ（西船）通りが市の目抜きで、州庁舎やサン・ニコラス大学が建っている。一九九一年、中心部の歴史地区が、世界文化遺産に指定された。しかし、訪問客であふれる観光地でなく、落ち着いて静かな地方都市に過ぎない。

マデロ・ポニエンテ通りは、東でマデロ・オリエンテ（東船）通りと名前を変えて、これと交差する赤レンガを積み重ねたローマ式水道橋のアーチの下を潜り抜けている。現在残っているアーチだけでも、一・六キロにわたって、二〇〇本以上が並んでいた。水道橋の端まで行き、同じ道を通って、ソカロに近いホテルに戻る。四キロは、歩いたはずである。当地のカテドラルも立派だが、すでに同種のものは見飽きている。

シャワーを浴びて、夕食にしようとしたが、レストランや食堂が近所で見当たらない。既に夕闇が迫り、商店の多くが閉じている。やっと小さな食料店を見つけ、ハンバーガーと飲物を仕入れた。このところ、メキシコの旅に慣れて油断していた。地方に出ると、一、二食分の携帯が欠かせない。

一二、銀山、革命、文化の町グアナファト

翌朝、家への絵葉書を投函し、ソカロ周辺で見残した場所を廻る。グラビヘロ宮殿は、メキシコ・シテ

ィの国立宮殿の縮小版で、噴水のある中庭とこれを見下ろす回廊があった。この小宮殿上階の踊り場に壁画もある。内部は、図書館や政府関係の事務所に使われている。

街路に面した石壁の下の入り口を潜り、モレーロスの生家に立ち寄った。パティオ（中庭）のある典型的スペインの民家である。モレーロスらメキシコ独立運動を指導した人物の名は、今度の旅で初めて憶えた。数ブロック北のモレーリア文化センターは、建物自体が優れた建造物だった。中庭を見ながら、コーヒーを飲む。

短い滞在を終えて、一二時五〇分のバスでモレーリアを去る（九九ペソ）。途中、モーロ・レオン、サラマンカ、イラプアトなど高原の町を過ぎた。北に向かっている。右手に、かなり大きな湖を見た。一六時グアナファト着。長距離バスのターミナルは、都心から離れていることが多いので、ここで市バスに乗り換えなければならない。中心部でバスは地下道に入る。昔の坑道跡である。グアナファトは、盆地の谷あいに発達した町で、都心では地上部に車道が造れないのだ。カテドラルというバス停で降りて、階段を登って地上に出た。すぐ前に、これまでメキシコで見たなかで一番小さなカテドラルが建ち、三角形のラパス広場があった。人口一一万の町でもグアナファト州の州都だから、カテドラルがある。花壇脇のベンチでタバコをくゆらせている老人。石のステップを三〇メートルほど下った石畳の道に面した、カサ・クロスタ（僧院）・ホテルにチェック・インした（九〇ペソ）。階下のパティオが大きく、樹木が茂って美しい。

グアナファトの通りは、これまで訪ねた植民都市と違って、地形に合わせて道が折れ曲がり、登り降りが多い。一つの道が他の路地と合流したり、分岐したりする。殆どが石畳だ。慣れないと、すぐに迷ってしまう。しかし、小さな町なので心配はいらない。すぐに元の地点に戻ることができる。夜が更けても、商店やレストランが開いているし、人通りが絶えない。とても治安の良い街路である。その中で、カテドラルの前を走る幅一〇メートルもないファレス通りは、一応この町のメインストリートであろう。夜、この道を少し東に歩いて、ラ・ウニオン公園に来た。樹木が藤棚のように茂り、その下にベンチがある。公園の周りの歩道にも、ろうそくの灯を点したレストランの卓が並んで、大勢の人が食事とマリアッチの演奏を楽しんでいた。メリダのソカロに似ている。こちらの方が、狭いだけにより圧縮されて密度の高い空間だ。

図（1-31）グアナファトのピピラ記念像

翌朝、ホテル裏の急な石畳を涼しい大気を吸いながら、ピピラ記念像のある丘まで登った。銀山の鉱夫ピピラは、赤レンガの基壇に立ち槌を持った右手を高くかざしている。丘上から丘陵に囲まれた盆地に広がるグアナファトの華麗なパノラマを、一望のうちに納めることができる。

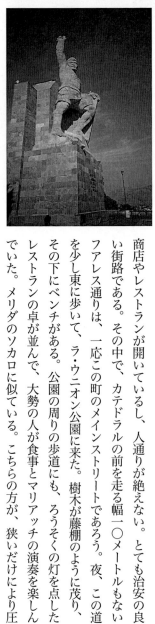

一八世紀には、メキシコから大量の銀が、イベリア半島の本国に搬出された。グアナファトは、当時世界の銀の三分の一を産出した最大の銀山だったのだ。その富が惜しげもなくこの町の建設に注がれた。今や、市街全体が世界文化遺産に指定され、メキシコでも最も美しい町のひとつといわれている。

一八一〇年の独立戦争のとき、この市街で激しい攻防が繰り返された。その舞台となったのが、市街地の北東にあるアロンディガ・デ・グラナディータスと呼ばれ、現在州立博物館となっている建物である。その博物館に向かって、石畳を下った。触れ合うように近接した軒と軒が連なる。その一つに口づけの小道と呼ばれ、観光客が散歩のついでに立ち寄るスポットがあった（70頁　図1-32参照）。太った人は、横向きにならなければ通り辛いだろう。二軒の片方は土産物屋になっていて、その上階のバルコニーから手を伸ばせば、向かいのバルコニーに届く。どちらのバルコニーにも、鉢植えの赤やピンクの花が咲き誇って美しい。仲の悪い両家の子女が恋に落ち、バルコニー越しに口づけを交わしたという。ロメオとジュリエットのメキシコ版だ。

図（1-33）アロンディガ・デ・グラナディータス

　アロンディガ・デ・グラナディータスは、頑強な上下二層の石造で、それぞれ上部に明かり取りのような小窓がついている。もともと穀物倉庫だった。ドローレス村で独立運動の旗揚げをした司祭イダルゴ神父や、下士官アジェンデら現地のスペイン人（クリオージョ）に率いられたインディオたちが、ここに立てこもる政府軍を破り、グアナファトを陥れた。この時活躍したのが、鉱夫ピピラである。しかし、組織が十分でない反政府軍は、メソティーソやインディオ兵士の暴走により統制力を失い、翌一八一一年には政府軍の反攻により壊滅した。イダルゴ、アジェンデら指導者は、倉庫の屋上に晒し首になる。最後に残ったもう一人の指導者メスティーソ出身のモレーロスも、一八一五年銃殺された。幕末の志士同様、第一世代の指導者たちの多くは、生きて独立の果実を手にすることが出来なかった。独立の達成は、約一〇年遅れることになる。博物館内部には、最盛期の銀山の様子など、グアナファトの歴史を示す展示物が陳列されている。

　アロンディガ・デ・グラナディータス前の坂を下ったところにあるイダルゴ市場は、アーチ型の玄関正面の装飾だけが際立っている。市場横の大衆食堂で、簡単なメインにスープだけの昼の定食（コミーダ・コリーダ）を摂る（二〇ペソ）。

図（1-34）グアナファト大学

銀山や独立の歴史と共に現在のグアナファトは、文化の町として知られる。ファレス劇場とグアナファト大学が、その中心といえる。ファレス劇場は、昨夜訪ねたラ・ウニオン公園の前に建つ。六本の列柱に支えられた正面屋上には、六基の銅製の美しい立像が立ち、ローマ神殿のファサードを思わせる。内部観客席の規模はそれほどでもないが、六段に重なる両側後方のバルコニー席や天井が豪華である。毎年一〇月には、国際セルバンテス祭の主会場になる。近くには、『ドン・キホーテ』にちなんだ博物館もあった。

グアナファト大学は、カテドラルの直ぐ北、丘の斜面に建っていた。音楽や演芸分野が優れており、学生は市の文化活動にも寄与しているという。その傾斜の角度にあわせて、立派な欄干のある幅広い階段が、美しいタイル張りの壁のある正面の高い建物に向けて登っていた。立体的な校舎だが、どの階にも坂の上に直接開いた、横の出口がある。数人の学生が、階段に座って下を見ていた。豊かな文化遺産に恵まれ、治安が良くて夜遊びもできる小都市で、学生生活を送れるのはいいなと思う。そのような大学都市として他に思い浮かぶのは、スコットランドのセント・アンドリュース、中部ドイツのアルト・ハイデルベルグ、北イタリアのボローニャなどである。

夕方、博物館になっている、ディエゴ・リベーラの生家を訪ねた。大学下のポシトス通りを数ブロック西に歩いたところにある、三階建て赤褐色の壁を持つコロニアル・スタイルのビル。リベーラは、一八八六年この家で生まれ、メキシコ・シティで一九五七年亡くなった。地上階には、パリ留学まで過ごした当時の家具調度が展示される。二つの上階では、グアナファト時代の作品から、ピカソらのキュービズムを採り入れたパリ時代の作品、そして帰国後の一九二三年壁画運動にいたるリベーラの作品を、年代順に辿ることができる。「アラメダ公園の日曜の午後の夢」はコピーで原物は、メキシコ・シティにある。リベーラについては、メキシコ・シティに戻ってからもう一度考えたい。

今夜も、マリアッチの演奏を聴くため、ラ・ウニオン公園に出かけた。

一三、サン・ミゲール・デ・アジェンデ、美術学校の中庭

二月二八日（木）九時三〇分、二日いたグアナファトを発ち、樹木のまばらな高原を走って、一一時サン・ミゲール・デ・アジェンデに着く。ソカロのインフォメーションで教えてもらった二、三のホテルの中から、五ブロックほど北東にあるサン・セバスティアンに投宿した。地上階に穿たれたゲートを潜り、アーチを抜けて中庭に出る。上階に続く高い白壁には、蔦が這い、ピンクの花が開いていた。透かし模様の入った鉄製の椅子にテーブルが数組。私の好きなスペイン風パティオである（70頁 図1‐35参照）。

この町も一六世紀半ば、スペイン人宣教師により建設され、整然とした区画を持つ人口八万の植民都市である。既に触れた独立運動の指導者の一人、アジェンデにちなんで、二〇世紀になって現在の市名に改称された。ソカロの広場もアジェンデと呼ばれ、その近くに彼の生家がある。石造りの二階建てで、グアナファトのリベーラの家と同じく正面の壁は赤褐色に塗られている。内部は、歴史博物館になっていて、彼の生い立ちから、指導者に成長していった歴史的背景が分かる様になっている。イダルゴ神父と同じくアジェンデは、本国からのスペイン人（ガチュピン）に比べ格下と見られていたクリオージョ出身である。彼らは、メキシコの白人社会では中流に属した人たちであろうが、生家を見る限り結構豊かな暮らしぶりだ。

すぐ向い、アジェンデ広場に面したラ・パロキア教会は、ちょっと変わった建物で人目を引く。いくつか聳える尖塔から、一見するとゴチック風である。しかし、薄いピンク色の外観は、ゴチックの重厚さがなく、明るく軽やかに見える。そのはずで、ヨーロッパの絵はがきを基に、土地のインディオ職人により設計され、地元産のピンクの石材が使われたのである。

グアナファトのような派手さはないがアジェンデも、のどかな、学生や芸術家の町だ。市内には、二つの有名な芸術学校がある。まず、ソカロに近いイグナシオ・ラミレス文化センター（メキシコシティの「国立芸術院」をもじった通称と思われる「ベジャス・アルテス」）。美しい中庭を囲む二階建てのこじんまりとした美術と音楽の学校だ。地階には、シケイロスの「アジェンデ将軍の生涯についての計画」と題する、天井と壁の全面をカバーする壁画があるが、抽象画で意図がまったく分からない。地上階のカフェテリアで、ピザとコーヒーの昼食をとった。

図（1-36）アジェンデ美術学校

午後、一キロほど南のアジェンデ美術学校を訪ねた。小石をはめ込んだ城壁のような高い壁に囲まれた内部は、樹木に覆われた別世界である。こちらには、絵画、彫刻、写真、織物、陶芸など幅広いジャンル別のコースがある。数週間で終了できるクラスもあり、年齢を問わず外国からの学生も多いという。現に年配の女性が、キャンバスに向かって、絵筆をふるっている。屋上ベランダの裏手に立つと、木立の間にラ・パロキア教会の尖塔が望めた。

サン・セバスティアン・ホテルに戻り、パティオでのんびり過ごした。オアハカのホテル・マルガリーテ以来だ。夜、ソカロに行くと、広場横の照明で明るい空き地に人だかりがしている。滑走路をつけたジャンプ台から、自転車に乗った若者が次々にジャンプしているのだ。しばらく見物していると、一人旅の若い日本人女性が、「変わった見世物ですね」と話しかけてきた。外国を旅していると、ときには同郷人が懐かしくなるものだ。

一四 リベーラとカーロ、メキシコ壁画運動、トロツキーの隠れ家

三月一日の朝、ソカロ付近の路上で、頭や腰周りに羽飾りをつけた一団の輪舞を見た。一一時二〇分のバスに乗る（一三〇ペソ）。途中、クアラートというバス停で、三〇分も停車。メキシコ・シティ近くになって渋滞したため、予定より遅れて、一五時四〇分北ターミナルに着く。すでに慣れたメトロに乗って、イダルゴのサン・フェルナンド・ホテルにチェック・インした。今日は、ドーミトリーしか、空いていない。例の四人組の姿はない。キューバの旅を楽しんでいる頃か。

女教師に引率された女子高校生が、日本から着いたところである。一月ほどグアナファトに滞在し、スペイン語のクラスに参加するらしい。地上階にある食堂兼雑談室の大きな木のテーブルに座って、彼女たちの話を聞いた。そこへ外出から戻ってきた若い男性が、新品のカメラをガリバルディ広場の近くの路上で強奪されたという。マリアッチの路上演奏を見に行ったらしい。メキシコ到着の初日なのである。ホテルの管理人は、とりあえず警察署に届けておくよう薦めた。この地は特に治安が悪いわけではないが、特定の場所には、金目のものを身に着けて立ち入ってはならない。

このサン・フェルナンドは、年齢、性別に関係なく、バックパッカーの気楽な溜まり場となっている。

野生動物の写真を撮りに、コスタリカに行くという人もいる。なかに、四〇歳前後と思しい恰幅のいい話好きの男性が混じっており、二人の男子学生がいろいろ質問していた。ソナ・ロッサの夜の顔を見たい、などという。「その気があるなら、案内してあげるよ。三〇ドルもあれば足りる」。今夜二二時に出かけることに、早速話がまとまったようだ。

もう一人みなの話に加わらない、無口な熟年男性がいた。興味を引かれて、メキシコのどこを旅行するのか尋ねてみる。「これからブエノスアイレスに飛び、三ヶ月ほどアルゼンチンを廻るつもりです」、彼はこともなげに応えた。どこでどんな人に出会うか、旅では予測がつかない。

翌三月二日(土)、メトロのイダルゴ駅に近いディエゴ・リベーラ壁画館に行く。ホテルから歩いて五分と、便利な場所だ。アラメダ公園の西隣、食べ物屋台の並んでいる空き地の一角にある。この絵画館は、リベーラの最も有名な壁画「アラメダ公園の日曜の午後の夢」(一九四七年作)一点だけを保存し公開するもの。もともと、この絵は市内の一流ホテル内レストランの壁を飾っていた。鉄材のフレームの中に下地を流し、その上に描かれているフレスコ画だ。ホテルの修復時に、フレームごと現在地に移された。

入場者で混みあわないように、一五分間隔で一回二〇人ほどの人数に限って見学させている。順番が来た見学者は、垂れ幕のある広いホールに導かれる。そして、幕が引かれると観客の前に、高さ四・八メートル、横幅一五メートルもある、この大作が現れる。一九世紀から二〇世紀初頭にかけてのメキシコ歴史上の有名人物が、絵の中に登場する。中央には、リベーラに芸術上の影響を与えた師ポサダが創造したカラベラ・カタリーナという骸骨の貴婦人を配し、画面に向かってその左に、ポサダと半ズボンに帽子を被ったリベーラ少年、その後ろに彼の妻となった画家フリーダ・カーロ(一九〇七―五四)が立っている。文人イグナシオ・ラミレスもプラカードを手に、画面に参加していた。

主題としては幻想的だが、描き方は写実的な不思議な壁画である。ただ当初は、ラミレスのプラカードに「神は存在しない」という、リベーラの強いメッセージが託されていた。抗議が殺到したためこの文言は消去されたが、リベーラの立場はおそらく生涯変わっていない。アラメダ公園に集うのは、画家を含めて俗臭に満ちた人々であり、装った貴婦人も一皮むけばカラベラ（がいこつ）に過ぎない。リベーラは、公園の中でまさに白昼夢を見ているのである。

午後、シティ南部のサン・アンヘルとコヨアカン地区を歩く。まず、メトロのM・A・デ・クエヴェド駅で降りて、ラホンビージャ公園を訪ねた。土曜の午後、プロ、アマの絵画や彫刻が、展示即売されるのである。あまり広くない空き地に所狭しと、額入りの絵が並んでいる。すぐ近くに、土曜バザールも開かれていた。

つぎに、メトロで二駅戻り、コヨアカンのフリーダ・カーロ記念館に行く。ここにカーロは一九〇七年に生まれ、一九二九年に結婚した二一歳も年上の夫、リベーラと住み、制作し、五四年に亡くなっている。妻の死後リベーラは、保存のため私邸を記念館として公開した。鮮やかな青色の化粧漆喰壁のため、「青い家」と呼ばれている。二体の巨大な張りぼてのユダ人形（民衆に対する裏切り者の表象。復活祭前の土曜日にこれを焼く習慣がある）が立つ玄関を通り過ぎ、熱帯植物が茂り泉が湧く庭に出る。アトリエの仕事机には、今にも制作が再開されるかのように、フリーダ・カーロの絵筆とパンフレットが置かれていた。

一九二九年からの二五年間、二人がいつも一緒に青い家に住み続けたわけではない。四年間は制作のため米国にいたし、サン・アンヘル地区に一九三一年新築した、二棟つづきの双子のアトリエで、夫妻が気ままに制作に過ごす時間も長かった。

一八〇センチを越え、五〇〇ポンドの大男のリベーラに最初に近付いたのは、カーロだったらしい。その世界的名声に惹かれたのかもしれない。しかし、活発で才気にあふれ魅力あるカーロを、女好きのリベーラは見逃さなかった。カーロは、リベーラの三番目の妻となる。

カーロは、最初はリベーラのよい妻でありアイドルであり弟子だった。同時に、絵画については頑固だったリベーラも、妻の意見には耳を傾けたといわれる。やがてカーロの画も、次第に注目されるようになる。彼女が繰り返し描いた自画像は、カーロの成長や傷つき易い自我を表明したものだった。かつて自動車事故で受けた脊椎の傷害が、短い一生を通じて彼女を苦しめる。

リベーラの女性遍歴も、彼女を苦しめたのである。晩年にはカーロも愛人を次々につくり、リベーラが嫉妬した。一九三九年から一年間二人は離婚し、改めて結婚し直している。カーロとリベーラ夫妻は、愛憎ともに激しい、稀有な芸術家のコンビだった。

メキシコ壁画の三巨匠といわれるオロスコ、リベーラ、シケイロスの壁画運動は、一九一〇年に始まるメキシコ革命に密接な係わりを持つ。ちょうど一〇〇年前の独立運動は、本国からのスペイン人（ガチュピン）支配体制を覆すものだったが、クリオージョを中心とする白人優位は変わらなかった。これに対し、メキシコ革命は、独裁者ディアスの西欧化モデルに反発し、メスティーソ、インディオを含めたメキシコ人の国民像を模索する運動である。この意識を文化的に指導したのが、革命に最終的に勝利し一九二〇年に大統領になったオブレゴン政権の、文部大臣バスコンセロスだった。彼は、教育制度の整備や出版の普及と共に芸術活動を支援する。その際、識字率の低い大衆を啓蒙するために、絵画の重要性が認識された

図（1-37）トロツキー旧居

のである。壁画は、特に目的に適った芸術だった。

バスコンセロスは、壁画を描かせるため、学校や病院や政府など公共の建物を提供した。民族意識を高めるためには、メキシコの過去のアステカや植民地時代の歴史を教え、独立を記念するモニュメントを建造し、革命の意義を民衆の視覚に訴える必要がある。このような背景のもとで、革命の前後に青年時代を送った三人の巨匠を含むメキシコ独自の壁画運動が展開されたのだった。

そのなかでも、メスティーソの母親を持つ、リベーラは、メスティーソやインディオに最も親近感を抱いていたといえる。彼は、芸術学校での学業を早々に放棄しカラベラで知られる風刺的版画家ホセ・ガダルーペ・ポサダの工房に通っている。カーロは、リベーラがインディオを愛し、自然を愛し、民衆の祭りに魅せられた、と証言している。私が直接目にしたリベーラの壁画は限られているが、大きなスケールの中に、原住民や農民、労働者の生活も細かに描かれていて、親しみ易い。シケイロスは「リベーラの絵は通俗的で分かり易い反面、芸術として保守的だ」と批判した。だが素人の私には、シケイロスの抽象的壁画は前衛的過ぎて難解である。

青い家には、世界中から著名人がやってきた。そのなかでも異色の人物は、ロシアの革命家レオン・トロツキーである。リベーラやカーロは、パリでトロツキーと知り合っていた。リベーラは、二〇年代にメキシコ共産党に入党しており、やがてシケイロスらと党幹部になっているが、後に脱党や復党を繰り返している。一九三六年にスターリンとの政争に敗れて亡命を希望したとき、メキシコ政府だけが、トロツキーを受け入れたのである。リベーラ夫妻は、コヨアカンの青い家にトロツキー夫妻を匿っ

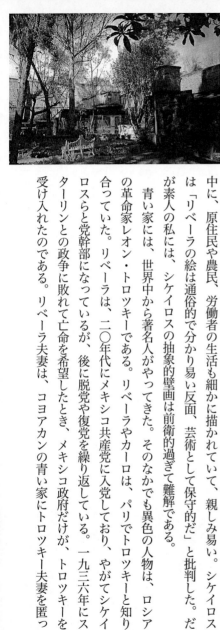

た。一九三七年には、フランスからアンドレ・ブルトンがきて、トロツキーと共に「自立した革命芸術のために」というマニフェストの草稿を書いた。このマニフェストは、ブルトンとリベーラの連名で発表される。カーロとトロツキーとの間に、短い情事もあった。トロツキーは、宿敵スターリンにくらべ知性的といわれるが、恩人リベーラを裏切ることもできる、図太い革命家だったのである。

しかし、一九四〇年春トロツキーは、政治思想の相違からリベーラに決別し、青い家より数ブロック南のヴィエナ街に移る。同じ年の八月このヴィエナ街の家で、スターリンが放った刺客によりトロツキーは倒れた。

歩いてヴィエナ街に行く。現在トロツキー博物館となっているこの家は、高い塀に囲まれ、塀のうちに建つ監視塔の窓が外に開いていた。内部には高い樹木と芝生の庭がある。その奥にトロツキーが生活した部屋、書斎、寝室、眼鏡や帽子などの遺品が当時そのままに保存されている。庭の一角に、ハンマーと鎌を彫った白い記念碑が建つ。

コヨアカンは、今でも静かな住宅地だ。当地に長年住んでいるヴァイオリスト黒沼ユリ子さんの記述からも、リベーラやカーロが住んでいた時代のコヨアカンは、もっと鄙びた郊外だったと思われる。

夜イダルゴ駅近くの屋台で、回転串で熱く焼かれた肉を削ってもらい、野菜を添えたタコスを食う。

三月三日（日）メキシコ滞在も最終日。午前中、イダルゴ駅から六ブロック南のシウダデラ市場まで歩いて往復した。オアハカやプエブラなど地方の衣装を着けた女の子の人形を記念に買う。午後は、特にすることもない。管理人に抱かれたピッキイと記念写真を撮り、もう一度アラメダ公園を散歩した。市の中心部の便利な場所にあるので、日曜の午後はリベーラの壁画のように、人出で賑やかだ。いくつかの噴水、

図（1-38）サン・フェルナンド・ホテルにて、管理人やピッキイと共に

記念碑、円形舞台、園内の道を辿って、東のファレス像の前にでた。すぐ向こうに、堂々とした構えの国立芸術院宮殿（パラシオ・デ・ベジャス・アルテス）が建っている。ここはクラシック・コンサート、バレー、オペラも演奏される芸術の殿堂である。ノーベル文学賞の詩人オクタビオ・パスの追悼式も、ここで行われたという。カーロの遺体も、ここで追悼された。たとえ経済的に問題があっても、この国は芸術や文化を尊重し、芸術家に敬意を払っているのである。

ラテン・アメリカのなかで、白人多数派のアルゼンチンやチリに対して、メキシコは六五％が混血であるメスティーソの国といえる。問題は、人口の一五％に過ぎない白人が政治や経済の実権を握っていることだ。社会は、白人、メスティーソ、インディオの順に階層化され、特に比率二〇％のインディオが、依然貧しい生活を強いられている。

隣のアメリカ合衆国の影に隠れて目立たないが、メキシコは人口九〇〇〇万を越え、国土は日本の五・二倍もある中米の大国である。石油をはじめ天然資源にも恵まれている。しかし、アメリカやカナダにくらべ、人的交流も情報量も極端に少ない。太平洋をまたいだ隣国でありながら、直行便もない（二〇一七年になって直行便が開設された）。そのため、日本ではメキシコについての知識や関心も限られ、偏ったものになっている。

今回訪ねた地域は地理的には、メキシコの南半分、面積でいえば国土の四分の一に当たる。途中短いキューバへの寄り道もあったが、メキシコの古代から、植民地、独立、革命そして現代に至る、時間軸に沿った旅であったといえる。人種的、言語的に殆ど連続した歴史を持つ日本と異なり、メキシコの時間軸には、人種、慣習、宗教、文化の連続と断絶、消滅と再生があった。現代メキシコ社会の階級性、人種間の相克、文化的衝突、政治的経済的問題は、その歴史的背景抜きには理解できない。逆にこの多様性のゆえに、もし社会的経済的差別が削減できるように政治がうまく舵取りできれば、メキシコは豊かな未来が期待できるだろう。

前の晩予約していた空港へのタクシーで、翌朝未明に前後六泊したサン・フェルナンドを去った。帰途は、ロス・アンゼルス経由だ。離陸直後、メキシコ盆地を囲む山稜のうちに、ひときわ高い特徴ある二つの鋭鋒を見た。ベラクルスに上陸した征服者コルテスらがアステカ帝国に向かう指標とし、リベーラが輝く都テノチティトランの背景に描いた五〇〇〇メートル鋒、ポポカテペトルとイシュタシワトルだ。その峰も、たちまち視界から消えた。

帰国から三週間ほど過ぎた三月の末、一通の封書を受け取った。

「その後、いかがお過ごしですか。僕たちは、元気でやっています。お約束の写真ができましたので、同封します。

メキシコ・シティのあと、途中天気の悪い日もありましたが、ハバナ、カンクンと四人で楽しい旅ができました。日本に帰ってきてから二週間がたち、社会に出る日が一日一日と近付いています。怖くもあり、楽しみでもあります。

社会人になると自由な時間が減ってしまうでしょうが、お父さんが退職後研究者の道に進まれたように、自分がしたいことをいつまでも追い求めたいと思います。

またいつか仁左衛門の湯で、お会いできることを楽しみに。

二〇〇二年三月二八日
西村、小城、菊池、林」

そして、プラザ・デ・メヒコで闘牛を見物している我々五人の写真が添えられていた。

「皆さん、どうもありがとう。私もメキシコの旅を満喫してきました。サン・フェルナンドは、楽しい宿でしたね。若いときに学友と外国旅行できるのは、すばらしい！

これからは責任ある社会人としてご苦労もあるでしょうが、お体に気をつけて活躍されるよう祈っています。そして時たま、メキシコの旅、サン・フェルナンド、そして可愛いピッキイを思い出してやってください
二〇〇二年三月三〇日」

（二〇〇二年五月一〇日、記）

第二章　イグアス、リマ、クスコ、マチュピチュ

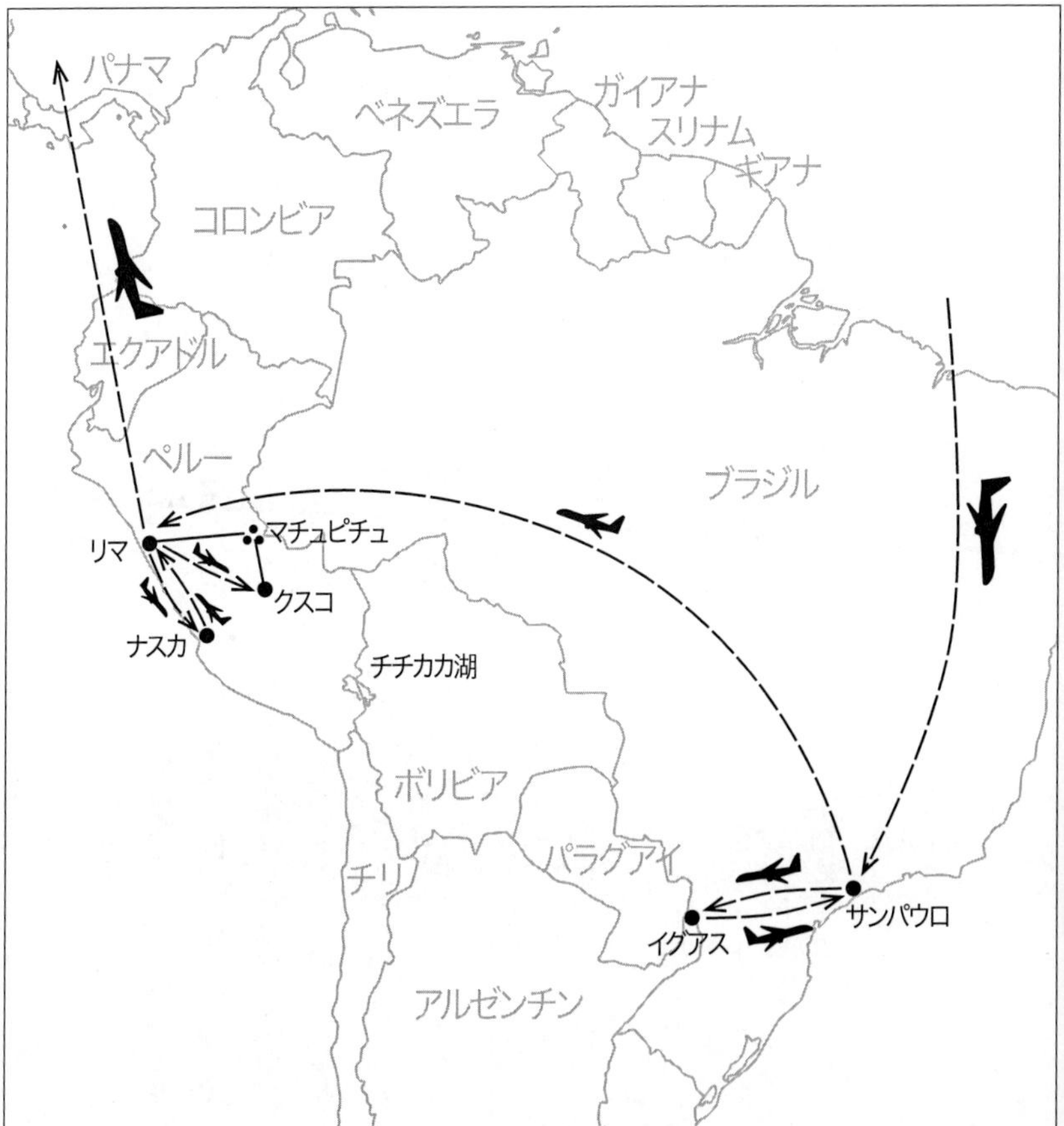

一．イグアスの瀑布

朝の六時三〇分、サンパウロ空港に着いた。イグアス行きのヴァリグ航空の乗り継ぎまで、三時間も余裕がある。だが、われわれはこの空港ではトランジット（通過客）に過ぎないから、待合室の外に出て免税店をひやかすことができない。新聞やスナックの売店とコーヒー・スタンドに近寄れるだけだ。喫煙所のサインも見当たらない。待合ロビーの通路の一隅に、数人の男がたむろしていた。スチール製ゴミ箱の蓋の上に、タバコの吸殻が堆積している。このささやかなスペースが、喫煙場所らしい。私も仲間に加わった。常習的喫煙者ではないが、飛行機による長旅の合間には、煙草が恋しくなる。近所のご主人のなかには、禁煙に辛抱できないからと、海外旅行を諦めている人もいた。

「世の中って、狭いなあ」

コロンビアのボゴタから来たという中年の男が、声をかける。

「特に、煙草吸いにとっては」

と付け加えて、にやりとする。同じ仲間うちに合図するような笑みだ。

「お国の治安は、いかが？」

少し不躾な質問だが、米国への麻薬輸出国として警戒されているこの国について、初めて出会ったコロンビア人に聞く気になった。『百年の孤独』や『族長の秋』で知られるノーベル賞作家、ガルシア・マルケスの国には、かねてから興味があった。ただ、まともな答えは、あまり期待していない。

「外国で喧伝されているほどでもないさ」と男。「わしなど、大手を振って表通りを歩いている」

図（2-1）滝の上流

少しはぐらかされたところで、空港警備員が近づいて、ここで吸ってはいけないと注意した。この場所は、旅客たちが勝手に設けた臨時の喫煙コーナーだったのである。空港内には、喫煙場所がないらしい。

九時過ぎイグアス行きヴァリグ・ブラジル航空のゲートに並んでいると、すぐ前にいた年配の女性が、日本人と見て話しかけてきた。

「岐阜県美濃加茂市に住む娘と孫に、会ってきたところです」

彼女は日系二世で、イグアスへの途中にあるクリチバ市でコーヒー園を経営しているという。列が動き出したので、残念ながら会話はこれだけでとぎれた。

イグアスに近付くと、屈曲して流れる大きな川が見えた。イグアス川らしい。よく整地された小麦畑と農家が点在する。二〇〇四年五月二〇日、一三時三七分イグアス空港着。伊丹を一九日の一四時に発ち、羽田、成田、ロス・アンゼルス、サンパウロと乗り継いで、時差の一二時間を加えると、三六時間の長旅だった。ブラジルは、日本から見て地球のちょうど裏側の国である。

出迎えの現地日本人ガイド付のバスで、空港から二五キロ離れたイグアスの滝の上手にあるレストランに、直接連れて行かれた。途中、ガイドの服部氏から、簡単な説明を受ける。フォス・ド・イグアス市は、人口二五万、ブラジル南部の西端の内陸部、アルゼンチン、パラグアイとの国境付近にある。赤褐色の屋根瓦の家並みが続く市街を、通り抜けた。レストランは、滝のすぐ上流、対岸の森まで一キロはありそうな広い川原を見渡す場所にある。川中には岩礁が点在し、樹木も見える。その間を流れる豊かな水が、この先で一気に深い滝つぼに落ち込むのである。

レストランで、「南米世界遺産大紀行」に参加した二四人のツアーの一行が、改めて顔を合わせた。女性が三分の二を占める。いつのツアーでも、女性のほうが少し優勢である。男性の場合、ひとりか夫婦で来ているが、女性は二人連れが結構いる。今回も四、五組の、女性どうしのペアがいた。伊丹空港のロビーで出会った阿部さんは、妻とカラオケ教室の仲間だったという。背の高いスマートな美人である。彼女も、京都の辻さんと一緒だった。小柄で丸顔に髪をスポーティに刈り上げた女性と、少し丈だかの面長で細目のペアがいた。大阪の南から来たという。「今いくよ、くるよ」のコンビを思わせるユーモラスな組み合わせである。旅行の間じゅう面白おかしく話しては、二人でくすくす笑っていた。地味で控えめな鈴木さんも、友人との参加である。大津からきた武田夫妻とは、よく食事で相席することになった。奥さんのほうが社交的な感じがする。

妻とは久しぶりで、一緒に海外にでた。どちらも結構外国に行っているが、別々の場合が多い。妻も、学生時代の友人と、時々内外に出かけていた。近年は、近所の主婦四人でツアーに参加して、香港やカンボジアなど、東南アジアの近場を訪ねている。ガイド気取りの小うるさい亭主と旅行するより、気楽らしい。

亭主は、団体のツアーよりも一人旅のほうが好きなのである。交通不便な僻地は、止むをえずツアーも利用する。しかし、時間と体力と気力さえ許せば、バックパックを背負っての自由な旅を選びたい。ツアーは、旅でなくて遊楽と思っている。現地の人との接触も殆どなく、日本からの雰囲気を持ったまま、外国を移動しているに過ぎない。なにも考える必要の無いあなたまかせのツアーの方が、効率的で、楽に決まっている。現地の添乗員に付き添われて、高級なホテルやレストランを渡り歩くのだから、安全快適でグルメも楽しめる。しかし、ツアーを使った場合、私にはいつも見残し感が残った。ツアーは、慌しい点

図（2-3）イグアスの滝遠望②

図（2-10）滝つぼへ落ちる水

図（2-11）ブラジル―アルゼンチン―ボリビア国境

図（2-19）クスコ空港の楽士

図（2-17）ブーゲンビリア

図（2-24）マチュピチュ遺跡

図（2-4）アライグマの出迎え

と点の移動である。途中のプロセスが省かれている。お決まりのコースでなく、宿を探したり、ルートを考えながら味わう旅の苦労や楽しみを、一度でいいから妻に味わってもらいたいと常に思ってきた。この期待は、叶いそうにない。

今回のツアーには、妻がかねがね希望していたイグアスの滝と、マチュピチュの空中都市が含まれている。たまには、妻との思い出作りも必要だと思った。ツアーの初日に、そのイグアスにやってきた。今日は、ブラジル側からの滝見である。レストランから少し下流までバスで行く。

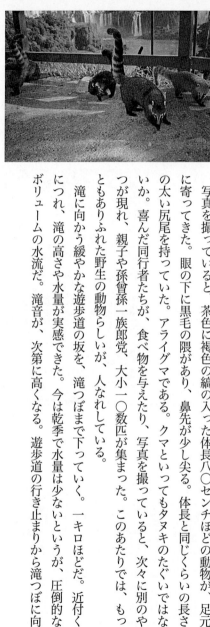

バスを降りたところから、滝の全貌が見渡せる。対岸まで無数の滝筋が、連なったり離れたりしてつづいていた。いわば、華厳の滝や那智の滝が、何十本も落下しているのである。途中がテラスのようになって、段差ができている（巻頭口絵　図2－2、103頁　図2－3参照）。

写真を撮っていると、茶色に褐色の縞の入った体長八〇センチほどの動物が、足元に寄ってきた。眼の下に黒毛の隈があり、鼻先が少し尖る。体長と同じくらいの長さの太い尻尾を持っていた。アライグマである。クマといってもタヌキのたぐいではないか。喜んだ同行者たちが、食べ物を与えたり、写真を撮っていると、次々に別のやつが現れ、親子や孫曾孫一族郎党、大小一〇数匹が集まった。このあたりでは、もっともありふれた野生の動物らしいが、人なれしている。

滝に向かう緩やかな遊歩道の坂を、滝つぼまで下っていく。一キロほどだ。近付くにつれ、滝の高さや水量が実感できた。今は乾季で水量は少ないというが、圧倒的なボリュームの水流だ。滝音が、次第に高くなる。遊歩道の行き止まりから滝つぼに向

図 (2-5) 悪魔の喉笛①

図 (2-6) 悪魔の喉笛②

けて、金属製の橋が伸びていた。その先端では、ブラジル側の最も水量が多い「悪魔の喉笛」を身近に眺めることができる。口蓋の中のように奥行きの深い滝つぼのどんづまりが、「喉笛」の核心部である。そこでは、やや土色に濁った水流が盛り上がっていた。滝つぼは、水煙でけぶっている。風向きにより、水の飛まつが我々のところまで飛んできた。滝上のバス道へは、エレベーターでも行けるが、高さを実感するため歩いて遊歩道を登った。

市内に戻って、コンチネンタル・ホテルにチェック・インした。一七時。成田で機内に鍵も掛けずに預けたトランクが、やっと手元に帰ってきた。米国の通関で中身を担当官が調査できるよう、テロ事件以後、鍵を掛けてはならないとされている。旅客にとっては、無用心なことである。うっかり、なにがしかの現金とトラベラーズ・チェックをトランク内に忘れていたから、落ち着かなかった。中身を確認して、やっと安心した。ベッドに寝転がったら、一時間ほどうたた寝してしまう。シャワーを浴びて、一九時地上階の食堂へ。皆でビュッフェ・ディナーを摂る。「炊飯にフェジョン豆をかけたブラジル料理」とだけ、当日の妻のメモにある。二一時、日記をつけながら寝入ってしまった。夜半の二時ころ、目覚めた。少し雨音がしている。

翌朝六時に、モーニング・コール。通路に荷造りを済ませたトランクを出し、階下の食堂で朝食。黒パン、カマンベール・チーズ、パパイアを少し食べた。あまり食欲はない。

八時にバスで出発、イグアス川に架かる橋をアルゼンチン側のプエルト・イグアスに渡る。係員がパスポートの数と乗客の人数をチェックした。小雨である。トロッコ駅の売店で、白いフード付のビニール製レイン・コートを借りた。コートの紐を結ぶのにもたついている私を残して、妻は阿部さんたちの後を追う。ツアーでは、添乗員や仲間の動きのほうが気になるらしい。亭主など、そっちのけだ。なにかと旦那さんの面倒を見ている武田夫人とは、えらい違いである。あとで阿部さんのお友達の辻さんが、「おもしろいご夫婦ね」と私にいった。見る人は、ちゃんと見ている。

図（2-7）アルゼンチン側のジャングル

図（2-8）トロッコ電車

トロッコ列車に乗って、二つ目の終点「悪魔の喉笛駅」で降りる。ここから、ジャングルの中を抜ける手すりのついた金属製の遊歩道を、一五分ほど歩いた。ジャングルにも何筋もの水路や滝が流れる。川中の小島や瀬を渡り、「悪魔の喉笛」の上手に出た。広い川は浅く流れは緩やかだが、ここから一気に奈落の底に落ちていく（103頁　図2―10参照）。滝の全景は見られないが、上から見下ろすイグアスの滝は立体感があり、滝の下から見るブラジル側の眺めとは違った迫力がある。東側の対岸には、昨日歩いた遊歩道や滝上のレストランが見えている。近くに立っていた加藤さんが、私たちに話しかけた。

「カナダのナイアガラの滝より、アフリカのヴィクトリア瀑布より、イグアスが最高です」

どうやらこのご夫婦は、ついに世界三大瀑布の全制覇を果したらしい。

「それなら、わしらは、いまさらヴィクトリア滝には行かなくていいわけだ」

といって、妻の顔色を伺った。あまり反応がない。アフリカ奥地の大瀑布は、まだ彼女の関心の射程に入ってないようだ。

トロッコで一駅分岐点まで戻り、支線に乗り換えて、最もアルゼンチン岸に近い何筋にも分かれた滝群を見る。このほかにも幾つもトレッキング・コースがあるらしいが、もっと長くこの地に滞在しなければ、回れない。向こうの大木の枝に、コンドルが一羽とまっていた。

図（2-9）アルゼンチン側から見る滝

帰りのトロッコ列車の先頭車両では、後ろ向きに腰掛けた「くるよ」さんが、真面目な顔で紙片を見つめている。往きの列車で写真屋が撮った写真を、帰途の駅で受け取ったらしい。後方のトロッコから、

「よく撮れてますか」

と声が掛かった。

「まあ、それなりに」

「くるよ」さんは、細い眼に笑みを浮かべて、声の主の方を見た。

昼食のためのレストランに向かう途中、アルゼンチン、ブラジル、パラグアイ三国を同時に見ることのできる展望台に下車した。北側イグアス川の向いは、ブラジル。西側にはパラナ川が流れている。パラナ川は、南米第二位、世界でも第七位の大河ラ・プラタの上流で、河口のブエノスアイレスからこのあたり

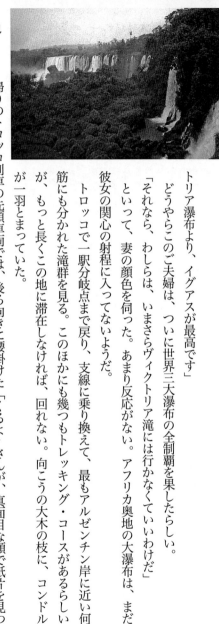

図（2-12）国境の碑

図（2-13）トゥカーノ鳥

まで、蒸気船も遡上する。パラナ川の対岸の低地には、国旗をはためかせているパラグアイの展望所が建っている。ここは、広い南米大陸の中で、三つの国が接近している珍しい地点である（103頁　図2－11参照）。展望台のショッピング・アーケイドで、ブラジルの名選手ロナウドの背番号が付いている黄色に緑の縁取りしたTシャツを買った（一八米ドル）。サッカー・ファンの息子への土産である。

ブラジル側に戻り、一五〇〇人も収容できる焼肉バイキング・レストランで、昼食。あいにく、地元の大柄な背広姿の男ばかりの団体客で、レストラン内が雑踏していた。この地で開かれていた社会民主党の集会が終わったばかりという。現在、選挙戦の最中である。私たちは、彼らに圧倒されて焼肉屋台の近くにはなかなか近付けない。やむなく手始めに、野菜や果物、デザートに手を出す人もいる。満腹した大男たちが立ち去ったあとで、ようやく名物のチキンの心臓（コラソン）にありついたが、名物牛のこぶ肉（グッピン）は、品切れだった。レストランの近くの鳥類園で、顔面の半分を占める丸く大きな黄色い嘴を持ち、白色の首の下と尾の付け根を除いて黒の羽毛を付けた、トゥカーノ（オニオオハシ）という愛嬌のある鳥を見た。社会民主党のシンボル・マークになっているという。

飛行機でサンパウロに戻り、空港内のマリオット・ホテルにチェック・インした。二二時三〇分就寝。妻のメモには、明朝のモーニング・コール、朝食、荷物だし、集合時間の他に、「昼食、肉を焼く。グッピン」「ココナツ・ミルクを入れた飲み物カイピリーヒヤを、砂糖とレモンで薄めて飲む」と記されていた。牛のこぶ肉に、ありついたとみえる。

二、リマのセントロとナスカの地上絵

五月二二日（土）六時起床。朝食のため、ロビー階のレストランに降りる。サンパウロ空港には八時過ぎに着いたが搭乗が遅れ、ようやく一〇時三〇分になって離陸した。航空機は、西北方向にアンデス山脈を横断し、ペルーの首都リマに向かう。すぐに機内食。一時間ほど眠る。アンデスの核心部に近付くにつれ雪が消え、ロッキー山脈のように植生のない褐色の岩山の連なりになる。

図（2-14）チチカカ湖上空

一二時、右手窓外に湖が見え、次第に大湖へと広がっていく。時間やコースからみて、南米一の内陸湖、琵琶湖の一二倍と広大なチチカカ湖にちがいない。標高三九〇〇メートルの高所にあり、湖畔の人家が白く光っている。約一五分もチチカカ湖は視界に見えていた。ビデオや写真を撮るため、同行の人たちに、しばらく窓側の私の席を譲る。アンデスの最高部を過ぎると山肌は、砂色に変わる。依然、不毛の大地。やがて、コスタ（海岸地方）の砂漠地帯に入る。航空機は、太平洋の海岸線に沿って、北上しているらしい。一時間も遅延して、一四時リマ空港に着陸。軍用ヘリが、多数並んでいた。

現地ガイドの石井氏の出迎えを受けた一行は、一息つくまもなく、バスで旧市街中心部（セントロ）のアルマス広場に向かった。広場の中央に噴水があり、鳩が群れている。北に国旗をたなびかせた大統領府、東にカテドラル、西に市庁舎が建つ。ここは植民地時代の建造物が集中している歴史的景観地区だ。世界文化遺産に指定さ

図（2-15）リマのカテドラル

れている。しかし、地方からの移住者により、一〇数年のあいだにリマ市は人口が三〇〇万から八〇〇万に急増したため、セントロがスラム化し、治安が悪化しているという。中流以上の人は、南東の新市街にあるミラフローレス地区に移ってしまった。このような現象は、中南米の多くの首都、たとえば同様に世界文化遺産に指定されているボリビアのラ・パスなどでも見られる現象である。ここのアルマス広場の周りには、ヨーロッパの都心広場のような洒落たホテルやレストランが少ない。カテドラルは、一五三五年征服者ピサロが基礎石を打ち込み、彼の死後の一五五五年に一応の完成をみた。ファサードを潜ってすぐの右手の部屋に、ピサロの棺を納めた大理石の墓がある。

新市街に移り、海鮮レストランでカクテルを飲み、ヒラメ料理を食べた。遅い昼食である。一九時には、黄金博物館へ。プレ・インカ時代、ペルー北部で栄えたシカン文化（AD、九〇〇—一三〇〇頃）の遺跡から発掘された黄金の仮面やナイフなどが展示されている。二〇時になって、ようやく五つ星ホテル、リマ・シェラトンで開放され摂ればよい。ゆっくりバスにつかり、洗髪した。小泉首相が北朝鮮から二家族を連れ帰ったと、テレビで報道されていた。

二三日の朝、日本からのテレビを見ていると、ニュースに続いて日曜夜の大河ドラマ『新撰組』が映った。五時三〇分レストランに降りていく。まだ、ビュッフェの材料が十分用意されていない。しかし、出発は六時三〇分だ。今日は、ナスカまでの飛行機による日帰り旅行が予定されている。

九時、砂漠地帯のナスカ空港着。五人乗りや一二人乗りのセスナ機が、ここから約一時間の地上絵遊覧

図（2-16）ナスカ空港にて

に観光客を運んでくれる。先発組が戻ってくるまで私たち後発組は、近くのオアシスにある地域博物館を訪問した。オアシスの周りには、紫青のブーゲンビリア、赤いハイビスカスが咲き誇っていた（104頁図2－17参照）。一〇〇メートルほどの砂丘がふたつあり、若い人たちが砂スキーを楽しんでいる。ペンダントなどをさげた土産ものの屋台、ボート小屋。

博物館では、地域のパラカス文化の綿織り、ワリ文化の武器、斧、石の棍棒、ナスカ文化の幼児から頭部を金具で巻いて小頭にされたミイラ、手術跡の残る頭蓋骨、刺青、敵将の首など、平和で明るい社会があったとは思えない。

遊覧飛行機からみると、乾燥地を畑地に変えていく人間の営みがよくわかる。まず砂地に植林して四角の囲い地をつくり、耕地化が進むと小麦などの畑地に変えていく。オアシスから離れるにつれ四角の植林地が次第にまばらになり、やがて乾燥した荒蕪地が地上全面を覆う。その中を、直線的なハイウエイが走っている。いよいよ、地上絵の上空五、六〇メートルを旋回し始めた。

「ミギミギ、ペリカン」

ペルー人操縦士のマイクの声がする。

「ハチドリ、ソシテ、クモ」

「ミテミテ、ヒダリ、サル、ソシテ、イヌ」

そのたびに、セスナは機体を左右に傾けた。

「見えた、コンドル？」と妻。

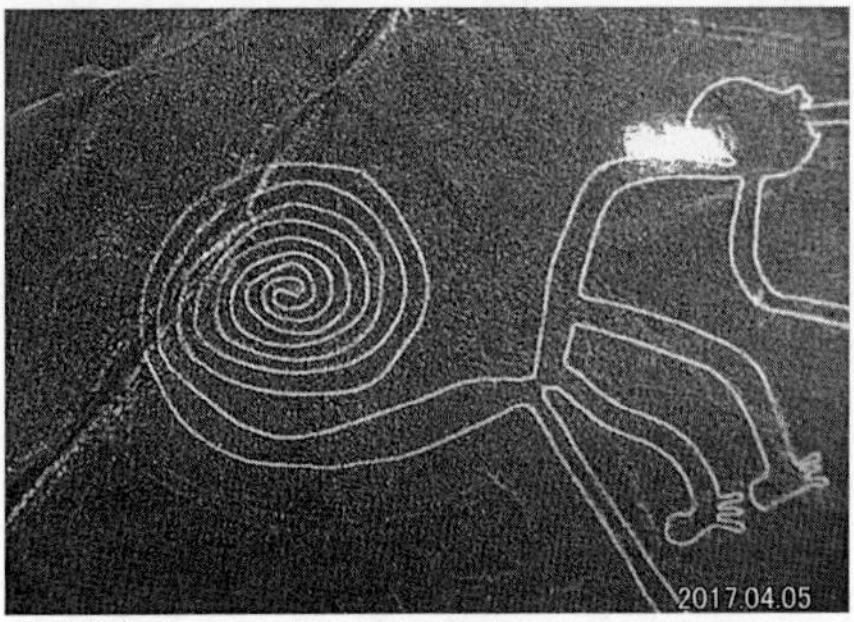

図（2-18）ナスカの地上絵

「どこ？」「もう過ぎちゃった」

「ウチュウヒコウシ、クジラ」と操縦士。

「あそこに、宇宙飛行士」

「どこ、どこ？」

「翼の影の先っぽ」

「オオキイ、サンカク」

たしかに、三角形の線は、見えた。

「ミギ、キ、ソレカラ、オウム」

憎らしいことに妻は、マイクの声に、いちいち大きく頷いている。この女性は、昔から目玉の回転が速いのだ。亭主のほうは、動体識力が弱い。もはや、操縦士の声に逐次反応することを止めて、適当に地表の写真を撮る。あとで現像してみたら、宇宙飛行士らしいものが現れた。物理的には、私も宇宙飛行士を見ていたことになる。

セスナから降りるとき、足元をふらつかせている人がいた。機体の振動で、極度に緊張していたのだろう。

「どうでした、よく見えましたか？」

と地上で待っていたひとが、私に尋ねた。

「なんだか、見えたような気がする」

出発前に、先の遊覧飛行から戻ってきた一人参加の男性に、私も同じような質問をしていたのである。彼は、少し首を傾げて口ごもった。いまになって、この男性の仕草の意味が判った。ナスカの地上絵の意図については、農事や暦に係わるという説も出ているが、定説はない。

飛行場に近いライン・ホテルの中庭に面した、屋根つき半戸外のレストランでの昼食。大津から来た武田夫妻と相席する。話し好きの奥さんは、旅行ではことさら饒舌になる妻とお喋りしている。一見無口に見える武田氏も色々な旅の経験があって、話していると面白い人だった。戸外の日照はきついが、日陰では風が心地よい。ホテル裏で飼育されていた褐色の毛深いリャマの写真をとった。

一六時の飛行機でリマに戻る。夕食後は、のんびり日本のテレビを見る。北朝鮮から戻った地村さんの子供たちのニュースや、メッツの松井稼頭央が連日先頭打者ホームランを打ったことなどを報じていた。

妻は、地上階のロビー奥にあるカジノを覗くといって、部屋を出た。このホテル内には、市内で唯一公認されているカジノがある。家にいるときには、すぐに疲れたといってテレビの前でごろごろしているその同じ人間が、旅行にでると疲れを知らずに動き回るのが、不思議だ。誰か遊び仲間を見つけたのだろうか、なかなか戻ってこない。頃合をみてロビーに下りてみる。沢山並んだスロット・マシーンには、数人の客がいるだけで、閑散としていた。ボーイが、手持ち無沙汰という顔をして立っている。その中に、マシーンと睨めっこをしている妻と、女性添乗員西岡さんの姿があった。

三　クスコからマチュピチュ

翌二四日、一〇時にリマ空港を飛び立ち、一時間後にクスコについた。途中にアンデスの前山を越える。殆ど樹木のない岩稜の続き。たまに植生や小湖が見えると、決まって人家がある。やがて雲海に突っ込む。

図（2-20）サン・ドミンゴ教会とガイドのカルロス氏

雲海の上に高山の頂が突出している。まもなく、飛行機は高度を下げ、大きく左旋回しつつ着陸体勢に入った。クスコの美しい市街地が、視野に広がり始める。周囲の褐色の山肌に比べ、少しベンガラ色の混じった屋根と白壁に統一された家屋が、谷あいや丘の斜面に密集している。クスコは、アンデスの主山脈と西の前衛山地の間、標高三三六〇メートルに位置するかつてのインカ帝国の首都、太陽神の都、世界文化遺産に指定された都市である。

空港のロビーに通じる階段の脇で、赤いリボンを巻いた麦わら帽子を被り、赤、緑、黄色、青、白とカラフルな手編みの民族衣装をつけた四、五人の楽師が、「コンドルは飛んでいく」を演奏していた（104頁図2－19参照）。クスコは、当地ケチュア語で、「オヘソ」を意味する。世界の中心というわけだ。そのクスコのなかの「オヘソ」、アルマス広場に直行し、その一角に建つサント・ドミンゴ教会を訪ねた。この教会は、インカ時代の太陽神殿の上に建てられたといわれる。内部の精巧な石組みは、インカのものである。

今日のガイドは、インディオのカルロス氏、日焼けして頑強な体躯の持ち主である。これまで訪ねたイグアスやリマは、日本人ガイドだったが、古い都市の案内には、現地人のガイドのほうがよい。語り口のはしばしに、自らの祖先の文明への愛惜や誇りが、自然に滲み出てくるのである。かつての太陽神殿は、天井も床も、神像も、庭の敷石まで、黄金で固められていた。壁に貼られた黄金は、厚さ二〇センチにも及んだという。スペインの征服者たちは、それをことごとく母国に持ち去ったのである。神殿もできるだけ破壊しようとしたが、石組みが頑丈で、できなかった。やむなく、内部はそのままに残して、その上に教会を建てた。ところが、その後の大地震で、教会は崩れ落ちた。しかし、インカの石組みは、私たちが、眼にしているままに今日まで残っている。石組みは、紙片一枚も通せないほど精密なのだ。花崗岩の割れ目に木を挿入し、これに水を含ませて、その膨張力を利用して石を切ったということである。石組みの見事さは、市内のちょっとした道路わきの石垣にも残っている。たとえば、有名な「一二角の石」がある。文字どおり一二の角を持つ大きな石が、周りの石と一分の隙もなく組まれているのだ。黄金の輝きが永久に失われても、インカ人の残した偉大な技術は、見るものに深い感銘を与える。

図（2-21）クスコの小学生

隣接した考古学博物館で、前インカ時代のアンデス文明とインカ時代（一三世紀―一六世紀）の出土品を見学できる。トウモロコシ、トマト、ソラマメ、松根、ヤーコン、三五〇種もあったといわれるジャガイモなど今日世界中に分布する多くの農産品の多くは、ペルーやアンデス地方が原産である。

盆地にあるクスコは、至る所に坂があり、曲がりくねった狭い路地がある。そうかと思うと、漆喰を張った家並みの間に、遥かに彼方の丘まで見える、一直線の道路もあった。治安もよく、ゆっくり滞在したい街と思った。スケジュールが緊密に決められ勝手ができないツアーで、心残りしながら立ち去るのは、いつもこのようなローカルの街だった。

アルパカの皮製マントを羽織った楽師による民謡の演奏を聞きながら、レストラン「インカ」で昼食を摂る。柔らかなアルパカのステーキ、チチカカ湖の鱒、ホウレン草のスープ。守口市からという、控えめの岡田夫妻とご一緒する。鈴木さんが、青ざめて少しきつそうだ。軽い高山病かもしれない。

午後、クスコ市の最高地点である標高三七〇〇メートルの、サクサイワマンまで登る。巨大な石組みを何層にも積み重ねた、古墳のような膨大な遺構であるが、要塞か祭儀用かは判らないらしい。美しいクスコの市街は、一望の下にある。空き地に白毛のアルパカが、数頭繋がれていた。観光客の記念写真のためであろう。すぐ近くの王の沐浴場タンボ・マチャイと石積みの監視場プカ・プカラ遺跡にも立ち寄って、今夜の宿泊地ウルバンバに向かう。途中、トイレ休憩に立ち寄った土産店で、妻は多色に染めたアルパカの毛織りを手に入れた。

今宵の「インカランド・ホテル」は、宿泊用のコテッジが、敷地内に散在する。池をまわり、回廊の奥にある鍵番号に該当するコテッジを見つけた。夕食後、入り口脇のレストランで、民族楽器や竪琴によるミニ・コンサートが開かれた。私は、旅先でのせっかくのもてなしは、できるだけ享受することにしている。疲れたのか、同行の人たちは誰も姿を見せない。ほかには、知らない宿泊者ひとりが聴衆である。独特の哀調のある民族音楽の演奏は、楽しかった。二二時に就寝。

図（2-22）クスコの路地

五月二五日、六時三〇分モーニング・コール。最近の日常より早起き早寝の毎日が続く。バスで、最寄のオリャンタイタンボ駅に行く。途中、インカの要塞跡、食物貯蔵庫、段々畑を見た。段々畑の一部は、インカ時代以来のものという。

マチュピチュに行く鉄道は、九一四ミリメートルの狭軌。ブルーの車体は結構大きいから、横揺れが激しい。左手に、列車に平行してウルバンバ川が、北に向けて流れている。あるときは緩やかに、山峡になると急流に。この川は、アマゾン河に注ぐ無数の支流のなかでも最奥にある。中流域でマラニョン川に合流し、ペルー北東部の密林地帯を抜け、ブラジル側に入ってアマゾン河と改名する。約三ヶ月かかって、大西洋側の河口に辿りつくのである。

日本の三・五倍の国土を有するペルーは、リマやナスカのある海岸部とクスコやマチュピチュのある山岳地帯、および熱帯雨林帯の三地域に区分できる。その国土の半ば以上が、熱帯雨林に属しているのである。右手に一瞬、このあたりの最高峰ベロニカ山(五八八〇m)の三角錐を見た。

一一時、マチュピチュへの基地、アグアスカリエンテス駅に着いた。二〇〇〇メートルの高所にある。駅舎と急崖のあいだの空き地にはベンチが置かれ、いろいろな国からの旅客がたむろしていた。バックパッカーやトレッカーもいる。クスコからテントで野営を重ねながらマチュピチュに到る、古いインカ道のトレッキングは、世界のハイカー人気のスポットである。

図(2-23)アグアスカリエンテス駅

日本からの別のツアー・グループがいた。われわれのツアー仲間が、そのグループの人たちと情報交換をしている。突然、相手側の年配の男が、

「なんで、おれたちのツアーには、イグアスの滝の見物がないんだ!」

と怒り出した。よく聞いてみると、彼らのツアーは、マチュピチュやチチカカ湖などをまわる「ペルー、世界遺産紀行」なのである。ペルー内には、イグアスがない。この御仁は、どんなパンフレットを見て、旅行を決めたのだろうか。

金網柵のゲートの内側は、国立公園の域内。雑然と散在する露天の土産物店のあいだを通り抜ける。

「チョット　オネーサン」

と民族衣装のおばさんが、私に声をかけてきた。反対側の店からも

「ヤスイ　ヤスイ。オネーサン、ミテ　イッテ」

と応じる。日本からの一行相手に、そこいらの店の前で「オネーサン」声が、している。ここは一発、正確な日本語を伝授せねばなるまい。ある店で絵葉書を買いながら、傍らの妻を指差す。

「これ、オネーサン」

ついで、自分を指し、

図（2-25）マチュピチュの土産物店

「これ、オニーサン」

といって、売り手のおばさんの目を見る。これを繰り返すと、相手も私の意図が判ったらしい。最後に今度は黙って私の顔を指すと、

「オニーサン！」

という笑顔のおばさんの元気な答えが、返って来た。彼女は、近くの店のおばさんたちにも、「正しい日本語」を伝えてくれるだろうか。

小川に架かる橋を渡り、茶店やレストラン、土産物店が集まる商店街を抜けて、バス停まで歩いた。ここから、約七〇〇メートル高いマチュピチュ遺跡まで、日光のいろは坂より狭い九十九折を一気に登って

いく。
かつて、この九十九曲がりの坂を下りていくバスを追い、直線的に間道を走りくだって、先回りした曲がり角ごとに、同じバスの乗客にさよならの手を振る「グッド・バイ・ボーイ」がいた。評判になったこの少年は、観光客からけっこうなチップを貰うようになる。そこで、第二、第三の「グッド・バイ・ボーイ」が現れた。ついには、斜面を転がり落ちる事故も発生した。そのため、当局により、このような行為は、現在禁止されているという。私には耳新しい話だが、妻には先刻承知のことだったらしい。日本のテレビで紹介されたようだ。「グッド・バイ・ボーイ」の逸話から、マチュピチュに興味を持ったのかもしれない。

図（2-26）グッド・バイ・ボーイの坂

頂上駐車場の荷物預かり所で身軽になった私たちは、ゲートを潜って、いよいよインカ最大の遺跡への坂道を登る。ついに、映像では既に馴染みのマチュピチュの全貌が目の前に現れた。西側にそびえるワイナピチュとのあいだの平らな場所にインカ人が築いた、空中都市の街区が広がっている（104頁　図2-24参照）。

今、立っているのは、遺跡の東端、段々畑が多い農業地区にあたる小丘である。その頂に方形の大石と見張り小屋があった。石は動物の生贄を捧げる場所とも天文測定のためともいわれる。ただし、インカには、メキシコのアステカ帝国のような人間を生贄にする習慣はなかったらしい。南方後背の岩山の上に旗が靡いている。クスコからのインカ道は、途中五〇〇〇メートルもある峠を越えて、ここに下りてくる。あたりにマチュピチュは、アンデス全体でいえば、屹立する高山に囲まれた一小峰に過ぎないのである。あたりには隆起した石灰岩の岩肌が散在している。家屋の壁面は、この石灰岩が使われていた。屋根は、アルパカの油脂で防水した藁葺きであったという。

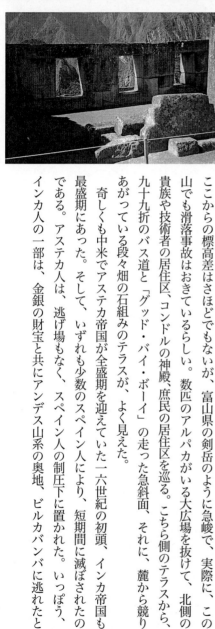

平地の街区に下りていく。すぐに、太陽の神殿、王女の宮殿、神官の居住区など比較的大きな館跡、その先の低地に大広場がある。大広場の左手の絶壁近くは、テラス状の花壇になり、タバコの木が実をつけている。インカが原産なのである。主神殿や壁に四角の窓を穿った「三つ窓の宮殿」と呼ばれる小空間があった。中央に石の円柱状の水盤が、窓からの光を反射するように配置されている。

図（2-27）三つ窓の宮殿

さらに進んだ市街の最高所は、天文台と呼ばれる巨大な石組みで、高さ一・八メートルの日時計がある。その上に載った角柱の対角線を、冬至の日に太陽が通過するということである。インカ人は、紐文字を発明し、高度の文明を発達させた。目の前に聳えるワイナピチュには、狭い石の急階段が頂上までついている。ここからの標高差はさほどでもないが、富山県の剣岳のように急峻で、実際に、この山でも滑落事故はおきているらしい。数匹のアルパカがいる大広場を抜けて、北側の貴族や技術者の居住区、コンドルの神殿、庶民の居住区を巡る。こちら側のテラスから、九十九折のバス道と「グッド・バイ・ボーイ」の走った急斜面、それに、麓から競りあがっている段々畑の石組みのテラスが、よく見えた。

奇しくも中米でアステカ帝国が全盛期を迎えていた一六世紀の初頭、インカ帝国も最盛期にあった。そして、いずれも少数のスペイン人により、短期間に滅ぼされたのである。アステカ人は、逃げ場もなく、スペイン人の制圧下に置かれた。いっぽう、インカ人の一部は、金銀の財宝と共にアンデス山系の奥地、ビルカバンバに逃れたとされている。一九一一年、米国の歴史学者ハイラム・ビンガムは、伝説の都市ビルカバンバを捜し求めて、マチュピチュを発見したのである。彼は、目の前に見えるテラスをよじ登って、この遺跡に到達した。しかし、インカ人が持ち去ったといわれる黄金の財宝は、この遺跡では見つかっていない。インカ人は、マチュピチュを捨ててどこに消えたのか?財宝の行方は?真のビルカバンバは、何処にあるのか?このような疑問は、まだ解明されていない。

マチュピチュは、世界文化遺産であると同時に、世界自然遺産にも指定されている人類の最も重要な遺産のひとつである。このあたりは、地球規模で消滅が心配されているコンドルの貴重な繁殖地だ。もし観光客のざわめきが消えた静かなこの丘に立つことがあれば、麓から吹き上げる気流に乗ったコンドルの悠然とした飛翔が見られるだろうか。あるいは平穏な夕べに、インディオの哀愁をおびて澄んだメロディが峰から峰に響き渡るのを聴くことができたら、コンドルのようにどこかに「飛んで行った」数世紀も昔の人々の営みが、もっと鮮やかに目交《まなかい》に蘇ってくるであろうか。

一六時アグアスカリエンテス発、天井までガラス張りの観光列車ビスタ・ドームに乗る。列車の周りでは、土産物売りの女たちが、懸命に声を挙げていた。クスコまで四時間半の行程、満足感と疲れからうたた寝している人が多い。混んでいて、妻と私は離れた席についた。私の前に、阿部さんとお友達の辻さんが座っている。辻さんは、穏やかで落ちついた人、阿部さんは気取らず親しみやすい人柄のためか、ツアー仲間のあいだで、阿部ちゃんと呼ばれるようになっている。

闇がたっぷり降りてから、クスコの町がみえてきた。しかし、これからなお三〇分もかかった。室内灯を消した車窓から、立体的に光り輝くクスコの夜景を初めて眼にしてからも、盆地との高低差を下るため、汽車が五、六回もスイッチ・バックを繰り返したからである。あたかもカーテン・コールに呼び出されて何度も観客の前に姿を見せる大指揮者か名優のように、スイッチ・バックのたびに、いったん丘や木立の暗闇のなかに消えていたインカの古都も、あらたな舞台照明のもとに、光彩を放って私たちの視野に現れたのだった。

夜は、クスコの狭い路地に面した、サン・アングスティン・プラザに泊まった。

四　再びリマへ、恋人たちの公園、天野美術館

翌五月二六日のモーニング・コールは、なんと四時五〇分。テレビで、日本の夜一九時のニュースを少し見た。外国滞在者のための安全情報も流している。コロンビアの北部の都市で、サッカー放送で興奮した客の集まったレストランに爆発物が仕掛けられ八人死亡、その一〇倍の人が負傷した、と伝える。麻薬取り締まりに抵抗する反政府テロという。コロンビアの治安は、依然よくないようだ。米国のイリノイ州で、大雨による洪水が発生。八時にホテルをチェック・アウトする。同行者の数人につられて、妻もホテル前でアルパカのセーターを買った。

リマに飛び、午前一〇時に再び旧市街と新市街の境界にあるシェラトン・ホテルに入る。夜の帰国便の時間まで、このホテルに滞在することになっている。午後には、オプショナルで、天野美術館見学に参加してもよい。それまでゆっくりホテルで過ごすという妻を残して、この国の到着日に最初に訪ねたアルマス広場まで、旧市街の中心、ラ・ウニオン通りを散歩することにした。せっかくペルーの首都にいながら、まだなにも知らない気がしている。

図（2-28）リマの大統領府前、衛兵の交代

かつての繁華街でありながら、ラ・ウニオン通りは、さびれた感じがする。華やかなデパートや店舗が少ないうえ、シャッターを下している店もある。世界遺産に登録されながらその保全維持をしないのは、政府の怠慢である。しかし、いささか治安が悪いといっても、白昼に手ぶらの男が狙われることもないだろう。一五分ほどで、サン・マルティン将軍の騎馬像が立つ同名の広場を経て、アルマス広場に来た。大統領府の鉄柵の内部では、軍楽隊が集まっている。正午に衛兵の交代が始まるのである。やがて正面両脇の通路から、ブルーの制服に赤いコートをまとい、先の尖った金属帽をつけた二列縦隊の衛兵が、各自赤白赤の縦じまの入った国旗を捧げつつ、高く足をあげて行進して来た。柵付近にいた軍楽隊が、華やかな吹奏楽を演奏する。衛兵は正面に集まり、交代の儀式をした。そのあと、再び左右に分かれて退出、このあいだ二〇分ほど。一二時四〇分ホテルに戻り、昼食を摂っている一行に加わった。

ホテルが、東の海岸通りにある新しいショッピング・モール「ラルコマール」まで、一時間ごとにシャトル・バスのサービスをしている。ボーイが、一三時一〇分発のバスを知らせに来た。美術館見学を予定している妻は、阿部さんや辻さんとの会話に気をとられて、振り向きもしない。高山病から回復した鈴木さんと彼女のお友達が、「ご一緒させていただいていいですか」と私に加わる。マイクロ・バスには、ヨーロッパ系の人が二人乗っていたが、ミラフローレス地区のアート・センターで降りた。ケネディ公園を過ぎて太平洋岸に出る。われわれ以外に乗客がないので、「恋人たちの公園」に立ち寄ってもらう。この公園は、高層のビルが連なる海岸を見下ろすリマのデート・スポットだ。赤、青、緑のタイルを張った波動形の低い壁がベンチのある円形の中央広場を囲み、横臥した裸体の男女が抱き合っている巨大な石造がある。ロダンの彫刻より写実的で、ラテン的に露骨だ。

三人そろった写真を撮ってあげると、運転手がいう。女性ふたりのお友達の横に並んだのだが、押し出されて写真の中央に納まってしまう。あとで現像したら、京都パープル・サンガの帽子を被り、両手に花のおじさんのうれしそうな顔があった。写真右後方に写っていた裸体の石像は、この場面に少しそぐわない気がする。

バスの終点の「ラルコマール」は、浜辺の遊園に続くレストランや高級ブティックなどの店舗が入った、リマの流行スポットらしい。一四時発のシャトルで引き返すには五分しかない。ところが、鈴木さんたちは、服飾店「アルパカ」に入るやいなや、目の色を変えて試着を始めた。この店のガラス戸の上には、アンデスの代表的動物、ビクーニャ、グアナコ、リャマ、アルパカの大きなカラー写真が貼られている。帰りの時間を気にしながら、私は湾曲して遠くに伸びる海岸線や、海上のレストランに向けて突き出た遊歩道の写真を撮っていた。やっと買い物を済ませた二人を乗せて、一〇分ほど遅れたバスが出発した。

ホテルに戻ると、ツアー一行はまだ残っている。私は、美術館見学にも参加することになった。海岸通りの話をすると、「私も、行きたかったわ」と今になって妻がいう。

まったく知らなかったが、天野美術館の展示品は、見事だった。この国でビジネスマンとして成功した天野芳太郎氏による、チャンカイ文化（AD一〇〇〇―一四〇〇）に重点をおいた、コレクションである。ペルー北部に農耕のチャビン文化（BC一〇〇〇）が興ってから、モチェ文化、チャンカイ文化など。南部では織物に優れたパラカス文化（BC一〇〇〇―一〇〇）からナスカ文化（BC一〇〇―AD

七〇〇)、ワリ文化(AD七〇〇—九〇〇)と続く各時代の土器が二階に並んでいた。光沢あるつぼ、両手を挙げた埴輪、酒盃を手にした男、出産中の女性像、色彩は初期の多色から白黒に収斂していく。クジラ、エビ、カレイらの生物、トウモロコシ、パパイヤ、コショーら植物の紋様。

チャンカイ文化の遺産のなかでは、織物のコレクションが印象に残った。木綿や毛の織物やレース、色彩やこれまでほかの国で見たこともない斬新なデザインがすばらしい。木製の引き出しに、よく整理され、大切に保存されていた。館内を案内してくれたのは、旅の途中で古い文化に魅了され、研究のため滞在しているという日本の若い男性である。ツアーの最後に、少し学習した気になった。

ホテルに戻って、最後の晩餐を摂る。あとは今夜遅く、ラン・チリ航空でロスに飛び、ヴァリグ・ブラジル航空に乗り換えて帰国するだけだ。

(二〇〇六年一月三日、記)

第三章　ウシュアイアから南極へ

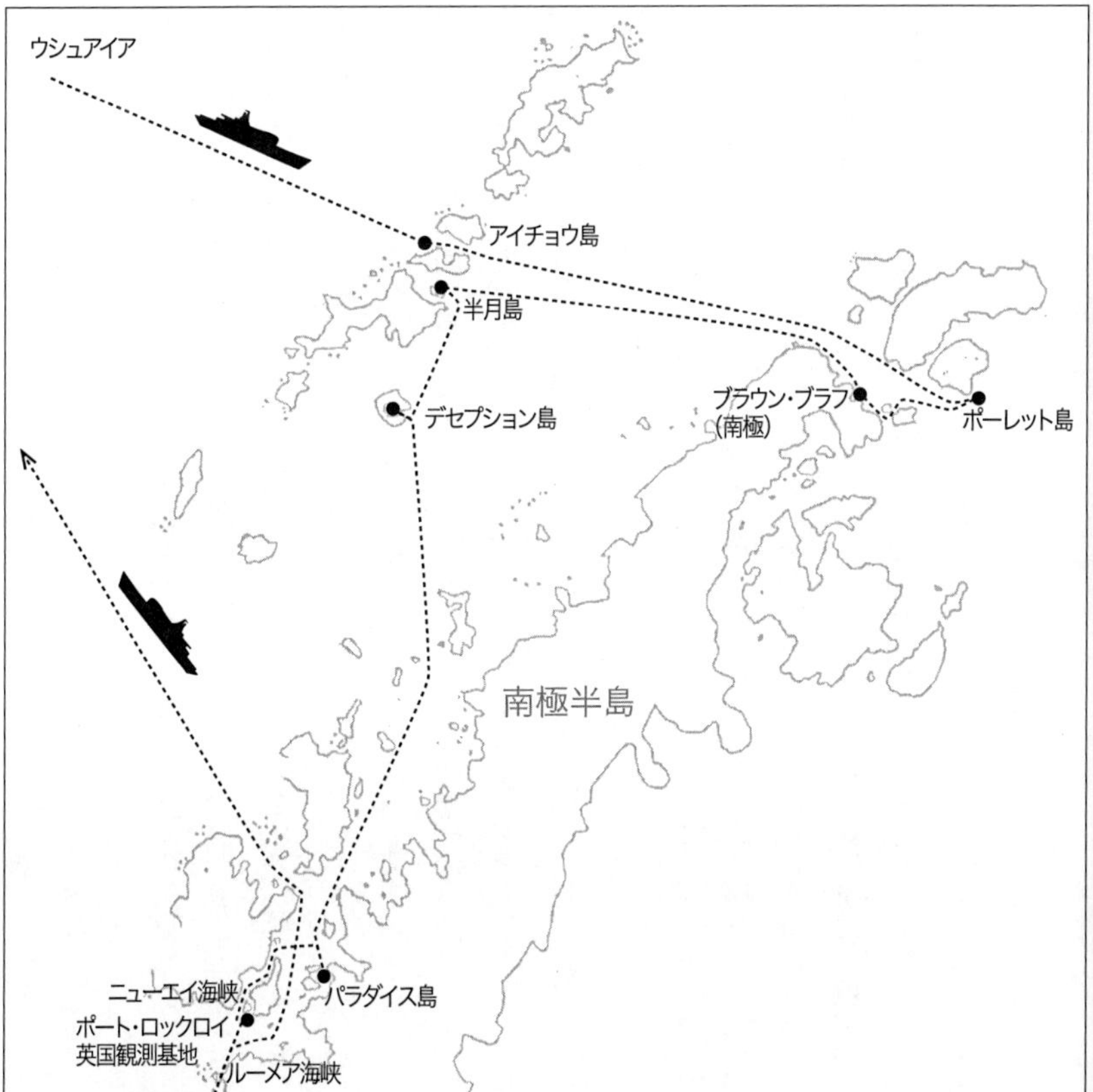

一．ウシュアイア、ビーグル水道とハーバートン牧場

二〇〇六年二月七日(火曜日)、一八時三〇分、ウシュアイアに着いた。アルゼンチンの最南端、ティエラ・デル・フエゴ（「火の大地」の意、以下「フエゴ島」と略）の南部、ビーグル水道に面した小都市である。Tシャツ一枚でも汗ばむ盛夏のブエノス・アイレスで数日過ごしたあとでは、少し肌寒い感じがした。南緯およそ五五度、首都から三〇〇〇キロ以上も離れている。ドレーク海峡を越えて、さらに南一〇〇〇キロにある南極のほうが近い。晴天で、澄んだ空気。今日の気温は、摂氏一〇数度ほどであろうか。

飛行場は、市街から水道に突き出た小半島にある。タクシーで町に向かった。海岸から競り上がった坂にそって、美しい市街地が立体的に展開している。その背後に、谷間ごとに雪を残す黒褐色の突兀《とっこつ》とした一五〇〇メートル級の岩峰が連なっていた。南米大陸を延々数千キロにわたって南北に貫く高峻なアンデス山脈が、当地を最後にその英気を海中に収めるのだ。

海岸通りに平行し、ひとつ上手に走る町のメイン・ストリート、サン・マルティンにある旅行案内所に急ぐ。閉館前に、手ごろな宿泊先を決めておきたい。だが、心配はいらなかった。シーズン中ここの事務所は、二一時半まで開いているとわかる。英語の話せるスタッフが四人もいて、ほとんど待たせることなくツーリストの相談に親切に対応してくれた。その後、ウシュアイア滞在中にこの案内所には幾度か立ち寄ることになる。これまで外国の旅で訪ねたなかでも、最も利用価値のある旅行案内所だった。

さて、コピーしてもらったホステル・リストのなかから、最も近い二ブロック上手のクロス・デル・スール（南十字星館）を訪ねた。ドーミトリー（共用部屋）しかない、もっぱらバックパッカー御用達の小

図（3-1）南十字星館

さなホステル。それでも、ブエノスアイレスで泊まったホテルのシングルと同じ二五ペソもした。アルゼンチン／チリの南緯四〇度以南の、いわゆるパタゴニア地方は僻地であり、旅行シーズンが夏季の数ヶ月に限られているから、物価高は仕方がない。ちなみに、一米ドルがおよそ三ペソに相当する。このホステルの宿泊費は、邦貨にして九〇〇円程度だ。今回は、金のかかる南極大陸への一〇日間のクルージングを含めて前後四〇日の旅程なので、極力出費を抑えなければならない。おもに、ホステルや安宿を利用する旅になるだろう。

ホステルの主は、丸顔に髭面の四〇前後の陽気な男で、英語を話す。世界各地からの若者を相手にしているので、どの国でもホステルのペアレントは一応英語ができる。ペアレントや同宿の人たちと気楽に話したり、情報を交換できるのが、ホステルのいいところである。

チェック・インを終えて、ウシュアイアの街中に下りていく。棚田のように立体的な町並み、中心部は海寄りの二筋で、レストラン、土産物店、食品、カメラ、カバン、服飾、日用雑貨の店、旅行代理店、銀行、両替、ミニ・スーパーなどが、四、五ブロックの間に連なっている（139頁 図3-2参照）。ここでは、歩行者が絶対優先だ。町中では車は、警笛を一切鳴らすことなく常に最徐行で進み、人の横断が終わるまで停車して待っている。

一一日のクルージングの出発まで数日あるから、その間を有効に過ごしたい。再び先刻の案内所で、情報の収集。さしあたって明日の水曜日は、ビーグル水道を東に向かってハーバートン牧場を訪ねる日帰り

図（3-3）ビーグル水道から見た市街地

図（3-4）ビーグル水道の灯台

のツアーに、便乗することにした（一六五ペソ）。

晴れていたと思うと、驟雨がきた。雲の動きが早い。今日は、まだ穏やかであるが、三〇メートルに近い強風も珍しくない地方なのである。だが夏季の今は、既に夜二一時をまわっているのに、まだ戸外が明るい。

翌朝、カタラマン社の快速艇に乗船するため、波止場に下りていく。八時半定刻に出港。すぐに小さなウシュアイア湾を出て、ビーグル水道に入った。上階の船尾にあるオープン・スペースに立つと、水尾の彼方に、山並みに包まれるように、ウシュアイアの美しい市街が広がって見える。右手に少し離れて、ウシュアイアを象徴するオリヴィア山の尖った頂、ついで五つ峰。座席にゆとりがあるから、乗客は上下二つの客室を適宜移動しながら、写真を撮ったり、下で飲み物を注文する。

ビーグル水道は、フエゴ島と南のチリ領ナバリノ島に挟まれ、大西洋と太平洋を結ぶ東西一八〇キロ、幅一〇キロほどの細長い海峡である。むろん、チャールズ・ダーウィンの航海で知られるビーグル号にちなんだ命名だ。一八三五―三六年、フィッツロイ艦長率いるビーグル号に同乗した若いダーウィンらは、アルゼンチン東岸を探査した後、東側からこの水道に入り、チリ側に抜けた。さらに南米の西岸を北に遡行し、エクアドル領の孤島、進化論との係わりで名高いガラパゴス諸島に達したのである。

ビーグル水道は内海のため、高緯度にもかかわらず海面は比較的穏やかで船ゆれが少ない。一〇時三〇

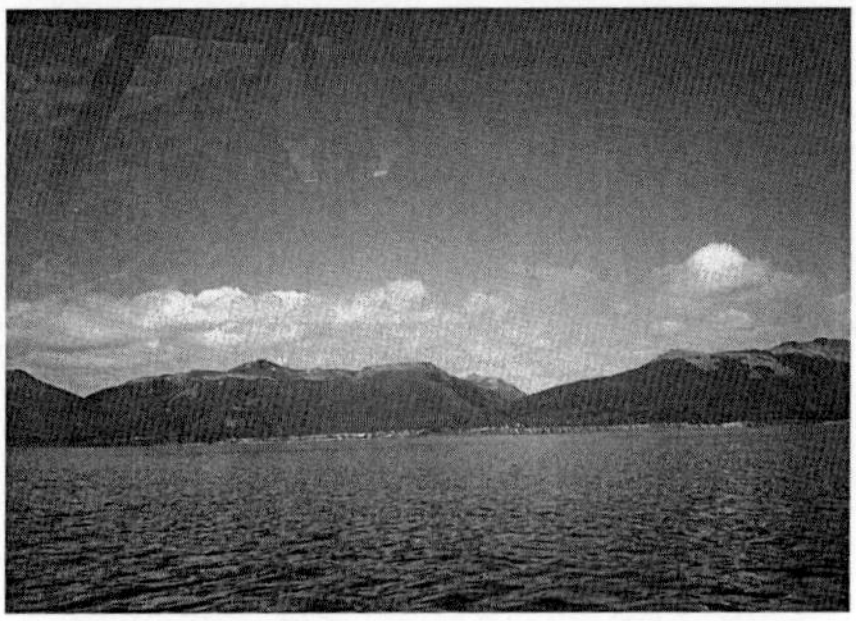

図（3-5）ナパリノ島のプエルト・ウィリアムス

分、レ・エクレルール（白い岩礁）と呼ばれる小さな岩場に近づいた。狭いスペースに、日光浴をしているアザラシが群れている。観察のため岩礁のすぐ近くで、艇はしばらく停泊。透きとおった水底は、けっこう深い。雌は少し小型で茶色、雄は大きく黒毛で覆われている。ときどき首を擡げて、威嚇の声をあげた。

コルモラン（海鵜）やアルバトロス（あほう鳥）などの海鳥群が、波間に揺れている。やがて、赤白赤の胴回りをした灯台の立つ小さな島を一周する。絵はがきにも載っているところをみると、ビーグル水道を表象する灯台らしい。一二時一五分、右舷にナバリノ島のプエルト・ウィリアムスが見えてきた。この町こそ、人が住む南米の最南端である。ただしチリ領なので、一般の旅行者はウシュアイアから手軽に渡ることができない。希望者は、いったん南米本土南端のチリ領プンタ・アレナスまで戻り、不定期のチリ海軍の船を利用させてもらうことになる。アルゼンチンとチリは、世界でも有数の長い国境線を共有する隣国で、人間の往来も頻繁でありながら、その関係には微妙なものがあるらしい。もともとプエルト・ウィリアムスは、アルゼンチン側の動きを監視するため一八五三年に建設されたチリの海軍基地なのである。

太古にモンゴロイド系のヤーガン族が、ベーリング海峡をわたり、北米から中米へ、さらに南米へと、長い長い歳月をかけて南下を続けた。彼らの旅は、この島で行き止まったのだ。これより南は、ほとんど一年中荒れているドレーク海峡を隔てて、雪に覆われた遥かな南極大陸があるだけだ。この町は、文字どおり「最果ての地」であった。帰国後テレビで、ヤーガン族の老女が取材されているのを見た。ポート・ウィリアムスのはずれに、現在一人で住んでいるという。彼女が亡くなれば、もはやヤーガン語を話せるものはいなくなる。ある人種の最後に立ち会う人の心境がどのようなものか、憶測するのは難しい。

左手に火の島側のアルマンサという集落。やがて正面に、海峡の行く手を扼すようなゲイブル島（アルゼンチン領）が現れた。名前のとおりに、入母屋の破風のように中央が高く、両側に傾斜した岩壁がひろがっている。ゲイブル島と右手ナバリノ島の間が、幅一キロと最も狭まった海域である。昼食にラザーニアを注文（一七ペソ）。

広い平地が開けたマリージョ島では、浜辺に大小無数のマゼラン・ペンギンが立ちつくしていた。白い腹部に茶色のコートをまとった、体長七〇センチほどの地味な種類である。彼らは、一二月にこの島に来て、雛を孵す。特に小柄に見えるのは、二月齢の幼鳥にちがいない。

一三時三〇分、ようやくハーバートンに着いた。ここでは、二時間ほどの滞在中、牧場見物、博物館訪問、バーベキュー・パーティーなどの選択肢がある。英語ガイドによる牧場見学のグループについて、船着場からすぐの坂道を登った。牧場のなかにある林の小径を歩く（139頁　図3-6参照）。この島には、ブナ科のニレ、レングア、ギンドなど数種の限られた樹木しか成育しないという。伸びた枝が折れ曲がって、再び土に根を張った、オブゼーのような奇妙な木があった。ガイドが、地上に転がっていた大型の松かさのような実を拾い上げる。意外に柔らかく、表面に幾つも穴が開いていた。「インディオのダーウィン・パンの木」という標識の掛けられた寄生植物。ダーウィンは、ヤーガン族の人たちがこれを食べていたと航海記に書き留めている。空腹を満たすだけで、味も栄養もないらしい。写真に撮ろうとして、実を小枝に掛けようとするが、うまくいかない。同行の一女性が、「わたしが持っててあげるから、さあ、お撮りなさい」といって実のついた枝を標識の前に掲げてくれた。

図（3-7）作業小屋

図（3-8）ブリッジス家の居宅

林の片隅に、ブリッジス一族の墓所があった。初代のトーマス・ブリッジスは、目路の及ぶ対岸遥かな山頂を境界とする二〇〇〇ヘクタールの土地を政府から貰い受けて、フエゴ島最初の牧場の経営を始めた。パタゴニアの辺境らしく、大まかな話である。彼は、イングランドの南西部、デボン州にある出身地にちなんで、ここをハーバートン牧場と名づけた。一八八七年のことだった。一時は相当の数だった羊も、現在はほとんど姿を見せない。近年では、一九九五年の大雪のため、激減したという。毛皮の需要も昔ほどではないのだろう。人影のない牧草地のなかに、白壁にピンク屋根の建物が点在していた。

船着場近くにある、船の格納庫を兼ねた、大きな木作りの作業小屋を訪ねる。天井から幾つもロープや魚網が垂れ、大型のボート一艘が納まっていた。入り江の見える窓側に長い工作台が置かれ、棚には刷毛やペイントの缶が並んでいる。ほかに、ストーブ、洗濯機、羊毛刈り機、大小様々な工作機器がある。ブリッジスたちが自ら工夫し、製作した器具類だ。かつての辺地生活の苦労が、偲ばれる。ふと、むかし立ち寄った、北海道は江差にある鰊小屋を思い出した。

船着場正面の緩やかな斜面にある、横に長い二階建ての家屋には、現在もブリッジス家の子孫が住んでいる。牧場の建物と同じく白壁にピンクの屋根、幾つも並んだ窓の桟や正面入り口の階段の手すりが緑に塗られた、瀟洒なたたずまいだ。赤、黄、青と色とりどりの草花が咲き誇る前庭の花壇も、立体的で美しい。数年前この家は、国の文化財に指定されたという。

帰りの船の出発時間まで三〇分ほど残っているので、入り江に沿った小道を少し歩いてみた。そここに、浜ボウフウが咲いている。左手の傾斜の上に洒落た建物があるので行ってみたら、レストランだった。近くにいた老犬が、起き上がってついてくる。鎖に繋がれることもなく、広い空間のなかで気ままに生きているらしい。

帰途のビーグル水道は、少し白波が立っていた。あらためて見る左手南側のチリ領ナバリノは、一〇〇から数一〇〇メートルの小山が連なる大きな島である。一九時過ぎにウシュアイアに戻った。ホステルの食堂で、ここの主人や各国から来た若者たちと、夜半過ぎまで談笑した。

翌二月九日（木）、朝六時三〇分に目覚めた。夜更かししたホステラーたちは、まだ熟睡中だ。日常を離れて旅にでると、誰でも少しばかり時間感覚が狂ってくる。ことに、夜二一時をまわってもまだ戸外が明るい国にいるときには。

朝の新鮮な空気を吸いながら、市街の上手に向かって歩いた。ウシュアイアは、港から一キロほど奥の前山まで、一方的に迫りあがっている。前山で植生は尽き、背後に褐色の岩山が連なる。商業地区である海寄りの数ブロックを過ぎれば、住宅地区である。緑、赤、青と色とりどりの屋根、スイスのシャレー（山荘）を思わせる急傾斜の屋根もある。放し飼いの犬たちが、次々に吠え出した。アルゼンチンは、犬たちの天国である。鎖に繋がれることもなく、街中を彷徨している。そのためフラストレーションもないのか、めったに吼えられることもなかった。ここの犬は例外である。静かな気分をいささか損なわれながら、一時間ほど散歩して、ホステルに戻る。食堂に備えてあるパンと牛乳で、朝食を済ませた。

今日は、岩山の谷間にあるマルティアル氷河までトレッキングしようと思った。海岸のマウプ通りから出るマイクロ・バスで約一五分、リゾート・ホテルなどの散在する高原のジグザグ道路を走って、リフトの山下駅に着く。雪解け水の流れる谷川や登山道を五、六メートルほど下に見ながら、さらにリフトで一五分、森林の尽きたところが山上駅。ここからは、川に沿い、潅木のあいだを抜ける岩礫のトレイルを辿るのである。軽装のハイカーや家族づれを幾組か見かけた。

傾斜は緩やかで、快適なトレッキング・コースを一時間ほど歩くと、次第に氷河が間近になる。氷河といっても、一見谷間に堆積した雪のようだ。アンデスに幾つもある氷河のなかでは規模は小さいが、市街地から容易に近づけるのがよい。氷河のすぐ手前で、少し岩壁を攀《よ》じ登った。岩肌は、薄い苔で覆われている。汗を拭き、涼んでいる人や、氷河を背景に記念写真を撮っている人がいた。

下りは潅木のなかでルートを見失い、少し遠まわりして、リフト駅に戻った。ここから、ウシュアイア市街の一部や、半島先端にある飛行場、ビーグル水道対岸のナバリノ島が一望された。タクシーに相乗りして、ウシュアイア市内に帰る。ホステルに入った途端に、驟雨が来た。

夕方、ミニ・スーパーで、夕食用のサンドイッチ（九〇ペソ）を買う。今夜の宿泊客は、オランダのアイントホーフェン（フィリップス社の所在地）から来たカップル、カリフォルニアからのカップル、大学卒業後職探しをしているというベルギー国境近くのリールに住む男性など。みな数ヶ月から半年間の旅をしている。昨夜に続いて地球旅行者たちの話題は尽きそうもなかったが、今晩は二二時半で寝室に引き上げた。このところの遅寝早起きで、睡眠不足気味だ。

二月一〇日（金）、七時に起床して三〇分ほど散歩。三泊した南十字星館を一〇時にチェック・アウト、その足で、海岸通りにある四つ星のホテル・アルバトロスにチェック・インした。明晩の出港に備えて、世界各地からの南極ツアーの参加者は、このホテルに集まることになっている。一足先にチェック・インしていた同じ一四号室の宿泊客は、大津市で電気部品の販売業を営む入江さん。筋肉質で日焼けした五〇前後の元気のいい山男である。西穂高の山頂付近で足を骨折しながら、単独で上高地まで下ったという。手術のとき足に入れた支えの金属棒を、いずれ除去しなければならない。そんな状況で、南極行きに加わっているのである。すでに一ヶ月、パタゴニア各地をまわってきた。南極の後も、リオのカーニバルをはじめ、なお二ヶ月間、南米各地を自由に旅するらしい。欧米人には珍しいことではないが、日本人にとっては体力、気力、財力、時間など幾つも条件が揃わないと、難しいことである。それでも、このような日本人の旅行者に出会う機会も、近年次第に多くなった。

日本から予約していた上着のパッカーと防水パンツを借りに、指定の店に出かけた。利用料五〇ドルに一〇ポンドの供託金を預ける。時間がたっぷりあるので、市街地の東のはずれにある「地の果て博物館」に行った。先住民ヤーガンの生活、野鳥、ブリッジスなどヨーロッパからの初期入植の歴史などの展示。博物館のスタンプを押した家への絵葉書を、館内のポストに投函した(六ペソ)。

二 ドレーク海峡、船の仲間

二月一一日(土)、晴れ。一二時間も寝て、七時に起床した。すぐにホテルのレストランで、ビュッフェ朝食を摂る。

夕方の乗船時間まで、主催のクアーク社によるフエゴ国立公園の半日ツアーが組まれている。荷物の搬

図（3-2）ウシュアイアの風景（著者自筆）

図（3-6）ハーバートン牧場

図（3-10）波止場に停泊中の砕氷船
オルロバ号（右）

図（3-12）オルロバ号の集会室

図（3-14）アイチョー島のゾウアザラシ

図（3-20）パラダイス島のチリ観測基地

図（3-23）ゴーディエ島の英国観測基地

図（3-26）最後の上陸地、ピーターマン島

図（3-27）お別れパーティー

送を会社に委託して、ホテルのチェック・アウトを済ませた。一行はバスで市街地西方の国立公園に向かう。途中、ウシュアイア背後に迫る山地の氷河によるU字谷を見た。

小橋を渡ったところが、国立公園の域内である。駐車場から、林の中を約三〇分歩いた。この国立公園には湖沼が散在し、トレッキング用の小道が縦横に走っている。北中南米を縦断する国道三号線の終点を示す標識が立っていた。アラスカから一万七〇〇〇キロ、ブエノスアイレスから三〇〇〇キロと表示されている。ビーグル水道のラパタイア湾に面した入り江には、ダーダス島（亀島）やロタンド島（円形島）と呼ばれる、日本でもよく見られるような小島が浮かぶ。小さな船着場に、ちょうどチリからの小船が着いた。船着場の横に、ポストと小店がある。ここでスタンプを貰い、発送することができる。

図（3-9）ウシュアイアの船着場とポスト

ウシュアイアの町外れにあるトルーキンという大型レストランで、名物アーサド（牛を開いて炙った肉）の昼食。大皿に無造作に盛られた肉の塊を、各自が切り取って食べる。本来、野外で牧童たちが食した素朴で野性的な料理で、日本人の胃袋では多くを消化できそうにない。

ウシュアイアに一四時三〇分に戻る。まだ時間があるので、下着店を捜すが見つからない。ウシュアイアの中心部には、日常品の店はあまりないようだ。時間が来て、バスで乗船場所へ向かう。波止場には、五万トン級の豪華客船が停泊している。南米大陸の沿岸を周遊しているのであろう。これにくらべると、すぐ近くに並んでいるこれから乗り込むオルロバ号は貧弱に見えた（139頁 図3-10参照）。ロシア船籍の四〇〇〇トンの耐氷船なのだ。それぞれの夏の季節に、南極大陸と北極海で稼動して

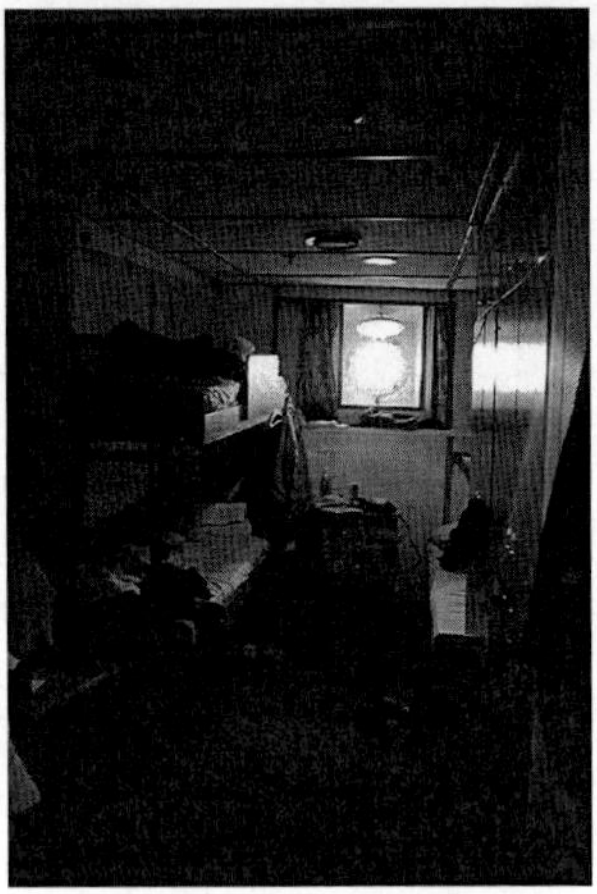
図（3-11）船室

いるらしい。船長以下の水夫、ボーイ、食堂メイド、調理人などはみなロシア人。ただし、旅客に対応する特別スタッフは、多国籍の構成である。
予約していた三人部屋は、四階の中デッキの四〇二号室で、二段ベッドが二つ並んでいて、既に下段は二人の先客が占めていた。ひとりは、アルバトロス・ホテルで同室の入江さん、もう一人はミネソタ州から来たバッカスという三〇歳くらいの中肉中背の男。やむなく、上の段に攀じ登った。梯子がついてない。おまけにベッドに柵がない。寝ぼけて転げ落ちたら怪我をすると、少し不安に思った。じつは、どちらも下段ベッドの下の隙間に納められていたのだが、その日には気づかず、少し気がかりな夜を過ごした。
一八時出港。一八時三〇分マイクで、五階の上デッキにあるホールへの呼び出しがかかる。以後、毎日数回集まることになるホールである（139頁　図3-12参照）。木製の床の壁よりに安楽いすが五つ、六つ置かれていたが、一二〇名もいる旅客には足りない。残りは、床に足を投げ出して、話しを聞く。ここで、クルージングを通じてツアー客を指導し助けてくれる、特別スタッフの紹介があった。一シーズンの常勤と、一航海だけ参加している非常勤のスタッフがいるらしい。
リーダーのローリー・デクスターは、五〇才前後の痩身のスコットランド人。神学と文化人類学を学んだが、その後カナダの北西部に移住し、極地探検や登山、ウルトラ・マラソンなど数多くの冒険スポーツでキャリアを積んできたという。欧米人には、このような多面的な経歴の人がけっこういる。これまでの日本に比べ、選択肢が多い環境なのである。彼のレクチャーは、実体験がベースになっていて、興味ある

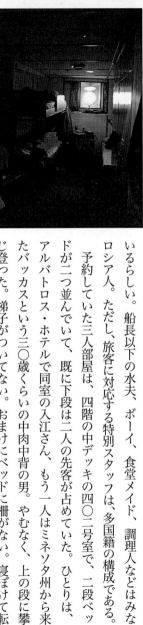

ものだった。

ついで、サブ・リーダーのジェイ・マーティン。英国生まれで、ノッチンガム大医学部卒、現在オーストラリアの僻地でアボリジニへの医療サービスに従事している。長身面長の美人。乗組員としては、操舵や通信士の資格を持つ。極地旅行やオーストラリア砂漠横断のトレッキング、ヨット競技などの経験も豊かである。

同じく英国人の小柄で丸っこいヴィクトリア・セイレェムは、英語の先生、二〇〇一年以来南極に興味を持ち、ニュージーランドの大学で南極学の学士号を受けている。いつもにこやかで愛きょうある女性だが、早口の話は少し聞き取り辛い。

ロジャー・スレードも英国出身、地理学地質学を専攻し教師の経験がある。旅行、登山、サイクリングなど野外派で、南極については写真の個展を開き成功したという。

以上が今シーズンの常勤である。ほかに、丈の高いハンガリー人で極地動物の専門家アクーシュ、オーストラリア人の浅黒い眼科医バートン、美術に造詣の深い韓国の女性、南アフリカ人、アメリカ人など七人ほどの非常勤スタッフが、簡単に自己紹介をした。航海中に講義など、なんらかの役割を果たすことを条件に、応募した人たちだ。極地旅行に眼科医はどうかとも思うが、船酔いなどの対応には、それで十分ということだろう。彼は、新婚旅行をかねて小柄な奥さんを同伴している。

特別スタッフの紹介のあとは、避難訓練である。部屋ごとに、緊急時に集まる避難ボートが指定される。四〇二号室のメンバーのボートは、六階左舷（ポート）にあった。マイクでの説明や指示を理解するには、最低限度の航海用語を覚えなければならない。たとえば、やがて経験することになったが「右舷（スターボード）一〇時一〇分方向に、クジラ発見」というアナウンスがあれば、甲板に出て、すばやくその方向を探さなければならないのである。

一九時三〇分、五階ホールでのカクテル・パーティー。欧米人とのカクテル・パーティーの経験は幾度もあるが、あまり好きではない。背伸びをしても、丈の高い人間の林の中に埋没するような気になるのである。引き続き同じ階の後部にある食堂に移動して、初めての夕食になる。ビュッフェ形式で、各自が主菜や副菜、スープ、飲み物、デザートをとり、適当なテーブルにつく。

今夜の同席者は、イスラエルからの小柄なスーザン嬢、ミネソタ州ポートランドからの日系四世のカヤ氏、横浜に住む藤平氏。スーザン嬢は、少し浅黒い肌で、アフリカ系の混血かと思われる。二〇〇〇年前にユダヤ王国滅亡の際、離散したひとびと（ディアスポラ）のなかにアフリカに逃れた末裔がいて、現在イスラエルに帰還希望者が増えているということを、先日のテレビで知った。彼女もその一人かもしれない。

カヤ氏は、三〇前後の会社員、話しかければ答えるという物静かな人である。日本語はまったく解らない。三〇年ほど前、ポートランドに立ち寄ったことがあるので、話題をそちらに向けようとするが、つづかない。二七、八歳にみえる藤平氏は、この旅に参加するために三年ほど勤めた会社を辞めたという。

「三〇までに、世界の大陸全てに一歩を記したいと思っていました。今度の旅でその願いが叶います」

「ヨーロッパのどこに？」「ミラノ」

「北アメリカでは？」「今度の行き帰りに寄るニューヨークです」

「オーストラリアでは、どこに行きました？」「シドニー」

アフリカ大陸では、カイロを訪ねたという。もちろん、南米ではウシュアイア。そして、今回の南極大陸への上陸で、彼の宿願は達成することになる。訪問地選択の基準はよくわからないが、六大陸のそれぞれに、文字通り一歩を記すわけだ。

「日本に戻ったら、また仕事を探すのですか？」

「そのまえに、バイクの免許をとります」

この船には、四人目の日本人として、世田谷区に住んでいる滝本氏が乗っていた。彼は、アマチュア・カメラマンで、既にバウハウスについての写真集を出版していた。このツアーでも、多くの機材を収容するために、ダブルの船室を借り切っている。南極とバウハウスがどのように結びつくのか、よくわからない。

「金のかかる趣味だな」と入江さんがひやかす。

突然、ハッピイ・バースデイの歌声と共に、ロウソクを先頭に、四、五人のメイドの行列が食堂に入って来た。どこかのテーブルに、今日誕生日を迎えた人がいるらしい。当人がバースデイ・ケーキのロウソクを吹き消すあいだ、しばしの静寂、そして拍手。ところが、一〇分ほど経って、またもやメイドの行列がやって来た。この日には、もうひとりの誕生者がいたのだった。

二二時、船はまだビーグル水道を東に向かっている。左舷フエゴ島側に、満月が見えた。

二月一二日（日）、六時半に起床、旅に出てからは、何時に寝ても早めに眼が覚める。少し波が高い。ドレーク海峡に入ったらしい。

八時食堂に上って、ビュッフェ朝食。

受付の脇に、その日のスケジュールを書いたコピーが置いてあった。今日は一〇時から、ホールで南極の鳥類についてアクーシュの講義がある。約一時間、海鳥の種類と生態について、スライドを使ってかなり詳細な説明があった。たとえば、ウミツバメ（petrel）やアホウドリ（albatross）、そのほか和名が判らない鳥の名が幾つも出てきた。アホウドリの仲間には、渡り鳥で羽幅四メートルにも拡がり、一万八〇〇〇キロを不着陸で飛んだという信じられないような記録を持つものがいるという。ついで「クジラ物語」という講義。

一六時ホールと食堂のあいだにあるバーと図書室で、ティー・タイム。軽食が用意され、湯沸かし器の湯を使って、各自コーヒーやティーをいれる。

一七時、拡声器で明日のスケジュールのアナウンスがあった。明日の午後には、予定より早く一部の島に上陸できそうだという。これまでのところ、「叫ぶ南緯六〇度」といわれる荒れる海域を通過しながら、思ったほどの横揺れもなく、順調に航海しているようだ。

一八時三〇分、夕食のため上階にあがる。既に食堂入り口には、長い行列ができていた。ドレーク海峡横断中は、講義を聞くか、知人と駄弁るか、読書するか、器具をつかって運動するか、あるいは昼寝などのほかはすることがないから、みな食事時間が待ち遠しい。食材も豊富だ。そして、なにもしなくても、けっこう腹が空くのである。

今夕の相席者は、ブラジルのサンパウロ近くから来たクルーゲ母娘である。母のレオノーラは、七〇くらいの小柄でもの静かなひと、娘のエレンは四〇くらい、母親よりひとまわり大きく、話し好きで陽性のタイプ。話していて、彼女らは、ドイツ系四世と判った。二〇世紀初頭に八〇〇〇人という大集団で、ドイツ人がブラジルに移民したらしい。その子孫は、今でもなおドイツ語が話せるという。エレンは、英語、ドイツ語、ポルトガル語（ブラジル語）が話せるが、傍らで私たちの会話を聞いているレオノーラは、英語が分からない。そこでドイツ語に切り代えて、母親を会話に引き入れる。話してみると、親子とも穏やかで品のよい人たちだった。その後の航海中、エレンは、新しくできた友達とおしゃべりを楽しんでいる様子。いっぽう、レオノーレは、よく図書室の長椅子で読書をしていた。顔を合わせるたびに、「グーテン・ターグ。ウィー・ゲート・エス・イーネン・ホイテ？（こんにちは、ご機嫌いかがですか）」と簡単な挨拶をすると、「ゼーヤ・グート。ダンケ・シェーン（とてもいい気分ですわ。どうもありがとう）」といつも好意的な微笑が返ってくるのだった。

夜には、ロジャーの「南極の氷」についての講義。厚い氷の各層に年代順に閉じ込められた気泡の成分を分析することにより、地球環境の変化が分かるらしい。航海中に旅客は、南極に関する百科全般の精通者になりそうだ。

明日は、四班に分かれて順次ゴムボート（zodiac）で上陸する。掲示板に貼られた「スコット班」、「アムンゼン班」、「ナンセン班」、「シャクルトン班」と極地探検家の名を冠した用紙のどれかに、各自が名を記入する。とりあえず、スコット班の用紙に署名した。

明日は、氷山が現れるらしい。最初に氷山を目撃する時刻は何時か？　もっとも近い時間を当てた人に、賞品が与えられるという。私は、昼の一二時三〇分を予告した。家宛のｅメイルを送る。二三時就寝。

二月一三日（月）、七時起床、八時ビュッフェ朝食、九時三〇分から五階ホールで、アクーシュによる「ペンギン」についての講義があった。

南極には、主に皇帝ペンギン、キング・ペンギンら体長一メートルを超える大型と、七、八〇センチと小型のジェンツー・ペンギン、アデリー・ペンギン、あごひもペンギンの五種が棲んでいる。平均寿命は、二〇年だが、四〇年も生きるものもいるらしい。毎年一一月の末、ペンギンたちは、ルッカリー(集団営巣地)に集まってくる。大型ペンギンは、一回に一つの卵しか生まない。いっぽう、小型ペンギンは、小さなA卵と大きなB卵の二つを産む。通常は、B卵のみが孵化するが、ときにはA卵も孵る。どちらも孵らないときには、さらに奥の手がある。つまり、雌の体内に残っていた第三のスペヤー卵が孵るのである。かくて一つがいは、少なくとも一羽の雛を孵す仕組みになっている。孵った雛を守りながら、約一、二ヶ月間雌雄の親鳥は交互に遠方まで狩猟に出かけ、オキアミなどの餌を体内に蓄えて戻ってくる。一週間給餌されないと雛が餓死してしまうから、親鳥は餌探しに必死なのだ。万一のときは、卵白が雛の栄養になる。やがて大きくなった雛同士はグループを作り、海岸で餌探しを始める。これを見届けた親鳥は、子供たちから立ち去っていくのだ。約一時間アクーシュの専門的で興味あるレクチャーが続いた。

「最初の氷山、右舷に出現」のアナウンスがあった。急いで甲板に出る。一一時過ぎ。あまり大きくはないが、たしかに写真でよく見る氷の山が海面に浮いていた。一つ現れると、二つ、三つ目と氷山が見えてくる。南極大陸に近づいているのだ。

一二時三〇分の昼食の時間、それと知らずに二組のフランス人のカップルと同席することになった。旅客にはふたつのタイプに分けられるようだ。仲間内だけで固まって、他者に無関心あるいは無視するグループと、まわりにも気配りする人たちである。このテーブルの人たちは、同じテーブルに紛れ込んだ私に気遣って、「どちらから?」と英語で話しかけてきた。

「京都と大阪のあいだにある都会からです。で、あなた方は?」

この席にいた二組は、それぞれパリのウラールン夫妻と南仏の軍港ツーロン近くから来たフリッチェ夫妻と判った。みな、日本にも来ていて、大阪も京都も知っていた。私のほうは、パリには幾度も行っているが、まだ南仏は訪ねたことがない。

「ツーロンの名前だけは、子供のときから知っていました。デューマの『モンテ・クリスト伯』の中で、何回も出てくる地名なので。たしか、有名な監獄がありましたね」

ついでに、二年前の夏ノルマンジーの海岸沿いに小旅行したことに触れた。

「南仏のコート・ダ・ジュールもいいが、夏のノルマンジーは、すばらしい」

とツーロンからの夫が応えた。

「穏やかな遠浅の海と広がる白砂。オンフルールやドーヴィルの海岸で過ごした夏季休暇の思い出があります」

三．南シェトランド諸島へ、ジェンツー・ペンギンやゾウアザラシと出会う

一四時マイクの呼び出しで甲板に集まる。特別スタッフによる上陸のための装備の点検、ゴムボートの乗降や上陸後の注意があった。冬着のうえに防水された上下セパレーツのパッカーとパンツを着用し、防寒帽、防寒手袋を着け、船室備え付けのゴム長靴を履き、浮き袋を首から肩に装着する。パンツは、長靴を包むように上から被せなければならない。

一五時いよいよ初めての上陸開始。上陸地点は、南極半島沿いの南シェトランド諸島のひとつアイチョー島である。島の沖合いおよそ三〇〇メートルのところで、船は停泊していた。出発時に、自分の班の用紙に署名し、帰船時に再度確認の署名をする。船側のタラップを降りて、ゴムボートに乗り移った。モー

ター駆動のボートは、一〇人を乗せて、正面に屏風のような岩壁が立っている岩礁に速やかに近づいた。浅瀬に足をいれて、数歩進んで上陸する。ここで各自は最終便の一七時まで、きままに散策できる。ゴム・ボートが船との間を頻繁に往来しているから、帰船したくなれば適当なボートを拾えばよい。

屏風岩を除けば、この島には平地が多い。海辺近くは、ごろごろした大小の石が散乱し、一部ピンク色に染まったところは、特有の臭気がする。ペンギンの排泄物であろう。食するオキアミの色が出ているのである。さらに進めば、平地の大部分が緑色の薄い蘚苔に覆われている。時間が十分あるので、海岸に沿って、上陸地点から数百メートル離れた地点まで歩いた。

図（3-13）南極 ― 上陸用ゴム・ボート

海辺より少し離れた傾斜地に、多くのペンギンが立っている。人が近づいても彼らは、あまり怖れる様子がない。ペンギンに触れてはいけないと注意されていたにもかかわらず、早くも手を出す人がいた。この島に棲むペンギンは、ジェンツー・ペンギンのようだ。講義で習ったように、後頭部から目尻にかけて、ハンカチを三角に折りたたんで被せたような、白い羽毛が生えている。濃い橙色の嘴は、太く短い。

この島で見逃せないのは、むしろアザラシのほうである。特に鼻先が厚く、下に垂れているゾウアザラシ（elephantseal）は、他の場所ではめったに観察できないから十分観ておくようにと、ローリーから指摘されていた（139頁　図3－14参照）。彼らは、波打際近くの礫岩のあいだに、灰色の頭部と白い腹部の巨体を横たえている。人が近付くと、首を擡げ、威嚇の声を発して、迫ってくるのだった。彼らの領域内に立ち入ったらしい。この島には、少し小柄のオットセイ（furseal）も棲んでいた。

あたりを見回せば、湾曲した海岸線と、一本の草木も生えない岩山と瓦礫だけの斜面からなる荒涼とした風景である。色とりどりの装備をつけた時ならぬツアーの参加者の姿が、その中に散在していた。

一六時三〇分母船に戻る。船のタラップを上がったところで前甲板に進み、海水の入ったトレイの上に、長靴の足を差し出す。陸地で付着した土や汚物を島外に持ち出さないため、たわしを手にした乗組員に十分洗浄してもらうのである。

シャワーを浴びて、やがて夕食。今回は、北ウエールズからきた中年のルトヒン夫妻やベルリンに住む三〇前後のヨアヒムとエステールのカップルと一緒になった。ベルリンの夫妻は、異なる姓を名乗っていた。ヨアヒムの郷里は、旧西ドイツ領のデュッセルドルフ、解放後にベルリンに移住し、エステールと出会ったのである。この四人は、航海中でもっとも親しく話した人たちである。会話の中心にいたのは、小太りのルトヒン夫人だった。今日も、乗客ひとりの誕生祝いがあった。

「一二〇人の乗客がいるのだから、確率的には三日に一人は、誕生日を迎えるわけですね。そうであれば、一〇日の航海中、三、四人の誕生日があるはず」と私が理屈をいってみる。ルトヒン氏は、これに同意してくれた。

しかし、夫人のほうは、

「あら、三日目で三回の誕生祝いがあったのだから、一〇日のあいだに一〇人ほどのひとが誕生日を迎えるのではないかしら」と異論を唱える。

「多分、なんらかの個人的な記念日に合わせて、参加しているひとが多いのでしょう」

結果からいうと、クルージング中の誕生祝いは、合計九件だった。ルトヒン夫人の予測のほうが、当た

図（3-15）ポーレット島の頂上

ったのである。

二〇時、ローリーから、明日上陸予定のポーレット島と南極半島ブラウン・ブラフの説明があった。ブラフでは、探検調査グループが一年間取り残されて生活していた小屋跡が残っているという。

二月一四日（火）七時、二組のオランダ人夫妻、ワシントンDCからの男性らと朝食。

八時、ポーレット島への上陸が始まった。細かい雪が降りだす。火口湖みたいな池があり、水鳥が浮かんでいる。オットセイも見かけた。なだらかな砂礫の斜面に、体長六、七〇センチほどの、つぶらな瞳のアデリー・ペンギンが多い。独特のヨチヨチ歩きが、かわいらしい。彼らの営巣地は、なだらかな砂礫の斜面にある。営巣地で孵った雛は、六週間もすると海岸近くでクレーシュという雛だけの集団に加わる。二、三歳令の独身ペンギン（フーリガンと呼ばれる）が雛たちの番をしている間に、少し雛から解放された親鳥たちは、ようやく餌探しに遠出できるようになる。だが、雛たちは、盗賊カモメに狙われている。成鳥まで生き延びられるのは、五〇％以下という。

サブ・リーダーのジェイが、池の向い側の、ガレた傾斜を登り始めた。数名が後に続く。ジグザクの斜面をぐいぐい登る長身のジェイは、いっそうたくましく見える。三〇分ほどかけて一〇〇メートルほどの丘上に着いたときには、少し汗ばんできた。そこは、凹凸のあるわりに広い平地になっていた。見渡せる海面には、氷の塊が幾つも浮かんでいる。南極に来たという実感が深まった。

帰船して自室で休んでいると、マイクで呼び出しを受けた。名簿に帰還の署名をしていなかったのである。

「あなた、またやったわね」とジェイに言われた。昨日につづいて、サイン・アップを忘れたのである。彼女には、顔と名前を覚えられてしまった。

一二時、昼食。ヴァージニア州の州都リッチモンドに住む夫妻と相席になった。奥さんのほうは、ジョージア州アトランタ出身という。三〇数年前、米国に駐在していたころ、リッチモンドやアトランタを訪ねたことがあった。

アトランタ市内で覚えている曾遊の場所名を挙げて、現在の状況をきいてみる。南部州連盟の大統領や将軍の彫刻があるストーン・マウンテン、南北戦争最後の激戦の様子を音響と共にみせてくれるアトランタ・ラジオラマ、大きな地下壕のような穴倉に、若者向きの衣料や装飾品、楽器などの小店が並んだアンダーグラウンド・アトランタ、アシュレー・パーク。一番見込み薄だった地下の土臭い商店街、アンダーグラウンド・アトランタは、「まだ、残っていますよ」と夫人はいう。「アシュレー・パークの名は、聞いたことがありません」

四　ブラウン・ブラフ（南極）上陸、南極の温泉、アルゼンチンやチリ、イギリスの南極観測基地を訪ねる

一三時過ぎ、大小の氷山が次々に現れる。一五時、いよいよ南極大陸の一部、ブラウン・ブラフへ上陸開始。名前のように、上陸地のすぐ前に、屏風のような茶褐色の断崖が立ちはだかっている。ついに一五時三六分（日本では一五日、午前三時三六分）、南緯六三度三一分、西経五十六度五分の地点で、南極に

一歩を印した（口絵1　3－16参照）。

正面の屏風岩の左手に、丘上に通じる道がついていた。同船者の数名が、そちらに向かった。私は、午前中に丘に登って一汗かいたので、今回はおとなしく崖下を散歩した。海岸に沿ってウシュアイアの後背のような突兀とした岩山が続く。海岸と岩山のあいだに、アデリー・ペンギンとジェンツー・ペンギン、それにアザラシが多く棲息していた。なかには、ペンギンの死体もころがっている。

図（3-17）上陸証明書

ここのアザラシも、それぞれのテリトリーを守っているらしい。一定の範囲内に人間が立ち入ると、威嚇声を発しながら、すばやく近寄ってくる。「キャー」と悲鳴を挙げて、逃げ出す女性がいた。あらかじめリーダーに教わっていたのか同行の一人が、アザラシの前で両手両足を広げて大の字になり、「ストップ」と叫んだ。すると、不思議なことに、アザラシたちは、突進を止めるのである。見ていた私たちも、面白がってアザラシを挑発しては、「ストップ」を連発した。

数百メートル先の屏風の裂け目を目指して、礫や磨耗した小石が散在する海岸線を歩いた。岩山の裂け目に登ってみると、反対側は断崖になっていて、近くの島が見えた。ペンギンやアザラシ、海と岩山と島と。それが、私たちが上陸した南極大陸だった。一六時に帰船した。

「とうとう南極に上陸できましたね」、と藤平さんがいう。私のように、パタゴニア旅行計画中に思いついた南極行きとは違う。彼は、六番目の大陸に足跡を刻むため会社を辞めたのだ。南極だけをめざして、はるばるやって来た。感激も一入だろう。

図（3-18）半月島の顎紐ペンギン

ヒルトン夫妻、ヨアヒムとエステールの夫妻、デンマークのコペンハーゲンからの夫妻（夫人の方は、英国のノーフォーク出身）と夕食。そのあとアクーシュによる「クジラの生態」という講義があった。

二月二五日（水）曇り、摂氏二度、二〇ノットの風。朝、図書室で、引退してシアトルに住むという背の高い禿頭の医者としばし会話。彼は、京都がお好きのようだ。

七時からの朝食には、一九六一年から二年間横田基地に勤務したルイジアナに住む男と一緒になる。日本各地を回ったが、広島を訪ねなかったのが心残りという。

八時から半月島への上陸開始。約一〇〇万年前の火口が、半月形の島の入江として残った。その真中に船が停泊する。半月島は、岩と小石が散在するだけの、比較的平板な島である。この島には、白い頬に耳の後ろ側から黒い縞筋が延びているアゴヒモ・ペンギンやオットセイが棲んでいる。右端に三棟、赤屋根に国旗をはためかせたアルゼンチン南極基地が見えた。基地まで往復する。背後にリビングストン島の雪山が連なっている。南極にいることを実感させられる、荒涼とした風景だ。

図（3-19）デセプション島の温泉造り

午後、デセプション島へ。本日二度目の上陸である。乗組員の数名が、浜辺の砂を掘り始めた。温泉浴のためのプールを造ろうというのである。火山性の島は、少し掘れば熱湯が滲み出してくる。同室の入江さんも、タオルを額に巻いて、穴掘りに参加した。

図（3-21）船内の茶話室

二〇分ほど経つと、縦横五メートルほどの立派なプールが造成された。溜まった温水から湯気が立っている。このままでは、熱過ぎて浸かれない。少し満ちてきた海水で程よい温度に調節されるのを見届けてから、見物人たちは防水着を脱ぎ始めた。ひやかしに残っていた私と違い、まわりにいた人たちはみな、下に水着を着けて準備していたのである。お互いに、入浴中の写真を撮りあっている。南極で露天風呂に浸かったことを、土産話に吹聴するのだろう。寒くなったので、一足先にゴムボートで船に戻り、シャワーを浴びる。

臨時乗務員の韓国女性と、韓国のお寺や食べ物について雑談していると、「左舷一〇時一〇分前の方向に、クジラ発見！」のマイク放送があった。甲板に急ぐが、クジラは既に潜水して見えない。

夕食時には、オーストラリアからの医師と新婚の夫人、ワシントン州、ケンタッキー州、ノース・カロライナ州からの米国人男性らと卓を囲んだ。

二月一六日（木）、朝、クジラの楽園と呼ばれるパラダイス湾に入る。南極大陸に隣接した小島近くで、船が停泊した。乗客は二班に分けられ、我々は最初に氷河見物に出かけた。約五〇〇〇年かかって流れてきた氷河の末端が海に落ちる所を見る。氷河の紺青の色は、圧縮された空気が氷の中に封じ込められているからである。海鳥が水面を掠めた。

次にチリ南極基地の近くで上陸する（138頁　図3－20参照）。雛に寄り添っているジェンツー・ペンギンや全身白い羽毛に覆われた鳥（pale-faced sheathbill）の群れのあいだを通り抜けて、基地の建物に

図（3-22）ニューエイ海峡

入る。観測の邪魔にならないかと思ったが、観測隊員はコーヒーで歓待してくれた。彼らも四六時中緊張しているわけにはいかないし、たまの訪問者は、彼らの気分転換になるのかもしれない。

昼食後、ニューエイ海峡（Neway strait）を抜ける。南極の険しい雪山が連続して、両岸に迫っている。上部甲板に立つと帽子が吹き飛ばされそうだ。

天候悪化のため、午後に予定されていたロックロイ英国南極基地への上陸は中止され、五階ホールで「南極探検家シャクルトン」のフィルム第一部を観た。甲板でのバーベキュー・パーティーも、強風のためいつもの食堂に変更された。

上陸が中止されたので、午後の時間がゆっくり過ぎていく。ケンタッキーからきたという老人と図書室で一緒になったが、簡単な内容の話でもなかなか理解してくれない。外国人の間の会話は、関心と勘がなければ意外に通じにくいものだ。ときどき日本人に愛想よく近付いてくるシアトルから来た熟年の男性は、少しばかり日本のことを知っている。同室の入江さんが『ヨシトシ』という浮世絵画家って、いたかなあ？」と私に問う。シアトルの男性によれば、一〇〇の月の景色を描いた画家だそうである。富嶽の絵ならいざしらず、私も月の連作絵は見たことがないし、ヨシトシという名前にも覚えがない。しかし、日本人とみると、彼はいつも「ヨシトシ」を口にした。結局、日本人のあいだで、彼自身が「ヨシトシ」さんと呼ばれることになった。

ケンブリッジから来た女性が、スケッチ帳を見せてくれた。ペンギンやアザラシの生態や雪山の景色を巧く捉えている。パリとツーロンからの二組のフランス人夫妻が、

図（3-24）英国基地の内部

図（3-25）ルーメア海峡

トランプを楽しんでいた。そのかたわらで、サウス・カロライナからきた丸顔のジョーク好きで陽気な男が、ヨシトシさんにポーカーを教えていた。二人ともポーカー・フェイスに向いた顔立ちや性格には見えない。

二月一七日（金）、快晴、気温五度。風は凪いで、太陽が輝いている。オルロバ号は、昨夜から錨を下ろして動かない。六時半起床、七時に食堂に行く。チューリッヒ出身の女性が、空いているテーブルから手招きするので横に座ったが、彼女は風邪で声を失っていた。

ニューヨークからの夫妻と共に、一番手のゴムボートで、英国フィッツ・ロイ基地のある小さなゴーディエ島に上陸した（138頁　図3-23参照）。南極大陸とは、わずか一〇メートルほどの海水で隔てられているに過ぎない。海岸からペンギンたちの群れのあいだに伸びている石段の正面に、赤屋根に黒壁平屋の基地が建っていた。基地内の売店、食堂、寝室、現像室などが調査隊員の生活空間である一〇ほどの小室を見て回る。用意してきた家への絵葉書を基地のポストに投函した。一ヶ月後の帰宅前に、配達されているだろうか。

帰船前に、すぐ近くのジュグラー・ポイントにも立ち寄った。どちらの島もジェンツー・ペンギンが群れている。しかし、群れのすぐ脇で、いくつもペンギンの死体が転がっていた。一見平和に過ごしている群れの中で、ある日そのなかの一羽が、少し疲れて横たわる。彼は、しばし休息するつもりだったかもしれない。しかし、二度と立ち上がれない。そして、賑やかに騒いでいる仲間の横で、息が絶える。

一〇時三〇分、左手に南極大陸、右手に鋭い岩肌をみせる島に挟まれたルーメア海峡を通過する。狭いところで幅一〇〇メートルほど、あるところでは雪渓が崩れて海に落ち白煙をあげる。別なところでは、あまりに岩盤が急峻なため雪も積もらず、黒い岩肌がむき出しになっていた。一瞬、中国の三峡下りの景観を思い出したが、こちらの自然環境の厳しさは、比較にならない。この海峡で、船腹近くで跳ねるクジラの姿を一瞬見た。小さな氷塊の上に、一群のペンギンが乗っている。それもたちまち、視界の後方に消えた。海峡を過ぎて湾のように開けた海域に入る。

昼食後の一三時三〇分、南極ツアー最後となるピーターマン島への上陸が始まった（138頁　図3‐26参照）。かなり大きな島である。上陸地点は、岩場が多い。ジェンツー・ペンギンが水から上がってきたり、海中に入ったりしていた。ゆるやかな傾斜を登っていくと、雪原が拡がっていた。大きな雪渓が、行く手に立ちはだかる。先に上陸していた滝本さんが、雪の中に三脚を立て、撮影の準備をしていた。

雪原のそこここに、ジェンツー・ペンギンの集団が散在している。あるものは立ちつくし、あるものは横たわる。ときどき、褐色の盗賊カモメが餌を狙って近くに降り立つと、群れのあいだにささやかな混乱が生まれた。ペンギンたちは、嘴を上に向けて広げ、甲高く咽喉を三度か四度続けてならす。人をあまり怖れないといっても、あまり近づき過ぎると、同じ警戒声をあげた。

仲間の一羽の後を、雪に脚をとられて滑りながら懸命に追っているペンギンがいた。あるいは、どこを目指しているのか、脚跡を雪上に印しながら、とぼとぼ歩いているのもいた。陸上での彼らの動作は、ぎこちなく、愛嬌がある。自然の中でのペンギンの生態は、動物園の檻の中で見るのとは、全く違うのだ。その彼らも、今が見納めになる。

船に戻ると、少しみぞれ交じりの天候になった。船は反転して、再びルーメア海峡に入る。先刻まで立っていたピーターマン島の上陸地点は、視界に少しぼやけて見えた。だが、ペンギンたちの姿は、もはや認めることができなかった。

南極は、まもなく短い夏が終わり、厳しい季節に移っていく。厳しい冬でも、彼らの営みは続く。何百世代も、何千世代も、彼らは地球上で最も悪条件の環境の中で、生き続けてきたのだ。むしろ彼らにとって、一番の脅威は自然ではなく、人為的な環境の破壊、地球の温暖化かもしれない。日常の営みを離れた極地で、むき出しの厳しい自然の中に身を置くと、改めてかけがえのない地球にわれわれが住んでいることがわかる。そして、人間の環境より遥かに厳しい環境でも懸命に生きている生物がいること、彼らも人類と同様にこの地球に生き、子孫を残す権利があることを実感する。

五、お別れパーティー

船室で、荷物の整理をした。上陸に使った上下セパレーツの防水性パッカーとパンツ、防水手袋も、今日で使い納めである。

お茶の時間に、かつて日本の米軍基地に勤務していたというニューヨーカーと立ち話。

「『コンニチワ』と話しかけると、日本の女性はみな、にこやかに応答してくれます。だが男性には、いつも無視されます」という。

「日本女性と結婚し、三年も日本にいて言葉がよくわかるアメリカ人でも同じことです。日本の男は、夫人とばかり話して、夫のほうは相手にしない」

彼は、一昔か、二昔前の経験を語っているのかもしれない。ただ、外国への旅にあって私も逆の経験をしているから、彼の言いたいことはよく分かる。

「多分、男性の多くは語学に自信がないうえ、日本語の話せる外国人はいないと思っているから尻込みするのでしょう。思い込みが強ければ、ちゃんとした日本語で話しかけても、外国語に聞こえてしまう」

一八時、ホールに集まり、ローリーが今日一日の行動の復習（recap）と、簡単な講義をした。

「極」には四種類あるという話である。一般に南極、北極と考えられているのは地軸上の極(geometric pole)である。ほかに、磁気的極（magnetic pole）や、わずかながら絶えず移動している地磁気的極(geomagnetic pole)、全ての陸地から最も離れた地点を指す地理学的極(geographical pole)がある。

引き続いて、「ロシアの夕べ」が始まった。これまで、食堂でスープやコーヒーのサービスに専念していた比較的無口な男女のロシア人給仕が、演技を披露してくれようというのだ。まず、二人の女性が並んで椅子に座り、お互いに負けじとばかり、猛烈なスピードで話しだす。表情や手振り身振りも豊かだ。内容は全くわからないが、若い娘たちが噂話に花を咲かせているという演技であろうか。ロシアにもしゃべくり漫才があるのかもしれない。

このあとも、オヘソを出した女性のロシア・ダンス、寸劇、ロシア民謡などがつづいた（138頁 図3-27参照）。給仕中は無愛想だったボーイが、舞台では、色目を使い、みごとな伊達男に変身しているのには感心する。

図（3-28）船の仲間

最後は、だれでも気楽に加わるフォークダンス。参加者の一部が、交代で人垣のトンネルを作り、その他の人は踊りながらトンネルを抜け出て、人垣の後ろにまわる。こういう場では、幼児からの慣れで、リズムに体が自然に反応し、臆せず踊りの輪に加わるヨーロッパ系の人たちがうらやましい。老若男女を問わない。サンパウロからのエレンも、ヨシトシさんも、ツーロンからの夫妻も、ケンタッキーの男も、トンネルから抜け出しては、笑顔で手を振っている。

数十年のむかし、わたしも一度だけ人前で踊ってみたことがあった。パリの「ムーラン・ルージュ」を訪ねたときのこと。一部と二部の合間の休憩時間には、誰でも中央の舞台に上がることができた。二度とない機会とばかり、躊躇している新婚間もない妻を誘って、ダンスのステップを踏んだのである。あれは、やはり若気のいたりだったのだろうか。いまは、舞台の裾から意気地なく眺める、一介の熟年者になっている。

夕食は、ロシア料理。今夕も二人が誕生日の祝福を受けた。ひとりは、先日声を失っていたスイス人女性。他は、デンマーク人と結婚した英国女性である。このカップルとも、これまで何回か食卓で話した。これで航海中、誕生日を迎えたひとは七人になった。

航海中、最も親しくなった北ウエールズのルトピン夫妻、ベルリンのヨアヒムとエステール夫妻、「ヨシトシ」さんと同じワシントン州からの男性と同じテーブルにつく。ルトピン氏が、ヨアヒム夫妻からドイツ語の単語を教えてもらっていた。ここ一〇年以上、殆ど使う機会のなかった私のドイツ語も少しあやしくなっている。読書には不自由しなくても、会話でこなせる語彙力がおちているのだ。

クリスマスの飾りつけや日本の正月の話、船内で四部まで映写された南極探検家「シャクルトン」について。

船の図書室でシャクルトンの伝記を拾い読みしていたので、ルトピン夫人に尋ねてみる。

「スコットに比べ、彼の名は日本では殆ど知られていません。英国ではどうですか」

「長いあいだ殆ど忘れられていましたが、ここ二〇年来、伝記も出版されるようになりました」

評価が低かったのは、彼がアイルランド系だったためでしょうか」

「アイルランド人とは、いままで知りませんでした。彼の偉大さは、南極大陸を一人の犠牲者も出さずに横断したことでした」

なにがきっかけになったか分からないが、夫人とワシントン州の男が、ボーイ・スカウト運動とキプリングの『ジャングル・ブック』の関係を話している。これは私の研究にも係わる。ルトピン夫人は、さりげなく子供狼の群れ（カブ）や彼らの教師である熊のバルーに触れた。日本ではあまり人気のないキプリングだが、英国では依然読まれているらしい。夫人も、子供の頃の読書経験から話しているのだろう。

二三時頃、船が少し揺れ始めた。南極大陸を離れて、ふたたびドレーク海峡に近づいたらしい。

二月一八日（土）、六時半に起きる。霧が深い。外気は、摂氏四度である。図書室で、ケーキとコーヒーをとった。横田基地にいた米国人と「ヨシトシ」さんがいた。ジムで一汗ながしたローリーが、やってくる。

午前、ペンギンについての講義があった。ペンギンは、特に視力がよいらしい。長いあいだ潜水できるのは、炭酸ガスが溜まって、血液がpH六・五の弱酸性になっても耐えられるからである。体毛の密度が高く、優れた防寒着となっているため、極寒の地に適応できる。上り坂の歩行はうまいが、下りが苦手で、よく転ぶという。

午後はとくにすることもないので、靴下を洗ったり、三時間も昼寝した。

二月一九日（日）晴れ、気温摂氏六度。六時に目覚めた。かなり船が揺れている。七時船酔い薬を飲んだ。少し吐き気がする。朝食を諦めて、ベッドに転がっていた。同室のバッカスも元気がない。

昼前、イルカを含め動物を食するクジラ（kilinng whales）についての、船旅中最後の講義があった。クジラは、地球上で最も広い範囲に生息している動物で、彼らの系統図、家系、クジラ言語の区別などの研究が進められているという。

昼食も省いた。午後も海は荒れている。しかし、四五度まで船体が傾くことがあると聞いていたほどの、荒波は経験しなかった。

夜は、カクテル・パーティーと最後の夕食。この日、二人が誕生日を迎えた。航海中、合計九人が誕生日の祝福を受けたことになる。離れた席にいたヨアヒムが、ベルリンの住所とeメイル・アドレスをメモにして、私の卓に置いていった。一〇日間、船という運命共同体で過ごした人たちが、明日はそれぞれの郷里に向かって、世界中に散って行く。

二月二〇日（月）晴れ、摂氏八度。五時五〇分モーニング・コールがあった。前夜整理していた二つの荷物を室外に出す。簡単な朝食。

ブエノスアイレス行き九時発の一便で発つ人たちのバスが去っていく。ルトヒン夫妻や、ヨアヒムとエステールのカップルも。ついで一一時の二便に乗る旅客のためのバス、滝本さんや、藤平さんもこのバスに乗った。入江さんは、明日の飛行機でブラジルのリオデジャネイロに飛ぶことになっている。奥さんから、リオでの宿泊先の予約情報を受けていた。ちょうど始まるカーニバルのため、ホテルの確保が大変だったらしい。彼の言葉によれば、「大阪弁一本槍」で、なお二ヶ月ほど南米各地を旅するのである。

往路と違い私は、二〇日ほどかけてバスでパタゴニアを北上し、ブエノスアイレスに戻るつもりだ。アルゼンチンの南半分をカバーする行程になる。それは、飛行機の移動では分からない、広大なパンパ（草原）やアンデスを実感できる旅になるだろう。

（二〇〇六年一〇月二三日、記）

第四章　パタゴニア縦断の旅

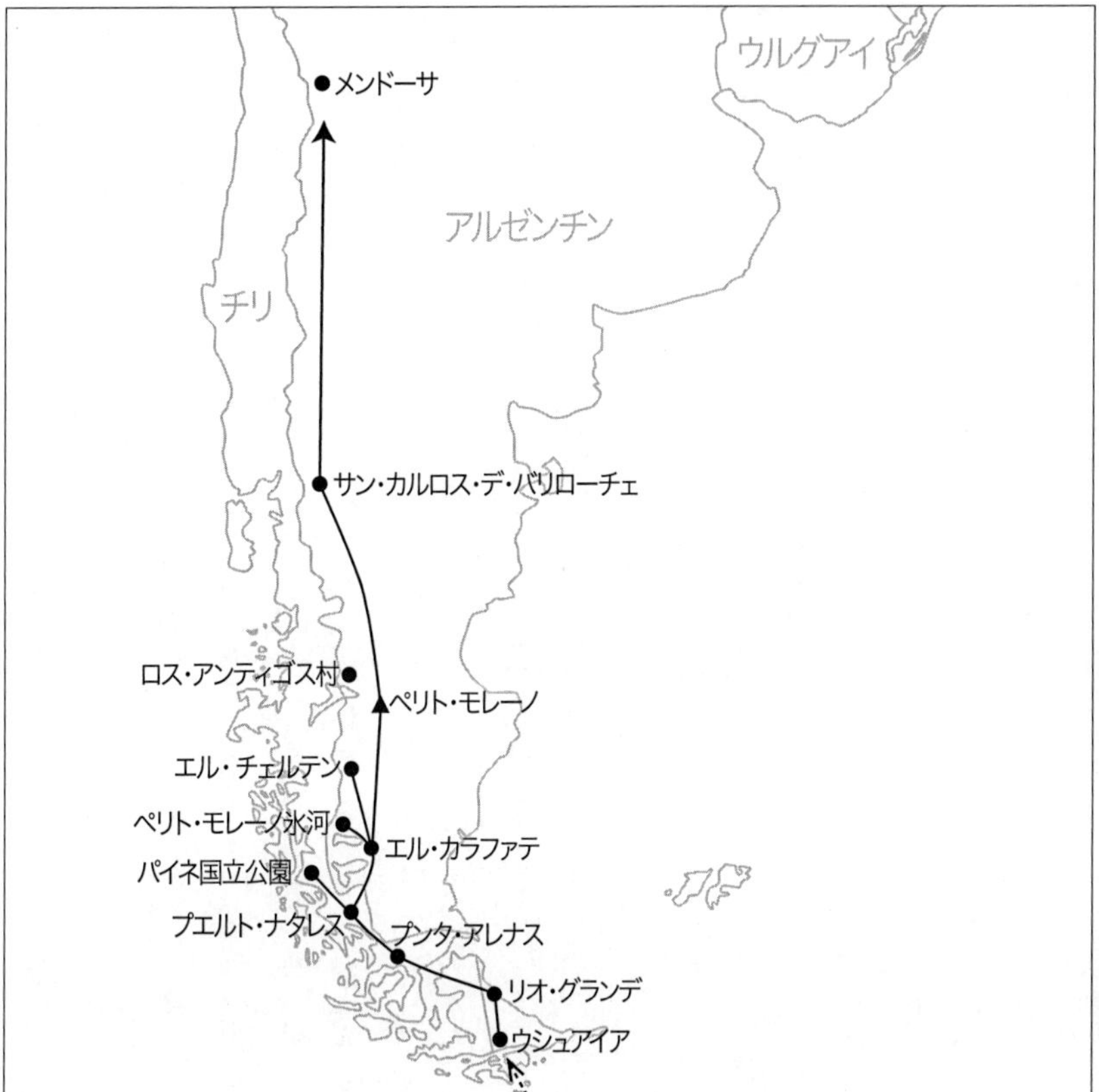

図（4-1）南十字星館ユースのペアレントと

一．フエゴ島縦断、マゼラン海峡を渡る

二〇〇六年二月二〇日の朝、南極クルージングの一行と別れた。波止場近くのインフォメーションで、フエゴ島（ティエラ・デル・フエゴ）の地図と今日の目的地リオ・グランデのホテル・リストを貰い、両替を済ませる。湾に沿ったふた筋の通りを横断し、急な坂道をゆっくり登っていった。正午発のバスまでたっぷり時間がある。それまで、南十字星館のペアレントと一〇日ぶりに駄弁ろうかと思った。小さなウシュアイアの町は、すでに見尽くしている。

食堂を兼ねた談話室では、まだ起きがけのホステラーがトーストを焼いたり、湯を沸かしていた。髭面の陽気な主人に誘われて、私もコーヒーとパンの朝食にありつく。この部屋の壁には、このホステルに宿泊した若者たちの写真が、所狭しとばかりに貼ってあった。窓からは、下手の建物の間に、海岸が見える。

奥の小室のテーブルに、パソコンが置かれていた。誰でも、自由にeメイルを発信できる。私も送ろうと思ったが、認証パスワードとメイル・パスワードを覚えていない。自分のパソコンを使うかぎり、必要性がないからだ。多くのホステラーやバックパッカーは、旅をしながら郷里や友人にeメイルを送ったり、旅先のイベント情報を集めていた。最近は、どこの国に行っても、いたるところにインターネット・カフェがある。暗証番号を忘れても、現場で仮登録をすれば、メイルを送ることはできるらしい。だがその知識がないので諦めた。旅には慣れていても、若い人の最新の旅行技術には、

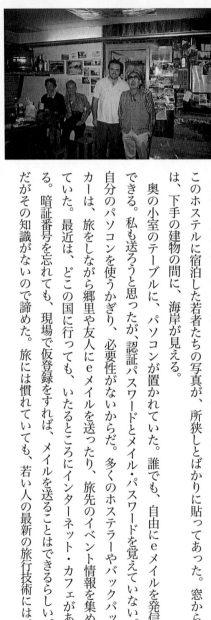

残念ながらついていけない。

南十字星館から五ブロック東に歩いて、リオ・グランデ行きの長距離マイクロ・バスに乗った。定員いっぱいの九人の客に運転手と助手が乗り込み、一二時ちょうどにバスは出発した。みな手荷物を持ち込んでいるから、車内では身動きができない。フロント・ガラスに大きな亀裂があるオンボロ車である。亀裂が、太陽光をまぶしく反射する。この後何度も経験したが、アルゼンチンのバスは、大手のものでも、裂け目の入ったフロント・ガラスのままで走っている。砂利を飛ばしながら地方の悪路を走るので、たとえ修理してもすぐに傷が入るのだろう。

ウシュアイアの海岸通りを、東に通り抜ける。小さな美しいこの町の見納めだ。日本から遥かなこの地を、再度訪れる機会はまずないであろう。一瞬、右手の波止場に停泊しているオベロア号を見た。この四〇〇〇トンのロシア耐氷船は、今夜再び南極に向けて出航する。一二月から翌年の三月の半ばにかけての短い南極の夏期、観光客やツアーリーダーたちを乗せて、フルに活動しなければならないのだ。

尖頂を載せるオリヴィオ山を迂回しながら、マイクロ・バスは山道に入った。三〇分ほど走ると、左右に湖が散在する場所に来た。手元の地図で確かめていると、やがて左手にエスコンディド湖、さらにファグナーノ湖が現れた。いずれも氷河で削り取られた跡にできた、巨大な水溜りである。未舗装の山道が続く。車が車線を右にそれて停まった。左後ろのタイヤがパンクしたらしい。一〇分ほどの停車。動き出したと思ったら、すぐにレストランのあるところで小休止になった。一四時。中途半端な時間だが、サンドイッチとセブンアップで昼食にする。

山岳地帯が終わり、平地に降りてきた。広大な牧草地が広がる。しかし、ときたま草を食む羊を見かけ

図（4-2）リオ・グランデの町

る程度で、家畜の群はいない。やがて、右車窓に海が見え始めた。大西洋側に出たのである。工場や住宅が多くなる。リオ・グランデ市に着いたらしい。運転手は、希望にしたがって回り道をしながら客を下ろしていく。私も訊かれたので、バス・ターミナルと答えた。町の中心部にあるターミナルを想像していたのである。ところが下ろされたのは、宅地のなかにあるバスが所属するモチアル社の小さな事務所の前だった。現在地はどこか、インフォメーションなどがある市の中心部に行くには、どうしたらよいのか。車の清掃をしている男に、片言のスペイン語で尋ねてみる。そして確信がもてないままに、指示された方角に向かって歩き出した。

リオ・グランデは、九州より少し大きいフエゴ島のなかで、もっとも大きな町である。しかし人口数万という数字から予想していたよりはるかに広い。平地はいくらでもあり、高層建築にする必要もない辺地の町だ。碁盤の目形に整備された市街地に、幅広い道路が走っている。二階建てを超える建物はない。

五、六ブロック歩いて、どうやら町の中心らしい広場に出た。小さいが、手入れの行き届いた花壇があり、黄色い小塔の上に時計台がある。二人の女子高校生が、何を探しているのかと英語で話しかけてきた。公園の中にある六角形のとんがり屋根の建物が、探していたインフォメーションだった。二人の女性が、分かり易い英語で応対してくれる。宿泊施設と市内の公共の建物や主な商店の載った略図を貰った。朝食つきで二八ペソと手ごろな料金のツリチコ・ホテルに電話を入れてもらう。歩いて二ブロックほど、海岸よりにある平屋のホステルである。ホステル到着と同時に、雨が激しく降り始めた。二重ドアを開くと、壁掛けや絵画を飾った瀟洒なロビーがあった。片隅にテレビや冷蔵庫と、いくつかテーブルが並んでいた。鍵とシーツを受け取り、納屋のある中庭を抜けて、閑散とした宿泊棟に行く。今日は、ほかに宿泊客がいないのかと思った。日が当たらない納屋の土間に繋がれていた茶に黒の混じった中型の雑種犬が、首をもたげた。臆病そうな瞳で一瞬こちらを振り向いたが、すぐにもとのように蹲ってしまう。アルゼンチンで見かけた犬たちは、みな気ままに放置されていたのに、なんでこの犬にかぎってこんな日陰に拘束されているのかと同情する。

雨が止んだので、再び商店の集まる公園通りに出かけた。公園の西側を南北に走るペリト・モレーノ通りと一筋西のサン・マルティン通り、この二筋と交差し、公園の北側を東西に走るベルグラーノ通りが、街の中心区画である。洋装店や果実店、電気店、雑貨屋などの商店やレストランがかたまっている。ベルグラーノ通りを東に海が見えるあたりまで数ブロック歩くと、道路の中央に緑地帯があり、白い台座の上に大理石の胸像が載っていた。立ち止まって眺めていると、散歩をしていた若い男女が近寄ってきて、「道に迷っておいでなのですか」と訊く。この街の人はみな、旅人に親切だ。

「いいえ。でもご存知でしたら、教えてください。この胸像の主ベルグラーノとは、どのような人物でしょう?」

「海軍の軍人でした。一八一八年に現在のアルゼンチン国旗を創案したひとです」

台座の横の掲揚柱には、薄青白薄青の横縞が入ったその国旗が、風にはためいていた。

夕食のため、公園近くのレストランに出かけた。わりに広い店内には、家族づれや地元の人たちで賑わっていた。どこにでもある光景だが、行きずりの旅人として彼らのあいだで休息していると、心が和んでくる。ナポリタンとコーヒー（一四ペソ）を摂る。量が多すぎて半分ちかく残してしまった。

翌朝七時に起床、パンとミルクの簡単な朝食。小一時間、簡易市街図を片手に、海岸通をベルグラーノ像の先まで散歩した。海辺は、干潟に広い海水の溜まりが残っている。

地図にマルビナス戦争記念碑と表示されている場所まで、一キロほどあった。海岸と舗装道路のあいだにある二〇〇坪ほどの敷地が、一メートルほどの低い白壁で囲まれていて、内部に鉄兜をかぶり、銃剣を持つ兵士像が立ち、大砲が海に向けられている。入り口の門のうえに「マルビナスの英雄たちの記念碑」とスペイン語で書かれていた。

図（4-3）マルビナス戦争記念碑

大西洋上遥かな東に、孤島群のマルビナス諸島、すなわち英領フォークランド諸島が浮かぶ。一九八二年三月、経済不況に悩む国民の不満を逸らすため、当時の軍事政権は、英国とアルゼンチン双方が自国領と主張するこれら諸島の占領という暴挙に出た。経済的利益の少ない辺境の島に、遠隔の英国が本気で海軍を動員することはあるまい、と高をくっていたのかもしれない。しかし、鉄の女サッチャーの決断は素早かった。赤外線レンズによる夜間銃撃ができた英国軍に比べ装備に劣るアルゼンチンは、ひとたまりもなく多数の死傷者をだして敗れた。まだ指導力に疑問符がついていた当時のサッチャー首相は、この決断により国民のリーダーとしての地位を確立する。

しかし当事国や指導者たちの思惑はともかく、第三者である一介の旅人の私には、この種の戦争記念館や無名兵士に捧げられた記念碑などは、いつも空しく感じられる。国民国家にとって、国境や国威は犯さ

図（4-5）プンタ・アレナスのマゼラン像

図（4-8）大パイネ山（左）とパイネの角（
（著者自筆）

図（4-11）ペリト・モレーノ氷河

図（4-13）エル・チャルテン村

図（4-15）カラファテの潅木

図（4-16）フィッツ・ロイ峰

図(4-20)カテドラル山から鳥瞰したナウエル・ウアピ湖

図（4-21）バリローチェの夜

図（4-23）トロナドール山と黒い氷河

図（4-4）マゼラン海峡

れてはならない絶対のものであろう。経済水域の利権もある。ただ、国民国家の成立は、長い人類の歴史の中では、せいぜいここ数世紀の出来事でしかない。

九時五〇分、昨日の散歩のおりに確かめていたパチコ社のバス乗り場に行く。既に多くの客が集まっていた。今日のバスは、長距離用でトイレ付の大型車である。指定された席は、最後列の四三番、トイレ横の一人席。後部座席は揺れが大きいので、特に長時間の旅では避けたいところだ。

一〇時三〇分出発。バスは先刻歩いた海岸線を北上し、やがて内陸部に入った。多少の起伏もあるが、なべて広大な平地で、ときどき白壁に赤屋根の農家が現れる。たまに羊の群れ、少数の馬を見た。車掌が、私の座席の上にある荷物格納から、菓子パンの袋を取り出し、ポットのコーヒーを添えて乗客に配りだした。手元が狂って、いくつかのパンが通路の床に転がり落ちた。彼は、さりげなくそれを拾い集めて、前の座席の客に配っている。

一二時アルゼンチン側の税関に着いた。乗客はいったん降りて、窓口でパスポートに出国スタンプを貰う。さらに三〇分ほど走ったところで、今度はチリ側の検問所。フエゴ島は、アルゼンチンとチリ領で東西に分断されているのである。

後方にすさまじい砂塵を撒きながら、バスは砂利を敷いただけの未舗装の道を疾駆した。跳ねた小石が車体に当たる音が、絶えない。一四時三〇分グアナコの群れを見る。車掌がやって来て、どこから来たのか、どこへ行くのか、と訊ねた。人懐こそうな愛想のいい男である。退屈を紛らわすために、一見して外国人と分かる私に目を付けていたのだろう。

「ハポン、ハポン」と納得したように、車掌は私の出身国を繰り返した。彼自身は、チリ人である。

一五時ちょうど、マゼラン海峡を渡るフェリー乗り場に着いた。島第三の都市ポルベニール市かと思ったが、土産物店を兼ねたレストランが一軒あるだけだ。市より東側の海峡の最短部を渡るらしい。フェリーは、車輌が主体で客室は狭いので、乗客の殆どが甲板に出ている。フエゴ島南のビーグル水道に比べるとマゼラン海峡は幅があり、狭いところでも肉眼で対岸を見ることはできない。天候によりかなり荒れる海なのである。約三〇分ほどで、ようやく南米大陸南端、チリ領の陸地が見えてきた。上陸後、さらに二時間ほど海岸に沿って西に向かい、巨大な旅客船が停泊する港に、一八時過ぎに到着。今日の目的地、チリ領最南部の都会、人口一一万のプンタ・アレナスである。昔学んだ地理の本に、南米大陸のうち南緯四〇度以南のいわゆるパタゴニア地方で最南端の都会と書かれていた。これまで訪ねたフエゴ島の小都市に比べると大きな都会で、中心部には風格のある建物が並んでいる。

都心コロン通りのターミナルにいたホテルの客引きを無視して、セントロ（中心）にあるアルマス広場のインフォメーションに急いだが、これは失敗だった。一九時まで開いているとガイドブックにあったのに、既に閉まっていたのである。近くの安ホテル四、五軒にあたってみたが、すべて満室と断られた。最後に「ホテル・モンテカルロ」という場違いの名前と構えのホテルを訪ねた。南極クルージングで同室した入江さんが、料金のわりにサービスが最低だったとこぼしていたその宿である。少しうら寂れた感じのホテルで、バス・トイレ共同のシングルが、朝食つきで九八〇〇ペソ（一ドル五八三ペソで、一ドル約三ペソのアルゼンチン・ペソに比べ二〇〇分の一程度の為替レート、およそ二〇〇〇円弱）、受付のおばさんは英語が全く分からず愛想もない。その場で料金を支払い、荷物を抱えて木製のきしむ階段を上った。

図（4-6）ソナ・フランカの市場

日没前に、明日のバスの時刻を調べ、アルマス広場に戻ってマゼラン像の前でとりあえずこの地に来た証拠写真を撮った（171頁 図4－5参照）。一五一九年からの世界周航の折、太平洋と大西洋をむすぶ海峡を発見し、その名を歴史に残した人物が大砲に片足をかけ、その台座を先住民たちが支えている。白人大多数のチリやアルゼンチンでは、五〇〇年近く経った現在でも支配被支配の関係は変わっていないから、この構図に声高に異議をとなえる者もないのであろう。

翌朝二月二三日、八時に起床、階下で朝食。中央が緑地帯になっているコロン通りに沿って少し散歩する。東に七ブロック進めばサン・マルティン広場に突き当たり、ここにも剣を前方に突き出したマゼラン像が自分の名を冠した海峡を睨んで立っていた。逆に西に辿ると上り坂になり、両側に大きな邸宅が並んでいる。海峡をみはらす高級住宅地らしい。ところどころに幹の太い大木が茂る緑地では、父親と男の子が、ボール蹴りをしていた。

一三時発のバスにはまだ時間があるので、コレクティーボ（乗り合いマイクロ・バス）で、セントロから三キロほど北部にあるソナ・フランカ（自由ゾーン）に出かけた。パタゴニア振興のため、チリやアルゼンチン政府は、地域住民に色々な優遇策を採っている。たとえばガス料金は、無料である。ソナ・フランカで売られる商品には、税がかからない。ゲイトを潜ると膨大な敷地の中央を直線的に海岸に向かって大通りが走り、その両側に独立のパビリオンやバラックが並んでいる。その中では、日常の食品や飲料から、酒、タバコ、電気製品、家具、装飾品、自動車などあらゆる商品が揃っている。スーパーマーケットもある。「ダイハツ」とか「ニッサン」など馴染みの日本のメーカー名も見られた。手間ひまを惜しまずここまで買物に来れば、生活費をかなり切り詰められるのである。

往路と違い帰りのコレクティーボは、山手の道を辿り、時間をかけて小まめに客を乗降させた。この地帯は、低所得層の居住区か、掘っ立て小屋のような家屋もあり、敷地も狭い。それでも多くの家には、自家用車があった。

一二時過ぎ、セントロに戻る。あまり時間はないが、メンデス博物館に立ち寄る。二〇世紀初頭にこの地の富豪メンデス家が居住していた館で、後にプンタ・アレナス市に寄贈され、一九八一年国の文化財になった。イタリー輸入の大理石、ベルギー産の木材を使った居間、ダイニング、書斎、寝室、バスルームなどが当時そのままに残され、一家の豊かな暮らしぶりが想像される。一部は、マゼランの歴史的記録の展示室になっている。

二．プエルト・ナタレスとパイネ国立公園

一三時、プエルト・ナタレス行きのサル社のバスで、プンタ・アレナスを発った。約三時間、果てもなく広がった荒野を、バスは北に向かってひた走る。そこここに低い柵が廻らされているから私有の牧草地と思われたが、人畜の気配は全くない。

乗客は一〇人ほど。今日は最前列に陣取っているから、写真が撮り易い。一六時左手に海が見え始め、やがて町並みが現れた。今夜の宿泊地チリ領プエルト・ナタレスだ。まず、海岸道路沿いのインフォメーションを訪ねたが、二人いた若い案内嬢は全く英語が通じない。それでも互いにもどかしい対話を繰り返

図（4-7）ミロドンの模造

し、最低限度のホテルやバスの情報を聞き出した。結局ホテルは、ガイドブックにも載っていた、朝食つき五〇〇〇ペソのテムコに決めた。街の中心部にあるこぢんまりした家庭的な宿だ。

次に探すのは、パイネ国立公園廻りの日帰りツアーである。大手のツアー・エクスプレスやコパムの企画のものは、明日満席、三番めに訪ねたランナル社のツアーは、ランチやグレイ湖の遊覧付だが、七万八〇〇〇ペソとやけに高い。今夜の宿なら一五泊分に相当する。これでは、気楽なバックパッカーなんかやっていられない。最後にたずねたのは、この事務所の隣にあったパオリ社だった。一人の女性事務員だけの頼りなげな旅行社である。しかし彼女は、分かり易い英語で、ツアーの内容を説明してくれた。

「一万八〇〇〇ペソの旅行代金に、国立公園の入場料一万ペソです。ご希望なら、三〇〇〇ペソの追加で途中のミロドン洞窟に寄ることもできます」

二時間もある昼の休憩中に、各自自由に昼食を摂ることになる。これで納得。

「明朝、七時半に担当者が車でホテルに迎えに参ります」

日本と違いチリやアルゼンチンの国立公園への入園は、厳しく制限されていて、自由に立ち入ったり物を放置することなど一切できない。高い入園料は、管理費に還元されるのである。

スーパーで、パン、ソーセージ、果物、ジュースなど明日のランチ用食品を仕入れた。近くのカフェで、サンドイッチとコーヒーの夕食（二六〇〇ペソ）。七時の朝食を依頼し、早々に就寝した。

二月二三日（木）、七時一五分に起こされる。一度六時ごろに目覚めながら、再び寝入ってしまったのだ。あわてて階下で朝食を摂る。

七時三五分、迎えの運転手がやって来た。マイクロ・バスの同行者は、一〇人ほど、みな外国からの旅行者である。パイネ国立公園までは、北に二〇〇キロもある。国立公園に入る手前の丘の陰にミロドンの洞窟があった。ミロドンとは、およそ一万年前に生存していたという体長三メートルほどのアルマジロに似た動物である。この洞窟の中で、体毛や脂肪をつけたままで発見された。洞窟自体、大きな岩山の横に穿たれていて高さ一〇メートル、奥行き五〇メートルと巨大で、氷河の痕ともいわれている。洞窟から出たところで、林の中に狐が動いた。

一一時頃やっと国立公園の入り口に着いた。まず、公園内にある氷河湖の一つサルミエント湖畔にでる。ここで初めてパイネの三本の塔（トレス・デル・パイネ）が視界に入った。いずれも中天に突き出た二八〇〇メートル級の鋭鋒である。パイネの象徴的景観だ。さらに進んでアマルガ湖にくると、三本の塔はますます巨大な鋸の刃先となって迫ってきた。マイクロ・バスは、適当な場所で車を停めて、我々にシャッター・チャンスをくれる。運転手は、ガイドではなく、英語が殆ど話せない。だが圧倒的な自然の前では、なんの説明も指示も要らない。初めは「おお、ビューティフル」とか「ワンダフル」などとありきたりの形容詞を口にしていた人々も、次第に息を呑んで見とれている。

車は、三本の塔を右手に見ながらノルデンフェールド湖を過ぎ、ペオエ湖畔に出、塔の裏側にまわった。今度は、パイネの角（クエルノス・デル・パイネ）と呼ばれる角状に左右に開いた二つの尖峰が現れた。さらに、その左手奥に最高峰の雪を冠った大パイネ山（パイネ・グランデ、三〇五〇ｍ）と大氷河も視界に入る（171頁　図4-8参照）。パイネ国立公園は、これらアンデスの山々とその麓に点在する紺青の氷河湖が織り成す一大パノラマなのである。それぞれの湖は、水量豊かな急流や滝で結ばれていた。

車を降りた我々は、そのひとつに架かっている木橋を歩いて渡った。このあたりには、ラクダの一種グアナコが生息している。より近くでカメラに収めようと二〇メートルほどに近寄ると、彼らは少しずつ離れては様子を伺っている。グアナコは、人間との安全な距離を知っているから、それ以上近付くことはできない。今度は、野生の狐が近寄って、こちらを見ていた。毛深い大きな尾を持っている。国立公園内には、要所に管理事務所があり、整備されたトレッキング・コースや山小屋がある。その気になれば、心地よく安全に自然の中で散策や自然観察など屋外生活を楽しみながら、数日間過ごすことができる。

マイクロ・バスの一行が最奥のグレイ湖に着いたのは一四時。一六時まで昼食を含めた自由時間である。近くのベンチに腰掛けて、手持ちの食料を食べた。そのあと、中ノ島を隔てる小さな川に架かるつり橋を渡り、少し登り下りをして反対側の広い河原にでた。歩いている他の集団を見つけ、後についていったら、グレイ湖の船着場だった。湖の遊覧には三時間かかるという。グレイ湖は山肌の陰に入り込んでいるので、この場所からその全貌を見ることはできない。

帰途は、サルト・チコ滝の見物に三〇分かかった。ペオエ湖からトーロ湖の落差をものすごい水量が落ちていく。さらに下流では、一〇〇メートルほど離れた湖畔に、ピンク色のフラミンゴの群れが見えた。

図（4-9）グアナコ

図（4-10）プエルト・ナタレス

一行の中で特に写真撮りに熱心な中年の男性が、短い停車時間を惜しんで湖のほうに走って行った。

プエルト・ナタレスに戻ったときには、二一時を過ぎていた。急いでスーラ社の事務所に行き、明朝九時のエル・カラファテ行きのバス・チケット（一万ペソ）を買う。ホテル・テムコで夕食。久しぶりに、スープ、メイン（トマト、馬鈴薯、黒いソーセージ様のピリエタ）、パン、デザート、ティーと一応フル・コースのディナーを摂った（三〇〇〇ペソ）。長い一日を終えて、二三時に就寝。

三、エル・カラファテ、ペリト・モレーノ氷河

翌朝二月二四日（金）九時、サル社のバスで二泊滞在したプエルト・ナタレスを発った。少し雨模様である。このバスには、茨木市からきた夫婦や枚方出身の若い男性など大阪北摂出身者が、広いパタゴニアで四人も揃った。

「実は、昨年働き先が決まっていながら、間際に大学の単位不足が判明して、就職がパーになっちゃいました」と枚方の若者はいう。学生時代から旅ばかりしていたようだ。

「この就職難の時代に、それはもったいない」

「でもおかげで、この一年たっぷり世界を回ることができました」

今回は、マレーシア航空で、コタ・キナバル（東マレーシア）、ヨハネスブルグとケープ・タウン（南アフリカ）、ブエノスアイレス経由の二ヶ月フリー・チケット（約二〇万円）で南米にやってきたのだ。地球を半周以上回っている。帰路も同じルートを戻らなければならない。

「どういうところで、寝泊りしてきたの？」

「せいぜい、切り詰めています。旅先で出会った人の家にもぐり込んだり、野宿をしたり。パイネでは、旅で知り合ったドイツ人学生と四日間テントで寝ました」という。「テントは現地で借りましたが、シューズやウェアの装備が十分でなく、夜は寒かった」

そういえば、南極旅行で出会った大津の入江さんも、行きずりのドイツ人仲間とフエゴ国立公園内でテントを張ったと話していた。私の旅も出費は極力抑えているが、そこまで徹底できない。旅の安全性も考える必要がある。もっとも、この学生のように若い頃に自由な旅ができていたら、私も同じようなことをやっていたかもしれない。

一〇時三〇分、チリ側の出国事務所に着いた。入国時に貰った小さな紙切れが必要である。アルゼンチン側の事務所でも同様だ。入出国時に渡された書類は、どんな些細な紙片でも注意深く保管しておかなければならない。

国境地帯は丈の低い潅木以外なにも生えていない荒蕪の小丘陵が続く。一一時三〇分、本日の中間点のアルゼンチン国旗がなびいているホテル前で小休止。ただし、ホテルとは名ばかりの薄汚れた粗末な建物で、コーヒーを飲む気にもならない。四匹の犬が、組んだりほぐれたりと自由に遊んでいた。人にも近寄ってくる。リオ・グランデのホステルで一日日陰に繋がれて、ひとに怯えているように見えた犬とは大違いだ。

一四時ちょうどに、大きな湖の畔に出る。アルゼンチン湖だ。まもなく少し高台にある、エル・カラファテのバス・ターミナルに着いた。ターミナルのビルには、いくつかの旅行社やバス会社のオフィスがあった。この土地で最も興味があるペリト・モレーノ氷河行きのバスは、毎日九時と一五時に出るという。

一五時のほうは、まだ間に合いそうだ。それなら急いで、今夜の宿泊場所を決めよう。たまたま、客引きに出ていた宿のおばさんが、ドーミトリー(相部屋)なら二五ペソでよいという(アルゼンチンの一ペソは、チリの二〇〇ペソに相当)。ここで、チリの物価体系からアルゼンチンの水準に頭を切り替える必要がある。ここの二五ペソは、プエルト・ナタレスの宿テムコの五〇〇〇チリ・ペソと料金的には差がない。ドーミトリーにしては少し高いなと思ったが、プンタ・アレナスで宿探しに手間取ったから、今日はこの客引きおばさんの勧誘に応じ、車に同乗して三ブロック先の宿を訪ねることにした。

案内されたのは、個室のある本館から離れて散在するバンガローのひとつだった。二段ベッドが二つあり、先客の老夫婦が下段のベッドを占めていたが、私を見て下段の一つを譲ってくれる。よその夫婦の寝室に闖入したようで少し気がひけたが、仕方がない。夫婦ともバックパッカーのようだ。日本のホステルと違い外国のホステルは、必ずしも男女別室というわけではない。そのうえ、年配者にもよく利用される。年齢は関係ない。彼らは、経済的に豊かでなくても、好きだから気楽に旅に出る。贅沢をいわなければ、宿はどこにでもある。

一五時発ペリト・モレーノ氷河行きのバスは、最後尾の一席だけ空きがあった(六〇ペソ)。このバスにも、あわせて四人の日本人個人旅行者が乗っていた。ロス・グラシアレス(氷河)国立公園のゲイト前で一時停車し、各自が入園料二〇ペソを払う。一六時過ぎ、氷河を下に見下ろす丘に着いた。ここで一九時までの三時間もフリー・タイムがある。バスを下りた人々は、思い思いの方向に散って行った。

氷河国立公園は、チリとアルゼンチンの国境をなすアンデス山脈の東、アルゼンチン側に広がり、山梨県くらいの面積を占める。大西洋からの湿った空気がアンデスの高山に遮られて万年雪となり、六〇キロ以上の氷河となって渓谷を下ってくる。そして最後は、アルゼンチン湖やビエドマ湖をはじめとする氷河湖の中に崩れ落ちるのである。四、五〇もある大小の氷河のうち、最大のものはウプサラ氷河だが、今日目指したのは、もっとも美しいといわれるペリト・モレーノ氷河である。ただ地上から見られるのは、その一部に過ぎない。

あたりの写真をとりながら、石段や木道のある遊歩道を下る。時々坑道に仕掛けたダイナマイトのような鋭い爆破音が聞こえてくる。歩道が終わったところで、湖を隔ててペリト・モレーノ氷河が目線の近くにきた（171頁　図4－11参照）。それは、アイスシャーベットのように角型の巨大な氷柱である。高さは六〇から一〇〇メートル、幅数キロの氷河が、右手ネグロ山（一四八六ｍ）と左のモレーノ山（一六四〇ｍ）やセルバンテス山（二三八〇ｍ）のあいだの三〇キロを超える谷あいを数万年かけて流れてくる。上面は真白で、前面は圧縮した気泡を含み半透明の深い紺青の列柱。その先端の一部が、平均一分に一度ほどの間隔で高く水煙をあげて水中に崩れ落ちた。少し遅れて、炸裂音が伝わってくる。長い長い氷河の旅路の終わりを、今、目撃しているのだ。いつの間にか横に、バスで知り合った山本氏が立っていた。

「感激です。すごい迫力ですね」

言葉どおり感動した表情で、氷河を凝視していた。

遊歩道を左に回っていくと、木道はさらに下方に伸びていた。こちら側は、氷河の全貌は見えなくなるが、氷柱側面の氷の細かい裂け目や襞が観察できる。間近に見ると、荒々しく複雑な断面だ。谷の岩肌を削ったためか、氷は土色に汚れている。湖面には、観光船が数艇行き来していた。氷河の先端に近寄り過ぎて、時どき事故が起きているそうだ。

日が傾くにつれ少し寒くなる。停留所近くのレストランに戻ったが、既に閉まっていた。近くのベンチで山本氏と雑談する。

彼は、山梨県北杜市（明野、白州、長坂など七町村が合併してできた新市）出身で、非常勤の小学校教員である。

「昨年、県の採用試験に失敗しました。今年の結果待ちです」

といっても、かくべつ心配しているようには見えない。若い。まだ学生気分を残している屈託のない青年だ。少し雨がパラついたが、すぐに止んだ。雲の動きが早い。

「チリのサンチャゴから、イースター島まで一泊二日で飛びました」

「モアイは、私も見てみたい」

「なるほど。なんとも異様な石造ですよ。どんな目的で、いつ、どういう人々が造ったのやら。大きさも形もさまざま。丈二メートル以上のものもあります。頭に数トンもあるプカオという大きな石を載せたものや、土中に埋もれかかったものも」

「往復で、いくらかかりましたか」

「一〇万円ほどです」

「それは、お得でしたね。日本からツアーで来るとなると、おそらく四、五〇万はかかるでしょう」

「なるほど。でも予定外の出費でしたから、この後の旅が心細いです」

彼は、明日リオデジャネイロに飛び、カーニバルを見て、三月初旬に帰国するという。

「リオの宿は？旅の途中で知り合った人が、ホテルを確保するのに苦労していました。まだなら、急いで予約した方がよい」

「なるほど」

山本青年は、サン・カルロス・デ・バリローチェから、ペリト・モレーノ氷河を一目見るために、二昼夜かけてバスで南下したのである。私は、同じルートを北上する予定だ。私たちの旅路は、広大な南米大陸のなかで一日だけ交叉し、再び離れていく。

「バリローチェは、とてもいい町ですよ。アルゼンチンのスイスと呼ばれています」

「なるほど」彼の口調を真似した。「楽しみにしています」

この若者は、数年前合衆国西部の農場を渡り歩いた経験を話した。直訳すれば「有機農場での世界規模の就労機会」という組織があるという。パソコンでこの組織に登録されている農場のホーム・ページに連絡し、承諾が得られれば訪ねていく。農場では、無給の労務の代償に、ベッドと食事が提供されるのである。一週間でもいいし、気が向けば数ヶ月滞在してもかまわない。飽きれば、次の農場を捜して移動する。まるで、映画「シェーン」を地でいくような話だ。少し心が動いた。

「あなたのように若かったら、私もやるかも」

「なるほど」山本青年はうなずいた。

「でも、歳なんか関係ないですよ。その気になったときには、連絡してください」

彼は、自分のメール・アドレスをメモにしてくれた。二〇時、エル・カラファテのターミナルに戻り、山本青年と別れた。

旅人には有難いことに、アルゼンチンのバス・ターミナルでは、夜二三時頃まで各方面行きバス会社の窓口が開いていて、予約を受け付ける。早速、明朝七時三〇分発の、エル・チャルテン村行きの切符を買った。往復八〇ペソ。帰りの日は、あとで適当に決めればよい。ターミナルの石段を降りたところにある小型スーパーで食料を仕入れて、老夫婦と相部屋のホステルに戻った。

四．エル・チャルテン村、フィッツ・ロイ山の鋭鋒、山道で出会った少女たち

六時五〇分、ホステルの人が部屋まで起こしにきてくれた。睡眠中の同室者の妨げにならぬよう明りも点けずに、整理していた荷物を担いで戸外に出た。静かに澄んだ空気の中を歩く。

図（4-12）パタゴニアの風景

ターミナルには、同じ七時三〇分発エル・チャルテン行きのバスが二台も停まっていた。ひとつは私が予約したタコス社のバス、他はエル・チャルテン・トラベル社のもの、こちらのほうが込んでいた。どちらもエル・カラファテとエル・チャルテン双方から同時発の朝夕二往復のバスを運行している。ただ、トラベル社はチャルテン村のホステル宿泊も同時に予約でき、直接ホステルに乗り入れるから便宜なのである。予約のときには、気づかなかった。

昨日と変わらぬ荒涼としたパタゴニアの風景の中を、バスはひたすら北上する。エル・チャルテンまで二二〇キロ。水量の豊かなラ・レオナ川を渡る。氷河の雪解け水だ。九時三〇分道路沿いの平地にあるレストランで小休止。戸外に置かれたテーブルのあいだを鶏が走り回り、グアナコの子供が近寄ってきた。黒い犬が、気持ちよさそうに眠っている。

図（4-14）大農場ホステル

走り出すと左手にビエドマ湖が、見え隠れした。カラファテのアルゼンチン湖と同じように大きな氷河湖である。一一時三〇分目的地に着いた。エル・チャルテンは、平野部からアンデスの山地部に少しはいった小集落である（171頁　図4－13参照）。いくつかのホテル、ホステル、レストラン、インフォメーションが、一キロほどの範囲に分散していて、特に村の中心はない。一見僻地の開拓村という感じだ。わずかに一一月末からの短い夏季に、トレッキング客がおとずれ、村は少しばかり活気付く。しかし、それも三月の半ばまでだ。あとは積雪と強風のため客足は遠のき、ホテルやレストランは閉鎖され、長いパタゴニアの冬がやって来る。

タコス社のバス・ターミナルは東南の村はずれにあった。逆に、予定していた大農場ホステルは、北西の登山口に近い。天候を気にしながら、およそ一キロ歩いた。風が強い。ホステルの入り口には、カラファテを同時に出発したトラベル社のバスが停まっていた。大農場ホステルは二階建て、個室とドーミトリーからなってかなりの収容力があり、この村では最も大きな建物だ。肌寒い戸外から、ストーブが焚かれた暖かい屋内に入る。ロビーに続く食堂を兼ねた広い集会室は、多くのトレッカーで賑わっている。

昨日アルゼンチンに越境してから両替する暇もなく、アルゼンチン・ペソの手持ちが心細くなっている。幸いこのホステルでは、全ての費用をまとめてカードで支払えることが分かり、安心した。さっそく、熱いスープとサンドイッチで昼食にする。

エル・チャルテンに来た目的は、映像で強烈な印象を受けたフィッツ・ロイ山（三三七五m）を一目見ることである。一四時に登山口に向かって歩き始めたが、少し雨がぱらついた。いったん諦めて、村に向かう。小店で絵葉書を買い、インフォメーションの女性から、このあたりの略図を貰った。「天候はこのあと次第に回復し、明日は天気ですよ」と、彼女はいう。一五時、薄日が差してきた。まだ日没まで四時間以上ある。途中のカプリ湖まででも行ってみよう。

一〇分ほど歩いて登山口に来た。すぐ左上方に、大きな岩壁が見える。近付くと、それは斜めに縞が走った大きな岩の塊だと分かった。岩塊を右にまいて、緩やかで気持ちのよい山道を進む。道のわきで、二人の女性が手招きした。彼女たちは、カラファテの実を摘んでいたのである。カラファテは、バラのようなとげのある潅木で、よく見ると小さな青い実をたくさんつけている（171頁　図4-15参照）。二人は、摘みたての実を分けてくれた。

「ビタミンCが、いっぱい含まれてます」

舌に載せると、淡い甘みがした。

木の根や岩根もあるが、柔らかな土質で歩き易いトレッキング・コースである。右手のラス・フェルタス川が、次第に下方になる。対岸は、岩の絶壁になっている。氷河に削られたあとかもしれない。ときどき、下ってくるトレッカーとすれ違った。

一時間ほど歩いて、左カプリ湖への分岐点に出た。湖畔はキャンプ地になっていて、多くのテントが並んでいる。フィッツ・ロイが見えないかとカメラ片手に周囲を眺めていると、キャンプしていた若いカップルが、「写真を撮ってあげましょう」と近寄ってきた。

湖岸に沿ってしばらく散歩する。そこへ、新手のトレッカーが追いついてきた。彼につられて、私も再びトレッキングを始める。さらに小一時間進み、山道を曲がったところで、前方の灌木帯の彼方に、赤褐色の鋭鋒が連なる中でも、太く尖鋭な頂を持つひときわ抜きん出た山容が視界に飛び込んできた。フィッツ・ロイ山に間違いない。さらに前進し、小高い開けた場所にきた。年配の夫婦が、山をバックに写真を撮っていた。「オーラ」と挨拶を返す。「オーラ（こんにちは）」夫の方が笑顔を向けた。「あの山が、フイッツ・ロイですね」。

まだ距離があるうえ、刻々移動する雲で絶えず頂が遮られ、きれいな山の全容を捉えるのはむつかしい。それでも、彼にシャッターを押してもらい、記念写真におさまった。はじめの予定より、少し山深く来てしまった。時刻は、一七時をまわっている。あまりゆっくりしていられない。できれば明日改めてもっと奥まで入ることにして、帰途についた。

登山口近くの斜面を下っていると、二人の女の子がこちらに背中を向けて座り込み、道を塞いでいる。その一人が、足音を聞きつけ、イナバウアーのように後方にのけぞって私を逆さに見ながら、「二〇ペソ」と、手を差し出した。

「おや、僕に二〇ペソくれるというの。どうもありがとう」といいながら、その手のひらに軽くタッチする。ふたりは、歓声を挙げた。高校生だろうか。どちらも美しく可愛い子だ。

一九時三〇分、ホステルに戻った。シャワーを浴びて、二一時に夕食を摂る。魚のフライ、ミックス・サラダ、スープにパンで、一〇ペソ。

五. エル・カラファテに戻る、ニメス湖とアルゼンチン湖

二月二六日（日）晴れ、八時起床。夕方のエル・カラファテに戻るバスの時刻まで、タップリ時間があ

る。天気がよいので、もっとまじかにフィッツ・ロイを見ようと、九時三〇分ホステルを出て、再度昨日のコースを辿ることにした。

一二時前に、昨日歩いた最終地点に達した。ここから谷を下り、池塘のなかの橋を越え、小川に架かる丸太橋を渡った。さらに急坂を登ると、「ピノン・ポイント」と「グレシアール（氷河）」と二方向の標識が立っている分岐点に出た。赤膚色のフィッツ・ロイの異様な山巓がかなり迫っている。右手に氷河が見えた。左手のピノン・ポイントを選ぶ。やがて林の中のキャンプ地についた。数人のキャンパーがテントの外に屯していた。これから先は、本格的な登山者の領域である。装備のないトレッカーは立ち入ることができない。

フィッツ・ロイは、見上げる高さにそそり立っている（172頁　図4-16参照）。スペイン語でトーレ（塔）とかクエルノス（角）などと形容される俊英な峰々が連なるなかでこの山は、太い筍のような山容と草木を寄せ付けない赤黒い絶壁でひときわ目立っていた。北斎描くところの赤富士の色調を一瞬思い浮かべた。しかし、フィッツ・ロイの峻厳さは、富士の優美さの対極にある。どのように激しい降雪でも、一瞬たりともこの岩山に留まることはできないだろう。絶え間なく、雲が動いていく。岩壁は、次々に湧いてくる霧に覆われて見え隠れし、常に変容した。「白雲もいゆきはばかり」、フィッツ・ロイの頂を避けて流れる。この谷間は、霧の通り道なのである。雲が完全に切れるシャッター・チャンスを求めて、私はなお三〇分近く、同じ場所に立ちつづけた。だが、完全な山の全貌をカメラに収めることはできなかった。

一三時ホステルに戻り、昼食。午後チャルテン村を散歩した。ほんの寒村で、三〇分もぶらつけばほかに訪ねるところもない。ラス・フェルタス川の岸辺に下りて、水を掬ってみた。冷たい。幅二〇メートルほどであまり大きな川ではないが、豊かに水がながれている。ふと川の上流に眼をやると、左手の丘の尽きた谷あいに、尖った頂が見えた。紛れもなくフィッツ・ロイだ。村からでも望めるとは思わなかった。しかし、山はたちまち雲の中に姿を消した。

あとはバスの時刻まで、ホステルで過ごした。多くのホステラーが、テレビを囲んでいる。首都ブエノスアイレスのサッカー人気を二分するボカ・ジュニアーズ対リーベル・プレートの対戦だった。

一八時、往時のルートを逆戻りして、エル・カラファテに向かう。荒野のなかに佇む馬の孤影を見た。昨日立ち寄ったレストランで、トイレ休憩。遅い時刻なので、野外のテーブルは片付けられ、グアナコは姿を見せない。しばらくまどろんで目覚めると、エル・カラファテ市街の灯りが目に入った。予定通り、二三時にバス・ターミナルに到着。その場で、明晩に出発するサン・カルロス・デ・バリローチェ（通常、略して「バリローチェ」と呼ぶ）行きのバスを予約した（三四七ペソ）。二泊三日かけてバリローチェに向かう直行のバスは、毎月曜の週一便しかない。なんとか座席がとれて、ほっとする。

少し時雨になった。今夜予定していたターミナル近くのアルゼンチン・ユースは満員だったので、ここで教えてもらった一ブロック北の別のユースを訪ねることにした。ところが間違えて、隣接するパタゴニアというホステルに入ってしまう。家族経営の小さなホステル、今夜の泊り客は私一人らしい。二〇ペソで二段ベッド二つを備えた部屋に案内されたが、ほかに誰もいないから、シングルに泊まるのとかわらない。シャワーを浴びて、午前〇時ごろに就寝。昨日の大農場ホステルでは、二つの二段ベッドが満員だった。私の上で寝ていた女性が寝返りを打つたびに、ベッドがきしんで何度も目が覚めた。今夜は物音ひとつしない。そのまま朝まで熟睡した。

図（4-17）アルゼンチン湖

二月二七日（月）晴れ、夜の出発時までホステルに荷物を預けて、一〇時に町に出かける。エル・カラファテの中心は、ターミナルのある高台下にあるリベルタドール通りと、これに交錯する数本の脇道だ。銀行も郵便局もスーパーやブティック、レストランも、洋品店、果物屋、そして土産物屋もすべてこの一角に集中している。まず、サンタ・クルス銀行で、もう使うことがないチリ・ペソの残り二万五二〇〇と米ドル一五〇を、それぞれアルゼンチン・ペソ一三七と四三七に換え、合計五七四ペソを得る。これで数日来の手持ち現金不足が解消した。絵葉書を買う。

南に約一五分歩いて、水鳥の繁殖地ニメス湖の畔に来た。入り口で、二ペソを払い、トレイル散策用のマップと説明を載せたパンフレットを貰う。水辺の植生や野鳥の特徴、観察ポイントなどが記されていた。この紙片を片手に、湖のまわりを逆時計周りに一周するのである。

丈の高い葦の群生があった。エル・チャルテンでもよく見かけた白菊のような花弁を持つ草花の集まり。首根や羽の先が黒く、あとは全身真白の水鳥が、近くの葦の間からあわただしく飛び立った。湖に浮かぶ小島付近で、二羽のフラミンゴが泳いでいる。湖を半周した反対側には、ここの地名になっているカラファテの潅木が、そこここに茂っていた。フィッツ・ロイの山道で目にしたものより、大きい。二メートル以上の丈がある。そのひとつの木陰で、男が昼寝していた。

ニメス湖と大湖アルゼンチン湖の間にもうひとつの小さな湖があり、小橋を渡って、岸に近寄ることができる。アルゼンチン湖の水位が上がるとこちら側にあふれ出してくるらしい。一帯が湿地なのだ。アルゼンチン湖の一部と中ノ島が見晴らせる。広大な景色だ。

町の中心部に戻って、土産物店をひやかしたり、カフェに立ち寄って暇つぶしをする。エル・カラファテは、小さな町に過ぎないが交通の要衝であり、国立公園の基地として旅人も多い。垢抜けした商店やレストラン、カフェが並ぶ。夕べになれば、メインストリートに沿って街灯が輝き、夜遅くまで店が開いて、人通りが絶えない。パタゴニア地方には数少ない活気のある町である。

六、バリローチェへのバスの旅、ロス・アンティゴス村

長距離バス旅行に備えてスーパーで、食料や飲料の買い物をする。最後にレストランで、チーズ・バーガーとコーヒーの夕食を摂った。ホステルに預けていた荷物を受け取り、二二時、バリローチェ行きのバスに乗り込んだ。二泊三日の旅の始まりである。出発してすぐ、なんと二つの大きなバーガーとコーヒーの夜食が出た。アルゼンチンの長距離バスには、しばしば食事サービスが付いていることを全く忘れていた。

翌二月二八日、七時に目覚めた。バスは、無人の荒野を疾駆している。七時三〇分、ハムーチーズ・サンドの車内サービス、八時、平原の中の一軒宿エル・ホテル・オリンネで小休止。裏手で、二匹のぶち犬と一羽の鶏が、闊歩していた。貧弱なポプラが数本立っている。

一二時、丘陵地帯に入った。一三時一五分、ペリト・モレーノ村についた。殺風景なバス・ターミナルで乗客はみな降ろされる。腑に落ちない顔をしていた私に、丈の高いバックパッカーの男が、英語で説明してくれた。バスはここから脇道に入り、ロス・アンティゴス村に寄ったのち、一七時三〇分に再び戻ってくるから、それまでこの村で適当に過ごしなさいというわけである。殆どの乗客は、バスのスケジュールを知っていたらしく、どこかに消えていった。

図（4-18）ロス・アンティゴス村

こんな寒村で四時間待てなんて冗談じゃない、と思った。「いっそのこと、私もロス・アンティゴスまで乗っていきましょう。そして、このバスで引き返したらいい。そう、運転手に伝えてください」

結局、希望通りロス・アンティゴス村まで行くことになった。発車してまもなく右手に、アルゼンチン湖のように大きな湖が見えてきた。ブエノスアイレス湖である。湖畔を走ること二〇分で、樹木の多い緑地帯に入った。周りを高いポプラがかこっている。一四時、ロス・アンティゴス村に着いた。ここの出発時間一七時まで、まだ三時間ある。しかし、バス停付近には、キオスクやコーヒー・ショップがあり、ペリト・モレーノで待つよりましなようだ。

バスの状況を説明してくれた四〇代の大柄な男性は、ここから国境まで西に一五キロ歩いて、チリ側に抜けるという。すぐ近くの川にかかる橋の上で、握手して別れた。彼は、大きなバックパックを担って、足早に去っていった。その先にアンデス山脈の前山が見えている。

村内を、すこし歩いてみる。バス道に沿って、レストランと郵便局がある。あとは低い柵に囲われた個人の宅地に芝生。色とりどりのバラが美しく咲き誇っていた。本道を外れるとあまり人影がない。ポプラで囲われた農家、長い土塀。この村で目立つのは、大きなポプラである。防風林なのであろうか。冬季にアンデス山地から吹きおろしたり、ブエノスアイレス湖を渡ってくる風は、相当に強烈なものであろう。農場らしい敷地の中に迷い込む。だが、倉庫のあるところで、道は行き止まり、先へはいけない。農場や農家はそれぞれ、木立と高い柵に囲われて孤立しているようだ。再び村道に出ると、向こうから一頭の馬に騎乗した父子が、ゆっくり近付いて来た。すぐそばで男の子が鞭を落としたので、拾ってあげる。さらに進んでいると、同じ仕様の一戸建てが並ぶ住宅地に来た。周りの農家にはなじまない区画である。

ブエノスアイレス湖畔を目標にいったん歩き出したが、すぐに諦めた。バスでは数分でも、徒歩では簡単に近づける距離ではなさそうだ。バス停に戻ると、停まっていたバスが消えている。少し心配になる。一五時発を一七時と取り違えたのではないかと思ったのである。バス停には時刻表も明示されていないし、キオスクのおばさんとは話が通じない。ベンチで待っていた旅客は、エル・カラファテに向かう人たちだった。彼らは、やがて来たバスで、みな去っていった。私だけ、バス停に取り残される。

ホテルもなさそうな村で、一夜を明かすのは厄介だ。かりに野宿したとしても、明日北に向かうバスがこの村に入ってくるかどうかもわからない。そんなことを考えながら、さらに小一時間待った。一七時少し前に、待ちに待った当のバスが近付くのが見えた。顔なじみの運転手が乗っている。二晩めの夜間運転に備えて彼ら二人が仮眠するために、長い停車時間がとってあるのだと、そのとき初めて気づいた。

一七時三〇分、ペリト・モレーノのターミナルに着く。ここで四時間待っていた旅客が戻ってきた。どこで時間をつぶしていたのだろうか。

一九時、山地が見えない平原の中を走っていた。草原より緑が濃い潅木があちこちに群生している。荒蕪地に見える平原も、境界を仕切る鉄条網で境界が仕切られていた。地主がいるのである。ただ、農場も家畜の姿も認められない。砂利を土で固めただけの道路を走るバスの車体に、小石の跳ねる音が絶えず響き、車の後方にすさまじい砂塵が舞う。手の空いた方の運転手が、乗客にケーキを配った。ペリト・モレーノから加わった乗客のため、今夜のバスは殆ど満席で、手足を伸ばす余地がない。

図（4-19）四一ビロウ・ホステル

二〇時、西空は地平まで夕焼けに染まり、車内温度計は二〇度を表示していた。しばらく眠って、バスの停車で目が覚める。午前零時、レストランで、四〇分の休憩という。殆どの乗客は降りて、夜食を摂ったり、ビールを飲んでいた。運転手たちも、エネルギーの補給をしている。結局、一時間近くレストランにいた。

バスが動き出し、再び眠りに落ちた。夢の中で長い地揺れを感じて目覚め、車の振動だったとわかる。再度目覚めたのは、三月一日（水）朝の七時。車窓の景観は、山岳地帯に変わっていた。バリローチェに近付いているらしい。トイレに行って、下車の準備を始める。八時少し前、サン・カルロス・デ・バリローチェの長距離バス・ターミナルに着いた。市街の中心セントロ・シビコまで五キロ、タクシーを使う。

七．サン・カルロス・デ・バリローチェ、カテドラル山とトロナドール山

バリローチェは、パタゴニア最北部に位置する人口七万の都市である。一九世紀の終わりに、多くのスイス人が移住したため、スイスの山小屋シャレー風の木造建築が市街の随所に見られる。中心部にナウエル・ウアピ湖、後背地にアンデスの山々と氷河が迫り、全体がアルゼンチン最大のナウエル・ウアピ国立公園に指定されている。南米のスイスと呼ばれるにふさわしい美しい中都市だ。

セントロのインフォメーションで、ホステルやツアーの情報を貰ってから、近くの「四一ビロウ」というホステルを訪ねた。ニュージーランド人が経営するこぢんまりとした清潔なホステルである。食堂前のフロントには、きれいな英語を話す美人が座っていた。部屋の清掃が終わる一一時を待って、チェック・

インする（二二ペソ）。そのあいだに朝食を済ませ、明日の日帰り旅行を相談して、国立公園にあるトロナドール山へのツアーに申し込む（五六ペソ）。国立公園入り口で、入園料一二ペソを別途支払わなければならない。

一休みして午後、市街地からアプローチの容易なカテドラル山に出かけた。遊園地があるカテドラル山麓までバス、そこからゴンドラとリフトを乗り継いで頂上直下にある駅に達する。頂上駅からは、幅広い緩やかな礫岩の坂道を右手の頂めざして、小一時間登った。山小屋でも建てるのか、山頂に機材が運びこまれ、数人の作業員が働いていた。北麓を見下ろすと、市街地に沿って東西にナウエル・ウアピ湖が広がっている（172頁　図4-20参照）。ただ、その西端の湖に突き出たジャオ・ジャオ半島のあたりは、手前の丘に遮られてよく見ることができない。逆に南の方角は、厳しい山稜が連なっていた。カテドラル山は、周辺を含めた幾つかの峰の総称で、指呼の間にある岩山が二四〇〇メートルの最高点であるが、簡単に登れる山ではない。

下りでは、リフトが三回、ゴンドラが一回、途中で小停止した。地上からかなり高いところを移動しているから、空中での停車は気持ちのいいものではない。帰途のバスは、往路と異なるルートを辿り、違う場所で下ろされた。まだこの市街地に慣れていないから、ホステルへの道を探すのに手間取る。バリローチェは、けっこう大きな都会だ。

一八時過ぎ、ホステルに戻る。シャワーを浴び、洗濯を済ませてから、ふたたび街に出た。スーパーで、明日のエクスカーションのための食べ物を手に入れる。あとは、適当なレストランで夕食を摂ることだ。今夜は、この地の名物鱒（trucha）を食べることに決めている。二晩バスで過ごしたあとだから、ゆっくり寛ぎたい。

この街のメインストリートであるサン・マルティン通りを東に四ブロック歩いて、ラ・ベラータ通りを左に曲がる。このあたりに鱒料理を出すレストランが並んでいると案内に書いてあるからだ。二一時、その一軒「ラ・ベラータ」に入った。広いレストランだが、私を含めて客は四、五人しかいない。クリーム漬の鱒にミックス・サラダを注文する。メイン・ディッシュを頼めば、パンが付いている。税込み二〇ペソ。まろやかな味とでもいうべきか。つましい食事を続けていたから、これだけでも、少し豊かな気分になる。食後のコーヒーを飲む頃になると、店が混み出した。二二時である。アルゼンチンの時間感覚は、日本人のものとかなり違う。朝は九時頃に始まり夜は午前〇時までが一日だ。ツーリスト・オフィスも商店も遅くまで開いている（172頁　図4－21参照）。

図（4-22）マスカルディ湖

サン・マルティン通りよりひとつ湖岸よりに平行している繁華街ラ・マミルテ通りを歩いて、ホステルに戻る。この町の名物チョコレート専門店の看板が目に付く。そのなかで最も大きな店「ツーリスモ」には、大小さまざまな形のチョコレートが美しく飾られ、ガラス・ケースの中に並べられていた。土産に買いたいが、まだ旅の前途が長いので諦める。
三月二日（木）九時、ツアー・ガイドさんが、迎えに来てくれた。今日は、この州の最高峰トロナドール山（三四七八m）の麓までのエクスカーションに参加する。ナウエル・ウアピ国立公園の最奥、チリとの国境に近い。市街地を抜けたバスは、昨日登ったカテドラル山の裏側にあるマスカルディ湖の南に出た。やがて、ロス・モスコス湖に通じる小川に架かる橋を渡って、国立公園事務所の前で停まった。乗客はバ

図（4-24）セント・バーナード犬フーリオ号と一緒に

スを降り、入園料一二ペソを払い、管理者から公園内の注意事項を聞いた。

「公園内では、動植物の持ち込み、持ち出しが一切禁じられています。特にお願いしたいのは、天然のものにやたらに手を出さないこと。たとえば、湖のなかに手を入れると、水が汚染されるおそれがあります。自然の最大の天敵は、私たち人間なのですから」

マスカルディ湖の展望台で写真を撮る。濃いエメラルドの湖面に、樹木が陰を落としていた。一二時半、トロナドール山を遠望できる場所に着いて、約一時間の昼食休憩。あたりにはレストランや農場、キャンプ施設がある。農場から馬に乗って出てきた男を、数匹の犬が追っていた。

戸外に置かれた卓のまえで持参の食べ物の包みを開いていると、茶毛の子猫が近寄って、テーブルの下に寝そべった。パンを少しやる。ほかのテーブルでも食事が始まっていたが、猫は最後まで私の元に留まっていた。相性がよいと思われたのだろうか。

一三時四五分出発、いよいよトロナドール山に近付いた。三〇分ほどの自由時間。バス停のすぐ下手まで氷河が迫っている。カラファテの紺青に輝くペリト・モレーノ氷河と異なり、こちらは土色に濁っているため、黒い氷河と呼ばれる。右手に聳えるトロナドール山の黒い山肌を削り取って流れてきたのである。坂を下りて、水際の木柵の前に立った。ときどき炸裂音を立てて、氷河の先端が崩れ落ちた。目の前の湖は、土色の氷塊を幾つも浮かべて濁っていた（172頁　図4－23参照）。

このあとバスは、トロナドール山の右手をまわり、滝の見える谷間に分け入った。四〇分の自由時間の間に、渓流沿いの山道を、山の北壁を落下する滝の下まで歩いた。野草の香りが、心地よく臭覚を刺激する。

一九時過ぎホステルに戻った。近くの旅行社で、メンドーサ行きの明日の夜行バスを予約しようとしたが、直行便は満席で売り切れである。ただし、途中のネオウケン乗り換えのバスならまだ空きがあった。

夜食の買い物をしながら町を散歩していると、ミトレ通りの角で、セント・バーナード犬を連れた女性に出会った。犬は、胸に「フーリオ（七月）号」という名前と赤十字のマークの入った札を下げていた。両目の縁から耳と背中にかけて黒褐色の毛をまとった愛嬌ある顔をしている。大型だが、従順なおとなしい犬だ。四歳の雄で、体重八一キロ、三ペソ払って一緒に記念写真を撮る。代金の一部が赤十字に寄付されるのかどうかは、確かめなかった。

三月三日（金）快晴、八時起床。階下で湯を沸かして、朝食を摂る。九時最後の市内散歩に出かけた。まず、アルゼンチン国旗がはためいているセントロ・シビコへ。町の中心で、小公園になっている。市街地の繁華街は、みなここに集まっている。山小屋風のインフォメーション・オフィスもここにあった。時計台、ミトレ通りに通じる石の門。フーリオ号と一緒に写真を撮っている三人の女性を見かけた。真面目くさった顔で写真に納まっているバーナード犬は、よい稼ぎ手のようだ。

東のカテドラルまで行って、戻った。細い葉に赤い実をつけた美しい樹木が、市街のいたるところに植えられている。さいわい近くに花屋を見つけたので尋ねたら、「ソルブス（Sorbus）ですよ」と教えてくれた。ナナカマドの一種のようだ。

バリローチェの市街地は、ナウエル・ウアピ湖から競り上がった斜面に発展した美しい町である。また、

図（4-25）バリローチェのセントロ・シビコ（中央公園）

国立公園内には、いくらでも見所があるらしい。幾日滞在しても飽きないだろう。しかし、私の旅も日本をでてから、すでに一月を超えている。このあとも、ワインの町メンドーサの訪問や南米の最高峰アコンカグア山（六九六〇m）の眺望、首都ブエノスアイレスの滞在と隣国ウルグアイへの小旅行など、まだ半月は旅が続くだろう。いくら心地よくても、旅人は一ヶ所に長く滞在することはできない。バリローチェから北に南緯四〇度線をこえれば、もはやパタゴニアではない。パタゴニア縦断の旅は、ここで一たん筆を措くのが相当であろう。

（二〇〇七年四月二七日、記）

第五章　ブエノスアイレス再訪

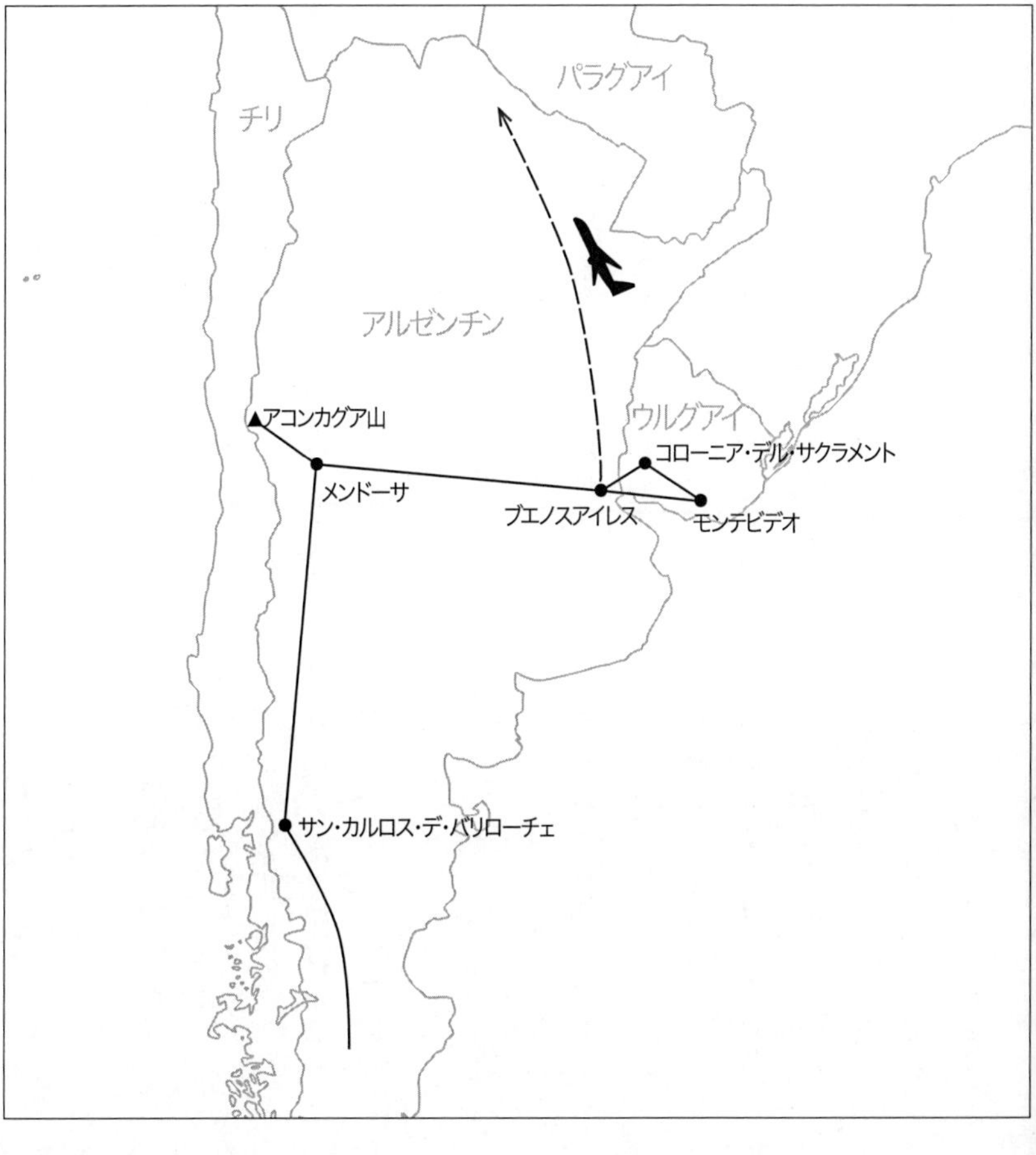

図（5-1）メンドーサのバス・ターミナル

一．ワインの街メンドーサへ、奇妙な運転手、アコンカグアの展望

二〇〇六年三月四日（土）七時半、メンドーサ市のバス・ターミナルに着いた。南緯四〇度のパタゴニア地方最北端にあるサン・カルロス・デ・バリローチェから、アンデス山脈の東麓に沿って夜行バスで一気にアルゼンチンの中部まで北上したのである。メンドーサは、世界第四位を誇るワイン大国アルゼンチンの生産の中心地として知られる。三月初旬は、たまたまワイン祭りの最中だった。ただ下戸の私がこの町で途中下車したのはワインが目的ではなく、アンデスの最高峰アコンカグア山（六九六〇ｍ）を一目仰ぎたいためだった。

インフォメーションで調べると、一〇時一五分発のサンチャゴ（チリ）行きの長距離バスに乗りプエンテ・デル・インカで下車すれば、日帰りでのアコンカグア見物ができるという。二時間ほどの待ち時間の間に、ターミナル近くで今宵の宿を探した。当てにしていた二つのホステルはいずれも空きがない。その斜交いに見つけた三番目のホステル、ヴィステリア・アコンカグアでは、シングルは満室だがドーミトリー（相部屋）なら朝食がついて二五ペソ（一ドルが約三ペソ）で泊まれるという。このホステルにチェック・インして、手ぶらになってバス・ターミナルに戻った。

市街地を抜けて間もなく高速道路に入ったバスは、西の山岳地帯に向けてひた走った。運転手のすぐ後ろの一段高い客席に座ったので、前方に展開する景色がよく見える。アンデスの前山の奥に、雪を冠った山稜が連なっていた。しかし山手に近付くに

図（5-4）メンドーサの市街地

図（5-7）夜のラバージュ通り

図（5-11）ボカ地区の小道カミニート

図（5-8）ブエノスアイレス港の赤煉瓦倉庫

図（5-16）モンテビデオの憲法広場

図（5-18）ラ・プラタ河沿いのモンテビデオ

図（5-21）リーベル・プレートの本拠地でフット・ボール観戦

図（5-2）プエンテ・デル・インカ

つれて、前山に遮られて雪山が見えなくなる。湖やキャンプ場が散在する川沿いの道を上流に向かった。進むにつれて川岸の岩肌が土色から赤喝色に変わり、巨石が目立つようになる。

前の席で運転手が、絶えず忙しない動作をしている。客から受け取った半券を数えたり、トランプ・カードのようにフロント・ガラスの前に並べた。時々乗客の昇降リストらしい紙片に目をやる。バス停で新手の乗客を乗せると、発車してから片手で切符を切りその半券をこれまで仕分けしていた半券の配列中の適当な場所に重ねた。そしてこれまでの半券を数え直すのだった。その合間に、サングラスを掛けたり外したりする。停車ごとに彼は、自分流のこのルーチンを繰り返した。それだけではない。外部からの電話を受けたり、逆に自ら携帯電話で発信し長話を始めた。あるいは運転席近くに陣取っていた顔見知りらしい客と会話を交わす。一二時、とあるバス・ターミナルで、飲食時間を含めた少し長い停車時間があった。私は、売店でパンとコーヒーを仕入れて昼食を済ませる。移動を再開してから運転手は、持参してきた包みを片手でがさごそと音を立てて開き、取り出したサンドイッチを齧り始めた。どうやら彼は、両手でハンドルを五分以上握っているのが苦手のようだ。

一四時二〇分、プエンテ・デル・インカのバス停に着いた。キオスク、土産物店、ロッジなどが数軒あるだけで、あたりは茶褐色の岩山の中に荒蕪地が拡がっている。しかしアコンカグアへの道標が見当たらない。山に関心を持っている人も少ないようだ。その中でひとりの男性が、「西に二キロほど歩いたところで右手の坂を上れば、アコンカグアが見えてくる」と教えてくれた。この言葉を頼りに歩き出す。帰途のバスまで、持ち時間は二時間ほどだ。

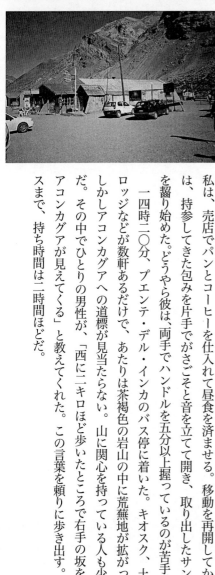

しばらくバス道路に沿って歩いていると、右手に兵舎が並んでいた。さらに五〇メートル先で小橋を渡り、右手の巾約三メートルの土の坂道を登った。依然として登山口の標識もなく不安だ。しばらく進むと数個の建物が建つ場所に来た。男たちが談笑していた。「すぐ上手の土手道を小川に沿って上流に向かえばよい」という。ラクダ草が茂る土手道を二〇分ほど歩くと、トレッキングをしている若いカップルに出会った。「あの崖を回ると、山頂が見えますよ」。

ものの数分で、その場所に立った。今まで前山に遮られていた雪山が忽然と姿を現した。手前の褐色の岩山に挟まれて延びている山道の奥に。前面の厳しい岩肌に支えられ両側に翼のように広がる突骨とした白い頂。絵葉書や写真で既に馴染みのある山容だから間違うはずがない。南米大陸数千キロを縦に貫く脊柱、巨大な山塊アンデスの最高峰アコンカグアが、そこに屹立していた（205頁 図5－3参照）。これまでにもツアーで、あるいは飛行機の上から、世界の名だたる山々を展望する機会があった。エベレストとアンナプルナ（ヒマラヤ）、マッキンリー（アラスカ）、ユング・フラウ（スイス）、ツブカル（モロッコ）、キリマンジャロ（タンザニア）、ポポカテペトルとイシュタシワトル（メキシコ）等。しかし、あたりに人影のない荒地の中に単独で立ち、このように高山と対峙したことはなかった。静寂の時間が流れた。一瞬でもあり、無限とも感じられる時が。だが突如闖入した人馬のために、この静寂は破られた。前方から騎乗の人が全速力で疾駆して山道を下ってきたのである。私は、危うく道脇に退いた。

一七時のバスに乗り、二〇時半メンドーサのターミナルに戻る。ヴィステリア・アコンカグアの裏庭は、赤く塗った高いコンクリートの塀で囲まれている。夜になるとホステラー達は、ここに飲食物を持ち込んで談笑したり備え付けの卓球台を囲んだりして、気ままに過ごすのだった。若い人が多数の彼らの行動時間は、午前一〇時頃に始まり真夜中まで続くのである。多くのホステラーは、日本の若者には難しい長期休暇の旅を続けている。熟年者のバックパッカーである私でさえ、せいぜい一ヶ月前後で切り上げているのに。

たまたま今宵出会ったのは、ドイツ人男性、イスラエル人の男女一名ずつ、アイルランドはゴールウェイから来た活発な女性、オランダからの夫妻。殆どが二〇代で、みな三ヶ月を越える旅人である。三〇代というオランダ人夫妻は、毎年九ヶ月働いては残りの三ヶ月を旅に出ているという。趣味や時間の使い方は人様々だが、少なくとも旅が好きなヨーロッパ人には、それに適した生き方を選ぶ社会的背景やシステムがあるのだ。このような外国の若い人達と話しをしていると、日本社会の生活や価値観の平準化、多様性や自由度の欠如をいつも自覚させられる。GNPのスケールやG7のメンバーということで国際的に認知されているにしても、日本の社会は必ずしも豊かな国とはいえないといつも思う。測る基準はいろいろあるだろうが、日本人は日常生活の幸福度の点では新興の東南アジア諸国にも遅れをとっているのではないか、と感じることが少なくない。

子供のときから受験戦争に巻き込まれ、社会に出ては長時間労働を強いられる。二昔前、日本人は「働き蜂」であり「ワーカホリック」といわれたことがあった。今でも実態は、あまり変わっていないのではないか。これらの言葉は、自分たちに都合のいい長時間労働システムを糊塗するために、為政者や産業界の指導者が、労働者個人に責任を転嫁した標語だと、私は以前から考えていた。家庭を無視してまで働きたい人は、もともとごく一部に過ぎないだろう。欧米では、長時間労働を強制的に規制するシステムが遥か昔に確立されているというのに、政治家はこれを無視し知らない振りをしてきた。

今宵集まったホステラーの中には、古典的バックパッカーである私には思いつかない旅をしている人達がいた。オランダ人夫妻は、アルゼンチン入国早々九〇〇〇ペソスで日産の自動車を手に入れた。さらにガソリン代と保険料で三〇〇〇ペソスを使い、アルゼンチン全土を周遊したのである。そろそろこの国を去るので、車を九〇〇〇ペソスで売ることにした。買い手は、既に東のコルドバ市で待っているという。インターネットの自分達のサイトで、簡単に売り買いが成立したらしい。今回私も、インターネットで家宅にメールを送ろうと考えていた。しかし自宅のパソコンでは使う必要がないメール・パスワードをメモしてくることを忘れていた。臨時のパスワードを登録すればよいらしいが、日本でインターネット・カフェを利用したこともない者が、外国に出ていきなりこなせるわけがない。

旅先での過ごし方も、昨今はかなり違うようだ。乗馬やラフティングなどは格別のことでもないが、バンジー・ジャンプやスカイ・ダイブ、パラグライダーをしながら旅を続けている人が、同宿者の中に三人もいたのにには少し呆れた。イスラエル人の男が、「地上三〇〇〇メートルの上空から、パラグライダーで降りた」という。

「それなら、地上に立つまでに三四秒くらいかな」

とオランダ人の夫が応じた。

「バンジーの最長は、一二〇メートルだった」と再びイスラエルの男。

「五〇メートルが限度だが」今度はオランダ人が呆れた顔をした。信じられないと私も思った。フィートの間違いではないか。つづいて「世界一凄まじいジェット・コースター」のことなど、二人の話もエスカレートしていく。

私達のテーブルに、少し年嵩の男性がやってきた。きっかけは忘れたが彼は、「フランス人は、レーストだ」と発言した。すかさずオランダ人が、「その発言は、言説的レーシストではないか」と反論する。そこで各国人の偏見に話題が転じた。この時期、南米のリゾート地で目立つのはドイツ人旅行者である。「ドイツ人は、砂浜でやたらに穴を掘りたがる」とオランダ人。「その通り！」と年嵩の男が声を挙げて笑い出す。彼は、ケルン出身のドイツ人だった。薄いカーテン用生地の掛け布団だけで窓を開けたまま八時間熟睡した。

図（5-5）サン・マルティン公園の栄光の丘

三月五日（日）かなり気温が上がっている。数日前までパタゴニア地方を巡ってきたから、特に暑く感じるのであろう。近くのスーパーに出掛け、安売り場の下着の山の中から半袖シャツを八・九ペソスで買った。ブエノスアイレス行夜行バスの発車まで時間がたっぷりあるので、メンドーサ市内の西端のサン・マルティン公園まで市バスで行く。公園内にある栄光の丘やサン・マルティン将軍像も訪ねた。メンドーサの市街地については、ポプラなどの街路樹にあふれた緑豊かな町という印象だけが心の片隅に残った（205頁　図5－4参照）。ターミナルに戻り、夜行バスでブエノスアイレスに向かう。

二．ブエノスアイレスの町歩き、ボカ地区とキンケラ・マルティン、エビータの記憶

翌三月六日朝九時、アルゼンチン共和国の首都人口およそ三〇〇万のブエノスアイレス市の東部レティーロ地区にある長距離バス・ターミナ

図（5-6）フロリダ通りでタンゴを踊るカップル

ルに着いた。かつての国鉄路線のブエノスアイレス中央駅に隣接した広大な敷地を持つ。国内外に向かうバスの基点であり、バス会社の窓口だけでも一〇〇を超えている。当初は、直ちに適当な国際長距離バスに乗り継いで隣国ウルグアイの首都モンテ・ビデオに直行する予定だった。だがモンテ・ビデオまで一〇時間以上もかかり、本日便宜な便がないことが判った。一方ボスク社の快速フェリーは明朝八時に出航し、三時間でモンテ・ビデオに到着するという。結局、今晩は一旦ブエノスアイレスで泊まり、明朝八時発のフェリーを利用することに決める。かくて、南極やパタゴニアを回った後およそ一ヶ月振りで、ターミナルから徒歩二〇分ほど南に下ったサン・ニコラス地区のラバージェ通りにあるホテル・オレイに戻ってチェック・インした。ウルグアイで一泊した後再度戻ってくる予定だから、明後日の三月八日（水）から一〇日までの三泊分の予約も入れておく。

今後のブエノスアイレスでのスケジュールを計画するため、ラバージュ通りと交差するフロリダ通りのインフォメーションを訪ねた。道幅は一〇メートルに過ぎないフロリダ通りは、レストラン、ブティック、カフェ、スーパー、土産物店、観光案内所などが軒を連ね、階上の看板が路上に突き出ている首都でも有数の繁華街である。昼間から路上でペアがタンゴを踊っていた。治安も良く、夜も遅くまで店が開かれ人通りが絶えない。程近いホテル・オレイを選んだのも、この立地条件のためだった（205頁　図5－7参照）。

残りの当地滞在中に希望しているのは、サッカーの観戦とガウチョ（カウボーイ）のショーである。いずれも、フロリダ通り北端のツーリストタゴル社が扱っているというので、今度はこの事務所に立ち寄った。サッカーは毎水曜日と週末の夜、ガウチョ・ショーの方は毎日午前一〇時から開催されるという。どうやらブエノスアイレス滞在中にいずれの催しにも参加できそうだ。これで方針が決まったので、本日はブエノスアイレスの市内を改めて散策することにした。南極旅行出発前の二月五日、六日にホテル・オレイに泊まっているから、ブエノスアイレスの都心部には一応土地勘がある。

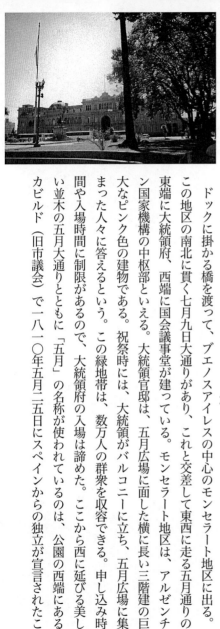

最初の滞在時の二月六日の朝まず訪ねたのは、ホテルから数ブロック東の運河を越えた港湾地区プエルト・マデーロだった。横浜のみなとみらいにあるような赤レンガの建物が、一キロ以上も連なっている。古い倉庫跡だが現在は内部がリニューアルされ、一階にレストラン二階にショッピング・センターが入って、首都の新しい人気スポットとして客を集めているらしい。まだ朝が早いので、店は開いていない。小型ボートが係留されている湾岸をジョガー達が走っていた（205頁　図5－8参照）。

図（5-9）大統領府

ドックに掛かる橋を渡って、ブエノスアイレスの中心のモンセラート地区に出る。この地区の南北に貫く七月九日大通りがあり、これと交差して東西に走る五月通りの東端に大統領府、西端に国会議事堂が建っている。モンセラート地区は、アルゼンチン国家機構の中枢部といえる。大統領官邸は、五月広場に面した横に長い三階建の巨大なピンク色の建物である。祝祭時には、大統領がバルコニーに立ち、五月広場に集まった人々に答えるという。この緑地帯は、数万人の群衆を収容できる。申し込み時間や入場時間に制限があるので、大統領府の入場は諦めた。ここから西に延びる美しい並木の五月大通りとともに「五月」の名称が使われているのは、公園の西端にあるカビルド（旧市議会）で一八一〇年五月二五日にスペインからの独立が宣言されたことに因む。独立が達成されたのは、一八一六年七月九日である。

リバダヴィア通りを挟んですぐ北にある大聖堂は、一八世紀建設を始め一八二七年に完成したこの国のカトリックの総本山である。内陣の中央には創建当時からの灯火が燃え続け、その右手奥の部屋には衛兵が立ち、サン・マルティン将軍の棺を護衛している。南米を周遊していると到る所で、アルゼンチン生まれのマルティン将軍の名を関した通りや広場に行き当たる。カテドラルからフロリダ通りを北に七、八ブロック歩いたところにあるサン・マルティン公園の入り口には、将軍の騎馬像が立っていた。主に南米北部のベネズエラ、コロンビア、エクアドルで独立軍を指揮したベネズエラ出身のボリーバルと共に、サン・マルティンは母国スペインからのクレオールの独立運動で活躍した英雄である。ただし革命の結果に失望した将軍は、最後はフランスに亡命し一八五〇年に亡くなっている。

図（5-10）大聖堂

同じ日の午後は、相乗りタクシーでリアチェロ河口にある下町ボカ地区を訪ねた。ボカとは文字通り河口を意味する。本来ボカ地区は、ブエノスアイレス港発祥の地であり、一九世紀にイタリアから来た多くの移民がアルゼンチンに最初の一歩を記したのもこの場所だった。そのため現在でもイタリア系の住民が多いらしい。アルゼンチン・タンゴ誕生の土地でもある。港湾設備の中心はラ・プラタ河口に移ったが、当局に依頼された地元の画家キンケラ・マルティンの構想により現在のボカはサイケデリックな町に生まれ変わって、特に若者向きの人気スポットになっている。

積み木細工のように原色に近いカラフルな屋根と壁を持つレストランやカフェ、土産物店、ブティックなどが密集している。その建物の間にある、ファン・デ・ディオスによるタンゴの名作「カミニート（路地）」に因んだ小道を抜けた（205頁　図5－11参照）。ボカ生まれの詩人ディオスは、マルティンの親友だった。路上の一角ではタンゴの曲が絶えず演奏され、聴衆に囲まれたペアのダンサーの踊る姿があった。バス停のすぐ前にあるマルティン美術館は、もともとはマルティンの工房を改築したもの。ボカの港や日の光を反射して輝く波、原色に近い屋根や壁等の風景を明るい色調で描いたマルティンの楽しい作品が、美術館三階に展示されている。ボカといえば、サッカーの名門「ボカ・ジュニアーズ」を思い出すが、そのスタジアムはここから数ブロックの近さにあった。以上、ちょうど一月前の二月六日にブエノスアイレスを初めて歩いたときの様子を再現したものだ。本日三月六日の午後は、その散策の続きになる。

この町で是非訪ねたい場所のひとつが、市街地の西北レコレタ地区にある共同墓地だった。レコレタ地区は、ブエノスアイレス市街地の中でも高級住宅が集まっていることで知られているが、ここの共同墓地も歴史と由緒ある領域で誰もがおいそれと納骨される所ではない。歴代の大統領や有名人の納骨堂も多く、そのうちの七〇を越えるものが国の文化財に指定されているという。高いコンクリート壁に囲われた共同墓地の内部には縦横に区画された通路が走り、意匠を凝らした屋根や窓を持つ丈の高い納骨堂が軒を連ねている。市街地の内にある特別の街区だ。

その中でも最も人気があり弔問者が絶えないのが、故ペロン大統領の夫人マリア・エバ、通称「エビータ」の墓所だった。正門を入って右手奥巾二メートルほどの路地の片側に、エビータの納骨堂が建っている。大きな入り口は施錠された鉄柵が付いていて、内部を伺うのが難しい。入り口の壁に、上下三枚の御影石のプレートが並んでいた。最上段には女神像、中段のプレートには文様の上に碑文がある。そして最

図（5-12）エビータの墓所

図（5-13）エビータの墓所のプレート

下段のプレートには、エビータの短い生涯（一九一九—五二年）を示唆する簡潔な文章と彼女の横顔のレリーフが刻まれる。

資料を読んでいると時々、常人では幾度生まれ変わっても経験できないような数奇な運命を送る人物に出会う。しかも極めて短い生涯のうちに。マリア・エバ・ドゥアルテ・デ・ペロンもそのひとりだ。彼女は、ブエノスアイレスの西方一五〇マイルにある片田舎ロス・トルドスの地主の庶子として生まれ、貧困な環境で幼少期を過した。美貌と強い意志力と野心を持ったこの少女は、やがて首都に出て端役の女優になり、社交界にも顔をだす。そして金持ちや名士達との愛人関係を幾度か持った。最後に前途を嘱望されていた四八歳の陸軍大佐ペロンと結婚する。エバ二四歳のときである。やがて一九四六年ペロンが大統領に選ばれるや、彼女はファースト・レディとして社交界や外交の顔になる。労働者のための福祉財団を創り、低賃金長時間労働に苦しんできた下層の人の生活改善を支援した。少女時代の苦しい経験が彼女を下支えしていたのだろう。女性参政権運動にも情熱を注いだ。しかし政敵は徹底的に排除し、資本家やブルジョアには、敵意を隠さなかった。

第二次世界大戦で疲弊していたヨーロッパ大陸に比べ、一九四〇年代後半から五〇年にかけてアルゼンチンは、穀物や牛肉をヨーロッパに輸出することで未曾有の好景気に沸いていた。ペロン政権は人気の絶

図（5-14）エビータ博物館のペロン夫妻の写真

頂にあった。しかしエバは癌に侵され、三三の若さで不帰の人となる。共同墓地にあるエバの納骨堂前には、今日でも花束が絶えない。ただし、完全に防腐措置を施され国葬に付されたエバの遺体が、直ちに現在の場所に埋葬されたわけではない。その後一六年もの間、遺体は行方不明になっていた。夫ペロンの失脚後反対派の妨害やペロン派の後継者に政治的に利用されることを警戒した関係者たちによって、遺体は密かにイタリアのミラノ市内のある教会の墓地にマリーナ・マッジという偽名で埋葬されていたのである。

現在まで続くエビータの人気はいったいなんだろうか。社会福祉や女性参政権への貢献の故か、古き良きペロン時代への人々のノスタルジアか。

帰途に立ち寄ったパレルモ地区のエビータ博物館はエバ・ペロン財団の旧福祉住宅を利用したもので、エバのデス・マスクや彼女の遺品を見ることができた。生前の事績とともにエバの国葬の情景のビデオが、館内で映写されていた。彼女の生涯は、ときおり現代のシンデレラ物語のように語られることがある。真実はどうだろうか。名声のさなかに亡くなったのだから薄幸の人とは言えない。しかし一筋縄ではない起伏ある人生を歩んだ彼女の心性は極めて複雑で表裏陰影があり、その人柄ゆえにひとびとの心に忘れ難い印象を残したのではないか、と私は想像している。

図（5-15）カフェ・トルトーニ

夜は、五月大通りにあるカフェ・トルトーニで毎晩開かれるタンゴのショーに行く。ピアノとアコーデオン演奏や歌手の声調に合わせて、数組のダンサーが入れ替わり舞台に立った。

三 ウルグアイへの短い旅、首都モンテビデオの町歩き

三月七日（火）小型の旅行鞄をホテルに預けて、バックパックひとつでラ・プラタ河畔のフェリー乗り場に赴く。定刻八時にウルグアイの首都モンテビデオ行き快速船が出航した。ブエノスアイレス市街地の林立する高層ビルが背後に消えると、満々と水を湛えた水面に寄せる波を横切りながら船が進んだ。アマゾン河に次ぐ南米第二の大河ラ・プラタは、この辺りでは陸地が全く見えず外海のように広がっている。この景色を楽しむため、デッキ③のファースト・クラスを選んだ。

図（5-17）独立広場—アルチガスの騎馬像とサルボ宮殿（左）

一一時、モンテビデオ港に入港した。モンテビデオ市は、ラ・プラタ河に突き出た小半島上に発達している。港は、半島の西端にあった。税関の横を通り過ぎたが、入国のスタンプを受ける人はいない。アルゼンチンとウルグアイ両国は、出国の時だけスタンプを貰うらしい。税関のすぐ先にマーケットがあり、シーフードや焼肉屋台では少し早めの昼食を摂っている人達がいる。他の旅客の後に続いて、そのまま石畳が敷かれた旧市街地の方に歩いていった。大きな縦長の窓に原色に近い華やかな彩りの壁を持つコロニアル風家屋からなる整然とした町並みである。中南米の首都では、世界遺産に指定されたにも係わらずその後治安が悪化したり貧困層の流入により寂れている旧市街もあるが、当地の旧市街は清掃も行き届き立派な屋敷も目立った。広壮な屋敷の中には、博物館に改装されて公開されているものもある。私が歩いた

道沿いには、サバラ広場や憲法広場など市民の憩いの空間が散在していた。平日の昼過ぎにも係わらず、家族連れの姿を多く見かけた（205頁　図5－16参照）。

港から東に二〇分ほど歩いて、独立広場に出た。モンテビデオ市の中心にある大きな広場で、これまで歩いてきた東西の通りと南北に走る七月一八日大通りが、交錯する。この大通りを境に西側が旧市街、東が新市街である。広場の中央にはこの国独立の英雄アルチガスの騎馬像、周囲には首都で最も高い二四階建てのサルボ宮殿をはじめ政庁、航空会社のオフィスビルが立ち並ぶ。丈の高い樹木が影を落とす広場には、装飾品、刺繍、つぼ、焼き物、玩具などの屋台が軒を連ねていた。少し変形のマテ茶受けの陶器を買う。ここで南に右折しラ・プラタ河沿いのアルゼンチン公園まで足を伸ばした。ただ期待していたビーチではなく足場の悪い岩場だった。半裸の若者たちが、岩の間で何かを探索していた。コンクリートの長い堤が、河岸通りに沿って長く延びている（205頁　図5－18参照）。新市街の中心ランカスター通りに引き返す。近くの大衆食堂でパンに肉類を挟んだ軽食チビートの昼飯を済ませた。ランカスター通りをさらに進めば、噴水や美しい緑林に囲まれたファビニ広場や、巨大な市庁舎の前に出る。これでモンテビデオの中心部を一回り散策したことになる。隣国アルゼンチンの首都ブエノスアイレスに比べこぢんまりと纏まった、華やかながら静穏な市街地の佇まいだ。周囲を大国アルゼンチンやブラジルに囲まれたウルグアイ東方共和国は、日本の半分ほどの国土に約三〇〇万人が住んでいる。その半数が首都の住人である。わずか数時間のモンテビデオ散策を終えて、さらに数ブロック東のコローニア・デル・サクラメント行の長距離バス・ターミナルに急いだ。

図（5-19）コローニア・デル・サクラメントの町並み

次のコローニア行COT社のバスは一六時発。まだ一時間も余裕があるとベンチに腰を下ろした。しかしターミナル駅の時計を見ると一六時が迫っている。ウルグアイだけは三月から既に夏時間に切り変えられ、時計の針が一時間進んでいたのだった。急いで目的の一二番ゲートに向かった。コローニアは、ラ・プラタ河を挟んでアルゼンチンのブエノスアイレス対岸にあるウルグアイの都市。モンテビデオから長距離バスでおよそ二時間、西に移動する。耕作の行き届いた肥沃な緑地が、車窓を過ぎて行った。ウルグアイは、最高所でも五〇〇メートルを越えない草原（パンパ）の国である。一八時、コローニアのバス・ターミナルに着いた。近くのインフォメーションで所在を確かめ、ユースホステル内のドーミトリー棟に泊まる。

図（5-20）灯台と修道院跡

四．コローニア散策、三度ブエノスアイレスへ、アルゼンチンのフットボール

三月八日（水）既に陽射しがきつい八時半になって、やっと目覚めた。朝食前に、広くもない旧市街を一巡する。コローニアの市名のようにこの町は、ポルトガル人次いでスペイン人の古くからの入植地である。市街地の中心を東西に走る将軍通りを西に向かった。石畳を敷き詰めた幅広い道の両側は緑豊かに大木が茂り、そのあいだに二階の金属性ベランダを道路上に突き出した白壁の植民地風の建物が覗いている。およそ一〇分歩いて、旧市街のどん詰まりにある歴史地区に入った。空堀に懸かる橋を渡り小さなゲートを潜ると、旧城内のマヨール広場に出た。古い修道院や白亜の灯台が建っている。その先は、ラ・プラタ

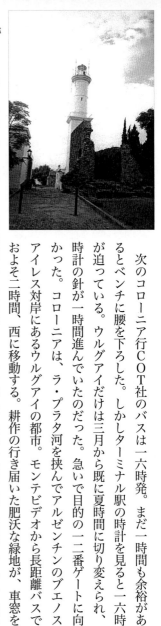

河の岸辺だった。岬にサン・ペドロ要塞が残っている。町全体が、かつての繁栄を反芻しつつ半ばまどろんでいるような静謐な空間だ。このささやかな市街地は、一九九五年ユネスコの文化遺産に登録された。

税関で四〇ウルグアイ・ペソス（一米ドル＝二四ウルグアイ・ペソス）の出国税を支払って、ブエノスアイレス行のフェリーに乗る。帰途は一時間で、アルゼンチン側に戻った。小型トランクを預けていたラヴァージェ通りのホテル・オレイでは、三度目のチェック・インをした。二日前に訪ねたフロリダ通りにあるタゴル社のオフィスで、今夜のフットボールのチケットを購入する。送迎の車代を含めて四〇米ドル（およそ二二〇アルゼンチン・ペソス）である。地元の名門リーベル・プレート対エクアドールのナショナル・チームの試合だった。日ごろ格別な関心があるわけではないが、フットボール大国アルゼンチンを代表するチームの試合を観戦しておくのは、ファンである息子へのよい土産話になるだろう。

一七時、集客担当の男がホテルにやって来た。見ると先刻タゴルの店先でチケットを売っていたリカルドだった。三〇前後の彼は、市内でピックアップした客を本社事務所前で待機していたマイクロ・バスに乗せた。リカルド自身も、案内人として観戦に付き添うのである。一九時少し前、市街地の東端パレルモ地区にあるリーベル・プレート・スタジアムに入場した。正面からの西日が眩しい。場内では、ティーンエイジャー達の前座試合が行われていた。楕円状の数十段の客席で囲まれた大きなスタジアムだ。中央芝生のトラック周囲には、赤土に白い走路が描かれている。この競技場は、陸上競技に兼用されていた。センターラインの中央に「トヨタ」の文字とロゴを入れた布が掲げられ、車が展示されている。本日の主催は、トヨタ自動車らしい。やがて日が沈み、試合開始の時間が近付くと、右手の応援席が賑やかになった。左側のエクアドール応援席には、誰もいない（206頁　図5－21参照）。

一九時半、まずビジターである白いユニフォームのエクアドール選手が登場、次いで赤いユニホームを着けたリーベル・プレートの選手が大歓声で迎えられた。双眼鏡で覗くと、選手の表情がリアルに見えて面白い。エクアドール・チームには、アフリカ系の選手も混ざっているようだ。リカルドに、リバー・プレートの人気選手の名前を教えて貰う。

ゴール・キーパー　LUX（背番号①）
デフェンダー　CACEREZ（背番号⑥）
フォワード　GAZZARDO（背番号⑩）
　MONTENEGRO（背番号⑪）

試合開始早々、リーベル・プレート側が、ゴールを決めた。観衆は総立ち。ところがその後立て続けでエクアドールに二ゴールを奪われ、結局前半は、二対一とエクアドールがリードしてハーフタイムになった。後半も再開直後エクアドールにゴールを決められ、フラストレーションの溜まった観衆からブーイングが起る。ただし、ゲームの山場は最後の三〇分だった。ここでリーベル・プレートが三ゴールを挙げ逆転で時間切れ、まるであらかじめお膳立てされていたような幕引きになった。ゴールのたびに観客は総立ちになり指を上げ、体を揺すった。ジャンプしたり上半身裸になるものもいる。多くの幟が左右に揺れる。太鼓と金属製の打楽器が「テンテケ、テンテン」の音を繰り返した。それに呼応するように観衆が歌詞を口ずさむのだが、唄っているのか単に文言を唱えているだけかよくわからない。それでも共通するリズムで一体感に浸っているのが、応援席から離れた一般席に座っている私達にも伝わってくる。

案内人のリカルドも熱心なサッカー・ファンと分かった。毎週水曜日や週末になると彼は、山手にある

図（5-22）動物園の天竺ネズミ

図（5-23）ブエノスアイレスの日本庭園

このリーベル・プレート・スタジアムや下町のボカ・ジュニアーズ・スタジアムで、顧客と一緒になってアルゼンチンが誇るフットボールをエンジョイしているのだった。マイクロ・バスで送られて、二二時四〇分ホテル・オレイに戻る。

五．植物園の野良猫たち、人懐こい天竺ネズミ、外地の日本庭園

三月九日（木）目覚めると、既に九時を回っている。昨日に続いてタゴル社のオフィスに寄り、明日のガウチョ・フィエスタ（カウボーイ祭）ツアーのチケットを四三米ドルで買った。地下鉄（Subte）のDiagonal Norte駅で乗車、路線Dの八番目のPlaza Itslia駅で降りた。本日は、パレルモ地区にある広い緑地帯でのんびり過ごすつもりである。地上に出るとイタリア広場があり、イタリア独立運動の英雄ガリバルディの騎馬像が立っている。この町にイタリア系の移民が多いためか。これまでにも南米各地で私は、多くの騎馬像を見てきた。独立運動にかかわった英雄達は、みな馬に跨っている。

イタリア広場と一本道を隔てて、植物園と動物園の入り口があった。先ず植物園に入場する。こちらは無料だ。ゲートを潜ると、今度は狼の乳を飲むローマ建国神話のロムルスとレムスの大理石像があった。この地域は、イタリアあるいはローマ風の雰囲

気を出したいらしい。園内には、他にも多くの大理石の彫刻が見られた。「ローマの松」で知られる丈が高く梢付近だけに枝葉を広げた笠松も茂っている。ただ植物園にしては、植物名の表示が足りないと感じた。とあるコーナーで白黒の斑猫を見つけたと思ったら、次の曲がり角で、トラ模様の猫、シャム風の灰色猫と次々に猫が出現した。さらにどこかで猫の鳴き声がする。捨てられた子猫の鳴き方であるが、木立や茂みが多いのでどこにいるのか分からない。やがて二人連れの男性がやって来た。彼らも猫の声を聞きつけて立ち止まり、茂みのなかを凝視する。小猫は頭上の木の幹に縋り付いていた。登るには登ったが降りられずに鳴いているらしい。年配の男の誘導で、子猫は人間の手の届くところまで後退りして降りてきた。あとは男に抱き上げられて、無事地上に戻る。子猫は、腰を抜かしたように地上でしばらく呆然としていた。

次に隣接する動物園に行く。水族館や特殊動物館まで参観すれば一八ペソス掛かるが、この国の動物園の雰囲気が楽しめればよいのだから六ペンスの一般コースを選んだ。ゲートに入ってすぐに大きな池がある。池の右手を迂回していると、嘴の下に赤いたんこぶをつけた黒い水鳥や天竺ネズミが近寄って来た。彼らは放し飼いで、園内を自由に闊歩しているのだった。天竺ネズミは、人の前を横切ったり池に飛び込んだりと、人間の気を引くのに忙しい。さらに進むと、アメリカ野牛（バイソン）、白いベンガル虎、熊、ライオン、ジャガー、リャマやアルパカなどペルー産の動物、マンドリル、黙想するように座っているオランウータン、餌を強請《ねだ》る子供のチンパンジー、アライグマ、ラクダなど、それぞれ意匠を凝らした館や囲い地を棲家にしている。緑林に囲まれた広い空間の中で、動物たちは気ままに過ごしているようだ。

付近の緑地帯には、他に日本庭園、オランダ広場、エクアドール広場、競馬場、ゴルフ場、美術館や博物館がある。私は、日本庭園に立ち寄った。池泉に掛かる赤い太鼓橋、形を整えられた松、鐘楼、石灯篭、石組みなど日本庭園の要素を一応備えている。これまでシンガポールや合衆国セントルイス市など外地の日本庭園を見た記憶があるが、当地の日本庭園が最もスケールが大きく日本庭園の特徴を上手く再現しているように感じた。地元の参観者も多いようだ。国立美術館では、二階のアルゼンチン画家のコーナーを閲覧したが、ボカの港を描いたキンケラ・マルティンの風景画が最も印象に残った。

図（5-24）ガウチョのショー

六、ガウチョ（カウボーイ）祭り、長い一人旅の終わり

九時半、ガウチョ・フィエスタに向かうバスが、ホテルに迎えに来た。車内は、中米コスタリカからの若いグループで賑やかだ。ツアー・ガイドに訊ねると、他にイギリスやオーストラリアからの参加者もいる。一一時半、サントス牧場に到着。所々に木立が見えるが、丘ひとつなく緑野が地平まで続いている。アルゼンチンの代表的景観パンパ（大草原）の真只中に立っているのだった。ここで約一時間の自由な牧場内の参観時間が与えられた。私が選んだ乗馬体験コースは一度に三〇頭の馬が場内の馬場を移動するのだが、既に多くの希望者が列を作って待っている。ようやく三回目に騎乗の順番が回ってきた。ところが私が乗った馬は、騎手の意思を無視して首を伸ばしやたらに手綱を前方に引っ張る。そして柵の近くにあった牧草を食べ始めた。ただガウチョが乗る先頭馬に従って馬列の移動が始まると、私の馬も食事を諦めて行列に加わった。さて乗り心地となると、馬に慣れないものにとってベリー・グッドとはいえない。以前に経験があるラクダに比べ

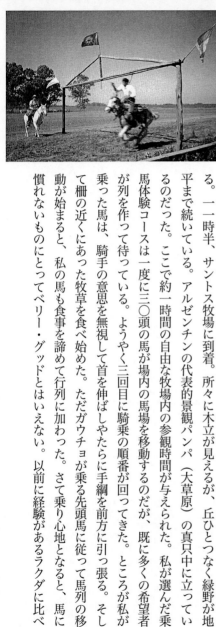

ると馬は背丈も低いし歩行も横揺れが少なく安定しているから、落馬しても衝撃は少ないだろう。ただこの馬は癖があり、すぐに外側に逸れようとし、前の馬に遮られて元の位置に戻る動作を繰り返した。その動きに気を取られている間に、一五分の馬場一周が終わった。

このあとは、舞台を備えた大きな木造屋根の下でのランチ・タイム。ツアーや自家用車で来た三〇〇人を越える参加者が集う、賑やかな食事会になった。ガウチョたちが牧場での作業中に摂ったといわれるアサード料理、骨付きの大きな焼肉にサラダが付くという素朴なものだが、朝食抜きだった私にはおいしく食べられた。舞台の司会者が、参加者の国名を告げ始めた。呼び上げられた国の人達が立ち上がり、歓迎の拍手を受ける。ブラジルやチリなど近隣の諸国やアメリカ人が多かった。ジャパーンのアナウンスに私も立ち上がる。結構大きな拍手を貰った。唯ひとりだったので、少し大げさに両手を挙げて振ってみせる。オリンピック日本代表になったような気分が少しした。

引き続き、フォーク・ミュージックやタンゴの演奏とダンス。「ラ・クンパルシータ」や「コンドルは飛んでいく」など知っている曲や初めて耳にしたメロディが七、八曲演奏された。最後は観客を交えたダンス・パーティー。そして一五時半からのガウチョたちのショーを見物するために、一同は再び馬場に集まった。

ガウチョ達は、白シャツに黒いズボン、鍔付きの黒い丸帽を冠り襟元にハンカチを巻いている。先ずは六人のガウチョ達が、めいめい六匹の馬の手綱を取って馬場一面を凄まじい砂塵を上げて行き交った。これが一段落したところで、馬場の端、客席近くの屋根型に組まれた丸太のゲートに観客の目が集まる。アルゼンチン国旗が掲げられたゲート下の横木から三本の紐が下がり、紐の先に小さな輪が付いている。一方一〇〇メートル先には、騎乗した三人のガウチョが待ち受けていた。そのひとりが走り始めた。加速度をつけて、観客の方に近づいてくる。ゲートを潜り抜ける一瞬、騎手は手にした万年筆ほどの棒で紐先のリングを掬った。リングは空中に飛ぶ。休む間もなく、二番目の騎手が近付いて来た。ついで三番手も。このリング取りが、数回繰り返された。失敗は一〇回中、一度か二度に過ぎない。ガウチョのひとりは、掬い上げたリングを客席の女性に手渡しキスを交わした。

一六時帰途に就く。あらかじめ調べておいたホテル近くのオフィスで明日のフライトの確認を済ませ、飛行場へのシャトル・バスの予約を入れた。シャトル・バスは、ホテルまで迎えに来てくれることが分かった。

三月一一日(土)、アルゼンチン滞在最後の日になった。午後空港行のバスの時間まですることもないのでホテルに荷物を預け、まだ足を踏み入れていないサン・テルモ地区を歩いてみる。市の中心セントロと最初に港が開かれた南のボカ地区との間にある、ブエノスアイレスでは初期に開けた地域である。ただし、アルゼンチンに不況が襲った一八七〇年代以後この地域は次第に廃れ、富裕な市民は北のレコレタ地区やパレルモ地区に移ってしまった。そのためサン・テルモ地区には、当時を偲ばせるノスタルジックな雰囲気が残っているといわれる。たとえば日曜ごとに開かれるドレーゴ広場の骨董市や大道芸人の演技がある。土曜日である本日でも広場内の青空市場には多くの屋台が並び、首飾り、マテ茶受け、絵画などが売られていた。

近くのサン・テルモ教会は取り立てるほどでないし、レサーマ公園の向かいに建つ青いドームが目立つロシア教会は夕方にならないと開かれないという。私はレサーマ公園の一角に建つ歴史博物館に立ち寄った。殆ど原住民が住まず国民の大半が白人からなるアルゼンチンであるから、歴史といえば一六世紀のスペイン人による征服から一九世紀初頭の独立運動が主な題材である。一六世紀については、征服者スペイン人の将軍たちの肖像画や戦争場面の絵画ばかりで、わずかに原住民の兵士達は上半身裸体で描かれるだけである。独立運動の指導者サン・マルティン将軍が引退後を過ごしたフランスのノルマンジーの屋敷の居間、ベッド、書き物机などが再現されていた。

後は一七時過ぎのカナダ航空でブエノスアイレスのエセイサ国際空港を発ち、サンチャゴ、カナダのトロントやヴァンクーヴァーを経由する帰国の旅が残っているだけである。南極やパタゴニアを含めて前後一ヶ月を越える私の一人旅は、ほぼ終わった。

（二〇〇七年五月一〇日、記）

第六章　未完に終わった旅

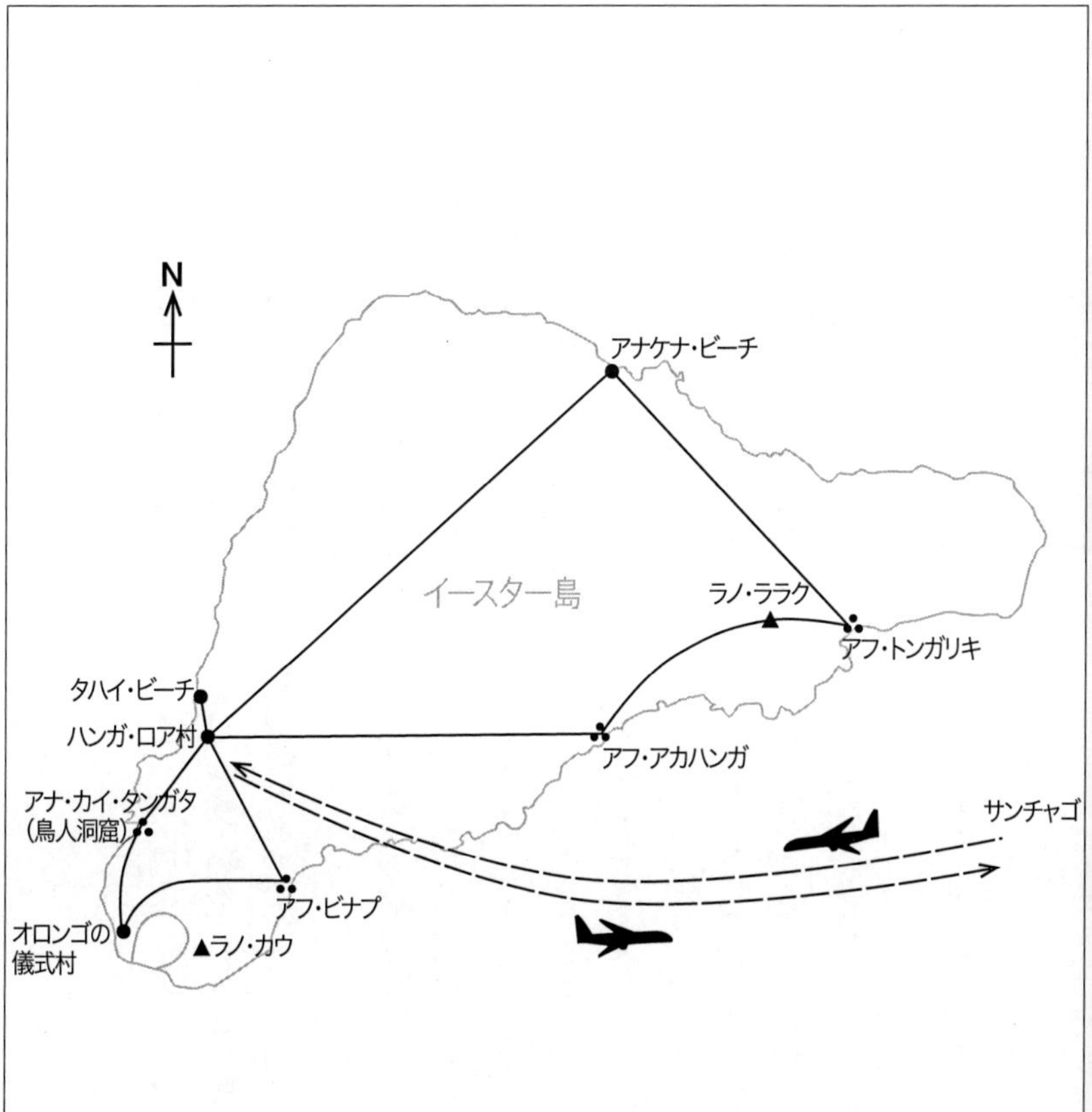

一．チリ共和国へ

二〇一三年一月二四日（木）一〇時半、チリ共和国サンチャゴ国際空港に着いた。成田、テキサス州ダラスを経ての長旅だった。乗り継ぎ時間も入れると、家を出てから三〇時間を超えている。日本との時差が一〇時間ある。入国の手続きを済ませた後になって、X線による手荷物の審査があった。これは初めての経験である。何のためだろうか。

　サンチャゴでのホテルの確保と行き方、明後日のイースター島行き航空券の確認、国内航空機の時刻表の入手などに、空港内で二時間近く費やしてしまった。五〇〇〇ペソ（約一〇米ドル）支払ってコレクティーボ（六、七人乗りの地域別マイクロ・バス）で、旧市街の東端にあるフォレスタ・ホテルに向かう。初めての場所に行くには、コレクティーボがもっとも便利な交通手段だ。二五キロ離れたダウンタウンまで、タクシーなら数十ドルはするだろう。

図（6-1）サンチャゴのアルマス広場

　一四時三〇分、フォレスタ・ホテルにチェック・インした。このホテルには日本出発前予約のeメイルを入れたのだが、返事が帰ってこなかった。英文で対応できなかったのかもしれない。英語の出来る人もいるが、スタッフの多くはスペイン語しか分からない。手元にある数年前のガイドブックでは三五米ドルと紹介されていたが、現在朝食付一泊で五〇米ドルになっている。

　一休みして、早速サンチャゴの旧市街の散歩に出掛けた。まず市街地の中心アルマス広場を目指して、カンパニア通りを東に向かう。広い通りではないが、サンチャゴの繁

図（6-2）モネダ宮殿

華街のひとつである。三ブロック歩くと、左手に大きな窓がついたコロニアル風二階建のサンチャゴ博物館が見えてきた。そのすぐ先に、アルマス広場はあった。縦横一ブロックを占める都心の公園である。樹木の梢越に北面に市庁舎の塔や中央郵便局が見える。木陰のベンチで人々が憩っていた。日差しが強く、サングラスをつけないと耐えられないほどである。広場の北西には、一六世紀に建てられたというカトリックの聖堂が、角のように二本の尖塔を突き出していた。外界と対照的に、内部にはうす暗く静謐な空間があった。

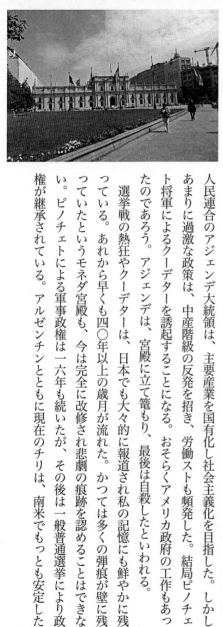

国会議事堂の横を少し南に行くと、モネダ宮殿前の芝生の前庭のところに出た。宮殿は、中央部を除いて二階建てで横に平たく伸びた白亜の瀟洒な建物である。チリ国旗が数本翻っていた。この北門から南に抜けられるとガイドブックに書いてあったが、守衛にさえぎられた。このモネダ宮殿こそ、一九七三年の軍事クーデターでアジェンデ政権が崩壊した現場である。一九七〇年の選挙で国民の圧倒的な支持を得た人民連合のアジェンデ大統領は、主要産業を国有化し社会主義化を目指した。しかしあまりに過激な政策は、中産階級の反発を招き、労働ストも頻発した。結局ピノチェト将軍によるクーデターを誘起することになる。おそらくアメリカ政府の工作もあったのであろう。アジェンデは、宮殿に立て篭もり、最後は自殺したといわれる。

選挙戦の熱狂やクーデターは、日本でも大々的に報道され私の記憶にも鮮やかに残っている。あれから早くも四〇年以上の歳月が流れた。かつては多くの弾痕が壁に残っていたというモネダ宮殿も、今は完全に改修され悲劇の痕跡を認めることはできない。ピノチェトによる軍事政権は一六年も続いたが、その後は一般普通選挙により政権が継承されている。アルゼンチンとともに現在のチリは、南米でもっとも安定した豊かな国なのである。

南のオイギンス大通りに出て、地下鉄（メトロ）のロス・エロエス駅の地下構内にあるプルマンやツールら長距離バスの事務所で二、三の情報を得た後、フォレスタ・ホテルに戻る。夜食はホテル七階のレストランで摂った。

二、サンチャゴの町歩き

翌一月二五日（金）八時起床、七階のレストランで朝食を済ませた。今日は、引き続きサンチャゴ市内を歩き土地勘を掴むことと、今後の旅に必要な情報を収集することにしている。まず、市街を見晴らす展望所サン・クリストバルの丘に登ろうと思った。一〇時にホテルを出て市内を東西に流れるマポチョ川に沿って東のメトロのバクダーノ駅近くまで一〇分ほど歩く。ここで左手に折れ橋を渡る。両側にレストランや商店が並ぶ街路を数ブロック過ぎると、丘の麓に着いた。そこは小公園になっていて遊具が置かれ、売店もある。標高八八〇メートル（市街地からの高度差二八八メートル）の山頂まで登山電車（フニクラ）が通じている。しかし、故障により当分運休らしい。

「代わりに、二〇分間隔で市バスが運行されているので大丈夫ですよ」、と公園事務所の女性が教えてくれた。こちらは無料のサービスらしい。やがて来たバスは、クリストバルの丘を鉢巻のように回りながら頂上付近まで上った。広大な丘全体が市営のメトロポリタノ公園で、博物館など公共の施設が散在しているのだった。車道では、サイクリスト、トレッカー、ハイカーも山頂を目指していた。

バスの山頂駅から石段を少し登ると茶店兼土産物店がある広場に出た。この上は傾斜のある花壇で、その中の幅広い石段を二〇メートルほど辿った最高所に白亜のマリヤ像が立っているのだった（239頁　図6-3参照）。少し靄がかかっていたが、サンチャゴの市街が見下ろせた。中には飛びぬけて高層のビルもあった。サン・クリストバルの丘はサンチャゴの旧市街と新市街を分ける位置にあるので、市街地全体の広がりが実感できるのである。

バクダーノ駅から国鉄中央駅までメトロに乗る。メトロは、六一〇ペソ均一だから簡単である。ただ一〇ペソがなくて窓口で困っていたら、すぐ後ろに並んでいた中年の女性が観光客と思ったのか一〇ペソを補ってくれた。サンチャゴ駅は、屋根型の天井で覆われた六、七本のプラット・ホームがあるスイッチバック式だった。わざわざこの駅に立ち寄ったのは、もともと鉄道ファンであることに加えて長距離バス・ターミナルに近いと思ったからである。しかしこれは市街図の見誤りで、セントラル・バス・ターミナルは、メトロでひとつ先のサンチャゴ大学駅が最寄だった。

セントラル・バス・ターミナルで、数日後に予定している長距離バスのチケットを購入した。申込書の署名欄の下に番号の記載場所があり、意味を理解するのに手間取る。この国は、国民がそれぞれ固有の番号を持っているのだった。受付嬢は次に通路側か窓側の座席を希望しているのかを尋ねたのだが、これも後ろに並んでいた女性の説明で分かった。「そういえば、窓はベンターナ、通路はダセオだった」、と以前覚えたスペイン語の単語を久しぶりに反芻する。バス・ターミナルから地下鉄で数駅引き返し、旧市街のアルマス広場に出る。時間の関係で昨日諦めた中央市場で昼飯にしようと思った（239頁　図6-4参照）。ここは特に海産物が豊富で、新鮮な魚介類の料理もうまいとものの本にある。「メール・デ・チレ」という市場内の食堂で、パンを添えた海鮮スープを注文した。貝、魚、カニなどの具がたっぷり入って美味しい。ようやく一人で異国を旅しているという実感が湧いてきた。

夕方、ホテル前のサンタ・ルシアという五〇メートルほどの小丘に登った。石段を少し上がったところから緩やかな傾斜の芝生が続き、ベンチに憩う人々の姿が見られた。鉄柵を廻らせたひとつ上手に出ると、茶店と傾斜のある花壇があった。ピンクや白のサフィニアが美しい。丘の最高所には高い鉄製の壁で囲まれた立派な建物があるが、門が閉まっていて立ち入ることは出来ない。大きな犬が花壇の隅で気持ちよさそうに寝ていた。昨日からサンチャゴ市内で、何匹もの自由犬に出会う。アルマス広場でも、サン・クリストバルの丘でも。人は彼らの存在を全く気にしないし、犬が人に吼えることもない。この街は、犬の天国のようだ。近くのスーパーで夜食を買って、ホテルに戻った。ジュースが四九九ペソ、水八五八ペソだった。

三、イースター島へ

一月二六日（土）、晴れ。七時半コレクティーボが迎えに来たとフロントから電話がある。六時半のモーニング・コールを昨夜依頼していたのに、うまく伝わっていなかったらしい。顔を洗うといとまもなく急いで身支度をして地上階に下り、ホテルの支払いを済ませた。

八時二〇分空港に着き、ランチリ航空の国内線ゲートに急いだ。空港でも朝食を摂る時間がない。一〇時ちょうど離陸、約五時間の行程である。イースター島は同じチリ国でも約四〇〇〇キロも本土から離れた絶海の孤島である。西側の最寄の島タヒチからも同じく四〇〇〇キロほど隔たっている。

一一時、オムレツとパンが出た。朝食をきっかけに、窓側に座っていた年配の男性と口をきく。オランダのフリースラントから来たヤンだった。三〇年来、この時期の五週間をイースター島で暮らしてきたという。ただし、一年の半分を旅しているというから、イースター島の生活は彼の旅の一部に過ぎない。いったいどのような経歴の人だろう。

「イースター島もオランダの人が見つけたのですね」、たまたま目にしたガイドブックの記事に触れた。

「そうです。キャップテン・ロッヘフェーンにより島はイスラ・デ・パスクア（イースター島）と命名されました」、ヤンは正確に船長の名前を発音した。ロッヘフェーンが上陸したのは一七二二年の復活祭（イースター、スペイン語パスクア）の日だった。

「イースター島にどのくらい滞在する予定ですか」、と今度はヤンが尋ねる。

「わずか、三泊です。これで島内の主な見所を回れるでしょうか」

「それは貴重な時間ですね。宿泊先は？」

「飛行場の案内所で、相談しようと思っています。ハンガ・ロア村の中心にある民宿あたりを」私は飛行場に近いこの島でただひとつの村の名を挙げた。

「よければ、私が予約している民宿はいかがですか。私の場合朝食付で一泊二五米ドルの約束です。ハンガ・ロアのはずれにあります」

三日間の滞在では、あまり宿泊探しに時間を掛けてもいられない。ヤンは信頼できそうなので誘いに乗ることにした。一三時二〇分島の飛行場に到着、本土に遅れること二時間の時差を考えると、五時間二〇分の航路だった。

小さな空港ビルを出たところで、ワゴン車でヤンを迎えに来ていたヴィッキーと会う。空き室があり、朝食付で一泊三〇米ドルという。短期の滞在だから適当な相場だろう。飛行場を出た車は、すぐにハンガ・

ロア村の海岸通りに出た。舗装が完全でない凹凸の道を一〇分ほど走って、生垣で仕切られた小道に入った。樹木に囲まれた奥に、本日から三日間を過ごすことになった平屋の民宿タハイ（TAHAI）があった。ピンクや白いハイビスカスが咲き、大きく幹を拡げたマンゴーの枝先から青い実が、ベランダの屋根の軒端に下がっていた。

民宿タハイは、一〇数年前夫を亡くした六〇を超えるマリヤが維持し、近くに住む娘ヴィッキーが通いで助けていた。ポリネシア系で、褐色の肌と整った顔立ちの母娘である。ヴィッキー自身、一男一女を持つ主婦だった。

庭から見て左手に応接間があり、その奥にあるバス、トイレ付のダブルベッドルームが私に提供された。右手はいわば母屋で、広いダイニング・キッチンがある。しかし滞在客は、その表側屋根つきのベランダにあるテーブルで食事を摂ることになっていた。樹木に囲まれているにもかかわらず蚊なども少なく、戸外は心地よかった。母屋と応接間の外にも屋根に覆われたオープンスペースがあり、テーブルと椅子が置かれている。ヤンは、テーブルの上に映写機を据えて、着陸時に撮ったイースター島の映像を見せてくれた。プロかどうかは分からないが彼はカメラに相当の腕を持っているようだった。

図（6-6）民宿タハイ

一六時からヤンにハンガ・ロア村内を案内して貰う。村の入り口まで一〇分ほどあった。ここから約一キロ半の直線道路が、道幅二〇メートルの村のメイン・ストリートである（239頁　図6－5参照）。レストラン、バー、ディスコ、カフェ、雑貨店などが適当な間隔で並んでいる。少し脇に入ったスペースには、土産物店が軒を連ねた一角もあった。旅行代理店がいくつかある。裏手にはホテルや民宿の看板も見えて

図（6-7）ヤン、ヴィッキーと共に

いる。村の十字路の左手の突き当りには、島で唯一のカトリック教会が建つ。逆に右手は海岸線で行き止る。時々、なじみの村人がヤンに声を掛けてきた。

雑貨屋とスーパーを兼ねたような店で、パン、粉末コーヒー、ミルク、水、トマト、リンゴなどを買って、さらに飛行場に近い村のはずれまで歩いた。入り口の両側にモアイの模像を並べた食堂があった。隣接する店でヤンがワインのボトルをいくつか手に入れたところで、私たちは帰途についた。

宿に戻って、ヴィッキーの手料理をヤンと一緒にベランダで食べる。刺身に野菜サラダ、魚のサティと馬鈴薯が並んだ。会話は、ヤンの通訳を交えて談話した。ヤンは、大国に囲まれたオランダ人らしくドイツ語、英語、フランス語、スペイン語ができる。ポリネシアの言葉も多少分かるようだ。ヴィッキーは、ヤンを「グアポ」（美男子）と呼んでいる。三〇年前彼が初めてこの島に来たときに付けられたニックネームである。確かにヤンは、現在でもなかなかの顔立ちをしている。ヴィッキーの話の中に出てくるスペイン語には、知っている単語が出てくる。私には、標識や説明書など書かれたスペイン語のほうが内容を掴みやすい。しかし二〇数年前に学習した会話表現の大部分は、残念ながら忘れてしまった。

当てにしていたこの家に出入りしているガイドのパトリシオが、なかなかやって来ない。ヴィッキーが電話を入れるが、らちがあかない。明日は日曜なので、休むつもりらしい。それでは貴重な一日をロスすることになるので、ヤンに交渉してもらうことにした。二二時過ぎて、やっとパトリシオがやって来た。明日彼自身は案内できないが、別の旅行社が島の南西部のツアーを引き受ける手はずができているという。

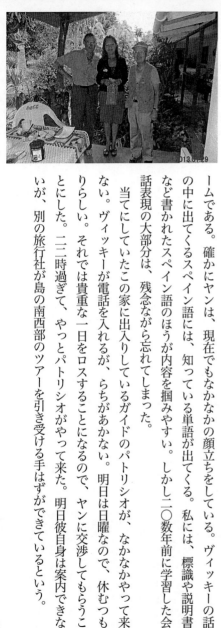

「明後日は、島の北東部の主要な観光地を私が必ずご案内します」（料金は六〇米ドル）。少し肩透かしを食った気がしたが、選択肢がないからパトリシオに任せることになった。二三時にベッドに入る。

図（6-8）アフ・ヴィナプの台座

四 モアイとの出会い

一月二七日（日）、庭木の茂みで窓外が暗いため九時にようやく目覚めた。急いで朝食を摂り待機するが、一〇時になっても誰も迎えに来ない。心配したヴィッキーが、ワゴンでハンガ・ロア村の二、三の旅行代理店に連れて行ってくれるが、どこも閉まっていた。パトリシオとの伝達がうまくいってないようだ。宿に引き返し、ヤンと相談する。タクシーを雇って島の南西部だけ回るのがよかろうということになった。

「島のタクシーは、あまり高くない」とヤンはいう。

やがてドライバーのハイクが迎えに来た。約二時間で南西部の半島の三ヶ所を周り、二万五〇〇〇ペソ（約五〇米ドル）である。彼は外国語はたどたどしいが、本日の訪問先は案内標識も整理されているから問題ないとヤンが保証した。

最初に訪ねたのは、飛行場の東、海岸近くの傾斜した草地にあるアフ・ヴィナプ遺跡だった。アフというのは、モアイ像が立つ台座である。最初は、有力者の館に向かって海岸に置かれた台座が重視され、神聖な場所になっていた。後になってモアイ像が台座の上に載せられることになった。そのため、像はすべ

図（6-3）サン・クリストバルの丘と聖母マリア像

図（6-4）中央市場

図（6-5）ハンガ・ロア村（著者自筆）

図（6-9）死火山ラノ・カウの火口

図（6-11）タハイ・ビーチのモアイ像（著者自筆）

図（6-14）ラノ・ララクの石切場

て海岸を背に、内陸に向かって立っている。アフ・ヴィナプの台座は、巨石が幾重にも積まれた島でもっとも大きな石組みといわれる。きわめて精巧に組まれ、紙一枚の隙間もない。そのためクスコなどペルーのインカ遺跡との関連が注目されている。

散在する周囲の岩石を跨いで石組みの上に上ろうとしていたら、ハイクがあわてて制止した。境界がはっきりしないが、立ち入りが禁止されているらしい。石組みの下には、一二人の地域の歴代王の遺骨が埋められているという。石組みの反対側に回る。いくつかのモアイ像が地上に転がっていた。そのひとつ赤褐色の岩石に掘られたモアイは、数少ない女性モアイといわれる。

次に島の西南端にある火山ラノ・カウに向かった。明日訪ねる予定の火山ラノ・ララクとともに山頂に大きな噴火口を持ち、いずれもラパ・ヌイ（イースター島のポリネシア名）国立公園地域になっている。一九九五年ユネスコの世界遺産に指定された。今はいずれも死火山だが、絶海の孤島イースターはこれら火山の噴火により海底から隆起して生まれたのである。面積は日本の淡路島くらいだろうか。ラノ・カウ噴火口の北端の展望台に立った。深さは一〇メートルほどだが、直径一キロ半もある阿蘇の中岳を思い出させる巨大な火口である。底部に湖が光っていた（240頁　図6−9参照）。

火口の南端の国立公園事務所で、三万ペソという高い料金を払いオロンゴの儀式村に入場する。このチケットは、明日のラノ・ララクの入場券を兼ねているから絶対に失くさないようにと、ヤンから幾度も注意されていた。火口と海岸の絶壁のあいだの草地に付けられた小道に沿って歩いた。海からの風が強い。

オロンゴは、モアイなどの巨石時代に代わり、一六世紀に盛んになったマケマケ神や鳥人信仰の遺跡である。断崖に鳥人の絵が描かれていた。数百メートル沖に、夏に軍艦鳥が産卵のため飛来するという三つ

図（6-10）鳥人洞窟

の小島が見える。毎年最初に泳いでその卵を持ち帰ったものは、鳥人と呼ばれ尊敬されるという。オロンゴ村は、扁平な石を積み上げた壁を持つ家が並んでいた。実際に居住に使われたのか、儀式だけの建物かは分からなかった。先ほど立った展望台と反対側から火口を見下ろしていたら、驟雨がきた。急いで事務所の建物に戻る。

最後に立ち寄ったのは、アナ・カイ・タンガタという鳥人洞窟だった。ラノ・カウのある小半島の西海岸にある。絶壁に付けられた鉄はしごを一〇メートルほど下ったところに海側に口を開いた六畳ほどの空間がある。ハイクが示した天井に鳥人の絵があった。戦争捕虜を儀式としてこの洞窟で食したとも伝えられる。一三時宿に戻った。昨日買ったパンとミルクで昼食を済ませる。

「この島に来てまだ、まともに立っているモアイを見ていない」といったら、「ではタハイの海岸を散歩しよう」、とヤンが誘ってくれた。五分も歩けば、島の西側のビーチに出る。そこには村の共同墓地があった。墓石にみな十字架が載っている。住民の大部分は、カトリック教徒である。墓地から緩やかに起伏する草原を歩くと前方海岸寄りに五体のモアイ像が見えてきた。モアイ像は大きさも形も様々だが、同じ台座の上に並んでいた。右端に二メートルほどの小型のモアイは、子供を模したものかもしれない。

その先に一体の少し大型のモアイがあった。さらに少し離れて、これまで見た最大の立派なアフ・コテリクのモアイ像が立っていた。背丈一〇メートルはあるだろう。円錐状の冠プカオを載せ、大きな眼球がはめ込まれていた。もともとモアイには珊瑚で作られた眼球が嵌め込まれていたが、長い歳月風雨にさら

図（6-12）眼球が入ったアフ・コテリクのモアイ

され全て失われていた。唯一この像だけ、後になって眼球を入れたということである。タハイビーチのモアイは、夕日を浴びたときに最も美しいという（240頁　図6-11参照）。近くの岩礁に釣り人の姿を見た。民宿タハイに戻ってベッドに転がっていたら、そのまま熟睡してしまった。目覚めたら、二〇時を回っている。夕焼け刻のモアイ見物を逸してしまった。

二二時になって、パトリシオが再び宿に姿を見せた。今朝は手違いがあって、ヴィッキーと代理店に出向いた一〇時には、ツアーが出発していたと弁解する。予約していたのだから電話連絡するか、宿まで迎えに来るように手配してくれてもよいはずだと内心思った。自分が薦めたパトリシオの態度に、ヤンも責任を感じていたらしい。

「明日は、私が保証します。万一駄目になったら」といって彼は首を吊る仕草をした。

「私も」ヤンを真似てパトリシオも首を垂れた。彼らの後ろで庭木のバナナの束も首を垂れている。昨夜以来いささか気分を害していた私も、つい笑い出してしまった。

「明日は一〇人ほどのグループで島の東北端を一周する予定で、一〇時に迎えに来ます」

今日見物したところとはダブらないから、合わせてイースター島の主要部の殆どを見物することになるとパトリシオは言う。いつまでも拘っていては面白くないから、これで満足することにした。

この島には、日本人ガイドも数人いて、日本の団体客の応対をしているらしい。日本から遥かなイースター島に来る日本人も少なくないのである。一、二月が観光のハイ・シーズンになっている。

夜も更けると常夏のこの島でも、夜気が肌寒い。最近は摂氏一五度を下回る日も多くなったという。これも地球規模の気候の変動の表れかもしれない。

五．ラノ・ララクの石切り場

一月二八日（月）、一〇時にパトリシオがマイクロ・バスで迎えに来た。別の民宿から七人の同行者が乗り込む。ブラジルからの夫妻と幼児を含むスペイン人五人の三世代家族である。パトリシオは、私以外はスペイン語で、私のために英語でガイドした。東の海岸沿いにわれわれは北上した。そこ彼処に岩石が堆積しているのは、全て古い住居遺跡だという。金網の柵内で馬が放牧されていた。

アフ・アカハンガという古代遺跡で停車し、一時間ほど見学した。「古代とは、いつごろを指すのですか？」とパトリシオに訊いたところ、「この島では、オランダ人が上陸した一七二二年以前が古代になります」とシンプルな答えが返ってきた。開けた草地の間に、溶岩からなる堆積物の小山がある。一一体のモアイが、ばらばらにうつ伏せになっていた。頭に載せるプカオもいくつか、近くに転がっている。この瓦礫の下に島の最初の王ホツマツア以下一一人の王が埋葬されているという。

オランダ人がこの島に上陸したとき、殆どのモアイ像は倒壊していた。一一世紀ころ、島内では集落間の争いが絶えず、お互いに相手側のモアイを倒し合っていた。モアイ戦争と呼ばれる。眼窩も抉られていた。モアイの目に恐ろしい力が宿っていると信じられていたのである。悲しいことに人間は、小さな島の中でも反目し争いを繰り返す。軽量の子供モアイは、外国の博物館などに売却されたためほとんど残って

図（6-13）アフ・アカハンガ

いない。

人々が住んだ洞窟があった。木の枝を半円状に曲げて壁の上部に穿たれた穴に差し込み、屋根の骨格にした住居や共同窯もある。古代の人たちは、焼いた石の上でポテト、タロイモ、バナナ、魚などを炙り、椰子の葉に包んで食した。現在でも残る習慣である。

さらに少し北上したハンガ・マイオクという場所で、道のすぐ横に横たわる大きなモアイ像があった。行く手に見えるこの島最大の石切場のある山ラノ・ララクからここまで運ばれ、そのまま放置されたらしい。一六世紀ごろ最後に造られたモアイのひとつと考えられている。数一〇トンを越えるモアイの移動方法については、多くの仮説が提起されている。モアイの胴体に丸太を括りつけ、土の上に並べた丸太をコロにして綱引きしながら運搬したというのも有力な説である。

一三時半、ラノ・ララク山の麓に着いた。全体は草で覆われた小山だが中腹に岩石が露出している。これがイースター島最大の石切り場で、殆どのモアイはここで掘られて島の各所に運ばれたのである（240頁　図6-14参照）。山腹に点在する岩は、近付くと全てモアイの立像だった。昨日オロンゴの儀式村で買ったチケットで国立公園に入場する。

正面右手山腹に付けられた起伏する遊歩道に沿ってモアイを見物しながら移動した。一体ごとに形状、顔立、髪型、大きさが違い、個性的である。殆んどが男性モアイだが、一体だけ丸い頭にふくよかな体形の女性モアイが立っていた。モアイは後期になるほど巨大化した。園内最大のモアイであるエル・ヒガンテは、高さ二一メートル、重量一八〇トンもある。ここのモアイは全て、完成し石切り場から運び出される寸前だったに違いない。なにかの事情でモアイの需要が突然無くなり製造が中止されたため、彼らは行き場を失ってしまった。呆然と立ち尽くすモアイたち、あるいは半ば地中に埋もれ意気阻喪したような像もある。とある崖下には、あご鬚をつけ正座したモアイがいた。永久に動けぬ自身の運命を嘆くのか、あるいは悟りすましたのか、天空を見上げている。さらに進んだ先の石切り場では、岩壁の中で顔や上体だけ彫られたところで放置され、いわば流産してしまった胎児モアイも見た。

少し後戻りして山の斜面を登り、火口湖の畔に出た。昨日訪ねたラノ・カウと違い草地に囲まれた湖は、紺碧の水を静かに湛えている。数匹の馬が岸辺で草を食んでいた。一五時から一時間の遅いランチ休憩、公園入り口の小屋で各自持参の昼食を摂る。

移動を開始してすぐに見えてきたのは、海岸線近くに並んだアフ・トンガリキの一五体の見事なモアイである。低い石積みの垣を巡らした遺跡公園入り口には、大阪万博に出品されたという一体の大きなモアイ像が立つ。長細い顔面に大きな鼻が特徴的だ。この公園が整備されたのは、四国高松市にあるクレーン会社社長タダノ氏の資金援助とクレーンの提供によるという。それまで、ここのモアイは全て地上に放置されていたのである。破損箇所を修復し、長さ一〇〇メートルのアフ（台座）に載せるのに一億円掛かった。イースター島の人なら誰でも知っているこのエピソードを、パトリシオは参加者に紹介した。このような無償の援助こそ、地元の人々に感謝され、長く記憶されるに違いない。現在日本の国会で武器輸出問題が取り上げられているが、一部の産業が潤っても日本の国益にならないだろう。人間同士の殺戮に加担し、国の信用を傷つけるだけである。

一五体のモアイは、海を背景に晴天の下、胸を張るように立つ。それぞれが、強烈な自己主張をしているようだ（巻頭口絵　6―15参照）。背丈も容姿も様々な一五のモアイによる揃い踏みは、観る人を圧倒する迫力がある。顔面が殆んど磨耗したのっぺらぼうもいる。丸顔、面長、色白。右から二番目の像だけ、プカオを頭上に載せている。他のモアイはプカオを支えるだけの強度が足りなかった。プカオ自体、数トンの重量がある。二メートル近くもある円筒状のプカオがいくつか草地に並んでいた。昨夕散歩した西のタハイビーチと逆に、東のアフ・トンガリキのモアイは朝日にもっとも輝くという。遺跡公園の他端には、巨石時代に続くマケマケ信仰を示す神、魚、亀などの岩絵が展示されていた。

図（6-16）アナケナ・ビーチ

最後に島の北端にあるアナケナ海岸に寄った。白砂に椰子が茂るビーチである。海の家、茶店などがあり、水着姿の人たちが遊びに来ていた。火山噴火でできたイースター島は岩礁が多く、砂浜のビーチは貴重らしい。ここから島の南西部にあるハンガ・ロア村までの二〇キロを半時間で走り抜け、一九時宿に戻る。ヤンやマリヤとベランダで夕食を摂った。

六．サンチャゴでの出来事

一月二九日（火）、小雨。ベランダでヤンやヴィッキーと並んで記念写真を撮る。一〇時、ヴィッキーの車で空港に向かった。しかし、なかなか搭乗が始まらない。西のタヒチ島からの便の到着が遅れているらしい。ランチリ航空は、サンチャゴ―イースター島―タヒチ島を結んで、往復しているのだった。一時間遅れの一三時に離陸、結局到着も遅れ、時差二時間を進めた二〇時にサンチャゴ空港に着陸した。

コレクティーボで、中央バス・ターミナルに向かった。チリ南部プエルト・モン行き夜行バスの発車まで十分待ち時間があるので、混雑するターミナル構内を歩き回り夜食や飲み物を買う。二二時四〇分目的地の標識をつけたバスが到着した。乗り込もうとしたら、私が予約していたサロン型デラックス・バスはこの後すぐに来ると係員に遮られた。同じ時刻に標準型とデラックスのバスが続けて出発するのだった。長距離の夜行とあって、この度は少しばかり気張ったのである。これが裏目に出た。少し気が抜けて傍らに退き、先発の客が乗車するのを眺める。その間数一〇秒、なにか手元に風が吹き抜けた気がして振り返る。

無い！　コロをつけた小型トランクが、忽然と消えている。急いで周囲を見回すが、雑踏する人混みの中では遁走する犯人は見分けられなかった。プロの掏り師に狙われていたのだろう。周囲の人もバスの方に気を取られて、狼狽している私に気づくゆとりがない。第一、言葉が通じないのだ。

チケット売り場に急いだ。とにかく警官に連絡する必要があると思った。しかし窓口でも事態を説明するスペイン語が出てこない。近くにいた女性が近づいてきて私に話しかけた。ぎこちない英語だが、この人に頼るしかなかった。チケット売り場の女性も状況が分かったようである。構内の警官詰め所を女性に教えているようだ。今度は男性が現れて、詰め所まで同伴してくれるという。すぐ後で分かったのだが、この二人はサンチャゴに住むギアコニ氏夫妻だった。派出所には二人の女性警官がいたが、どうしようもないという仕草を見せて、盗難証明を出して呉れなかった。盗難などは日常茶飯事でいちいち応接するいとまがないのだろう。

「せめてバス料金の払い戻しが必要だ」

ギアコニ氏は、再びチケット売り場まで付き添ってくれた。三万五〇〇〇ペソ（約七千円）の払い戻しが終わったところで「さて、今晩の宿所の当てはあるのですか」と彼は訊ねる。急いで手元のガイドブックにあるホステリング・インターナショナル（サンチャゴ・ユース・ホステル）を示した。バス・ターミナルから近いし、ユースなら英語が話せるスタッフが常駐していて、この時刻でも対応できると思ったのである。ギアコニ氏は、ユースに携帯電話を掛けたが応答がない。

「それでは、直接車で行ってみよう」

彼は、構内で待っていた家族のところに戻った。そこには小学生くらいの男の子と先刻出会った夫人が待っていた。三人で、駐車場の横に纏めていた大きな荷物をいくつも自家用車に積み込んでいる。どうやら彼らは、バスによる家族旅行からの帰りらしい。ギアコニ氏は、番地名からユースの所在地の見当がついているようだが、初めて訪ねる私は気が気でない。閉館か休館でユースの応答がなかったのではないかと危惧していたのである。目的地付近の路地は、薄暗く人通りが少ない。運転席のギアコニ氏は、徐行しながら番地の標識を確認している。後ろの席から夫人も男の子までも、「まだまだ」とか「もうすぐ」とか声を出しながら一緒に目的の番地を探してくれた。

とあるビルの階下の入り口から明かりが漏れていた。

「ここかな」、ギアコニ氏に続いて私も車を降りた。玄関前の鉄格子の外にあるベルを押すと人の気配がした。ギアコニ氏が用件を伝えると、宿直者が電動式の格子戸を開いて私たちを中に招いた。どうやら今晩の宿が確保できそうだ。

「もし困ったときには、遠慮なく連絡してください」

金属加工社技師フランシスコ・ギアコニ・B、と印刷された名刺を残して、ギアコニ氏と家族を乗せた車は去った。

提供されたのは上下二段ベッドが三つ並んだ六人部屋で、先客が一人いた。鍵付きのロッカーがある。とりあえずロッカーにバックパックを収めた。これだけは絶対に失ってはならない。一息ついたところで、無性に腹がすいてきた。階下の食堂に下りて、バス・ターミナルで手に入れた夜食を口にする。二人の宿泊客が談話していた。

ベッドに潜り込んで、今後のことを考える。殆どの着替えを失ったうえ、予備の現金三〇〇米ドルとカメラひとつを盗られている。無理すればまだしばらく旅を続けられるが、気分的に楽しくないだろう。遠路はるばるやって来た旅だけに残念だが、ここは一旦諦めて帰国しよう。このようなことを考えているうちに寝入ってしまった。夜中に二人の新客が入室して一瞬目覚めたが再び熟睡し、気づいたときは翌朝の九時を回っていた。

食堂で簡単な朝食を済ませてからアルマス広場に近いアメリカン航空の事務所に出向き、およそ二万五〇〇〇円払ってチケットの変更手続きをする。この後は、夜二三時の帰国便に搭乗するまですることがない。今回の旅の最後に予定していた世界遺産の港バルパライソに出掛けることも考えたが、片道二時間のバスの往復では遅延したら大変だ。というわけで、アルマス広場の周辺で街頭楽士の演奏を聞いたり、博物館やカフェで半日過ごす。

サンチャゴからダラスまで約一〇時間、ダラス空港での待ち時間五時間、ダラスから成田まで約一〇時間、成田での待ち合わせ三時間で伊丹空港に戻ってきた。ダラスから、妻に予定変更の電話を入れた。「交通事故ではないから、全然心配要らない」「まさか、盗難にあったのではないでしょうね」「そのとおり」、こんな遣り取りをしているうちに、電源切れの赤ランプが点滅し始めたので短い会話を打ち切る。帰国後直ちに、ギアコニ氏にお礼のメールを送った。

海外旅行保険金の請求のため、主な品目と価格、購入年などを挙げ、盗難被害額を算定した。

……コロ付きトランク、米国出入国用TSAロック、海外対応電気プラグ一式、富士ディジタル・カメラ、水彩具セット、冬ジャンパー、冬セーター、ヒートテック肌着（2）、Tシャツ（4）、靴下（3）、パンツ（3）、スペイン語入門書、現金三〇〇米ドル……

このうち現金はむろん保険の対象とはならず、実際に受け取った保険金額は五万八〇〇〇円である。保険期間の短縮により、掛け金一万三〇〇〇円のうち約一万円も戻った。

「かなりの額を保障してもらった」という私に対し「旅行保険を掛けるように薦めたのは、私でしょ。でも現金は戻ってこない。あれほどお金は身につけておくように言ってたのに」、と妻は残念そうにいうが目元が笑っている。日ごろ「旅の達人」を自称している亭主に、一本取ったつもりかもしれない。

「もちろん身体にも付けていたさ。旅行中は、リスク分散が肝要だ。パスポートに航空チケットは、隠しポケットに仕舞っていたから、すぐに帰国できたわけだし」、一応抗弁してみるが今回は旗色が悪い。

個人的に残念だったのは、スペイン語の入門書を失ったことだった。二〇年ほど前、二年間教室に通ったときに使ったテキストである。書き込みがいっぱいあり、基本的文法や表現、日常生活に必要な単語が載っている。スペイン語圏を旅するとき、いつも携帯してきたのである。予定していた五週間をわずか一週間で切り上げたのだから、五つの世界遺産を含めて多くの重要な観光スポットを見残してしまった。

旅はよく人生にたとえられる。だとしたら未完成で終わった今度の旅は、どのように総括できるか。人は自分の寿命を予知することが出来ないし、死期を自覚するのは難しい。だが死は誰にでも確実にやってくる。しばしば突然に。そのときに人々は、何を思い出し、何を考えるだろうか。十分に満足して一生を回顧できる余裕のある人もいるかもしれない。だが、まだまだやりたい事や読みたい本が沢山あったのにとか、いま少し努力していればもっとよい仕事が残せたのにと未練を残す人も多いのではなかろうか。日常生活に飽き足らず慢性的な不満児である私などは、さしずめ後者に当てはまるような気がする。そうであれば、意に反して突如中止を余儀なくされた今回の旅は、私にとって一種の暗示あるいは啓示といえるかもしれない。

とはいえ、しばらく時間が経つと次のようにも考える。

——今回の旅は、少し欲張り過ぎた。夏季のチリと四〇〇〇メートル近くの高地にある寒冷のボリヴィアを同時に訪ねるため、荷物が過大になった。バックパックのほかにトランクを持ち運んだのが、失敗の原因である。今後は真性のバックパッカーとして、単独行の場合リュック一つの旅に戻ろう。ボリヴィアとチリは別々に訪れなければならない。だから南米大陸の深南部訪問のためには、少なくともあと二回以上の旅が必要であると。

(二〇一三年三月七日、記)

第七章　エンジェルフォールと　ガラパゴス諸島の旅

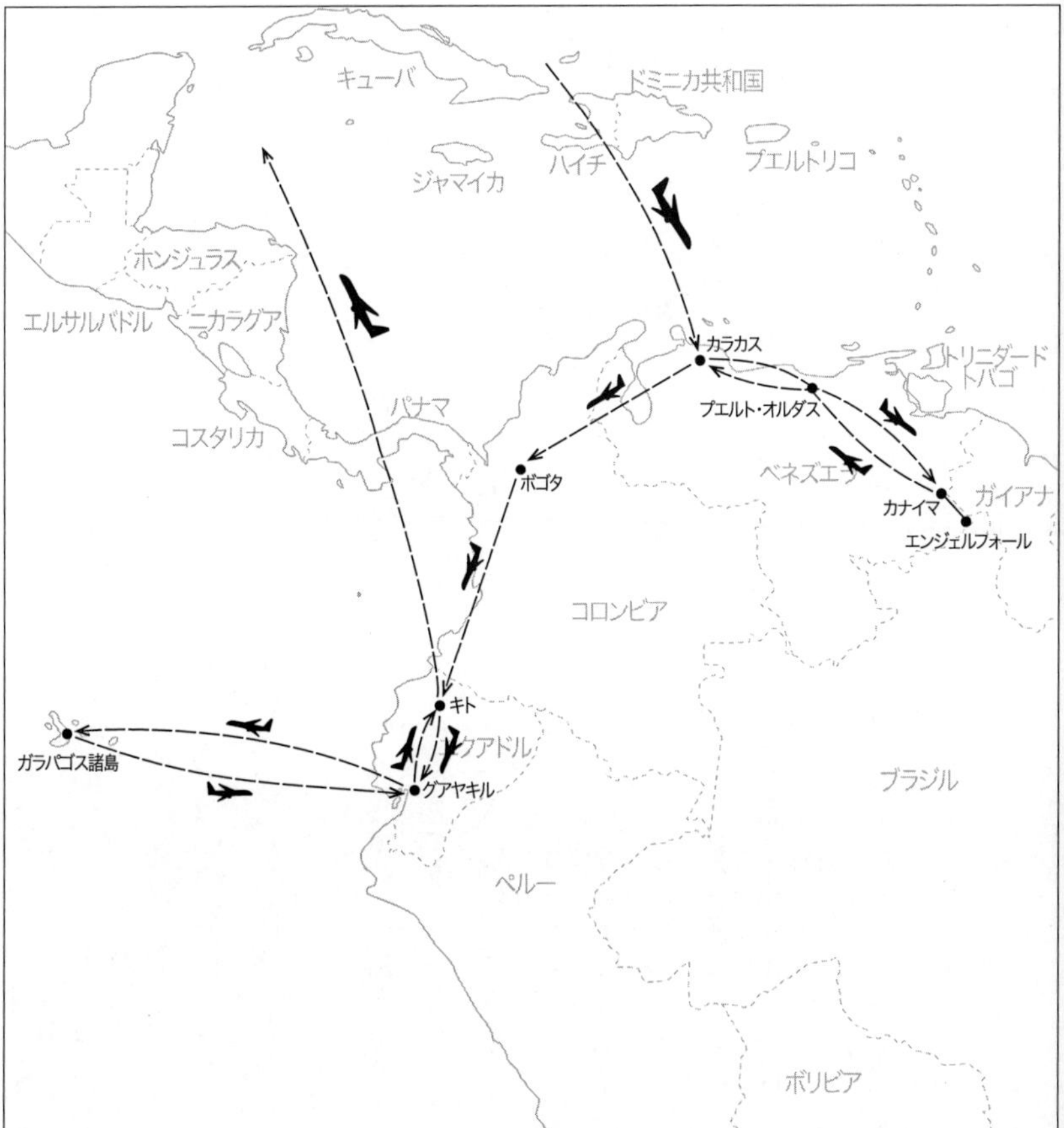

一．成田からベネズエラへ、オリノコ河、カロニー河、カナイマのロッジ

ユナイテッド航空でテキサス州ヒューストン空港に着いたのは、現地時間で二〇一三年九月一〇日（火）一三時二〇分、一一時間の空の旅だった。日本との時差は、一四時間ある。今回は、C社主催の「エンジエルフォールとガラパゴス諸島一一日」という少し欲張ったツアーである。ちょっとした探検旅行ともいえる。

ヒューストンは経由地に過ぎないが、ベネズエラの首都カラカスに向かう深夜便まで約一〇時間もあるので、飛行場近くのベスト・ウエスタン・ホテルで休息待機することになった。ここでちょっとしたトラブルが起こった。入国審査を終えて出口に集まったところ、参加者一三人のうち二人が見当たらないのである。添乗員の谷美子さんが引き返したが、入管通路が一方通行になっていて後戻りができない。呼び出しもままならないらしい。とりあえず残りの一一人がホテルに直行して、休息をとることになった。二人が逸れた理由は、入国審査の際係員の誘導で米国入国者の列に並んだためである。この列で審査を受けた二人は別の出口に進み、一行と合流できなくなったのだった。旅客側の事情を考えずに列をさばこうとする無神経な係員がいるから、用心しなければならない。結局、ヒューストン空港の事情を知った日本人旅行者の誘導で、添乗員の谷さんに合流できた。

ホテルでベッドに転がっていたらいつのまにか熟睡し、電話のコールで目覚めた。二三時五〇分の定刻ヒューストンを離陸、すぐに夜食が出た。眠気がないので、映画を見て過ごす。

九月一一日（水）午前五時、海岸に沿う山手に市街地の明かりが見えたと思ったら、機は着陸態勢に入

った。カラカスの時間は、ヒューストンより三〇分進んでいる。入国審査後スーツケースを受け取った。ところが米国での荷物審査で認められているTSAマーク入りの鍵付スーツケース用ベルトが見当たらない。ケースを開いてみると、税関で内容を審査した旨の書面とTSAベルトが見つかって一安心する。このベルトは、旅の直前三〇〇〇円で購入したばかりだった。添乗員の荷物も、中身をチェックされていた。米国の審査は、なかなか厳しいようだ。

ここから先ベネズエラの内陸部に向かうセスナ機は、荷物の重量が一〇キログラムに制限されている。そのためこれからの二泊三日分に必要な荷物を選んで、残りはカラカスのホテルに預けなければならない。今回の旅の準備にあたって、最も頭を悩ませていた問題だった。ベネズエラ奥地の移動やエンジェルフォール訪問には、雨具や靴など登山同様の最低限度の装備が必要だろう。いくら説明を聴いても現地の気温、天候、現場の状況がよく理解できないから迷ったのである。空港内のレストランで朝食を済ませた。一二時のプエルト・オルダス行き旅客機の離陸まで、またも長時間の待機である。名古屋市からの大野氏や愛知県稲沢市の戸崎氏と初めて話した。今回の参加者のうち名古屋や大阪など地方から上京した者は私達三人だけで、残りはみな関東からの参加だった。

添乗員の谷さんによると、民衆に人気があったチャベス大統領が今春死去したことにより、首都カラカスの治安が悪化しているということだった。後継者間の派閥争いが原因らしい。そのためヒューストンで時間を調整し、カラカスでは空港内に留まるスケジュールが組まれているのである。待機時間が十分ありながら、人口四〇〇万の首都カラカスを観光できないのは残念だった。チャベスの死後、彼が多くの石油利権を中国に譲渡していることが判明したという。この事実は、ベネズエラの将来に大きく影響するかもしれない。この国は、南米一の産油国であり、石油が基幹産業である。中国は、アフリカ大陸だけでなく南米にも進出を始めている。

ベネズエラの歴史を、私は殆ど知らない。今回は、奥地旅行の準備に追われて、調べるゆとりがなかった。この地を最初に訪れたのはやはりコロンブスだった。その後多くの冒険家がこの地に入ったが、本国の締め付けが厳しかった。一八一九年南米独立の父と呼ばれるシモン・ボリーバルにより、現在のコロンビア、エクアドル、ベネズエラからなるグランド・コロンビア共和国として独立したのである。その後、この三国は分かれた。一九九八年の選挙で大統領になったチャペスは、ボリーバルの名を国名に加えベネズエラ・ボリーバル共和国に改めた。現在、日本の二・五倍の国土に約三〇〇〇万の人が住む。

カラカスの東南プエルト・オルダスまで約一時間の飛行時間、ここで三〇分ほど待って中型のセスナ機に乗り換えた。搭乗前に貰った弁当を機内で食べる。プエルト・オルダスは、ベネズエラを西から東に横断する南米大陸第三位の大河オリノコの下流域にある港町である。これから訪問する南の奥地カナイマ国立公園を源流として北上してきたカロニー河は、ここでオリノコ河に合流している。支流と言っても水量豊かで川幅も広い相当大きな河だ。カロニー河の名で思い出すのは、スペイン人が新大陸に到達後黄金を求めて血眼で探検を繰り広げるのがこの河の流域だったことである。この地域が彼等の「エル・ドラド（伝説の黄金郷）」だった。

私達を乗せたセスナ機は、この河の上空を飛んだ。雲一つない好天で、視界に灌木帯や樹林帯、湖沼群が次々に現れた。一四時一〇分、巨大な湖の上空を通過する。ジャングルの中を蛇行しながら河筋が走っている。左手に一つテーブル状の山が見えたと思ったら、一四時半国立公園の基地カナイマの空港に着地した。
カナイマ国立公園は、ベネズエラの南東部、ガイアナやブラジルとの国境に位置しているギアナ高地の中心部にあり、四国の一・六倍の広大な地域を包含する。一九九四年ユネスコの世界自然遺産に登録されている。一〇〇を超す台地上の山塊テーブル・マウンテンは、二〇億年昔の地層が残っている特異な地形で、固有の植生が多い。もっとも標高が高いテーブル・マウンテンは、アウヤン・テプイ（二五六〇ｍ）で、その崖から流れ落ちるのが、今回私たちが目指す世界最長の滝エンジェルフォール（落差九七九ｍ）である。

図（7-1）ワク・ロッジの女将さんと

ホテル出迎えの小型トラックに乗り込み、今夜から連泊するワク・ロッジに向かった。飛行場のすぐ横からカナイマ集落の民家が連なり、その間の凹凸の激しい土道を車は走った。ミニ・スーパーも店を出している。民家の多くも、宿泊客を集めているのだろう。カナイマ村は、カロニー河のさらに支流カラオ川のラグーン（礁湖）の岸辺にある。

ワク・ロッジは、比較的広い敷地内に茅葺屋根の事務所、休憩所、レストラン、宿泊棟が分散していた。各棟のあいだは芝生が敷かれ、敷石が建物間を繋ぐ。丈の高い樹に、黄色い花を幾つも開いている。大きなコンクリート製の鉢に三〇センチほどの体長と同じくらいの長さの嘴を持つ美しい鳥が、蹲っていた。

図（7-2）ツーカン鳥

青い顔面に白い胸毛と黒い羽毛を付けた野性の鳥だが、人が近づいても動こうとしない。後で「ツーカン（大嘴）」と呼ばれている鳥だと分かった。

　まだ日が高いので、カラオ川の下流までロッジの車に乗り、モーター・ボートで少し川を下って、川が滝となって落ちる直前で対岸に上陸した。腰蓑を付けただけの体格のいい半裸の男（ロッジの主か従業員か分からなかった）の後に付いて、ココナッツなどが茂る山道を三〇分ほど歩くとジャングルの中を轟音をあげて数段に分かれて落ちる滝があった。ユリオンの滝という。高さ三〇メートルほどのあまり大きな滝ではないが、南米の山中に来たという実感が湧く。カラオ川の岸に戻って、川の段差を落ちるユリの滝の下側に廻る。地元の男の子が、水しぶきを楽しんでいた。なんだか、明日のエンゼルフォールへの旅の予行演習のようなミニ・トレッキングだった。

図（7-3）ユリオンの滝

　一八時にワク・ロッジに戻る。中庭レストランでバイキングの夕食、愛知県からの大野氏、戸崎氏、横浜の大島氏らとご一緒した。

二、カラオ川を遡る、オルデア島のキャンプ地、チュルン川、ラントシート島のトレッキング、渇望のエンジェルフォール、サボの滝の裏見

九月一二日（木）、四時起床、四時半中庭のレストランで朝食、長い一日が始まった。五時、ロッジの軽トラックで、カラオ川の船着き場に行き、長さ約一〇メートル、幅三メートルほどのモーター付のボート二艘に分乗して対岸のマコパ島に渡った。一端から他端まで二キロ半ほど平坦な島の道を三〇分ほど徒

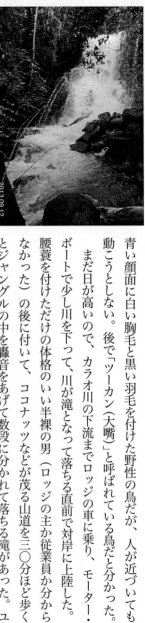

歩で横断した。そこで先刻の二つのボートに、ライフ・ジャケットを装着して乗り込んだ。この島の周りは、カラオ川が急流の浅瀬になっていて、多人数が乗り込むと船底が下がり、川床に当たり危険なのである。私たちが島を横切っているあいだに、船頭たちだけ船で浅瀬を先回りしていたのだった。船首で舵を取るものと船尾でモーターを操作する二人の船頭が乗っている。

六時、いよいよ熱帯ジャングルの中のカラオ川遡行である（273頁 図7-4参照）。水量豊かなカラオ川の両岸は、マングローブなどの密林が、上陸地点も見つからないほど繁茂している。これに似た風景を、日本で一度見たことがあった。沖縄県西表島の浦内川を遡ってマリュードの滝見物に出かけた時である。ただ川幅や水量の点で二つの川は比較にならない。カラオ川に比べれば浦内川は、小ぶりでやさしい日本の河川だった。

蛇行しながら広がったり狭まったりしたが、カラオ川の川幅は平均一〇〇メートルはあるだろう。左右に川筋を選びながらボートは進んだ。先行するボートとも近づいたり離れたりした。結構速度を上げる小ボートなので、初めは船べりに掴まり緊張していた。そのうち肩が凝り首すじが痛くなる。窮屈な姿勢を長時間保つことは難しい。これではいけないと思い、体を伸ばしてリラックスした。

七時、最初の休憩地オルギデア島に上陸する。岸から急な石段を上がった所が平地になり、宿泊小屋やトイレがあった。ジャングルの中のキャンプ地である。朝食用のサンドイッチと飲み物が配られた。ここで半道来たと思っていたら

「あと二時間、ボートで移動します」と谷さん。「これからがいっそう厳しい溯上になります」という。急流で水しぶきを浴びる恐れがあるということで、ここで登山用の上下に分かれたレインコートを着ける

図（7-6）エンジェルフォール②

ことになった。

七時二〇分移動を再開して間もなくボートは、カラオ川のさらに支流のチュルン川に入った。川幅も半分ほどになり、流れが速くなった。両岸から張り出した岩で水路が狭まり、水面が泡立ち落差を水が落ちている難所もある。そのような場所では、舳先に立つ船頭が櫂で岩を押しのけるようにして急流を乗り切るのだった。地形と川筋、天候を熟知している船頭しかできない業であろう。チュルン川に入ってから小一時間ほど溯上していると前方に台地状の山が一つ二つと見えてきた。どうやらギアナ高地のテーブル・マウンテンの一部らしい。このような地形を写真に撮りたいが、揺れる船上でレインコートを着けているのでままならない。さらに一時間船旅を続けて、第二のキャンプ地ラトンシート島に上陸した。

ここから先は、山道のトレッキングである。携行品を雨具と飲料水に限り残りを小屋に残して、一一時ちょうどに私たちは歩き出した。すぐに一〇メートルほどの小石の多い川を横切る。三〇センチほどの水深がある。履いてきたスポーツ・サンダルが役に立った。これなら、水溜りを気にせずに歩けるのである。しばらく平地の砂地や林道が続いた。やがて樹林帯に入り、道が傾斜を増した。木の根が張り出し、岩石が重なっている。トレッキングというよりちょっとした登山である。滝の標識の立っているところから、最後の急登になった。滝の音が高まっている。先頭を歩いている山崎さんが少しばて気味で、ガイドの手を借りている。あと少しだから頑張ってほしいと後ろにいた私は激励した。

一一時三〇分、谷間を挟んでエンジェルフォールを見上げるライメ展望所に着いた。展望所と言っても、

図（7-7）カラオ川の岸辺に並ぶ岩峰

鉄柵一つあるわけでなく、巨大な岩石の上から覗き見るのである。「写真を撮るとき気を付けてください。足を滑らせると滝の下まで転がり落ちますから」と谷さんが警告していた意味が判った。

目の前にアウヤン・テプイが聳えていた。頂上と地上近くに植生の緑が見えるが、大部分は縦縞の入った黒っぽい岩肌からなる殆ど垂直の岸壁である。その頂の中央部分から帯状に太い一本の滝が一気に谷底に落ちていた。下方の三分の一は、水煙のように広がっている。しかし「地上に落ちる前に、雲散霧消する」という噂と違い、九七九メートルの世界最長の滝は、見事に谷底に着地してから谷合を流れ去った。私達が立っている展望所の下からも一筋の白い流れが、谷間に下っている（口絵2　7－5参照）。

カナイマの九月は、雨季から乾季に移る季節である。雨季に蓄えられた水分のためエンジェルフォールが最も勇壮に見える時期だ。ただ雨天では、このような世界的景観を目にすることができないかもしれない。第一、カラオ川やチュルン川を遡上するのが困難だろう。実際、C社が企画した九月三日発のツアーの方は、天候が悪く大変だったらしい。当初私は三日発を希望していたが満席のため、一〇日発に切り替えたのだった。とにかく天候に恵まれたことに感謝しなければならない。

一二時に帰途につき、一二時半全員ラトンシート島の船着き場に戻ってきた。ここの小屋でランチ・タイムと思っていたら、昼食は対岸の小屋で摂るという。流れが速い瀬を渡り、サンド、果物、ドリンクの袋を受け取って、キャンプ小屋のベンチで昼食を済ませた。一四時二〇分帰途のボートに乗った。帰路は途中休憩がない。狭いチュルン川からカラオ川に出た時は少し緊張が緩んだ。往きには見るゆとりがなかった両岸の背後にキノコのように連なる岩峰をカメラに収めた。日本であえて似た山並みを挙げれば、裏妙義であろう。人の横顔そっくりの岩を船頭が指摘した。

二時間でマコパ島に戻り、再び三〇分かけて島を横断した。これで今日のスケジュール完了と思っていたら、まだサボの滝見物が残っていた。ワク・ロッジの船着き場より一〇分ほど下流で上陸し、崖を一〇メートル下って滝の裏側に出る。岩の上から大量に落ちる滝を裏側から見るのである。滝の端まで歩けば全身ずぶ濡れになるから、水着の着用が好ましい、と添乗員が注意していた。滝の様子を見物しただけで、私は早々に引き返した。船頭が急いでいたからである。ボートには照明設備がないから、日没後の運航が危険なのである。一八時半、ワク・ロッジに戻った。

図（7-8）サボの滝の裏見

「滅多にサボの滝まで見物する機会はありません。たいてい、日没のため時間切れになるので」と谷さんが言った。

一九時半、夕食のため中庭レストランに集まった。旅に出て初めて落ち着いて食卓を囲んだ気がする。参加者一三人のうち男女三人ずつの六人組は、東京近郊に住む友人や親戚のグループだった。ただその構成が少し変わっていた。大島氏、柴田氏、梅内氏らは、同期の慶応ボーイ、女性は、梅内夫人、その姉の北方さん、一行の中でただ一人六〇歳未満の水元さんは、会社時代柴田氏の部下だったという。ただし、この人たちは、自分たちだけで固まるのではなく、他の参加者とも打ち解けてくれたのはよかった。残りはすでに触れた愛知県からの戸崎氏、大野氏、一人参加の女性は、ヒューストン空港で逸れた宇都宮からの寄藤さんに茨城県龍ケ崎の新井さん、同室を使っている大塚さんと山崎さんたちだった。三人の慶応ボ

ーイにたいし、一行のなかでは最年長らしい山崎さんが、

「私は慶応ガールよ」という。

「これは先輩、失礼しました。何でもやりますから、遠慮なくお申し付けください」と柴田氏が大げさに頭を下げた。

隣席には大野氏や添乗員の谷さんが座っていた。私に山の知識があると知った谷さんは、

「今日のトレッキングを人に説明する場合、登山レベルとしてはどんなものでしょうか」と訊いた。

「今日の様な好天時のラトンシート島だけをいえば、初級でしょう。でも途中の長いボートの旅を考えたら初級の上かな」

大野氏は、現在最も海外旅行に嵌まっているらしい。「当分、二ヶ月に一度は外国に出掛けたい」という。退職後外国旅行の味を覚えて、立て続けに旅をしている旅行者に出会う機会が最近多くなっている。

三．ラグーナのクルージング、ギアナ高地の空中散歩、カラカスに戻る

九月一三日（金）、六時四五分のモーニング・コール、七時半朝食。アンセリウムという赤色の熱帯の花が卓上に飾られていた。中庭でオウムやツーカンが遊び、鶏がときの声を挙げている。ワク・ロッジ横の土産物店で絵ハガキやマグネットを買った。

食後、ロッジ裏の椰子の茂る岸辺から船出し、ラグーン内を半時間ボートで回った。対岸の小高いところが白く光って見えていたのは、カラオ川から落ちる滝口だった。滝は三手に分かれ、ボートの進行順に右からウカイマ、ゴロンドリナ、ワダイワと呼ばれている。それぞれが、水量豊かな見事な景観である。

支流の支流といえカラオ川の大きさを改めて実感した。一昨日のユリの滝、昨日のサボの滝などを含めてカラオ川は、段丘状に流れ、至る所で滝を作っているのである。

九時半ロッジをチェック・アウトし、飛行場で五人ずつ小型のセスナ機に分乗してギアナ高地の上空を遊覧する。体調不良で昨日のカラオ川溯上に参加できなかった寄藤さんも元気を取り戻していた。彼女にとって今日がエンジェルフォールを見る最後のチャンスである。空港で戸崎氏と、小型セスナの滑走距離を予測してみた。私は、これまでの経験で、五〇から一〇〇メートルもあれば飛翔できると思っていたが、今回の実見では小型機でも数百メートルは、滑走していることがわかった。

昨日数時間かけて溯上った距離を一〇分足らずで飛び越える。セスナ機はたちまち、ギアナ高地の上空にきた。平地から見える台状の形体からテーブル・マウンテンと呼ばれるギアナ高地の特徴は、上空から見ると一層はっきりする。多少の凹凸はあるものの際立った頂がなく、灌木や草原に覆われた平原が連続しているのである。

図（7-9）ウカイマの滝

このあたりは、約二〇億年前の先カンブリア期の地質がそのまま残っているのだった。その後の雨水の浸食と風化作用で脆い部分が溶け落ち、残った硬い岩相から約一〇〇個の一〇〇〇メートルを超えるテーブル・マウンテンが形成された。地上のジャングル帯に比べ土壌が少ない台地には、大きな樹林は生育できない。しかし地上と隔離された台地の上では、他に類のない固有種が二〇億年変化せず標本のように維持されたのだった。

かねて私は、テーブル・マウンテンに登り、台地の上を歩きたいと思っていた。しかしその上空を飛ん

図（7-11）テーブル・マウンテン

でみて考えが変わった。学術的研究をするならともかく、このような平板な地形を歩いてもあまり楽しいハイキングにはならないだろう。空からの見物で十分だ。空からは、際立って大きなカラオ川の他に、無数の入り組んだ川筋も見えるし、昨日俯瞰したエンジェルフォールを、今度は鳥瞰することができるのである（273頁　図7－10参照）。飛行士は、エンジェルフォールの上空を幾度も周回しながら見せてくれた。そして台地の一つに残る金属様の物体を指し、「墜落したセスナ機の破片だ」といささか気持ちの悪い話をした。

一一時発の大型セスナ機で、プエルト・オルダスに飛ぶ。今度は窓側の席だったので、カロニー河がオリノコ河に合流するあたりの無数の川路がよく観察できた。大きな河川なら、川筋も安定しているだろう。また、エンジェルフォールの様な大観光地への水路は、精通した案内人がいて確保されている。しかし、ベネズエラ奥地には、地図にも載っていない無数の河川があり、その流路は雨季の洪水のたびに変わるのではないか。このように想像するのは、以前に読んだキューバの作家カルパンティエールの『失われた足跡』を思い出すからである。

……調査のためオリノコ河の奥地に入った主人公は、土地のインディオの女性と懇ろになる。しかし、本部から緊急の帰還命令を受けた彼は、ヘリコプターでカラカスに戻った。その後主人公は、恋人に再会しようと試みる。しかし懸命な捜索にも関わらず、かつて女が住んでいた村も、村への水路も見付けることができなかった……

類似のストーリーとしては、日本の『浦島太郎』伝説があるし、中国の陶淵明による『桃花源記』がある。いずれも、美女が棲む極楽だが浮世の人間が永住することが許されない理想郷の話である。ただ、『百年の孤独』で知られるコロンビアのノーベル賞作家ガルシア・マルケスらと並んでマジック・リアリズム(魔術的現実描写)の旗手とされるカルパンティエールの作品世界には、現世と別次元の空想上の場所ではなくて、ベネズエラの、あるいはオリノコ河の奥地の何処かに必ず素朴な土俗の美女が住んでいて、しかも交通手段が発達した現在でも殆ど再訪が叶わない領界が存在するに違いない、と思わせる迫真性があった。実際に自分でジャングルの奥地に足を入れた今となっては、その感じがいっそう深まっている。

プエルト・オルダス空港の待合室で、戸崎氏や大野氏と弁当を摂りながら、なぜ同じ熱帯のジャングルでも、ベネズエラにはトラや豹の様な猛獣やワニ類が生存していないのかと素朴な疑問を話し合った。ギアナ高地の起源と関係しているのかもしれない。一五時の便でカラカスに移動、一七時カラカス空港に隣接するユーロビルディング・マイケティア・エアポート・ホテルにチェック・インした。夕食は、ホテルのレストランでエビの酢漬け、ロースト・ビーフなどを食べた。

四 ボゴタ経由でエクアドルのキトへ、赤道を跨ぐ、二匹のアルパカ、キトの旧市街

昨晩二一時に就寝し、二時半のモーニング・コールで起こされた。三時に荷物出し、弁当を受け取りホテルロビーで朝食を摂る。このような早朝に食事をとったことがなかったが、その気になればのどを通るものだ。すべて即刻に済ませたいし、手荷物も増やしたくない。同行者もみな同じ気持ちのようだ。三時

半ホテルをチェック・アウトした。九月一四日（土）、あわただしい朝である。

搭乗手続きに一時間もかかった。六時半離陸、コロンビアのボゴタ経由で、エクアドルの首都キトに向かう。七時半ボゴタに着き、八時五二分ボゴタを発った。座席を二重に発券していたためか、エコノミー・クラスから一ランク上のビジネス・クラスに回された。よくある話だが、私には初めての経験だった。座席が大きく、空間にゆとりがある。機内で朝食が出た。一〇時一〇分、高峻なアンデスの山岳地帯の谷合にキト市街が見えてきた。一〇時二〇分、キトのマリスカル・スクレ空港に着陸した。荷物受取でひと騒動がおきた。一三人の同行者のうち半数のスーツケースを補強していたベルトが無くなっていたのである。私のTSAバンドも、今度はスーツケースの中にも見当たらなかった。カラカス—ボゴタ—キトと転送されるあいだのどこかで集団により計画的に盗まれたのである。航空会社関係者内部の仕業としか考えられない。谷さんは、保険で処理しましょうといった。航空会社に掛け合っても埒が明かないことが分かっているからである。飛行場の外でキト市のガイド、エリナさんの出迎えを受ける。彫のあるインディオ風の美人である。

図（7-12）赤道を跨いで

さて、エクアドル共和国の首都、世界遺産の町キトは、標高二八五〇メートルの高所にある。エクアドルは、文字通り赤道直下の国である。日本の四分の三ほどの国土に、約一三〇〇万人が住んでいる。キト市の人口は一四〇万ほどである。

最初に訪ねたのは、キト市の北方二二キロにあるサン・アントニオ村の赤道博物館である。博物館は高さ三〇メートルの頑強な四階建て、屋上に巨大な地球儀が載っていた。博物館に向かう道の両側に、いわれは判らなかったがフランス人研究者たちの

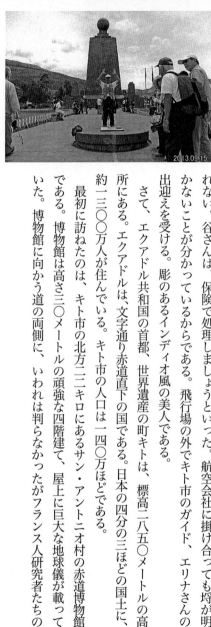

トルソー（胸像）が並んでいた。その正面入り口前から地上に赤道を示す黄色のペンキで太い直線が伸びている。この博物館は、赤道を跨いで建っているのだ。ここを訪ねた人は、博物館を背景に赤道を跨いで記念写真を撮らなければならない。見ていると、頭上で両手を円系に組んだポーズを取る人がいる。その円の中に、背後に見える屋上の地球儀を入れて写真を撮ろうとしているのだった。

屋上からの眺めも良かった。記念館の周りはイベント会場になっているのか、整備された敷地の中に一風変わった建物が並んでいた（273頁　図7-13参照）。村全体が丘陵に囲まれた小盆地にあった。全体の標高が高いから、これらの丘陵は三〇〇〇メートルを超えているのだろう。その一つ、樹木のない峰から煙が上がっていた。火山の噴煙のようだ。階下の土産物店で、赤道博物館の図案が入ったマグネットとサッカーファンの息子に頼まれた地元のチーム「レーガル・キトー」のユニフォームを買った。

バスでさらに高所に上がり、見晴らしの良い山上にある洒落たレストランでランチ・タイムになる。トルティージャ、アボカドとポテト入りスープ、赤いイクブ入りジュースに、メインはチキン揚げにジャイアント・コーンとバナナ揚げである。イクブという果実は初めてだが、おいしいのでお代わりを貰った。レストランを囲む高い石塀の外の空き地の両隅に、二匹のアルパカが繋がれていた。全身長い白毛に覆われたアルパカの方に、数人が近寄りパンの小片を与えた。反対の隅にいた黒毛の方が物欲しそうに見ていたので、私はこのアルパカの相手をすることにした。首回りは白いが、眼のふちは黒毛で縁取られてあまり器量よしではないが、人になつこく体を寄せてくる。赤道直下とはいえ高所を渡る風は、日本の春風のように柔らかで心地よかった。

午後はキト市に戻って、世界遺産に指定されている旧市街地の独立広場から、散策を始めた。広場の周

図（7-14）キトー市街

辺には、緑のタイル張りのドームを持つカテドラルや、市庁舎、司教官邸がある。少し西に歩けば、一七世紀初頭に建てられたラ・コムパニア教会やサント・ドミンゴ教会が並んでいる。いずれも金箔を施した豪華な祭壇があった。私は、メキシコ共和国のメキシコ・シティやプエブラでも同様に派手で豪華な教会の祭壇を数多く見てきた。スペイン人の入植者たちは、大量に手に入った新大陸の黄金で教会を飾り、カトリック信者を集めたのである。ヨーロッパのカトリック信者数が減少する中で、今やバチカンを支えている基盤は中南米に移りつつある。アルゼンチン人が教皇に選出されたのは、象徴的出来事だった。

サングリア教会を西北に進むと広い石畳のサンフランシスコ広場に出る。土曜日の午後で、広場はお祭りのように賑っていた。この広場に面して建つサンフランシスコ教会は、植民初期の一八三五年に創建された、この国で最も由緒があり庶民の信仰が厚い教会という。修道院を兼ねている。正面中央に左右二つの鐘楼がありその両翼に長く伸びた白亜の壁を持つ建物が美しい。近隣諸国のうち、ペルーのリマ、コロンビアのボゴタ、ベネズエラのカラカス等の首都の治安悪化が伝えられるなかでキトは、穏やかな空気に包まれた美しい町だった。

「エクアドルの観光客の殆どは、ガラパゴス諸島だけが目的です。でも治安と気候が良いこの国には、いつか個人でも来てみたいと思っています。エクアドルは、一般に知られていない隠れた良い町が沢山あるはずです」と谷さんが言う。

一八時、ホリデイ・イン・エクスプレスにチェック・インした。近くのスーパーで、チョコレートを買う。一九時半、夕食のためホテル近くのレストランに出掛けた。

五．キトからガラパゴスへ、溶岩洞窟、ゾウガメとの出会い

九月一五日（日）、五時モーニング・コール、五時半の荷物出しに六時の出発と今朝も慌ただしい。キトの市街地を抜けて北の空港に向かった。日曜市（アリーナ）が賑っている　暫時バスを停めて、市場を見物した。アボカド、バナナ、ナチェス（トウモロコシ）が季節の収穫物らしい。エクアドルは、人口の七割が農民という農業国である。果物は、アメリカ、ロシア、日本にも輸出されている。アボガドの粉を塗ると関節炎に効き、子供のおねしょの予防にもなるという。バラの栽培も盛んで、その切り花は主にアメリカに搬送される。

崖に架かる陸橋を渡る。左側にキト市街地が見える。右に曲がればアマゾン上流のジャングル地帯、直進して間もなく飛行場に着いた。飛行場の待合室で、今朝ホテルで受け取ったランチ・ボックスを開く。今回の旅行は、弁当を利用することが多い。早朝の出発や僻地の移動が重なるのである。

九時一〇分、グアヤキル経由ガラパゴス行の飛行機が離陸した。グアヤキルは、キトの西南の海岸地域にあるエクアドル最大の都会である。一〇時半グアヤキル着、旅客の半ばがここで入れ替わった。機内で一時間半も待機した。一二時グアヤキル発、ガラパゴス諸島の中央に位置するバルトラ島空港に現地時間の一四時に着陸する。本土との時差が一時間ある。

バルトラ島の南、小さな水道で隔てられているサンタ・クルス島に小型のフェリーで渡る。ガラパゴス諸島は、イサベラ島、サンタ・クルス島等五つの比較的大きな島の他、一〇数個の小島や無数の岩礁からなる。西のイサベラ等が最も大きいが、諸島の中央部に位置するサンタ・クルス島が、ガラパゴス諸島の総人口約四万のうち一万五〇〇〇人を擁する観光の拠点となる島である。サンタ・クルス島の南端にある

唯一の町プエルト・アヨラへ向かって、島中央部を南北に貫く道をバスで縦断した。

ガラパゴス諸島は、火山の隆起で生じた火山列島であり、イサベラ島には一七〇〇メートルの活火山がある。サンタ・クルス島の中央部にもかつての噴火口跡がある。最高点は八〇〇メートルほど。バスを停めて、小さな石段を五メートルほど降りて溶岩洞窟の入り口に立った。かなり大きく奥行きのあるトンネルである。外部の溶岩が冷えて固まる中で、内部の熱い溶岩が流れ去ったあとにできた空洞なのである。足元は整地されているが天井や壁面はもとのままで、溶岩流のすさまじい爪痕を残していた。

峠を越えて南側の平野部に降りてきた。柵に囲われた畑地があり、農家が点在する。草が茂った未開墾地もある。その草地の中に黒い塊のようなものが見えた。

「ゾウガメが、見えますよ」と添乗員が一同に注意をうながす。「あら、あそこに」とか「大きな奴が動いている」など車内のあちこちから歓声が挙がった。私達は、早速バスを降りて農園の敷地に入った。ゾウガメ達は、体長一メートル以上、年齢は三〇歳は超えているらしい。近距離で体を寄せ合うものもいたが、多くは数十メートルの距離を置いて、孤立している。人が近づいても全く気にしない。口に草を咥えているカメがいた。農場内の草を主食にしているのである（273頁　図7-15参照）。

フィッツロイ艦長率いるビーグル号に乗り組んだ二七歳のダーウィンが、南アメリカ大陸から五〇〇マイル離れた絶海に浮かぶガラパゴス諸島に上陸したのは、一八三五年の九月から一〇月にかけてである（『ビーグル号航海記』一八四五年刊）。この間に、後の『進化論』に発展する動植物についての多くの知見を得たのだった。彼が特に注目したのは、大陸から隔絶したガラパゴスには他に類のない生物が存在することや、同じ属に分類される生物でも島ごとに異なる個体が存在することである。そのひとつがゾウガメだ。甲羅の形で円形のドーム型と首回りに切れ目が入った鞍型に二分されるのだった。草地の少ない島に住むカメは、首を伸ばして高いところの食べ物を得やすいよう首回りの甲羅にくびれができ、草地が多い島のカメの甲羅は、その必要がないからドーム状に留まった、とダーウィンは観察したのである。私達が現在目にしているのは、まさに草を食んでいるドーム状ゾウガメだった。「ガラパゴ」とは、実はゾウガメを意味するスペイン語なのである。その複数形が、ガラパゴスだ。ガラパゴス到着早々この島を象徴するような当地最大の生物を目撃できた。私は、至近距離でゾウガメと並んで記念写真を撮って貰った。

とある農園レストランでランチを摂った。レストランは三面が戸外に開かれ、明るい陽光が緑の樹木に注いでいる。異なる種類の野鳥が次々に飛来し、窓の下枠にとまり私達を伺っている。中には、近くのテーブルに飛び移るのもいた。わざわざバード・ウオッチングに出掛けなくても、先方から顔を見せてくれるのだった。そして客が立ち上がると、たちまち残飯めがけて、争奪が始まるのである。マンゴー・ジュースの細長いグラスに嘴を突っ込んでいるものがいた。レストランの人も、追い払おうとしない。すべては共存の島である。

「この店の周りをネグラにする限り、小鳥たちは食いはぐれがないわね」と龍ケ崎の新井さんが言う。確かに、小鳥たちはみな丸々太っていた。

プエルト・アヨラの桟橋から小型フェリーに乗り、小舟が蝟集する湾内を横切って岬にあるフィンチ・ベイ・ホテルに一八時チェック・インした（274頁　図7-16参照）。ホテルは、事務所やレストランのある本館と小池を挟んで半円状に拡がる宿泊棟からなる。小池に架かる小橋は途中で枝分かれして、それぞれの個室に通じているのだった。

図（7-4）カラオ川

図（7-13）赤道博物館の周辺

図（7-10）セスナから見たエンジェルフォール

図（7-15）ゾウガメ

図（7-16）フィンチ・ベイ・ホテルへの木道（著者自筆）

図（7-18）「象の耳」の葉

図（7-21）海イグアナ

図（7-25）スーパーディエゴ

図（7-17）フィンチ・ベイ・ホテル

八時レストランで夕食を摂り明日のスケジュールの説明を受けた。短時間のシュノーケリングも予定されている。そのため各自自分にあった足ヒレを倉庫で選んだ。

六、フィンチの宿、サウス・プラザ島へ、島の動物たち

九月一六日（月）、六時モーニング・コール、六時半レストランでビュッフェ朝食を摂る。戸外の大型プールが、日照で輝く。食卓台のまわりでフィンチという小鳥が飛び回っている。よく見ると、嘴は黄みを帯びているが羽毛は雀によく似ている。

「フィンチの日本名はなんですか」と向かい側に座った谷さんに尋ねる。彼女は、電子辞書を開いて、

「アトリ科の小鳥となっています。御存じですか」と訊いた。

「どこかで聞いたような気がする」と横にいた稲沢市の戸崎氏。なおも辞書を見ていた谷さんが、

「あ、見つかりました。〝雀〟や〝ホホジロ〟がこの科に含まれるという記載もあります」という。

「やっぱりね。フィンチと呼ぶとなんだかとても変わった鳥に聞こえますが」

英語では、雀を普通スピャロー（sparrow）と訳しているが、両者は近似の種であろう。後で分かったのだが、ガラパゴスのフィンチは、特にダーウィン・フィンチと呼ばれ、彼の進化論に重要な役割を果たした鳥だった。生息する島の食物の種類により、一三種の異なる嘴を持つフィンチが生まれたのである。日本の雀が極度に人間を

警戒しているのに比べ、フィンチは人なれしていて、隙あれば人の指先にもとまりかねないのだった。この事実についてダーウィンは、ガラパゴスの鳥類が全く人間を恐れないのは、この地には猛禽のような天敵がいなかったので、人間を恐れる形質を備えていないのだと述べている。

八時、プエルト・アヨラから、バスで昨日通った道を逆行してサンタ・クルス島の北に向かった。島の中央部高地は国立公園で人家がない。「象の耳」と呼ばれる巨大な葉が群生していた(274頁　図7-18参照)。この植物は、ゾウガメの好物という。次いで、垂直に伸びた幹からやたらに枝分かれした小枝が密集するスカレシアの樹林帯にきた。日本では聞いたこともない植生だし、形状も特徴がある。国立公園の領域を過ぎると、バナナやオレンジを栽培する個人農園が拡がっている。

さて今日の野性動物の観察場所は、サンタ・クルス島の東岸に近接する小島サウス・プラザである。一一時、サンタ・クルス島北端の港から、全長一五メートルほどの小型汽船でサンタ・クルス島沿いに一時間ほど南下した。外海なので少し波が立っている。船は、甲板階にカウンターと一〇人ほどが座れる椅子がある。船底にトイレとベッド・ルーム、前方の階段を五、六段登った所が操舵室で、ここにも座席があった。

岩礁に囲まれた小さな入り江で船がエンジンを停めた。初心者のために、ここでシュノーケリングの練習をするという。急なことで少し戸惑ったが、とにかくヒレを着けて海中に浮かんだ。体がうまくコントロールできない感じで、あたりを観察する余裕もなく岩場のほうにふわふわと漂ってしまった。左ひざに鋭い岩先が当たった。船にあがってみると、傷口から出血して止まらない。幸い仲間の一人が携帯していた特殊な絆創膏で傷を完全に遮蔽してもらう。一週間もすれば傷口が塞がり、自然に治癒するらしい。か

図（7-19）サウス・プラザ島のアシカ

くて私の初めてのシュノーケリングは一〇分足らずで終わった。

一二時過ぎ、サウス・プラザ島の入り江に停泊、船上で調理された昼飯を食べた。しかし、船の横揺れがひどくなり気分が悪くなった人が出た。一三時、牽引してきた小ボートにライフ・ジャケットを付けて乗り込み、島に上陸した。サウス・プラザ島は、縦横一二〇×二〇〇メートルの小島に過ぎないが、固有の生物が多いのである。

波打ち際に、アシカが群れていた。かなり昔にカリフォルニアあたりから移り住んだと考えられている。アシカは、一頭のオスが一〇から二〇頭の雌を従えてハーレムを作るという。雌は、毎年一頭の子を産み、二〇―二五年生きる。

「アシカとオットセイの見分け方知ってますか」と谷さんが参加者に問う。両者を比較してみたことがないから分からない。アシカは耳が体の外に飛び出ていることで、オットセイと素人でも識別できるらしい。赤い枝の灌木やサボテンが茂る石ころ道を歩いていると、木陰にアシカの母子が横たわっていた。赤ちゃんアシカが、ちゅうちゅうと音を立てて乳を吸っている。

図（7-20）陸イグアナ

次に出会ったのは、ガラパゴス固有のイグアナである。まず体長一メートルほどの茶褐色の陸イグアナ、身近に見るとまことにけったいな頭をしている。

こちらは草食系である。サボテンを好むらしい。すぐ下に陸イグアナの巣穴があった。

あまり離れていないところで、海イグアナを見つけることが出来た（274頁　図7－21参照）。対比すると両者のちがいは一目瞭然である。海イグアナは、陸イグアナに比べ小型で皮膚の色が黒い。海藻などを餌とし三〇年ほど生きる。陸イグアナの寿命は、六〇年を超すといわれる。この海イグアナについての興味ある習性を、ダーウィンは記述している。尻尾をつかんで脅しても、海中に投げ出しても、彼等は人間のいる陸地めがけて急いで戻ってくるという。海中にはサメなどの強敵が多く住むので、パニックに陥るととにかく陸地に逃げるらしい。鳥類同様海イグアナにも、地質学的にはガラパゴスの新参者である人間に対する防御本能がまだ生まれていないとダーウィンは考えた。

サボテンの下では、文字通り赤い目をした赤目カモメ鳥も巣食っていた。この鳥は、カリフォルニアからの渡り鳥という。さらにペルーから飛来したアルバトロス（あほう鳥）もいた。ガイドは、軽石のように表面に穴のある白石を地面から拾って、「サンゴ石だ」という。ガラパゴス諸島は、三〇〇―五〇〇万年前、海底から隆起した。サンゴ石は、この隆起の産物である。

私たちは、広くもない島内を半周して、上陸地点と反対の崖の近くに来た。岩場に巣くう赤足熱帯鳥が飛翔している。あまり生活条件の良くない急斜面にもアシカが生息していた。こちらはハーレムを作れない独身雄が群れているのだった。独身雄にも二つのグループがある。まず、一二、三歳になってハーレムの主になる夢を諦めた隠居アシカのグループ。夢さえ断念すれば、平穏な晩年が保障されている。他方は、隙あらば既存のハーレムの主にとって代わろうとする野心家の群れ。現在のハーレムの主も、その地位を維持できるのは、長くて六年短ければ半年足らずというから、決して安泰ではない。野心家たちにも十分チャンスがあるのだった。

一四時二〇分、上陸地点に戻り、小型ボートで小型汽船に乗り移った。プエルト・アヨラに帰った時には一六時を過ぎていた。プエルト・アヨラは、ガラパゴスで最も人家が集中している町、土産物店、レストラン、カフェ、スーパー、ホテルなどが海岸通りの一キロ足らずの区間に並んでいる。谷さんの後に付いて魚市場まで歩いた。と言っても、二列ほどのコンクリートの台の上に水揚げしたばかりの魚や海老が並んでいるだけである。イグアナの木彫りや絵葉書を買って、フェリーでフィンチ・ベイ・ホテルに戻った。

七．ガラパゴスの野鳥、上陸時のスリル、ノース・セイモア島

九月一七日（火）、明け方雨が降った。六時にモーニング・コール、六時三五分食堂に出向いてビュッフェ朝食、七時四五分出発。右手に枯れた海藻が残る干潟、左手にマングローブが茂る木道を五分ほど海岸まで歩いた。このあたりのマングローブは、ボタン様の実を付けたものと黒っぽい葉を持つ二種がある。ブーゲンビリアや夾竹桃、最近日本でもよく見かけるようになった大きなトランペット花などが咲いている。フェリーで対岸のプエルト・アヨラに渡る。もう少しで上陸というところで、北方さんのビニール製携帯袋が海中に垂れ下がっているのを誰かが発見した。幸い紐が腰に残っていたため、一部が海水で濡れただけで財布や着替えなどが手元に無事引き上げられる。

昨日同様マイクロ・バスでサンタ・クルス島を北端まで走り、前日と同じ船に乗り込んだ。今日は外界の景色を見るため、二階の操舵室の後ろの席に座る。

この日最初に向かったのは、サンタ・クルス島の北西部のバーチェス湾である。遠方からは白砂の浜に

見えたが、上陸してみると土の成分は全て貝殻の細片だった。鉄製の杭も残っている。大戦中、北のノース・セイモア島に米軍基地があり、飲料水はこのサンタ・クルス島から上陸用艇（バーチェス）で運ばれていた。そのためこの湾名が残ったのだった。このあたりの岩礁に、赤、緑、黒色などのウニが生息している。黒ウニは毒を持つ。

貝殻砂の上に、二本の線が上手の灌木地帯に向かって伸びていた。産卵のため上陸した海亀が這った跡である。「昨日か今朝に付いたばかりの新しい跡だ」とガイドのディエゴさんが言う。海亀は、平均八五個ほどの卵を産む。生まれたての目も見えない子亀達は、ただちに海をめがけて移動する。夜中生まれの子亀に比べ日中に生まれたものは、生存率が低い。水辺に辿りつく前に天敵の海鳥に見つかり、襲われる危険性が高いからである。

ガラパゴスに住む海鳥には、フリゲート（軍艦鳥）、ヘロン（鷺）、ブービー（かつお鳥）、モッキングバード（つぐみ）、フラミンゴなどがある。この浜ではフラミンゴを見かけることがあるというので、ディエゴさんの後に付いて、第一の干潟を訪ねた。瓢箪型をした水溜りの手前に、海イグアナが数匹集まっていた。フラミンゴは向こう岸近くの水中に一羽立っていた。これまではいつもフラミンゴの群れを遠方から眺めるだけだった。数十メートルも近づけば、たちまち空中に舞い上がるのである。しかしこの島のフラミンゴは孤立し、人影を無視して餌を漁っていた。

上陸地点に戻った一行は、①シュノーケリング、②船に戻り休息する、③もう一つの干潟を訪ねる、の三グループに分かれた。もともとこの島に上陸した目的は、シュノーケリングのためだった。紺青の澄んだ海が目の前に広がっている。私は、昨日の負傷のためにシュノーケリングができない。「敵前上陸の前

図（7-22）ノース・セイモア島の青足カツオ鳥

に水際でやられた兵士の気分です」といったら、周りで笑い声が起きた。

仲間数人と共にディエゴさんに付いて、もっと多数のフラミンゴを見るため次の干潟に向かう。第二の干潟に近づいたとき、「ノー・フラミンゴ」と彼が大きな声を出したので、みんな失望するより笑い出してしまった。今日はフラミンゴ達がどこか別のところに行ってしまったのだろう。帰途に大きなペリカンが二メートルほどに近接した一行を完全に無視して、一心不乱に毛繕いしていた。フリゲートやブービーが頭上近くを飛び交い、時々海中の魚を狙ってダイビングした。

船に戻り、龍ケ崎からの新井さんや宇都宮市の寄藤さんと一緒に二階デッキでランチを摂った。ヒューストン空港の入国で苦労したお二人である。彼女らは以前外国旅行で知り合った旅友だった。二人ともスポーツ店で買った虫除けネットを帽子の上から懸けている。

午後は、空港のあるバルトラ島を右手に見ながら北に進み、小さな海峡を隔てて北側にあるノース・セイモア島に上陸した。海峡は波立ち潮の流れが速く、船から小型ボートに乗り移り、さらに上陸するのに少しスリルを味わった。柴田氏がボートに片足を伸ばしたとき波が来て、船とボートの間に空間ができた。一瞬彼は、いわば股裂きの状態になる。船員が懸命にボートを船べりに引き寄せたので、柴田氏は海中に転落することなくボートに乗り移ったのだった。寄藤さんも危うくお尻から海中に落ちそうになった。安全のため移動中にはライフ・ジャケットの装着が必須なのである。

ノース・セイモア島は、野鳥の宝庫らしい。上陸早々浜辺の灌木の間に巣くう青足ブービーに出会った。文字通り水かきが真っ青なのである。鶏冠も美しい青の羽毛で

図（7-23）フリゲート（軍艦鳥）

図（7-24）プエルト・アヨラ

覆われている。ただし、雌雄でかなり違いがある。体長は雌が大きいが、鳴き声は雄の方が甲高い。また雄の瞳が小さいのに比し、雌の瞳は大きく丸い。少し離れたところに白い羽毛の雛が二羽いた。

　フリゲート（軍艦鳥）も、この島に多い鳥である。首の下に赤い袋を下げている。求愛の時この袋を思い切り膨らませる。頭の数倍ほどの赤い袋を誇示する雄の姿が、私たちが歩く近くでいくつも見られた。雌は空で飛翔しながら、最も魅力ある袋を持つ雄を物色するという。フリゲートの好む灌木パロサントの間を歩いた。今は枯れ木の様な赤い枝だけになっているが一―三月には、緑の葉が茂る。バロリキアという黄色い花を付けた低木もあった。これらの海鳥たちが、一行の頭上を低空で飛び交う。大型の鳥の飛びざまをすぐ真下から見る機会は滅多にない。何とかカメラに収めたいと幾度も試みたが上手くいかなかった。一四時三〇分、再び苦労して船に戻った。

　一六時半、プエルト・アヨラに帰着した。そのまま渡船でホテルに戻る人もいたが、私は昨日に続いてこの町を歩くことにした。少し本通りを逸れて、小舟が係留されている岩場の見える小公園に出た。船小屋が立っている。上手く纏めれば、絵になるかもしれない。スーパーでキャンディを買い、フェリーでフィンチ・ベイ・ホテルに戻った。船上で、新婚の若いカップルに出会った。ガラパゴス諸島とペルーを周るらしい。帰国後半年ほど経って、エクアドル本土のグアヤキルに滞在中の日本人新婚夫婦がタクシーで移動中強盗に襲われ、男性が死亡するという痛ましい報道があった。彼等も、ガラパゴス訪問を楽しみにしていたに違いない。この国の治安は比較的良いのだが、異国での夜間の移動は用心が要るだろう。部屋で帰国に備えて荷物を整理した。一九時夕食、二二時就寝。

八.ダーウィン研究所訪問、孤独なジョージとスーパーディエゴ、コトパクシ山遠望

九月一八日(水)、夜半に一度目覚め、二度目に意識が戻ったのは四時だった。起きて昨日の記録を整理する。六時半荷物を部屋の外にだし、本館に朝食に行く。七時三〇分、二日間滞在したフィンチ・ベイ・ホテルをチェック・アウトした。

プエルト・アヨラからほど近いダーウィン研究所が、本日最初の訪問先である。ガラパゴス諸島の各地から集められたゾウガメの子供達が、山林の中に散在する設備の中で、背番号を付けて飼育されている。子亀の天敵犬猫に襲われないよう、周りが金網で囲われていた。五歳児までは交雑する心配がないから、同じ飼育室で雑居させても問題ないらしい。満五歳になれば、出身地の島に戻すのである。かくて絶滅危惧種に指定されているゾウガメも、現在約四万匹までに回復した。摂氏二八度以上で孵化させると雄三〇%、雌七〇%の割合になる。孵化温度が重要らしい。彼等の主食は、例の「象の耳」である。

ただ、ガラパゴス諸島の中でピンタ島のゾウガメは、死滅してしまった。最後に残った「孤独なジョージ(lonesome George)」の子孫を残そうという試みも空しく、ジョージは昨年帰らぬ亀になった。齢は、一〇〇歳を超えていたという。生来孤独な性格で、ガールフレンドができなかったらしい。

「孤独なジョージの遺体は、現在ニューヨークの自然科学博物館でミイラにして保管されています」、こ

こで本日のガイドのマリオ氏は首をかしげて舌を出し目を剥いて、ミイラのゆがんだ顔をして見せた。可笑しいので、そのポーズを繰り返してもらい写真を撮る。

ダーウィン研究所内で、現在孤独なジョージに代わるスターは「スーパー・ディエゴ」である（274頁図7-25参照）。このゾウガメも一二〇歳以上と推定され、五匹の雌亀との間に一四〇匹を超える子孫を作った。ゾウガメは、ハーレムを形成するらしい。スーパー・ディエゴが生れたのはイサベラ島だが、一時期カリフォルニアの動物園にいたこともある。カルフォルニアからガラパゴスに戻り、この研究所で昔の仲間と再会するという彼の数奇な半生をガイドのマリオ氏は、自身そこらを動き回りながら寸劇にして演じてくれた。大きな「象の耳」を咥えたスーパー・ディエゴを、記念写真に収めた。

九時、サンタ・クルス島の中央部にある二つのクレーターを見物した。いずれも火山噴火でできた溶岩の一部が陥没したもので、噴火口ではない。その上部は火山岩の絶壁になっていた。

バルトラ島の飛行場を一二時三〇分離陸、搭乗前に受け取ったランチ・ボックスを早速開いた。サンドに、ジュース・パック、マンゴーなどが入っていた。途中のグアヤキル空港では機内待機、クルーと一部の乗客が変わりキトに向かう。一七時キト着、二三時のユナイテッド航空の離陸まで六時間もある。中途半端な待ち時間だ。一八時空港内のレストラン「フライデイ」で夕食を摂っていると、誰かが「コトパクシが見える」と窓外を指差した。黄昏かけた遠景に、アンデス山脈の高峰、五八九六メートルのコトパクシがわずかに見えた。

今回の私達の旅は、気分的にはここで終わっている。しかし日本帰国まで、まだ長い旅路が残っていた。ユナイテッド航空でテキサス州ヒューストンまで五時間半、ここで乗継便を五時間待って、さらに成田まで日付変更線を越えて一三時間を超える空の旅が続く。南米は、日本から最も離れた異国なのである。

（二〇一三年一一月二四日、記）

第八章　中米七ヶ国、パン・アメリカン・ハイウエイを行く

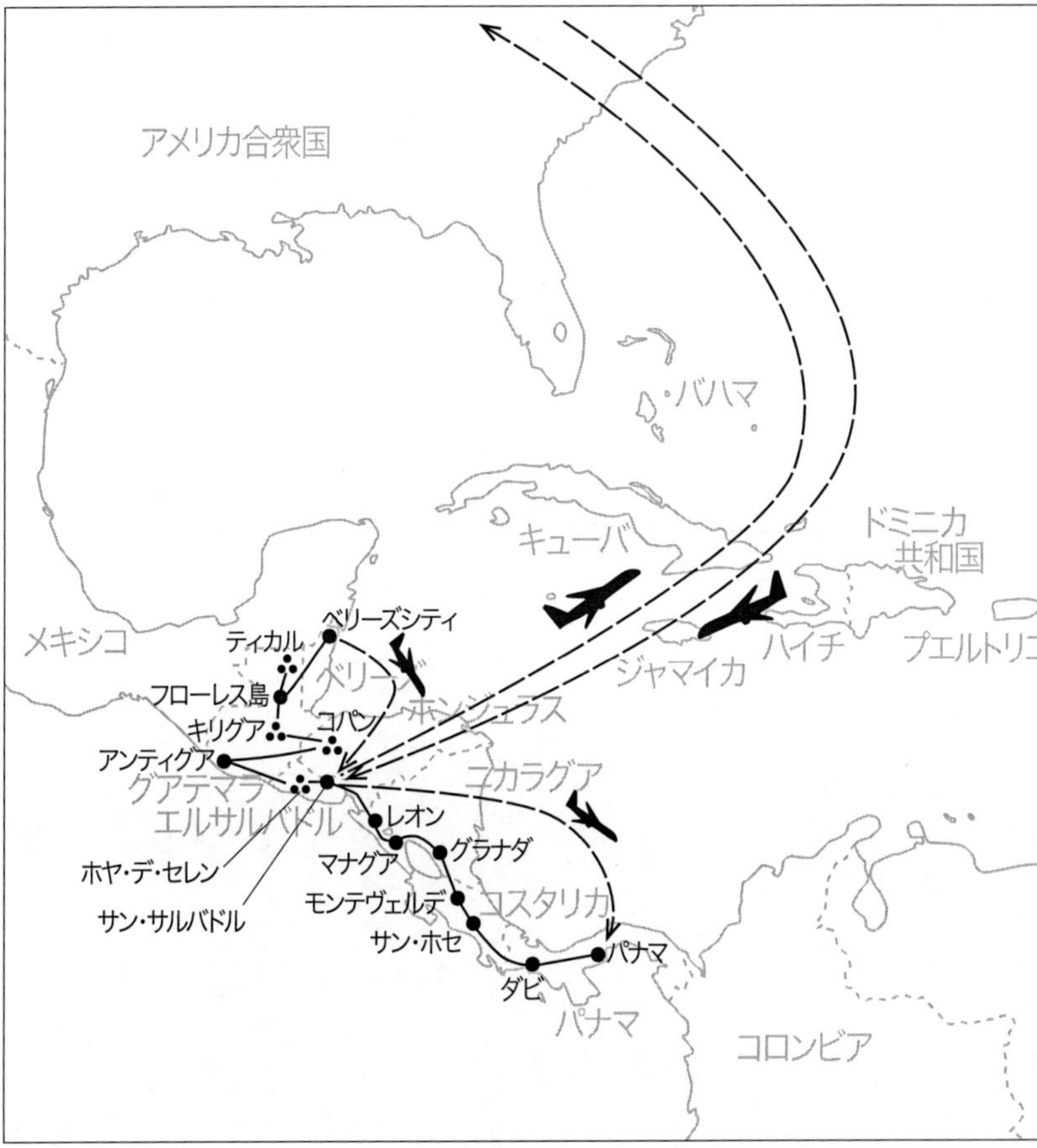

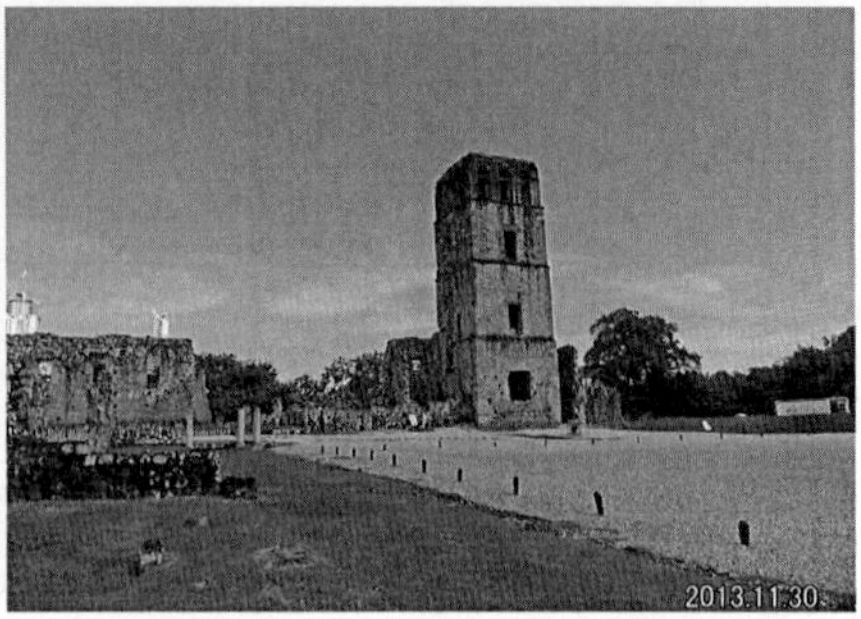

図（8-1）パナマ・ビエーホ

一．パナマに到着、パナマ・ビエーホ、カスコ・ビエーホの町歩き

二〇一三年一一月二九日一一時半に、パナマ市の東北にあるトクメン国際空港に着陸した。快晴、日本の初夏を思わせる天候である。前日の夕方成田を飛び立ち、日付変更線を越えてロスのホテルで仮眠を取り、サン・サルバドル空港（エル・サルバドル）で乗り継いできた。時差の一四時間を入れると結構長い旅路だった。

今回のS社添乗員前川さんとは、三年前のチベット旅行以来の再会である。飛行場で、頑強そうな三〇代の地元のガイド、ジョスワ氏の出迎えを受けた。パナマ市中心部に向かう途中で、早速観光が始まった。

最初に立ち寄ったのは、パナマ博物館。ここで簡単にパナマ共和国の歴史の紹介があった。パナマ地域に最初に上陸したのはやはりコロンブスで、一五〇二年の第四回航海のときである。実際にパナマ地区をスペインの植民地にしたのは、太平洋の発見者として知られるバルボアだった。一九世紀になると中南米の英雄ボリバールに率いられる独立派がスペイン軍を破り、現在のベネズエラ、コロンビアにまたがる大コロンビア国として自立を果たした。その後それぞれの地域がさらに分離独立する。一九一四年のパナマ運河の開通により太平洋とカリブ海を結ぶ交易の要衝としてパナマの重要性が高まった。それ以前は、カミノ・デ・クルセスと呼ばれる陸路と河川を結んだ横断道に頼っていたのだった。現在のパナマ共和国は、北海道より少し小さな国土に三〇〇万の人口を持ち、首都パナマ市は約八〇万の人が住む。

図（8-2）カテドラル前広場のソンブレロ店

図（8-4）フランス広場のレセップス像

次いで立ち寄ったのは、パナマ市の東六キロにある太平洋岸でスペイン人が最初に築いた植民都市パナマ・ビエーホ（古いパナマ）である。現在はカテドラルと二つの鐘楼、司教館の石積みが残る遺跡に過ぎない。一六七一年、後にジャマイカ副総督になる英国人モルガンにより徹底的に破壊されたからである。地形上防衛が難しいと考えたスペイン人はこの地を捨て、世界遺産に指定されている現在のパナマ市歴史地区（カスコ・ビエーホ）に移り住んだ。

一五時、その歴史地区にあるレストラン「カサ・ブランカ」で、遅いランチを摂った。食後、歴史地区の中心独立広場を囲むカテドラルや、周辺のピンク、緑、青など色とりどりの壁をもつコロニアル風街中を歩く。パナマ帽を路上まで並べた店があった。一九世紀に多くのフランス人も移り住んだということで、高い鉄柵や階上のバルコニーの手すり紋様にフランス的繊細な感覚が認められるのだった。港に突き出た一角はフランス広場と呼ばれ、パナマ運河の最初の設計者レセップス像が立っている。太い幹から多方面に枝をのばしたファイアー・ツリー（アカシアの一種）が、広場を囲んで繁茂していた。その横の石段を上がって展望所に出た。ここからパナマ湾を挟んで、新市街の林立する高層ビルのパノラマを見る。一七時三〇分、新市街にあるラス・フーカス・ホテルにチェック・インして、中米最初の一日を終える。

二．パナマ運河を行く、三つの閘門、ノリエガ将軍のこと、郷土料理とショー

翌朝、六時半のモーニング・コールで目覚めた。連泊なので荷物出しもなく、朝食を終えると早々の出立である。今日はこの旅のハイライトの一つであるパナマ運河の一部を航行することになっている。まず、遊覧船の出発地であるフラメンコ島の桟橋に繋がる数百メートルの土手道を走る。この土手道も運河開削の土を盛ったものである。渡船場前の広場では、乗船待ちの人びとや物売りで賑わっている。尾長黒ムクドリモドキという嘴の鋭い中型の鳥が、餌を漁っている。この後何度も見かけるようになる中米では最もありふれた鳥で、日本のカラスに似ている。ただ、全く人間を怖れない。豆の様な実を付け黄色の花を咲かせた大木が立つ。見返るとパナマ新市街の高層ビルが横に長く広がっていた（307頁　図8－3参照）。

九時過ぎに乗船が始まった。客席は上下の甲板の前後左右に二〇〇席ほどか。サングラスをかけたガイド氏がマイク片手に船内を移動しながら説明する。前方に、パナマ市から北の隣国コスタリカ方面に通じるパン・アメリカン・ハイウエイに架かるラス・アメリカス橋が見えてきた。この橋の下を抜けて、いよいよパナマ地峡に入るのだった。

パナマ運河は、太平洋側のパナマ市と大西洋側（カリブ海）のコロン市間を結ぶ全長約八〇キロの水路である。両洋間の幅が最も短いことと、その間にあるミラフローレス湖とガツーン湖を通行に利用できることからこのパナマ地峡が選ばれたのだった。ただ、最高所にあるガツーン湖の水位が外洋より二六メートルも高いため、その両側でそれぞれ三つの閘門を設け水位を調整しなければならない。今日は、二つの閘門を通って一六メートル高いミラフローレス湖に達し、第三のミゲル閘門を経てガツーン湖に入る運河前半の五時間コースを楽しむことになっている。現在の閘門は、ひとつが長さ約三〇〇メートル、幅三四

メートル。

「パナマ運河開設一〇〇周年に当たる来年完成予定の新閘門は、長さ四三〇メートル、幅五五メートルで、もっと大型船の通行が可能になります」とガイド氏がいう。

一〇時四〇分、第一のミラフローレス閘門に近付くと観音開きの水門が開き、小型船に続き私たちの観光船も閘門の中に入った。船体が完全に閘門内で停止したところで、両岸から船体固定のためロープが船首に投げ込まれた。もっと大型の船なら、エンジンを停め、両岸のレール上を走る機関車とつないだロープで閘門内の隘路《あいろ》を移動する。両岸に余裕がないから、エンジン運航では接触の危険性が高いのである。

図（8-5）パナマ運河

コンクリートの岸壁の高さは一三メートル、やがて後ろの水門が閉じられた。初めは壁の下部から、閘門内に少量の水が注がれていた。これでは閘門上部まで水で満たされるのにどのくらい時間が掛るのか訝っていたところ、岸壁上部の全面から一気に大量の水が噴き出してきた。みるみる水面が上昇していく。一〇分くらいで、八メートル水位が上がった。ここで前面の水門が開き、船は第二のミラフローレス水門に移動する。右手の四階建てのビル「パナマ運河ビジター・センター」の階上から大勢の観衆が手を振っている。ビジター・センターには午後立ち寄る予定だ。二つの閘門を抜けて一一時二〇分、観光船はミラフローレス湖に入った。太平洋よりやっと一六メートル高いところに来たのである。開けた湖上をしばらく遊覧した。緊張が解けたところで船の中を歩き回り、階下で飲み物を貰ったりする。一一時四〇分、三番目のミゲル閘門に入り、同じような工程を繰り返してさらに一〇メートル水位を上げる。ミゲル閘門からガツーン湖までは、クレブラ・

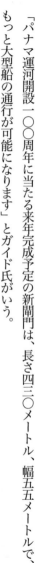

カットと呼ばれる地峡を通過する。地峡と言っても、切通しのようにパナマの中央山地の岩盤を掘削する難工事によりできた一三キロに及ぶ人口水路だった。レセップスによる最初の運河計画が失敗したのは、このような難工事に加えて、パナマ地峡がマラリヤや黄熱病の多発地帯だったためである。多くの作業員が、疲労や風土病で倒れた。現在これらの風土病が撲滅されたため、私たちは遊覧を楽しむことが出来るのである。運河の通航料は、重量一トン当たり二ドル半で、船の大きさや積荷により変わるが、平均一隻三五〇〇万円ほどである。南米のマゼラン海峡を大回りする費用の一〇分の一に削減されるという。

一二時を回っていたので、階下に降りてチキンやカレーライスが入ったランチボックスを受け取り、デッキに戻って食べた。ガツーン湖は、ミラフローレス湖よりはるかに大きな水溜りである。外洋との水位差さえ克服できれば、運河開削の費用を大幅に削減できる便宜な湖だった。ガツーン湖の岸辺をさらに半時間進んで一三時半、下船した。下船直前に、かつてのパナマの独裁者ノリエガ将軍が留置されているという刑務所の建物が見えた。現在七七歳だという。少し脇道に逸れるが、ここで彼について少し触れておきたい。

ノリエガは、一〇数年前アメリカ軍に拘束され、軍事裁判により米国の刑務所に監禁された。この報道を耳にしたとき私は、「いくらなんでも、それはないだろう」と思った。他国領土に踏み込み、地元の人間を拉致したのである。多年カリブ海地域の歴史を研究しているから、米国がこの地域の内政に陰に陽に干渉し、自国の利害に反する政権の転覆を再三企てたことは判っていた。旧ソ連政府に限らず超大国が勢力圏にある地域に政治的経済的影響力を強引に行使することは、古今東西変わらぬ歴史的現実である。しかしかりそめにも民主主義国家を看板にしている米国が、これほど露骨な直接的行動を起こすことはなかったと思った。パナマ運河の重要性にかんがみ、彼の振る舞いを放置することが出来なかったのかも知れない。以来、この事件に疑問を抱き続けてきた。下船後、ガイドのジョスワ氏にこの疑念を問う。

「どのような権限でアメリカの官憲が彼を拘束できたのですか」

「ノリエガが、米国とパナマの二つの国籍を持っていたからです」とガイド。

「それでもパナマ領から拉致するのは、国家主権の侵害でしょう。パナマ人からの抗議は無かったのですか」

「大統領選挙で負けた後ノリエガは、選挙の無効を主張し反対派を弾圧して力ずくで政権を奪取しました。彼が国の内外で麻薬の取引に係り莫大な利益を得ていたことは周知の事実でした。アメリカの干渉には目をつぶっても、民衆はノリエガの排除を望んでいたのだと思います」とジョスワ氏は答えた。

五年の米国での刑期を終えた後、ノリエガ将軍は米仏間の司法取引によりフランスの刑務所でさらに数年を過ごしてから、パナマに送還されたのだった。フランスへも麻薬の輸出をしていたらしい。

ビジター・センターに向かう途中で、運河と平行して走る七七キロと世界で最も短い大陸横断鉄道の路線を横切る。ビジター・センター最上階の四階展望所に上り、ミラフローレス閘門を過ぎる船の乗客を今度は手を振って見送った。展望所から、完成が間近に迫った新閘門もよく見える。この施設は、運河建設の歴史や閘門の機構を紹介する場所であり、私達は経験したばかりの閘門の仕組みを改めて理解したのだった。

展示物の間に、体内の水分測定器が置いてある。体脂肪の測定はよくやるが、水分は測ったことがないので、みんな面白がって交互に計器の台に乗っている。指定に従い、年齢と性別を表示し計器のボタンを押した。しかし誰が乗っても、水分七八％と出るのだった。年齢や性により基準値が調整されるのなら理解できるが、そのような仕組みもなさそうだ。どうもこの計器は怪しいということになった。先が割れた黄色の花を付け、バナナの様な枝葉を伸ばしたヘリコニアという植物がテラスの横に茂っていた。

一七時にホテルに戻りベッドに転がっていたら、つい寝込んでしまった。一九時半、前川さんからの「お早うございます」の声で起こされる。二〇時、「チナハス」というレストランに出向き、パナマ舞踊を鑑賞しながらレッド・スナッパー（赤鯛）のフライなどの郷土料理を摂った。日本の赤飯に似たものが添えてあった。舞踊は、主に四人のペア・ダンスで、緩急がついた音楽のテンポが心地よかった。二人の奏者が太鼓を打ち、タンバリンが調子をとり、アコーデオンがメロディを奏でる。女性ダンサーが付けたポジエラとよばれる美しい刺繍入りの長いスカートが印象に残った。

三．パン・アメリカン・ハイウエイを西へ、旅の仲間、ダビ市のホテル、十三《じゅうそう》の工口爺

朝食前、ホテルの周辺を散歩した。添乗員付きのツアーでは、運動量が不足になりがちである。何より、一日中観光しているため、ホテルとその周辺の印象が弱い。短い散策でも、一、二夜を過ごした場所を思い出す縁になるかもしれない。

八時にホテルをチェック・アウト、今日はパナマ市から西に四〇〇キロほど離れたコスタリカ国境に近いダビ市までのバスによる移動日だ。パナマは東西に長い国である。昨日下を潜ったラス・アメリカス橋の上を渡る。橋を渡ってすぐにある中パ記念公園で、パナマ市と大橋を入れた写真を撮るために一〇分ほど停車した。パナマ運河工事に従事した多くの中国系労働者（クーリー）を記念して中国政府が作った公園と記念碑が立つ。

一〇時、片側二車線のパン・アメリカン・ハイウエイを走っている。ハイウエイといっても高速道路ではなく、南はフエゴ島のウシュアイアから北のアラスカまでの南北アメリカ大陸に沿った各国の国道を繋いだ幹線道路の総称である。今回の旅では、その内パナマ市からグアテマラ市までを走ることになっている。緩やかな起伏の中に果樹園が散在していた。車窓右手遠方に、この国の分水嶺をなす中央山脈が連なる。国道の両側に植えられた並木の間から果樹栽培の民家が見え、時々小集落が現れた。畑地は少なく、果樹園か牧場である。この国で初めて馬を見た。次いで羊の牧場、TEXCOのサービス・ステーションやミニ・スーパーがある。一定の間隔ごとに、屋根つきのバス停が現れる。長距離バスやローカルバスが停まるのだろう。チリやアルゼンチンら南アメリカの国々同様、中米でも長距離バスが発達しているのである。所得に比べ飛行機の料金が高く、鉄道が殆ど発達してない中米では、バスだけが庶民のための長距離移動手段なのだ。

一一時過ぎ、アクアドルシェという小村のサービス・ステーションでトイレ休憩。移動を再開すると、あたりは一面の砂糖黍畑に変わった。ジョスワ氏が、パナマ人の生活を紹介した。初任給は、日本円に換算すると四、五万円ほど、定年は男性六〇才、女性五八才で、退職時の九割程度の年金が支給される。教育は、日本と同じ六・三・三制で、中学までの九年間が義務教育である。人気スポーツはサッカーと野球、主な輸出品は木材という。

一二時半、サンチャゴ市を過ぎてすぐの国道脇にあるヴィスタ・ラゴ・ホテルで、クリーム・スープ、シーバスのフライ、ポテトチップスのランチを摂った。今回のツアーではランチやディナーのメニューが、ステーキ、チキン、魚などから選択できるのがうれしい。ホテルの横に小さな池があり、構内のプールでは子供達が遊んでいた。

ここで、参加メンバーが簡単に自己紹介した。総数一一名、二組の夫婦に単独の参加者が男性五人に女性二人である。珍しく男性の参加者が多いのは、一般的に女性にポピュラーな地域ではないからだろう。知り合ってみると、皆なかなかの旅行通だった。関東から七人、大阪二人、九州から二人の参加である。

一六時半、パナマ西端チリキ県の首都ダビ市のグラン・オテル・ナショナルにチェック・イン。このホテルは、カジノ、映画館、大型プールを備えた高級ホテルで、地方都市の社交場でもあるらしい。

一九時、地上階の個室での会食になった。横浜出身の野中夫妻の横に座る。御主人は、住宅建築の現場で仕事をしているとき、三階の足場から転落して大けがをし、難聴になった。ただ二階にあった木組みで一度バウンドしたため命だけはとりとめたという。いつも奥さんが左脇に座って、夫の会話を助けている。

「働けるうちはと思って、まだ仕事を続けています」と野中氏は人のよさそうな笑顔を見せた。「ただ、事故以来、家内には全く頭が上がりません」

小柄な奥さんは、全く気取らない素朴な感じの人である。だが、パタゴニアやボリビヤのウユニ湖など遠隔地へも夫妻で出かけているのだった。「夫をなくしたあと急に元気になって、旅をしまくっている近所の人がいます。私もそうなるかしら」と思いがけないことをいった。彼女の郷里は、秋田県の酒田市である。殿様より豊かと言われた「本間様」の子孫が健在とは初耳だった。「本間ゴルフの経営者として依然大金持ちです」と野中夫人がいう。

「二字名のお酒を、どなたかご存じありませんか」と添乗員の前川さんが向いの席から一同に尋ねた。注文したい竹中さんが、肝心の酒の名を思い出せないらしい。

「そりゃ『サケ』でしょう」と私が答えたら、笑い声が起きた。正解は、「ジン」だったらしい。

竹中さんは大阪市十三の人で、今回の仲間の中ではおそらく最長老だろう。「十三」の読み方を関東の人に得意そうに教えている。彼は、砂漠の住民のように頭から足先まで白布を被るという異様ないでたちで旅を続けている。そして年齢に似合わずエロっぽい話をして、独り悦に入った。あるとき野中夫人が、「エロ爺」とつぶやいたのを間近で聴いて、思わず彼女の顔を見直したのだった。

四．賑やかなパナマ―コスタリカ国境、日本人の青年片君、エコの国、アメリカン・クロコダイル

一二月二日、六時にモーニング・コール七時半出立、今日は二番目の訪問国コスタリカに入る。右手に連なるタバサラ山脈の中でパナマの最高峰バル山（火の山、三四七五m）を見た。一時間半で国境の町ポサラモアに着き、パナマからの出国手続きをした。ここの出入国の管理事務所の周りは、個人商店で囲まれ、両替人や物売りが右往左往していて、国境越えという感じが全くない。合わせて小一時間でコスタリカへの入国手続きも済んだ。

コスタリカのガイドはホセ氏に助手の日本人片君、彼は学生時代旅したコスタリカが好きで、五年間のサラリーマン生活を辞めて一年前から当地に住んでいるという。市民権がないから三ヶ月ごとに出入国を繰り返している。彼の役割はホセ氏のスペイン語を日本の観光客向けに取り次ぐことである。一年の経験ではいささか頼りないと思ったが、直接日本語で質問できるから重宝だし、前川さんの負担も軽減されるだろう。三〇歳くらいの陽気な青年だ。

コスタリカは、九州と四国を合わせたほどの国土に、約四〇〇万の人が住んでいる。エネルギーの七〇

%を水力発電に頼っている事からわかるように、この国は豊かな自然に恵まれ、エコシステムを発展させている。経済的には先進国とはいえないが、この自然環境こそこの国最大の資源であり、世界中から多くの人を集めている。この国は、エコツアーで知られた観光立国である。

パン・アメリカン・ハイウエイは片側一車線になって、舗装状況はよくない。丘陵地帯が多く、バスは大きく曲がりながら坂道を登ったり下ったりした。民家もトタン屋根が多くなった。パナマに比べ国民所得は低いのかもしれない。しかし治安の良さでは、中米一と言われている。

「大きな石のある公園」で停車し、園内に転がっている人の丈ほどもある花崗岩で造られた石球（オーパーツ）を見た。太平洋沿岸にすむチブチャ族により三世紀から六世紀にかけて盛んに作られたもので、大きいほど権力や富を示したという。現在、大小二〇〇ほどの石球が発見されている。公園内には、オレンジ色の花を咲かせたアフリカン・チューリップと呼ばれる大木やマメ科のグアナカステ（コスタリカの国の木）が茂っていた（307頁　図8-6参照）。

一二時、特大の屋外プールを備えたホテルの中庭でランチ・タイム。私は、セヴィッチェという生の小魚の和え物の前菜に、海老フライとライスのメイン、ココナツプリンを選んだ。

一六時、サーフィンの名所というハコ海岸の近くを走っている。パーム椰子のプランテーションが続く。一六時半、五〇メートルほどの幅のあるタルコレス川の手前でバスが停まった。この川に生息するアメリカン・クロコダイルを見るためである。橋の上から見下ろすと、泥土で濁った川中の砂州や岩棚に、茶褐色の鰐が一〇匹以上も休んでいるのだった。鼻先が尖り一見北米のアリゲーターに似ている。しかし巨大な体躯をしていた。私は、新大陸にはアリゲーターしか棲まないと思っていたが、このあたりではクロコダイルも生息しているのである。ただ、アフリカ大陸のクロコダイルと少し異なるので、アメリカンを冠して区別しているらしい。

一八時半、ようやく今宵の宿、首都サン・ホセ市のカサ・コンデ・ホテルに着いた。正門に守衛が立ち、高いコンクリート塀をめぐらした構内に、本館や別館がロッジ風に分散している四つ星ホテルである。驚いたのは、あてがわれた部屋が、控えの間、大型の洗濯機や冷蔵庫を備えたキッチン、バスルーム、二つの別個の寝室に仕切られていることだった。

「長期滞在者ならいいけど、一泊だけでは、なんだかもったいない」と同行者が口をそろえていう。私は、広すぎて少し落ち着かない気がした。

五、首都サン・ホセ、ポアス火山の火口、ドカ・コーヒー農園

一二月三日（火）、五時半にモーニング・コール、六時に本館中庭にあるプール横のレストランで、福岡からの松岡氏や東京からの井上氏らとビュッフェ朝食を摂った。松岡氏は、まだ現役の会社員で一行の中では最も若い。彼は、朝から韓国大統領の歴史認識発言を批判し始めた。私はよく知らない人とこの種の議論をしないことにしているから、同意も反対もしないで聞いている。次第に分かったのだが、松岡氏は外国での事象を日本の価値基準ですべて断定するのだった。「日本主義者」というのが、後になって私が面白半分で秘かに付けた彼の綽名である。

七時にホテルをチェック・アウトして、まずサン・ホセの中心部にある文化広場に向かった。この国の最初の首都は二〇キロほど東方のカルタゴ市だが、内戦の末、勝利した一〇〇〇メートルを超える高地に

あるサン・ホセが、一八二三年に首都になったのである。カルタゴはいつも負ける側らしい。文化広場の南面に建つのは、市民が誇りにしているという国立劇場である。パリのオペラ座を模してイタリアやフランスの一流の建築家により設計された一九世紀末の歴史的建造物である。正面の庭の左手には、ベートーヴェンの像がある。コスタリカにベートーヴェンの組み合わせはあまりピンとこないが、とにかくこの楽聖は異国の地でもいかめしい顔で立っている。街中の銀行前で長い行列ができている。それも一ヶ所ではなく、別の銀行前にも人が並んでいた。「なんでこんなところで列を作らねばならないのか」と誰かがきくと、「これはこの国でごく日常的な情景です」と片君が答えた。「皆、暇を持て余しているのだろう」と日本主義氏が付け加える。首都の建物や邸宅の多くは、高い鉄柵や鉄条網で囲われている。治安がいい国というがどうしてだろうか。そのような市街地を瞥見しながら駆け抜けた。これで首都への慌ただしい表敬訪問が終わり、私たちは北のポアス火山国立公園に向かった。途中のアラフェラ市のロータリーに、この国の英雄ファン・サンタマリアの銅像が、左手に松明右手に銃を掲げて立っていた。

ポアス山の中腹に来ると山道が狭く傾斜もきつくなった。左右はコーヒーの木が茂り、枝葉が車を擦る。コーヒーの栽培に最適な高度一二〇〇から一四〇〇メートル地帯を登っているのだった。九時半、標高二六〇〇メートルの山頂駐車場に着いた。ここからは緩やかな山道を火口まで一〇分ほど歩く。コスタリカの国の木グアナカステの茂み。「署名の木」の広葉は、サインをすると表面に名前が浮き上がるのだった。黄色のポアスの花や、ピンクの花弁を付けた「ポアスのバラ」の灌木の間を抜けて火口を囲む柵に辿りついた（307頁　図8－7参照）。しかし麓からも見えていたガスのため、火口は真白の濃霧に覆われたままである。仕方がないから、傍に立っている説明板の絵を写真に撮った。火口の直径は一三二〇メートル、

図（8-8）インド原産の白いコブ牛

火口湖までの深さ三〇〇メートル、火口湖の温度は摂氏四〇度とある。この国には全部で一二〇ほどの火山があり、五つが活火山という。

そうこうするうちに、ガスが少し薄れた気がした。そして、手前の崖の斜面の一部が見えてきた。やがて向こう側の崖が黒く浮き出てくる。そして遂に火口の底にある濃紺の湖が現れたのだった。私達は、急いでシャッターを何回も切った。再度、ガスが全面を覆う前にと。「今度の旅は付いている」と確信した瞬間である。満足した一行は、来た道を引き返した。

一二時から山麓のドカ・コーヒー園を見学し、ランチを摂った。中米はコーヒー生産のベルト地帯で、コスタリカも名だたるコーヒー輸出国である。ドカ・コーヒー園の創設者は、ドン・ハンセン・カリというドイツ人だった。ワイン工場の見学は何度も経験しているが、コーヒーの製造工程を学ぶのは初めてだ。まず一つの種を試験管のような小さな容器で発芽させ、双葉が出たところでより大型の容器に移植し、なお一年間生育させる。それから圃場に移し、バナナの木と一緒に三年間成長させ、ようやくコーヒー豆を収穫する。バナナの木は土壌中の水分の保持力が強いのである。コーヒーの木の寿命は、およそ一〇〇年だが、二五年以上になると収穫が落ちるので伐採して、新木に切り替えるようだ。収穫されたコーヒー豆は、選別、脱皮、発酵、乾燥、貯蔵な

図（8-9）ドカ・コーヒー園

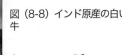

ど十分に管理された工程を経て、ブランド品として出荷される。私も付設の売店で土産のため一袋を選んだ。

午後パン・アメリカン・ハイウエイに戻り、カルデラ海岸を走ってプンタレナスという町を通過した。やがてサバンナ地帯に入り、牛の牧場を見た。今度の旅行中これまで見かけたのはホルスタインかジャージー種の乳牛だったが、このあたりではインド産の白毛や黒色のコブ牛が肉を得るために飼育されているのだった。祖国インドに残っていれば平穏な一生が保障されていたのに、と思った。

片君が、「コスタリカには、引退後移住する外国人が結構いますよ。気候も快適ですし」と、年金生活者外国人居住制度（ペンショナード）という住居らの優遇措置の話を始めた。資格は、月額六〇〇米ドル以上の年金があること、別途労働収入がないこと、年間四ヶ月以上この国に居住すること等である。「皆さんは、いかがですか」

あまり高いハードルではないが、日本人には言語や遠隔地というハンディがある。

一六時半、国道を離れて内陸部高度一六〇〇メートルのモンテヴェルデ自然保護区へ向けて山道に入る。あたりは次第に薄暗くなり、周りの様子が分かりにくくなった。道の照明も足りない。それでもバスは、かなりのスピードで山道を走っている。およそ一時間、バスは暗い山道から、明るく点灯されたスーパーや土産物店、ホテル、レストランが集まる自然保護区の基地、サンタ・エレーナに着いた。ここからさらに三キロ登ったところにある今宵のホテル、モンテヴェルデ・ロッジに、一八時半着いた。このロッジは傾斜地を三段に仕切って、宿泊棟が点在する。私は二つの石段を登り、最奥にある棟の部屋で荷物を下ろすや、すぐにレセプション横のレストランに降りていった（307頁　図8-10参照）。

一九時からの夕食では、熊本から来た高山さんや調布市の岩崎さんら二人の女性と初めて会話した。今宵私が選んだのは、チキン・スープ、バジリカ・パスタ、バニラ・アイスとコーヒーのデザートだった。

六、ケツァールとの出会い、スカイウォーク、吠えザルの鳴き声

夜半二度ほど目覚め結局六時にベッドから出た。朝食までロッジの周りを散歩する。深い木立の中の石畳み道を早朝からジョギングする人、犬と歩く人、双眼鏡で木の梢の野鳥を探している人に出会う。このあたりは確かにバード・ウォッチングによい環境である。

連泊だから荷物出しもなく、七時四五分に軽装でホテルを出た。今日は一日モンテヴェルデ自然保護区内でエコツアーを楽しむことになっている。

モンテヴェルデ自然保護区は国立公園ではなく、民間団体により管理されている。一九五一年、朝鮮戦争に反対し自由を求めて米国から移住したクエーカー教徒により建設されたという歴史があるからだ。今でも彼らが経営するチーズ工場が、保護区内にある。

まず午前中は自然探索路でのトレッキング。保護区入口で探索路の地図を受け取る。探索路は距離により幾筋にも分かれているが、私たちは約二時間の比較的短いセンデロ・カミーノという小道を歩いた。爽やかな天候に恵まれ、気持ちの良い森林浴である。ガイドのホセ氏は、三脚付きの本格的な望遠鏡を携帯している。生物が見つかったら対象に照準を固定し、参加者に見せるためである。慣れない目には、高い木立の上の動物を自力で見つけるのは容易ではない。

だが山道を歩きだしてから間もなく、最初の、しかしもっとも期待していたケツァールに出会った。おそらく自然路内を巡回しているレンジャーからホセ氏に連絡があったのだろう。ケツァールは、長い尾を

もち胸毛が真紅で残りは空色の羽毛に包まれた中型の美しい鳥である。これから訪問するグアテマラでは、国鳥とされている貴重な鳥だ。ガイドに注意されて大きな声を出さないよう用心しながら、近くの梢を見上げた。参加者の中で最初に見つけたのは、井上氏だった。ガイドにつづいて彼は、野鳥でも動物でも素早く見分けるのである。そのコツは細部を凝視するのでなく、樹木全体を把握することにあるらしい。ただケツァールは、私も比較的容易に見つけることができた。真紅の胸毛が、緑葉の間にはっきり判別できたのである（308頁　図8-11参照）。ただ、カメラにその姿態を収めるには、望遠鏡の力を借りた。「これで、自然路歩きの目的の半ばは達成できた」ケツァールの写真を撮り終えた井上氏は、満足そうにいう。

やがて木の枝をゆすりながら数匹の猿が、高所の木を移動するのが見えた。彼等は一匹ずつ、同じ枝をつかみあるいは尾で巻いて、別の木の梢に乗り移るのである。その高さ七、八メートル、皆黒い顔面をした「吠え猿」だった。一匹の猿がちょうど二つの木の梢を跨いだ瞬間を、うまくカメラで捉えることができた。

ジャングル内の楽しみは、動物だけではない。日本では見られない熱帯固有種も多いのである。例えば、ジュラ紀から生き残ったシダ植物、ここでは大木のシダが茂っていた。ホセ氏が葉の裏側についている雌雄異体のシダの種子を示す。ジュラ紀には、花粉の受精を媒介する昆虫類がまだ生息していなかったので、種子は風に頼って異性のシダに運ばれねばならなかったという説明に、植物に詳しくない私などは簡単に納得した。広葉の草「ゾウの耳」もあった。これは、先年ガラパゴス諸島訪問の際「ゾウガメ」の好物として覚えた植物なので、ついその知識を披露してしまう。

二時間の山歩きを終えてランチを摂ったレストランでは、別の日本人ツアー・グループに出会った。このようなときは、きまって両グループの間に、奇妙な反応が生じる。初めは同郷人か否か互いに探り合って静観する。動作仕草など。やがて日本語の声が聞こえて、はじめて日本人と確信するのである。最近は韓国や中国からのツアー客も多いから、見分けるのが意外に難しい。ランチが終わって、近くの空き地で給餌器に集まってくる様々な自然のハチドリを観察した。

午後は、まずバタフライ博物館に立ち寄った。二重扉の入口の内側は、巨大な温室になっていて、各種の熱帯植物が植えられている。その中を蝶が自在に飛び回っていた。沢山のフックが付いた掲示板様の板の前で、学芸員が蝶の幼虫から羽化までの経過の説明を始めた。フックの上の方に掛けてあるのが、卵で、次に孵化したての幼虫、次に蛹、最下段が、羽化寸前のものという。私達は、はじめ標本を見ていると思っていた。ところが最下段の羽化した蝶が温室内に飛び立ったのである。この表示板では、室内で見つかった卵を順次フックにかけて、羽化まで観察しているのだった。

図（8-12）スカイウォーク

午後のメイン・イベントは、ジャングルの中のスカイウォークである。トレイルに沿って全部で八つの吊り橋が架かり、歩行者は木々の梢の高さから下の谷川や樹林帯を鳥瞰するという仕組みである。かつてマレーシアでも経験しているから、予想はしていた。しかしここの吊り橋は、足元も欄干も完全に頑丈な金網で囲われているから、高所恐怖症の人でも安心して渡れるだろう。最長のものは一五〇メートルもあったが、奈良県の十津川に架かる谷瀬の吊り橋の様なスリルはあまりない。ホセ氏の説明を聴きながら、橋の上で四方の樹木を改めて観察するのだった。どこかで「吠えザル」の鳴き声がした。ホセ氏は、「二キロほど遠方にいる猿だ」という。ロッジへの帰途、基地サンタ・エレーナで、トイレとショッピングを兼ねた三〇分の休憩があった。片君の案内で、息子に頼まれていた地元サッカーチーム「サプリサ」のユニフォームを手に入れることができた。中米では幾度も優勝している強豪という。

ロッジに戻る途中の道脇の地上数メートルの木の股に、昨日も見かけたナマケモノがいた。何故かこの場所が気に入っているらしい。

七．ニカラグア湖、古都グラナダ、世界一のステーキ

一二月五日四時にモーニング・コール、五時弁当を受け取ってホテルのチェック・アウトと、この旅で最も早い朝立ちになった。行程が長いのだろう。

西側から突き出ているニコヤ半島の朝焼けを見ながら海岸方向に下っていく。麓のラス・フンタス村には、かつて金鉱を探しにやって来た人たちの群像が立つ。小川に伸びたイチジクの枝に、緑色のイグアナが何匹も留っていた。以前は食用に乱獲されていたが、現在は保護の対象である。

七時、二日振りでパン・アメリカン・ハイウエイに戻ってきた。しばらく道路工事が続く。右手に二〇〇〇メートル級の山並みが連なっているが、頂付近は厚い雲で遮られて見えない。リベリア市の大きなアウトレットで休憩した。このあたりから活火山リンコン・デラ・ビアーハ山が近くに見えている。ニカラグア国境まで、あと一〇〇キロほどある。牧場では、白や黒毛の肉食牛が草を食んでいた。車内でマンサーナ（リンゴ）が配られる。小ぶりで昔の日本リンゴの味がした。

一一時国境に着き、三日間ガイドをしてくれたホセ氏や片君と別れ、小一時間でニカラグアへの入国手

図（8-3）パナマ市遠望

図（8-6）コスタリカの国花グアナカステ

図（8-7）ボアス（黄色）とボアスのバラ（ピンク）の花

図（8-10）モンテヴェルデ・ロッジの入り口（筆者自筆）

図（8-11）ケツァール鳥

図（8-13）サンフランシスコ修道院前の広場（著者自筆）

図（8-21）アンティグアの修道院跡と時計台（著者自筆）

続きを済ませる。ガイドはレイノルズ氏に変わった。バス移動が始まって間もなく、右手にニカラグア湖が見えてきた。中米一、世界一〇位、プエルトリコ島がそっくり入るほどの大湖という。プエルトリコの広さを知らないからぴんとこないが、今見えているのはその一部に過ぎないようだ。バスを停めて、湖と背後のオメテペ島にある形のよい三角錐のコンセプシォン山（左、一六一〇m）とマデラス山（右、一三九四m）の写真を撮った。右手前に風車の列が並んでいる。この国は、エネルギーの八五％を火力に頼っているが、風力に比重を移しているという。

一三時リバス市に入り、屋外の茅葺大テントのレストランでランチ休憩をした。リバス市からさらに西に向かい、今晩の宿泊地グラナダ市に着いた。ニカラグア湖の西北端にあるこの国で最も古いコロニアル都市である。

ニカラグア共和国は、日本の三分の一の国土に約六二〇万の人が住んでいる。殆どがスペイン人とインディオとの混血（メスチーソ）である。一八二一年独立したが、内戦が続き、英国や米国の介入を許すことになる。その後民族解放戦線（サンディニスタ）と米国の支援を受けた反対派（ニカラグア・コントラ）の抗争が続き、政治が安定しなかった。現在は、サンディニスタの流れをくむオルテガが大統領である。

私たちは、旧市街の中心にあるコロン広場から歩き始めた。その周りには多くの植民都市同様カテドラルや市庁舎が建っている。街角に、大掛かりな宗教的飾り付けがある。クリスマスには早いと思ったら、一一月二八日から始まった聖マリアの週を祝うためだった。一ブロック離れたサンフランシスコ修道会の博物館で、市街地の模型、古い石像、女性が調理台に使うメタテなどを見学した（308頁　図8－13参照）。

この後、大小五〇〇近くもあるといわれるニカラグア湖の小島の一部ラス・イレータスを遊覧し、ミサゴ科のミサゴやファルコン、シロサギ（ヘロン）などを見つけた。散在する小島のなかには、電線を引き別荘風の家が建つ島もあったが、多くの住民は貧相な高床の木造家屋に住み、漁業で生計を立てているのである。薄暗くなった頃船着き場に戻った。一九時半、コロン広場に近いコロニアル・ホテルにチェック・インした。このホテルの狭い中庭には、上階の私の部屋前の廊下の手すりに届くほどに、多くの植物が植わっている。

一九時、カテドラルの裏手にあるレストラン「エル・ザグアン」で、某アルゼンチン人が「世界一美味い」と褒めたと称するステーキを食した。ステーキで有名なアルゼンチンの人を引き合いに出すのは、うまい戦略だ。世界一かは別にして、みんなおいしそうに食べていた。

図（8-14）ニカラグア湖

一旦ホテルに戻り、再度熊本市からの高山さん、井上氏、千葉県松戸市からの武井氏らと広場を散歩した。木曜の夜だが人出が多く賑やかだ。花火が上がり、爆竹の音がする。聖週間だからか。その内、群衆の一部が広場の一画をめがけて一斉に走り出した。事故か火事でも発生したのか。高山さんが、「行ってみたい」という。危険に巻き込まれたらいけないとみんなで止めたが、結局彼女は群衆の方に去った。気が若い人だ。翌朝本人に尋ねてみたが、騒動の原因は判らなかったらしい。

八．濃霧の中の山歩き、首都マナグア、古代人の足跡、レオン・ビエーホ

翌一二月六日、早朝に目覚めて、コロン広場の周囲を散歩した。中央に噴水やドームを被せた円形の舞

図（8-15）モンバッチョ山腹に茂るコーヒーの林

台がある。オベリスクの様な記念碑に、スナックや新聞を売っているキオスク。カテドラルの内部から聖歌の合唱が聞こえてきた。いきなり身近で爆竹が鳴る。

プール横のレストランで朝食を終え、早々に出立した。本日最初のスケジュールは、郊外のモンバッチョ火山（一三四四m）を歩き、ニカラグア湖を見下ろすことになっている。マイクロ・バスで標高七〇〇メートルまで上がり、ここで小型トラックの荷台に付けた座席に座ってさらに細い山道を走った。霧が出て肌寒いので、ジャケットを一枚羽織る。約一〇分で頂上近くの山小屋に着いた。これからは山道のトレッキングである。山小屋の展示場で貰った地図には二つの火口を廻る一時間から五時間のコースが描かれている。しかし数日前のポアス山と異なり、今日は霧が山全体を覆い火口だけでなく、遠景は全く見えないのである。期待したニカラグア湖の景色も望めなかった。それでも私たちは、丸木で固めた山道を登り下りし時折現れる山百合（モンポテンシア）など草花を写真に撮りながら、雲霧林の澄んだ空気を楽しんだのだった。

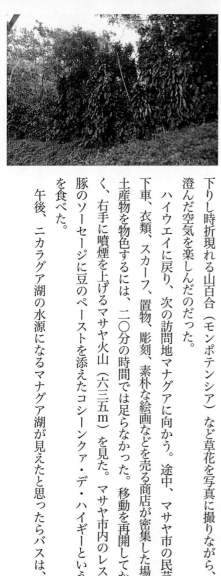

ハイウエイに戻り、次の訪問地マナグアに向かう。途中、マサヤ市の民芸品市場で下車、衣類、スカーフ、置物、彫刻、素朴な絵画などを売る商店が密集した場内を歩く。土産物を物色するには、二〇分の時間では足らなかった。移動を再開してから間もなく、右手に噴煙を上げるマサヤ火山（六三五m）を見た。マサヤ市内のレストランで、豚のソーセージに豆のペーストを添えたコシーンクァ・デ・ハイギーという郷土料理を食べた。

午後、ニカラグア湖の水源になるマナグア湖が見えたと思ったらバスは、マナグア市に入った。長年首都を争ってきたグラナダとレオンの中間にあり、一八五五年にニカラグア共和国の首都になった。現在一八五万人の人口を擁する大都会である。私達は、展望台のある丘に登り、新旧の市街地やマナグア湖を見下ろした。この高台は、大統領宮殿が建っていたが、度重なる地震のため廃墟となった。山頂に民族解放の英雄サンディーノの大きな金属パネルが立つ。

旧市街の中心共和国広場は、東に旧カテドラルの廃墟、南に国立宮殿、北に人民の家が建っている。宮殿正面の屋上に、先日亡くなった南アフリカの元大統領マンデラ氏を悼む半旗が掲揚されていた。この両国は、植民地支配から自由を勝ち取ったという歴史を共有する友好国だった。本日は、間もなく大統領がこの広場に到着するということで、周囲をゆっくり見学することができない。

共和国広場の西二キロのアカウアリンカ地区にある「足跡博物館」を訪ねた。火山の噴火による灰で三メートル地下に埋まっていた六〇〇〇年前と推定される人間の足跡が、一八七四年に発見された。参観者は、館内の手すり越しに保存された足跡を見下ろすのである。湖に向かう男女と子供、犬のものらしい。敷地内の少し先に同様の建物がもう一つあって、足跡の続きが見られるのであった。資金の関係で、残りの足跡は土中に埋もれたままという。足跡の主である人の骨は見つかっていないようだ。

レオンへの道端にFuneraraという看板を揚げた店が並んでいる。葬送業者か、棺桶店らしい。「価格に応じて、厚紙制のものからチークの様な高級品まで揃っています」とレイモンド氏。「自分の親を厚紙の棺桶で葬るのはどうもね」と誰かが笑った。「日本での売れ筋は、中の上でしょう。ステーキでもメディウム・レアーが好みですから」、焼き肉に例えて日本主義の松岡氏が、日本人の嗜好に触れた。

一六時過ぎ、世界文化遺産に指定されているレオン・ビエーホ（レオン旧市街）に着いた。レオン・ビエーホは、一五二四年フランシスコ・エルナンデス・デ・コルドヴァにより建設されたこの地域で最も古い植民都市であったが、一六一〇年近くのモモトンボ山（一二九七m）の噴火で打撃を受け、住民はこの地を捨てて現在のレオン市に移り住んだ。まだ一部が発掘されたに過ぎないが、広い敷地内に散在する王の道、金持ちの居館跡などを見て回った。コルドヴァの部下であったピサロは、ここからペルーへ進撃しインカ帝国を滅亡させたのである。敷地内の林で、ニカラグアの国鳥ハチクイモドキというケツァールのように紅や青色の羽毛を持つ美しい鳥を見た。エンシアーナという灌木が、ピンクや黄色の花を咲かせていた。マナグア湖の対岸に見えるモモトンボ山の写真を撮る。

レオン中心部にあるホテル・オーストリアにチェック・イン後、古い修道院を改築したレストラン兼ホテル「エル・コンヴェント」に出掛けて夕食を摂った。壁に宗教画が掛けられ、大きな中庭があった。

九. 古都レオンの町歩き、二つの国境を越えサン・サルバドルまでの長いバス移動、松花堂風弁当

一二月七日（土）、六時に目覚めて小一時間散歩した。ホテルの一ブロック北にある中央公園には、東に世界遺産のカテドラルがあり、北東の角に革命記念碑がある。カテドラル正面石段の両側には、狛犬のようにライオンの石像が座っている。ライオンはスペイン語でレオンを意味し、レオンの紋章になっている。聖マリア週のためか、帽子を被りスカート姿の大きな人形が、公園に飾られている。見学スケジュールに入っているカテドラルはさておき、私は革命記念碑の背後にある大きな横長の壁画に気を取られた。マナグア湖やモモトンボ山を背景に、地元の子供たちが遊んでいる楽しい図柄だった。革命記念碑とカテドラルのあいだの道を西に、突き当りに建つカルバリオ教会まで歩く。大きな窓と原色に近い赤、橙色、

図（8-16）カテドラル屋上から見たレオン旧市街

図（8-17）サン・クリストバル火山（1745m）

青、緑の壁のある典型的なコロニアル・スタイルの平屋が並んでいる。市場は店開きの準備中だった。

八時にホテルを出て、今度はカテドラルの内部に入った。中米一の規模を誇るともいわれるが、内装は簡素に思えた。左右の壁柱の間に全部で一二の大きなキリスト礫刑を時系列的に描いた油絵がかかっている。このような血なまぐさい場面を繰り返し主題に選ぶ感覚は、異教徒の私には全く分からない。正面祭壇の右奥には、ニカラグアが誇るレオン生まれの詩人ルベン・ダリオのライオンの彫刻を載せた石棺が安置されている。

カテドラル見学で最もすばらしかったのは、特別に許可されてドーム屋上に登れたことだった。中庭側から狭い回り階段を上がって、礼拝堂の上のカマボコ状の柵もない屋根を伝いドームの上に出る。そこには三六〇度に開かれた展望所があり、訪問者は円形の通路に沿ってカテドラル周辺の市街を見下ろせるのである。地上では見られないところどころ黒ずんだ赤レンガの屋根が連なっていた。八重山諸島の民家で見かけるような色調だなと思った。カテドラル裏手の中央市場の大きなトタン屋根は、殆ど赤褐色に錆びついている。その入口には普通車やトラックが蝟集し、買い物客で賑いはじめていた。この後すぐカテドラルを出た一行も、群衆に混ざって市場をひやかしながら進んだ。

レオン市を出てすぐ車窓右手に、険しい岩肌の山が迫ってきた。この国一番のサン・クリストバル活火山（一七四五m）である。この国に入ってから既に幾つも火山を見てきた。中米には火山帯が走っているが、その中でもニカラグアが随一の火山国である。バスは、この山裾を左手に廻りながら、一一時四〇分ニカラグアとホンジュラス国境に着いた。ここでガイドのレイノルズ氏と別れ、出入国手続きを終えホンジュラスに入国したのは一二時半である。ここでホンジュラス、エル・サルバドル・、グアテマラの三国を案内してくれるグアテマラ人マックス氏の出迎えを受けた。彼からエビフライ弁当を受け取る。

後日ホンジュラスの遺跡も観光することになっているが、今日はエル・サルバドルまでの約二〇〇キロをただ通過するだけである。この国にも一五〇二年コロンブスが到達している。その時大嵐に会い神に「深い祈り」を捧げて無事に乗り切った。国名はこの祈祷に由来するという。ニカラグアと異なりこの国には火山が少なく、丘陵は樹林でおおわれている。ビザなしに入国できるので、近隣国からの訪問客が多く、特にカリブ海側は人気のリゾートが多いという。日本の三分の一の国土に、七五〇万ほどの人が住んでいる。金銀銅の産出国である。サンロレンゾという町で、ホンジュラスの首都テグシガルパへの道を右に分け、二時間ほどでエル・サルバドルとの国境に着いた。出入国の手続きを終え、一五時に五ヶ国目のエル・サルバドルに入国した。九州の二分の一の国土に約七〇〇万人が住んでいる。国土全体が、標高六〇〇から九〇〇メートルの高地にある。月収は日本円にして二、三万円、ここで周辺国の貧富を比較すると、

コスタリカ ＞グアテマラ ＞エル・サルバドル ＞ホンジュラス ＞ニカラグア

の順である。エル・サルバドルに入って道路がよくなった。ガソリン税で補修されているという。ただ、道の両脇に投棄されたゴミの山がニカラグアから続いている。次のグアテマラでもこの状況は変わらなかった。

一七時前、サン・ミゲル市を通り抜ける。花や風船で飾った車に乗り込む女性たちを見た。結婚式に出掛けるらしい。聖マリアを祝うパレードもあった。左車窓遠方にサン・ミゲル山（二一三〇m）が見える。一九時、首都のサン・サルバドル市に着き、直接夕食のため和風レストラン「かまくら」に向かう。松花堂風弁当だったが、刺身やテンプラは無かった。隣席の一人参加の高山さんが

「以前は七〇才まで旅が出来ればよいと思っていました。もうすぐその歳ですが、まだまだ行きたい国が残っています」という。最年長者の武中さんが、「年配の女性の旅行者が減ったら、日本の旅行社は成り立たない」と口を挟んだ。彼は、ベドウインかアラビア人か判別しかねるマントを今日も纏っている。

二〇時、ホリデイ・インにチェック・インした。

図（8-18）ホヤ・セレン遺跡──シャーマンの館

一〇．マヤ文明、セレン家の宝石、サン・アンドレス遺跡、グアテマラに入る

六時半に目覚め、例によって朝の散歩をした。といっても、人口一五〇万の大都市の中で現在地がどこかさえ分からない。このホテルには、周辺の案内図もなかった。昨夕到着直前にロータリーを見かけたので、そこまで行ってみようと歩き出す。樹木の茂る中央分離帯の中に小道が続いていた。ロータリー中央には台座があり、若者が松明を掲げる銅像が立っていた。

八時ホテルを出て、世界文化遺産に指定されているサン・サルバドル市の西方三六キロにあるホヤ・デ・セレン（セレン家の宝石）遺跡（以下「セレン遺跡」と略）に向かう。途中、ボケロン（＝エル・サルバドル）

火山からの溶岩流の堆積物を見るため小停車、日本でいえば浅間山麓の「鬼押し出し」のような場所だった。今日からの旅の後半のハイライトは、中米北部からユカタン半島にかけて栄えたマヤ遺跡の訪問である。

ガイドのマックス氏によれば、マヤ文明の特徴はつぎのとおりである。

① 金属器を知らなかった。
② 生贄の習慣。
③ トウモロコシを主食とする。
④ 焼畑。
⑤ マヤ文字の発明。
⑥ 数学の発達。

現在発掘調査が進んでいる多くのマヤ遺跡が神殿など巨大な構造物であるのと対照的に、セレンは一四〇〇年前のマヤ前期の庶民の居住地がそっくり火山灰に埋もれて残った跡である。イタリアのポンペイのような遺跡だ。簡素な屋根と壁で覆われた屋内に、穀物納屋、キッチン、集会所、倉庫、居宅、巫女の家などがあった。少し離れた別棟の狭い石組の入り口を降りたところは、中央部が一段低い丸い石組の室になっていた。周りの席にみんなが腰かけた。これはサウナの跡という。遺跡周囲の小道には、実をたわわに付けたカカオの木やピンクの花を付けたエル・サルバドルの国の木マキリシュアットという灌木が見られた。

一一時、次のサン・アンドレス遺跡公園に立ち寄る。事務所入り口に、密集する根を伸ばしたマングローブや赤いポインセチアの花を見る。この遺跡は、よく整備された広大な草地の中に幾つかの神殿の台座が残るだけである。八世紀以後に建設とされているが、石碑文字もないのでマヤと直接関係するか否かも定かではない。

遺跡近くのレストランでランチを済ませ、グアテマラ国境へと急いだ。一六時、サン・クリストバル市で、六番目のグアテマラに入国する。この国では前後四泊と今回の旅では最も長い滞在だ。国土は日本の三分の一、人口一四〇〇万である。一八二一年、近隣のエル・サルバドルやホンジュラスらと共に中米連邦としてスペインから独立したが、その後、社会主義路線と米国の支援を受けた資本主義路線の対立で社会が安定せず、一九六〇年から三〇年間も内戦が続いた。この間の事情は、先住民キチェ族の人権活動家でノーベル平和賞受賞者メンチューの自伝で、国際的に知られるようになった。

図（8-19）十字架の丘から古都アンティグアを望む

ホテル到着が遅くなったので、夕食会場であるマヤ風レストラン「カカオ」に直行し、マヤ風衣装に頭巾を被った給仕の接待を受けた。

一一．古都アンティグア、三〇〇〇メートル級の山々、メルセー教会の噴水、マリンバ演奏と画家

翌一二月九日、グアテマラ・シティのクラウン・プラザ・ホテルで六時に目覚め、独立広場まで三〇分ほど散歩した。この都会は人口四〇〇万を擁するグアテマラの首都であるが、観光の町ではないらしい。二連泊しながら首都の観光はなく、本日は西にバスで小一時間の古都アンティグア見物に出かける。人口五万の小都市アンティグアは、一五四三年から一七七三まで都があったところで当時のコロニアル風の市

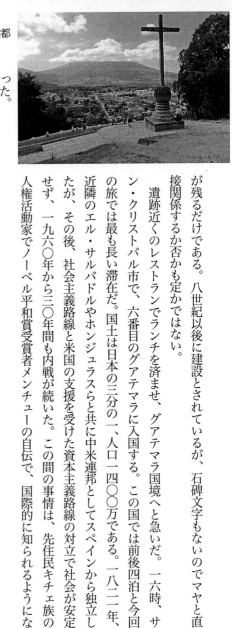

図（8-20）メルセー教会の中庭

街地が残されていて、一九七九年にユネスコの文化遺産に登録された。
九時にホテルを出たバスは、標高二〇〇〇メートル前後の高原地帯を、上り下りしながら走っている。サン・ルカスという町を通り過ぎた。人家の高い塀の上に束ねた鉄条網を載せ、窓に鉄格子が嵌めてある。治安があまり良くないのだろうか。塀の上からブーゲンビリアの花が覗く。一〇時、アンティグアの町に入った。まず、市街地の北にある十字架の丘に登る。階段状になった最高所にある台座の上に、大きな十字架がある。展望所から南を見ると目立つ三つの山巓があった。正面が頂上付近に雲がかかる富士型のアグア（水）山（三七六〇m）、その左手に厳しい岩肌を見せるフエゴ（火）山（活火山、三七六二m）と草木に覆われたアカテナンゴ（草）山（三九八〇m）が連なる。このような三〇〇〇メートル級の山々を簡単に展望できる場所は、日本でも限られている。三山とも特徴のある鋭鋒だった。ガイドのマックス氏は、日本のA登山ツアー社がこの三山登山ツアーを企画したと話した。実は、私もA社の会員だったが、このような企画は気が付かなかった。アンティグアの市街地は、これらの山々の手前、十字架の丘の麓に拡がる。コロニアル都市らしく、東西と南北の通りが碁盤の目のように整然と区画されている。これから訪ねようとするカテドラルや修道院の建物も判然と見分けられるのだった。
市街地では、まずメルセー教会から見学を始める。教会前には丘上で見たのとそっくりの十字架があった。ベージュ色をした正面ファサードには、一目でそれと分かるバロック式ブドウ蔓の浮彫があった。メキシコのプエブラ市からの職人がこの教会の造形に参加したといわれ、美術史的にも重要な教会という。美術に疎い私も、このことは納得できた。というのもプエブラの教会は、これまでに見た教会の中でも最も印象に残った美しいものだったからである。

主礼拝堂の左右の壁龕《へきがん》には、ガラスケースの中に妙に生々しい聖人像がおさめられていた。教会の内部には、回廊に囲まれ度重なる地震で廃墟化した大きな中庭がある。その中央円形の大きな台座の上に中米一と称される噴水があった。むろんずっと昔に、噴射は止まっている。回廊の二階に登ると、周囲の丘に囲まれ樹木に点綴《てんてい》された日干煉瓦の甍が拡がっているのだった。

サンタ・カタリーナ修道院に掛けられた時計台（308頁　図8－21参照）の下を通って次に訪ねたのは、数ブロック東のカプチナス女子修道院（廃墟）である。主礼拝堂と二階の聖歌室は完全な形で残っていた。裏手に、修道女を志望する女性が一定期間籠る円筒形の建物の廃墟があった。その二階、円形の壁に沿ってベッド、トイレ、棚だけの小室がある。ここではパンと水しか与えられない。一日に数度小室を出て、壁に沿って歩くことが認められた。修道女になれるのは二〇歳までの処女に限られていた。一度修道女になれば還俗は認められなかった。修道女の規律は、修道士のより厳しそうだ。マックス氏が、一行を円形の壁に沿って、合図するまでゆっくり歩くよう提案した。周りには通路がいくつかあるが、外部に出られるのは一ヶ所だけである。その出口を最初に見つけた人だけが天国にいけると彼はいった。天国への道を見つけたのは、松戸から来た武井氏だった。

レストラン「ポサダ・デ・ドン・ロドリゴ」で、楽器演奏を聴きながら伝統料理へピアン（牛肉のシチュー）を摂った。マリンバやコントラバスでメロディを奏で、縦型横型の太鼓でリズムをとった。タンゴのほか私たちの注文で「コンドルは飛んでいく」も演奏して貰う。中庭でアンティグアの市街地を描いている画家から、高山を背景にブーゲンビリアが咲くコロニアルな街路を写生した小さな油絵を買い、画家と記念撮影した。

午後は、一ブロック南の中央公園の周囲を歩いた。アーチを並べた廊下を外部に開いた二階建ての横長な市庁舎が、公園の北側一角を占めている。これと対峙する公園南面には、正面をスペインの紋章を飾り、屋上に青白青のグアテマラ国旗をたなびかせた旧総督府が建っていた。私達は公園の東側にあるカテドラルを訪ねた。とはいえ、正面を除いて度重なる地震により破壊された廃墟なのだった。この地の最初の残忍な征服者ペドロ・デ・アルバラードとその妻ベアトリスの墓の前で、彼等にまつわる伝説を聴いた。いつもは三月ごろに咲くというジャカランダの花を見た。

一七時、グアテマラ・シティのホテルに戻る。希望者数人で、短時間近所のスーパーに出かけた。夕食は、ホテルのレストランでのバイキング。高山さんが井上氏に、パソコンやスマートホンのことを訊いている。井上氏は、技術者で機器に詳しい。今回の旅行中も、あらかじめパソコンで検索整理編集してきた目的地の写真や情報のコピーを手にしていた。私も電子機器に自信がないが、高山さんはアナログとデジタルの区別も怪しそうだ。

結局、「質問者自身がなにを質問しているのか分かっていないのだから、説明のしようがない」と井上氏が音をあげた。「機械など扱ったこともなく、蝶よ花よと育てられたんでしょう」

「ところが、蝶になるつもりだったのに、羽化してみれば蛾になっていて」と高山さんが応じた。

彼女は、日中友好協会の友人の勧めで訪ねた内モンゴル旅行の話を熱心に始めた。北京経由で、民宿や招待所を泊り歩く一週間の旅だったという。路線バスを回り道させるなど彼女たちを優遇してくれたぶん、企画した中国官憲の権力が印象に残ったらしい。この話のオチは、内モンゴルの何処を訪問したのか高山さんが全く思い出せないことだった。

一二．メソ・アメリカ、ホンジュラスへ二度目の入国、コパン王国

一二月一〇日七時半、二泊したクラウン・プラザ・ホテルをチェック・アウトし、グアテマラ・シティのレフォルマ通りを新市街から北の旧市街に抜ける。右手に続く高い壁は軍学校、左手にエッフェル塔の様な革命塔、この都会は他の中米の主要都市に比べて、マヤ人の比率が高いという。ガイドのマックス氏も母方はマヤ系だが、自身はメソチーソ（混血）の生活スタイルを送っていると話した。崖の間の切通しをバスが走る。八時二〇分、崖下の道路でバスが停まった。岩肌が薄紫に染まっているのは、このあたりに多い黒曜石のためだ。火山性の流紋岩の一種である。アステカでは刀剣の刃に使われた。記念に手のひらに乗る黒曜石の小石を一つ拾った。中米のこのあたりは、文化史的にはメソ・アメリカと呼ばれる。先に記したマヤ文明の特徴と重なる部分が多い。

① トウモロコシを主食とする。
② 天文、暦学に優れる。木星や土星を知っていた。
③ ゴム製の球技を好んだ。
④ 家畜を持たず、鉄器を使わなかった。
⑤ 生贄の習慣。
⑥ 一三層の天上界と九層の地下界の間に地上があると考えた。

グアテマラは、太平洋側のサバンナ地帯を除いて、南部も北部も多くが山岳地帯である。現在向かっているホンジュラスの国境地帯も山がちの地形だ。右手に、ラス・ミナス山脈が続いている。九時シシカステナンゴという町でトイレ休憩、拳銃を持った兵士が横に立っていた。この地方は、トウガラシ、アボカドなどの原産地、トウモロコシの原種テオシントも自生している。ユナイテッド・フルーツ社、ヴィルモンテ社（食品）、農業融資にバンク・オブ・アメリカなど米系企業の進出が顕著という。右手車窓にカリブ海に注ぐモタグァ川が流れている。一〇時過ぎサンタ・クルス村を過ぎた。マンゴ、スイカ、バナナなどの露天商が並ぶ。枝でなく太い幹に直接リンゴ大の実をつけるヒカロの木が茂っている。二股の道を右折し、モタグァ川を渡った。

一二時、二度目のホンジュラスへの入国手続きが簡単に終わる。国境から三〇分ほどでコパン・ルイナス市に着いた。市内のレストランでケバブ（串焼き）のランチをすませてから、コパン遺跡に入場する。まずは遺跡博物館で、ロサリオ神殿のレプリカや主要な石碑や祭壇のオリジナルの説明を受けて、遺跡の概念を掴んだ。

図（8-22）コパン遺跡、一八ウサギ王の碑文

コパンは、紀元五世紀から九世紀にかけて栄えた王国である。明日訪ねるグアテマラ側のキリグワ王国と覇権を争った。その辺の史実は、明日訪ねることになっているキリグアの石碑に刻まれたマヤ文字の碑文で明らかになっている。高さ二メートルにも及ぶ多くの石碑が残ることから、コパン遺跡は一九八〇年世界文化遺産に登録された。コパンの王は、幼児期から額を押し上げ両眼を寄せるよう養育された。そのような王者

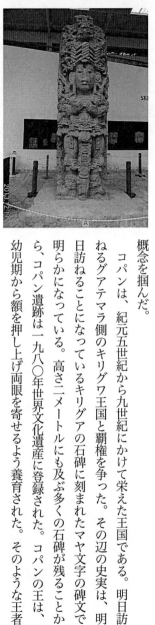

図 (8-23) コパンのカミノ・マヤ・ホテル

の石像や、軍神と髑髏の像、コパンの紋章である蝙蝠の白い石像などが展示されていた。
小雨の中、敷地内に分散する遺跡を見学した。地下トンネルに降りて、隠されているロサリオ神殿を覗いたり、大広場の球戯場や神聖文字の階段などを見て回った。コパン王国は一六代続いたが、全盛期の一三代「一八ウサギ王」がキリグワ王国との戦に敗れ衰退が始まった。一八ウサギ王の石像は、前途の悲劇を予測してかどこか寂しげな表情をしている。一七時半、カミノ・マヤ・ホテルにチェック・インした。このころから本格的な雨になる。

一三. 道路を横断するバナナの行列、キリグワ遺跡のマヤ文字

カミノ・マヤ・ホテルは、公園の片隅にあるピンク色の瀟洒なホテルである。丘の中腹にあるため、どちらに向かって歩いても石畳の路地を登ったり下ったりする。一二月一〇日、六時に起きて、そのような石畳を散歩した。

昨日と同じ国境を、今日はグアテマラ側に越えた。かつてはこのあたりグアテマラ・シティからカリブ海側のプエルト・ヴァリオスまで鉄道が通じ、ユナイテッド・フルーツ社のバナナを独占的に輸送していたという。

マックス氏が、参加者の生年月日からマヤの占いを始めた。彼の占いによると、私はマヤ暦のキホの生まれ、動物はシカ、色はベージュ、適した職は調査官、同じ生まれの有名人にダライ・ラマやマザー・テレサがいる。

図（8-24）バナナの行列

昨二〇一二年は、マヤ暦である時代が終焉する転換点だった。NHKが取材旅行に来た際、同行した女優原佐知子にサインしてもらったといって、マックス氏は携帯していたマヤ史に関する本を見せた。

一一時前、両側にバナナの木が繁茂する道路を走っていたバスが、突然停まった。前方道路上に掛けられたワイヤに吊られたバナナの束を入れた大きなビニール袋の列が空中を移動している。ワイヤーは、バナナ園の樹木の間に張られ、作業員が収穫したバナナの束を次々にワイヤーに吊り下げているらしい。幹線道路を跨いだ作業だが、田舎ののどかな情景だと思った。

一一時ちょうど、世界遺産キリグア遺跡に着いた。コパン遺跡でも触れたように、キリグア王国は、はじめコパン王国に従属していたのが、カワク・スカイ王が、戦でコパンの一八ウサギ王を捉え処刑してから両国の力関係が逆転した。よく整備されたキリグア遺跡公園にたつカワク・スカイ王の大きな石碑に、この史実がマヤ文字で刻まれている。公園の敷地内で数名の男女がマヤの儀式を執り行っていた。

図（8-25）キリグア遺跡

一三時半、グアテマラ最大のイサバル湖とここから流れ出るドルセ川岸に突き出たレストランで、カリブ料理タバド（ココナツ・シーフード・スープ）を食した。周囲のテーブルは地元のひとや観光客で賑わっている。明るい戸外での食卓は、いつも楽しい。湖岸には多くのボートが係留されていた。

この後は、一気に北上して最後にペテン・イッツア湖に架かる短いレジェノ橋を渡る。フローレス島にあるホテル・ペテンに、一七時過ぎチェック・インした。湖畔のこぢんまりとした静かなホテルである。ここで二連泊する。

一四、フローレス島の湖岸、熱帯ジャングルの中のティカル遺跡、七〇メートルの神殿に登る

翌一二月一二日六時起床、少し雨模様だ。ホテルの裏庭から湖岸に出た。対岸に人家やテレビ塔が見える。湾曲する湖岸通りに沿って、小規模のホテルや商店が並んでいる。小さな船着き場があり、向こう岸から手漕ぎの舟がこちらに向かっている。島のように見えるが、対岸は本土らしい。数日続いた雨のせいか湖の水面があがり、湖岸の道が水に浸かって行き止まりになっている。

図（8-26）フローレス島のゲート

八時に予定されていた出発を一〇分早めてホテルを出た。皆の集まりが早いのである。検問所があるレジェノ橋を渡って、サンタ・エレーナ地区に入る。小島ながらフローレス島は、湖中の別世界といえる。マヤ時代は、イッツア族のシャーマン（占い巫女）が住んでいたという。

本日は、フローレスの北六〇キロにあるグアテマラ最大のマヤ遺跡ティカルの日帰り観光をする。フローレス、ティカルを含むこの地域はペテン県に属し人口約四〇万、土壌が痩せているので、牧畜やパーム油、遺跡観光に頼っている。道の辺にマヤ・ナッツと呼ばれるラモンの樹が茂っている。その実を粉にしてトルティージャを作るという。

図（8-27）ティカル遺跡第四神殿

一〇時にティカル遺跡の入口に着いた。私達は簡単な地図を片手に、一六平方キロという広大な敷地内に分散している遺跡群を見て回った。ティカルは紀元前からマヤ人が住んでいたらしいが、その全盛時代は紀元七、八世紀である。五世紀全盛期を迎えたメキシコ市北方のティオティワカンの影響を受けているようだが、その衰退後にティカルの方は発展を続けたのである。私達はビジターセンターで遺跡全体の模型を見てから右手のジャングルの中の道を辿り、まずコンプレックスRとQと呼ばれている二つの神殿に登った。神殿の前には、不揃いの形をした六基の石碑が並んでいた。さらにジャングルの中の木の根道を進んで、遺跡の西端最奥にある四号神殿の下に立った。四〇段ほどの苔むす石段の上に小山の様な拝殿を載せた七〇メートルとティカルで最も高い神殿である。どのようにして最高所まで登れるのかと訝っていたら、樹木で隠れていた裏側に手摺のついた木製の階段が、ジグザグしながら最高点まで通じているのだった。拝殿の石に腰かけ、あたりを見回した。見えるのは、延々と連なる樹海である。その中で一つだけ白い頭を覗かせていたのは、五七メートルの第五神殿だった。

次に「失われた世界」の天文台に登り、先ほど頂だけ見た第五神殿の麓を歩いて大広場に出た。第一神殿はハサウ・チャン・クイリ王の墳墓、これに対峙する第二神殿は王の妃「一二金剛インコ」の墓という。マヤの王族の名前には、先に触れた「一八ウサギ王」など面白い響きのものがある。小高いアクロポリスに登って、全景の写真を撮った。開けた場所なので観光客の行き来がよくわかる。人間に交じって大きな美しい鳥が歩いていた。横でカメラを構えた添乗員の前川さんが、「野生の七面鳥のようです」という。遺跡内の大きなレストランで、ランチ・タイム。

午後は、土器博物館に立ち寄り、遺跡で発掘された副葬品や土器を見学した。帰途のバスの中で前川さんが、グアテマラのノーベル賞作家アストリアスを紹介した。実は前夜マックス氏にアストリアスの文学へのマヤ伝承の影響について簡単に触れて欲しいと注文していたのである。ただ彼は、アストリアスの作品をあまり知らなかったようだ。前川さんは、自身で急遽調べた範囲でアストリアスと彼の作品に触れた。

一七時半、ホテル・ペテンに戻った。

一五 ベリーズ入国、カハル・ペチ遺跡、マヤ式アーチ、熱帯の動物園、ブルー・ホール

八時に、二泊したホテル・ペテンをチェック・アウトし、一〇〇キロ離れたベリーズとの国境に向かう。湖沼地帯を抜けパパイヤ畑を走った。一〇時四五分、グアテマラ入出国管理事務所で約一週間案内してくれたマックス氏と別れた。彼はユーモアがあって、親しみやすいガイドだった。代わってベリーズのガイド、カルロス氏と合流する。いよいよ今度の旅の七番目、最後の訪問国に入った。

ベリーズは、一八六二年英領ホンジュラスと宣言し、首都をベリーズ・シティとする英国植民地になる。一九八一年、コモン・ウエルスに加盟し、英国女王を元首とする立憲君主国として独立した。この時、首都が小都市ベルモパンに移っている。ただし歴史的にスペインやグアテマラが英国人の領有を認めた事実はなく、グアテマラとの間に領土問題が残っている。四国より少し広い国土に三〇万余人が住む、農業が主体の小国だが石油も採れる。

入国してすぐに野外レストランで、昼食になった。午後、サン・イグナシオ市郊外の丘の上にあるホテ

図（8-28）増水したマカル川

ル「カハル・ペチ・ビレッジ・リゾート」にまずチェック・インし、身軽になって麓のカハル・ペチ遺跡を訪ねた。この遺跡は、紀元前一〇世紀から紀元九世紀にまたがる長い時間軸に造られた都市遺跡群である。遺跡中で重要とされるのは、多数発見されている逆V字系のマヤ式アーチだ。マヤ文字や石碑がないため、分析が進んでいない。

この後に訪問する予定だったシュナントゥニッチ遺跡は、マカル川の増水により艀が運航を休止したため取りやめになった。代わりに明日、近くの熱帯動物園を訪ねることになる。おかげで時間が出来たので、川岸の露天市場を覗いたり、近くのスーパーマーケットで買い物をしたりした。一六時ホテルにもどる。一九時の夕食まで三時間もあるので、麓のサン・イグナシオの遠景を撮ったり、広い敷地の庭を散歩した。武井氏、井上氏、松岡氏、松崎さん等の酒好きは、階下のレストランの片隅で、旅の最後の酒宴を開いた。

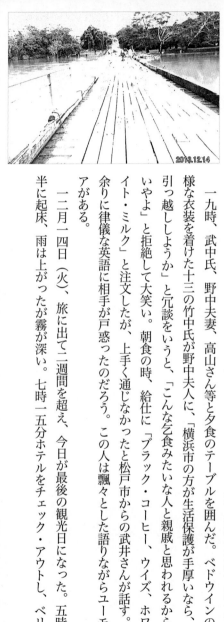

一九時、武中氏、野中夫妻、高山さん等と夕食のテーブルを囲んだ。ベドウインの様な衣装を着けた十三の竹中氏が野中夫人に、「横浜市の方が生活保護が手厚いなら、引っ越ししようか」と冗談をいうと、「こんな乞食みたいな人と親戚と思われるからいやよ」と拒絶して大笑い。朝食の時、給仕に「ブラック・コーヒー、ウイズ、ホワイト・ミルク」と注文したが、上手く通じなかったと松戸市からの武井さんが話す。余りに律儀な英語に相手が戸惑ったのだろう。この人は飄々とした語りながらユーモアがある。

一二月一四日（火）、旅に出て二週間を超え、今日が最後の観光日になった。五時半に起床、雨は上がったが霧が深い。七時一五分ホテルをチェック・アウトし、ベリーズ・シティに向かう。途中でシュナントウニッチ遺跡の代替の訪問地ベリーズ動物園に立ち寄ることになっている。時々点灯した対向車が、霧の中から現れた。

八時半、動物園に着いた。週日の早朝から開園しているのか訝っていたが、この動物園は、八時から開いているという。園内は熱帯植物がジャングルのように密集していた。いわば自然に近い環境の中で、そこに生息している動物が観察できるのだった。貘（tapir）、吠え猿（Howler monkey）、ツーカン（長い嘴と極彩色の羽毛を持つ国鳥）、眼鏡フクロウ（spectacled owl）、鼻熊（白毛で鼻が尖る）、小型山猫（tiger cat）などに対面できて、みんな幼年時代に戻った気分でしばらく楽しんだのだった。

一二時から、ベリーズ・シティの海岸にある小型機専用空港から、三機のセスナに分乗して、サンゴ礁が広がる沖合にある「ブルー・ホール」までの遊覧飛行をした。海面に隆起したり水面下に拡がるサンゴのリーフを眼下に見ながら飛行すること一五分ほど、前方に見事な円形の濃紺の海面が見えてきた。セスナはその上空を幾度も旋回しながら、撮影のチャンスを与えてくれる。このブルー・ホールは、サンゴの上に堆積した石灰層が陥没してできたものという。海底に開いた火山の噴火口のようだ。深さ一二〇メートル、直径三〇〇メートルの見事な円形ホールで、ダイバー憧れのスポットになっている（口絵28−29参照）。

期待と緊張のセスナ飛行が終わって、ベリーズ市内で中華料理の遅いランチを食した。これで、今回の「中米七ヶ国――パン・アメリカン・ハイウエイ縦断の旅」は、実質的に終わった。あとは往路と逆に、サン・サルバドル、ロスアンゼルス、成田、伊丹を経由する帰国の旅を残すだけである。

（二〇一四年一月一〇日、記）

第九章　ブラジルからボリビアへ
——北パンタナール、レンソイス、スクレ、ポトシ、ウユニ塩湖、ラ・パス

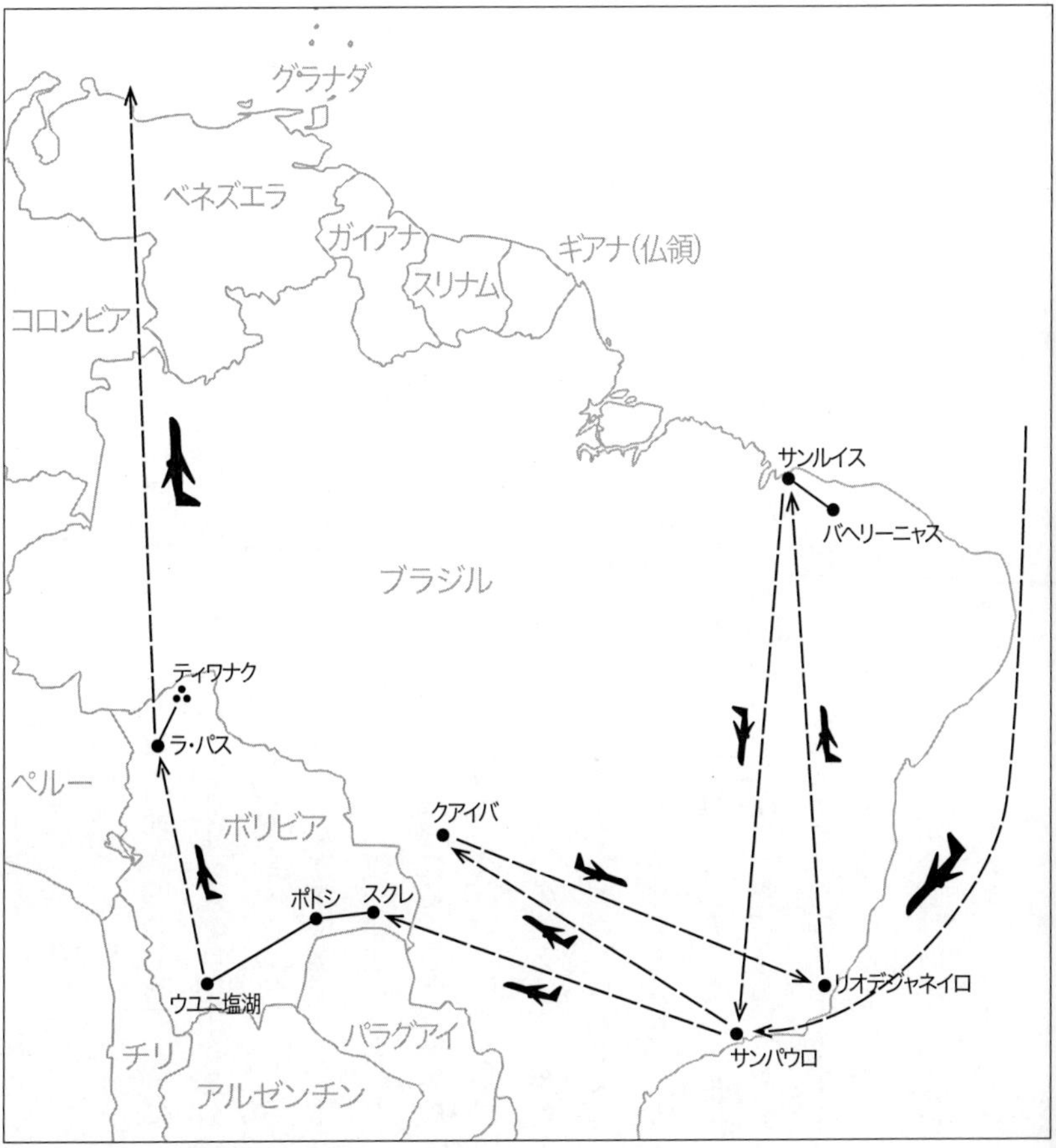

一．ブラジルのサンパウロからクアイバへ、北パンタナールのクリカカ・ロッジ

成田、ダラスと乗り継いでブラジルのサンパウロに、二〇一四年八月二九日、現地時間の七時四〇分に着いた。飛行場で約五時間待ち、空港内のレストランでコーヒーを飲みながら参加者交互の自己紹介をした。今回は、ブラジルとボリビアの自然をめぐるD社主催の一四日の旅、添乗員釣巻氏を除いて一一人が参加している。夫婦が二組、残りは男性二人女性が五人それぞれ単独参加だった。女性が優勢である。千葉県鋸南市から来られた田村氏とは、単騎参加の男同志ということで旅行中最もよくご一緒することになった。鋸南市は、内房鋸山の麓の保田町などの合併で生まれた、私には耳新しい市である。しかし旧名の保田なら、鋸山の日本寺や魔崖仏を訪ねた折に立ち寄ったことがあり、浮世絵師菱川師宣の出身地として知られている。歴史的背景と無関係に地名をやたらに変更されると、戸惑うことが多いのである。二組のご夫婦のうち神奈川県逗子から来られた伊藤夫妻は、近年どこかでお会いした記憶があった。はたして、昨年五月ウクライナの旅の同行メンバーだった。骨格たくましい伊藤氏は、以前は日本中の登山に熱中していたが、近年少し目が不自由になった夫人に付き添って外国旅行に同行するようになったという。成田空港で最初に顔見知りになった神戸から一人参加の西尾さんは、気楽に話せる女性だった。

午後のゴル航空（ブラジル）で最初の訪問地北パンタナールの入り口の都会クアイバに向かう。クアイバ着一五時、人口七〇万、高層ビルも目立つマットグロッソ州の州都である。一八世紀のゴールド・ラッシュで開けた街だ。空港で機内預かりの荷物を受け取って、とりあえずほっとした。今回は海岸沿いの低地から、四〇〇〇メートルを越える高地へと気候条件の差が大きい地域間を移動するため、多くの衣類を

図（9-1）パンタナール縦貫道路のゲート

携帯している。もしなにかの手違いで航空機間の荷物の転送がうまくいかなかったら厄介なことになる、と少し心配していた。僻地の旅では着替えを最後まで入手できず苦労したという噂話を、よく耳にしているからである。空港を出たところで、地域ガイドのディージェー氏の出迎えを受けた。

私たちは、クアイバ市を出てさらにおよそ三時間、バスで北パンタナールの奥地に向けて南下した。パンタナールは、サンパウロの西北、アンデス山地とブラジル高原のあいだの海抜八〇から一五〇メートルほどの低地にあり、わが国の本州ほどの面積を持つ大湿原の総称である。パンタナールとは、ポルトガル語で「大沼沢」を意味する。この湿原の水はすべて、パラグアイとブラジルの国境を流れるパラグアイ河に注いでいる。大湿原の一部パラグアイ河の周囲が、貴重な水性動植物の生息地として二〇〇〇年世界自然遺産に登録された。今回は、そのうち北パンタナールのほんの周辺を訪ねるに過ぎない。

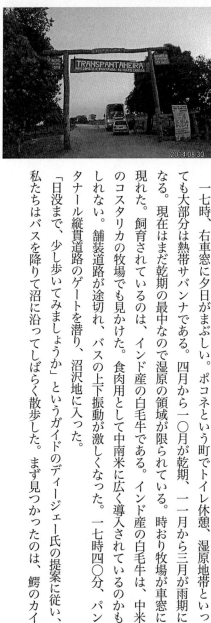

一七時、右車窓に夕日がまぶしい。ポコネという町でトイレ休憩、湿原地帯といっても大部分は熱帯サバンナである。四月から一〇月が乾期、一一月から三月が雨期になる。現在はまだ乾期の最中なので湿原の領域が限られている。時おり牧場が車窓に現れた。飼育されているのは、インド産の白毛牛である。インド産の白毛牛は、中米のコスタリカの牧場でも見かけた。食肉用として中南米に広く導入されているのかもしれない。舗装道路が途切れ、バスの上下振動が激しくなった。一七時四〇分、パンタナール縦貫道路のゲートを潜り、沼沢地に入った。

「日没まで、少し歩いてみましょうか」というガイドのディージェー氏の提案に従い、私たちはバスを降りて沼に沿ってしばらく散歩した。まず見つかったのは、鰐のカイマンである。初めは、ディージェー氏の指摘がないと分からなかったが、目が慣れると沼地のそこかしこに群棲しているのを見分けるようになった。これまで南米大陸には、北米同様アリゲーターしか棲まないと思っていたが、それより大型のカイマンもいることが分かった。大きな白サギも見つかった。疎林の中の空き地には、一メートルほどの高さの白蟻塚もある。一八時、大きな夕日がサバンナに落ち、急に夕闇がせまる。一八時過ぎ、保護区内のクリカカ・ロッジに着いた。事務所や食堂を中心に、平屋の宿泊棟が散在していた。そのひとつに、伊丹空港を発ってからおよそ四〇時間かかって初めて旅装を解いたのである。

二．パンタナールでのサファリ三昧、野鳥の天国、ハンモックでの転寝、ボート・サファリでの小さな事件、珍獣貘との出会い

翌朝六時、けたたましい鳥の声で目覚めた。アラン・グアンという中型の黒鳥の鳴き声という。庭を散歩していると、体長五〇センチほどでカピバラに似た小動物に出会った。クアチという同じげっし類の仲間である。七時、食堂に出掛け英国風朝食を摂る。本日は、終日パンタナールでサファリの予定が組まれている。九時にロッジを出た。

しばらくバスで移動した後、小さな湖沼沿いに歩いて自然観察を始めた。先ず小型の鶴のようなロゼアーテ・スプンビル（ベニヘラサギ）を数羽沼中に認める。両脇にばら色の線が走り、全身白い羽毛に覆われている。ついで左の木の梢に啄木鳥が止まっていた。足元の水際で、動物が動く気配がした。人の気配を感じて、小川の向こう岸にいる親のあとを追うカピバラの子供達だった。親の体長は、二メートルほどであろうか。対岸の草むらを親子が転がるように走った。

図（9-3）クラーロ川のカイマン

図（9-4）クラーロ川

黄色や藤色の花弁を全枝につけた中型の樹木は、ブラジルの国花イペーという。特にこの時期黄金色の花を咲かせたコガネイペーが美しい（341頁　図9－2参照）。水牛が数匹沼の中にいた。農作業が機械化し、家畜としての役割を失った水牛が、野生化したのだという。白サギが纏いついて、水牛についた虫をつついていた。オーストラリア原産のダチョウに近いエミューも見られた。

トウカーノ（オニオオハシ）、や黒い顔面に赤い首をした最も大きな白鳥トゥユユも身近に飛翔する。無論、全てディージェー氏の指摘で、気づくのである。遠くに見えていた公園事務所に一一時に着いた。一二時からの昼食にはたっぷり時間が余っているので、それまでここで休息する。長距離を歩いたわけではないが、日ざしがきつく少し疲れがある。事務所横の軒下に釣巻氏がセットしてくれたハンモックに数人が横たわった。近くの大木に次々にやってくる野鳥を見上げながら半ば仮眠の状態である。日陰では、涼風が心地よい。

一二時から小一時間のビュッフェ・ランチを済ませて、午後のサファリを再開した。バスで、リオ・クラーロの岸まで移動し、今度はボートでサファリをする。一行は、長さ五メートルほどのボートに二班に分かれ、ライフ・ジャケットを装着して乗り込んだ。リオ・クラーロは、川幅約一〇〇メートル、水深は平均一二メートルもあるという。「澄明な川」という名称と違い、川面は緑色に混濁している。ボート・サファリの観察対象は主に水鳥である。南米アオサギ、アメリカトキコウ、キングフィシャー（ヤマセミ）、嘴が太く派手な羽毛のツーカン、川鵜などが次々に現れた。野生のサルの群れ、生まれて間もないような小猿も高い木の枝を自由に移っていく。

最後に、船頭が長い竿の先に餌のピラニアを付けて鵜やサギを誘き寄せたり、カイマンを水上高くジャンプさせたりした。出発点の船着場に近付いたとき、他方のボートが遅れて川中に止まっていることが分かった。エンジンが故障したのか、あるいは何か事故があったのかと私たちのボートが引き返す。事実は、東京から参加していた山下夫妻のうち夫の山下氏が居眠りしていて、川に落ちたらしい。ライフ・ジャケットを着けていた為、帽子を失っただけですぐに浮上してことなきをえたのだった。近くにカイマンがいたら大変だった。奥さんの方も反動で頭から水をかぶり、一瞬わけが分からなかったという。

傍らにいた西尾さんに

「夢から覚めたら目前に水面が迫っていた時の心境を、インタビューしてみましょうか」とマイクを突きつける仕草をしてみせたら、

「あら、おかしい。でも明日はわが身かもしれませんよ」と彼女は笑った。

当の山下氏は、この事故にもめげずそのまま一六時からのナイト・サファリにも参加し、揺れるマイクロ・トラックの荷台の上で、再び転寝をしている。この人は、座れば居眠りをする人であることが、その後の旅行で分かった。

ナイト・サファリの収穫は、子連れの猪一家、野生の鹿、夢を食うといわれる獏に出会えたことだった。特に夜行性の獏を見るのは難しいのである。参加者を喜ばせようとディィージェー氏が懸命に探してくれた

おかげである。

ロッジでの夕食は、ビーフ・ステーキ。京都から参加の橋本さんの誕生日にあたり、皆で「ハッピー・バースデイ」を歌い、ケーキのお相伴にあずかった。

三．リオを経由してブラジル北東部のサンルイスへ、レンソイスの遊覧飛行、世界文化遺産のサンルイス旧市街、バへリーニャスへのバス移動

八月三一日、五時三〇分起床。ガイドに伴われ、八人で早朝のサファリに出掛ける。高い樹上からサルが一斉に威嚇の声を挙げ、小猿が小枝を投げ落とした。疎らに生えている椰子の多くは、抱かれるように寄生植物フィグ（fig）のつるで十重二十重に巻き付かれ、締めあげられていた。フィグといっても日本のイチジクとは全く別種である。巻きつかれた椰子は、いずれ枯死する。「椰子にしてみれば、まるで結婚サギにあったようなものですね」と添乗員の釣巻氏が珍妙な比喩をいった。明け方、けたたましく鳴いていた黒い鳥アラン・グアンを実見した。

図（9-5）椰子に取り付いた寄生蔓fig

七時朝食、九時にロッジ裏手のジャングル・サファリに出発する。ガイドのあとに付いて行くから皆気楽に談笑しながら歩いているが、一人歩きならたちまち方向感覚を失い迷いそうな木の下道だ。アクリという小さなバナナのような実を拾い上げたディージェー氏は、一同に其の味を試させる。酸味があり疲労回復に効くという。この実を好むホエザルにも出会った。このジャングルでも目立ったのは、椰子に取り付いてい

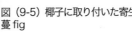

るフィグである。これでは椰子が全滅してしまうのではないかと思ったが、そこは自然界の均衡が働いているらしい。ジャングル奥の沼で一休みして、ロッジに引き返した。

今回は大湿原のほんの周辺をそれも乾期に訪ねただけだから、パンタナール全体を語ることはできない。ただサファリといっても、小型の動物、主に水棲の動植物の観察だから地味である。アフリカ大陸のケニアやタンザニアで出会う象やキリンのような大型動物、ライオン、犀、チーターのような猛獣を期待する人には物足りないだろう。ただ、ラムサール条約で重視されているように、このような湿原が自然界の生態系のバランスを維持し、渡り鳥など野鳥の生存を支えているのである。

早めの昼食を済ませ、一二時にロッジをチェック・アウトした。クアイバ市に戻ったのは一五時。予定の航空機の出発時間が一時間遅れたため、リオデジャネイロに到着したのが二一時だった。しかしリオは本日の中継地に過ぎない。二三時再び離陸し、日付が変わった九月一日午前二時にブラジル北東部の大西洋に面したサンルイスの空港に着陸した。ブラジルは、やはり国土が大きい。真夜中なのに小さな空港内の待合室は、大勢の人で混み合っている。到着したばかりの航空機が折り返し運行するのかもしれない。当地のガイド、レオニダス氏の出迎えを受けた。ギリシャ神話に出てくるような名前だが、色浅黒いブラジルのひとである。三時半、グランド・サンルイス・ホテルにチェック・イン、四時半からわずか二時間の仮眠をとる。このホテルは質も立地も今回の旅程中最高で、短時間の滞在はもったいないと思った。しかし、ベッドにのんびり横たわっている余裕はない。六時四五分、モーニング・コールの電話がけたたましく鳴り、地上階のレストランに下りていく。マンゴー、椰子の実、葡萄等の果実と菓子パン（ケサージヨ）で手早く朝食を済ませ、八時にホテルをチェック・アウトした。

世界遺産のサンルイス旧市街の観光は後回しにして、明日地上で見物するレンソイスの白砂漠の全貌をあらかじめ空中から遊覧しておこうという。セスナ機の会社から、少しでも早い時刻が都合がよいと連絡が来ていたらしい。私たちのバスは、昨夜と異なる小型機専用の小空港に急いだ。一行一一人は、クジで三人、三人、五人の三つのセスナ機に分乗し次々に目的地に向かった。私は、一番機の操縦士の右に、山下夫妻は後部座席に座った。

さて、今回の旅のハイライトのひとつレンソイスの白砂漠とはなにか。ブラジル東北部の大西洋岸、サンルイスから南東バヘリーニャスにかけて三〇〇キロを越える広大な地域をカバーするレンソイス・マラニャンセス国立公園の白い砂丘を指している。砂の成分は、石英の微粒子である。この粒子が、強い日光を乱反射して白く見える。六月頃から一〇月にかけて、土中に浸透した水が湖となって白砂漠の中に現れるという。

セスナ機は、海岸地帯の低地の上を飛んでいた。雲海が広がる一〇〇〇メートルより低い高度を進む。次々に海へ流れ込む河川が現れる。いずれも低地を縫って唐草模様のように見事に蛇行を繰り返していた。赤屋根の人家が見える。時々赤い屋根が集まり集落を形成した。白く伸びる直線は、道路だろうか。飛び立ってから三〇分ほどで眼下の景観は一変し、一目でそれと分かる白砂漠上空に来た。無数の曲線の縞模様が、砂丘表面に広がっている。軽い砂の粒子が海の強風によって飛ばされ、砂丘の上に形成された段差のある帯状の風紋だった。強い太陽光線のため、風紋の表面と日陰の明暗が見事なコントラストをなす。

操縦士は、高度を一〇〇メートル近くまで下げて、砂丘の上を旋回してくれた。風紋は、微妙な曲線を連ね、次々に押し寄せる波頭のようにひとつの方角に向かって走っている。風紋の影の部分にラグーナ(干潟）と呼ばれる水溜ができて、無数の小さな三日月湖を形成する。この白黒の縞模様が、遥か彼方まで延々と地表を覆っているのだった（巻頭口絵　9－6参照）。自然界という最高のデザイナーが、広大なキャンバスの上に緻密に計算し、しかし自由闊達に描いた雄大な芸術品である。少し緊張した稠密な一時間半ほどの空中散歩を終えて、私たちはサンルイスに戻った。

図（9-8）サンルイスの市街②

サンルイス市は、マラニヨン州の州都で人口一〇〇万人の大都会。ブラジルの中で唯一フランス人により一七世紀初頭に建設され、ルイ一三世にちなんで市名とした。しかし、一六一五年にポルトガル人が取って代わり、ブラジルで砂糖黍のプランテーションが発達すると、砂糖の積み出し港として栄えた。プランテーションの労働力としてアフリカ人奴隷が導入されたのもこの港である。しかし、一九世紀にプランテーションの衰退により、この町も寂れた。サンルイス市が復活するのは二〇世紀の後半、世界最大級のカラジャス鉱山の鉄鉱石が発見され、その輸出港となってからである。衰えていた植民地時代の旧市街地も復旧された。一九九七年、この歴史地区がユネスコの世界文化遺産に登録されている（341頁　図9－7参照）。

旧市街は、大西洋に面した入り江の奥深く、アニル川の河口に突き出た丘の上にある。一行は、ポルトガル通りから、干しエビなどの海産物が並んだカーザ・ダス・チュルハス市場を抜け、旧市街の中心カルモ広場を回り、町の守護神ビトリアを祀る白亜のセー教会を訪ねた。最後に、政府庁舎や裁判所が並ぶドン・ペドロ二世広場に戻ってきた。この広場の一角には、泊まったばかりのグランド・サンルイス・ホテ

図（9-7）サンルイスの市街①

図（9-2）コガネイペーの花

図（9-9）アズール湖

図（9-15）ガリガリコの花

図（9-17）ポトシの旧造幣局（博物館）

図（9-21）ウユニ塩湖①

図（9-27）ボリビア国花カントウタ

ルがある。アニル川と入り江も見下ろせるのだった。

　これまでに私は、中南米で多くの植民都市を見てきた。その家屋の特徴は、大きく縦長の窓、赤、青、黄、緑、橙と原色に近いカラフルなタイルを張った壁面、上階窓外の金属模様のバルコニー、細い路地の石畳道などである。サンルイスも典型的な、コロニアル・シティだった。私たちは、坂道の石段を登り下りしながら、立体的な町の散歩を楽しんだ。グランド・サンルイス・ホテルで、昼食を摂る。

　午後は、レンソイス・マラニャンセス国立公園の入り口バヘリーニャスまでの二七〇キロを一気に東に向かって移動する。一八時半、目的地のポサーダ・デ・リオにチェック・インした。このホテルはロッジ式で、敷地内に数棟の二階建が並んでいる。鋸南市の田村氏と私は、同じ棟の隣室に割り当てられた。ところが磁気性のキーを鍵穴に差し込むと、三〇秒後に室内灯が消えるのである。田村氏も同じことを繰り返していた。受付で尋ねたら、キーを鍵穴の中途まで挿入したら点灯し、奥まで差し込むと消えるのだという。ホテルごとにシステムが異なるのは仕方がない。しかし慣れない旅人に、ややこしいキーを使わせるのは困ったことである。

　夕食は、広い庭園があるレストランまで出掛けた。手元がよく見えない夫人の手をいつも引いている伊藤氏を見て、

「優しいご主人で、幸せですね」と山下氏が夫人に声を掛けた。

「私は、養子で立場が弱いもんで」と大柄な伊藤氏が冗談をいう。山下氏の方は、夫人はそっちのけで、いつも一人気侭に動いているのだった。

四．四輪駆動車で白砂漠へ、砂丘の中の湖と生息する小魚、ボニート湖で泳ぐ人

ポサーダ・デ・リオは、熱帯植物が茂る敷地内にロッジが散在している。瓦屋根がついた簡素なゲートを潜った前庭には、ブーゲンビリアが全面にピンクの花をつけた枝葉を広げていた。タイル張りの道を奥に進むと、プレゲイシャス川の畔に出た。川幅二〇〇メートルほど、水量豊かな川である。屋外プールもある。爽やかな朝の空気を楽しんでいると、神戸からの西尾さんがやって来た。

「昨夜は気づかなかったけど、いい場所ですね」

七時、レセプション横のレストランで朝食、マンゴー、パイナップルなどの果実や生ジュースが美味しい。九時、二台の四輪駆動車に分乗して、北の海岸寄りにある白砂漠観光に出発した。すぐに、プレゲイシャス川のカーフェリー乗り場に着いた。フェリーは、二台の車が乗れば満杯という小型のもの、私たちは船縁の手摺につかまって、緑色に濁った水面を見ていた。五分ほどで対岸に着く。このあたりには、金網を廻らせたココナツの農園が集まる。

農場や村を過ぎると道が悪くなり、車が揺れ始める。三〇分ほど走って、灌木帯に来た。灌木の間に白砂の自然の道が曲がりくねっている。高低差のある砂丘にあわせて灌木の中の道も上下する。通常の車で走れる場所ではない。四輪駆動車でも、上下前後にジェットコースターのように大揺れした。やがて前方に、大きな白砂漠の壁が近付いてきた。

灌木も途切れた空き地に来た。茶店がある。私たちはここで車を降り、添乗員の示唆でスポーツ・サンダルを脱いで裸足になった。砂地に足を捕られ、いくら注意をしても微細な砂の粒子が靴に入るのである。白砂が熱いのではないかと思ったが、意外に熱気がなかった。むしろ足裏マッサージをしているようで気

図（9-10）レンソイスの白砂漠

持ちよい。

最初の一〇メートルほどの砂丘を登ると、反対側の底部が半月湖になっていて青く澄んだ水を湛えている。アズール（濃紺）湖という（341頁　図9－9参照）。その水際を歩いて、次の砂丘を上がる。その裏側には新しい湖が現れるのだった。かくて、次々に砂丘を登っては、プレギアス湖、エメラルド湖、ペイッシュ湖を廻り歩く。ペイッシュ湖では、体長二から一〇センチほどの小魚が無数泳いでいた。お菓子の断片を落とすと、一斉に群がってくる。乾期に他の湖が干上がってもこの湖は残るので、小魚が生息できるらしい。このような生き物が、もともと何処で発生したのか。ＮＨＫ日曜一九時半からの番組「ダーウィンが来た！」の中で「ラグーナの魚は何処から来たか」と放送があったそうだが、私はその結論を知らない。その先のオアシスと呼ばれる緑地帯まで歩いて、引き返した。アズール湖に戻ってくると、欧米からの観光客らしいグループが水着で泳いでいた。

一二時、少し灌木帯に入ったオアシスの中でランチを摂り、一四時半までの長い昼休み。用意されたハンモックで午睡する人もいた。午後は、ますます道ともいえぬ道を洗濯機の中の衣類のようにもみくちゃに揺さぶられながら、バスで別の場所に移動した。丸い藁屋根で覆われているキオスクや土産物店が並んでいる休憩地だった。すぐ横に六〇メートルほどの砂地の急坂がある。一部には、体を支えるロープも張られていた。伊藤夫人等数人は、諦めて麓に留まった。しかしこの急峻な砂丘は、登る価値があった。波打つような砂丘と砂丘に残る湖が遥か彼方にまで連なっている。昨日の遊覧飛行で鳥瞰したように、白砂と湖が地上に描くシュールな紋様が数百キロも広がっていることを改めて確認したのだった。

すぐ近くの湖でも、泳いでいる人々がいた。私たちは十分時間があるので、釣巻氏の薦めに従い砂丘をひとつ越えたボニート（きれいな）湖まで足を伸ばすことにした。ボニート湖は、白砂漠でこれまで見てきた湖の中では最も大きい。既に数人の水着姿の女性がいた。釣巻氏は、率先して上着を取り水着姿になり湖水に浸かった。誰も続かないので少し期待はずれの表情をする。さいわい神奈川県からきた佐倉さんが下に水着をつけていた。湖の水深は一メートルほどしかない。

図（9-11）バヘリーニャスのロッジ

砂丘の麓に戻り、茶店で木の皮に包まれた蒸した椰子の実を試食する。一七時二〇分、私たちは帰途に着いた。落日が迫っていたが適当なポイントがなく、良い写真が撮れなかった。

五．サンルイスに戻る、フォルタレザ経由サンパウロまでの空路、ホテルでの事件

九月三日、六時に目覚めてホテルの周囲を散歩した。一晩でも過ごした町で、ホテル以外何も見ないで立ち去るのは心残りがするからである。記憶も白紙になってしまう。一〇分もあれば中心部を歩いて回れるほどの小さな町だ。キャベツやスイカなどを並べた店、肉屋、開店準備中のパン屋などが並んだ朝市を見て戻る。

七時三〇分、北西のサンルイスに向けて、二日前に来た道をバスで戻る。約四時間の行程、一〇時前、トイレのための小休止。一〇時四五分、椰子の林に囲まれた小集落を通り過ぎた。このあたりの民家は、

図（9-12）バヘリーニャスの市場

赤と黒い瓦を組み合わせた平瓦拭きの屋根に赤煉瓦を積んだだけの壁で統一されている。

一一時、長々と連なった貨物列車と併走する。何キロ車列が続くのかわからない。むろん機関車も、一〇個ほどの貨物車ごとに一台連なっている。全て内陸部からの鉱物をサントス港に運んでいるのである。貨物車がバスの車窓後方に見えなくなってから、とある駅の構内に待機している機関車に率いられた貨物列車を見た。先ほどの長い貨物の車列にこの駅でそのまま連結されて、一層長い貨物列車としてサントスに向かうのだろう。

右手に、水を輸送するパイプ・ラインが走っている。一一時半、少し大きな川を渡る。一二時、ようやくサンルイス空港に着いた。空港で、チョコやマグネットを買う。

一三時一三分定刻に離陸、一昨日の遊覧飛行で飛んだ同じコースをさらに高所から鳥瞰する。レンソイス白砂漠の広がりを改めて理解した。バヘリーニャスを越えた先にも、小レンソイスの白砂漠が続いた。機首が海岸地帯から内陸部に向かったと思ったらまもなくフォルタレザの高層建築群が見えてきた。これまでその名さえ知らなかったが、二五〇万の人口を持つブラジル有数の大都会だった。ブラジルの都市の中で、ヨーロッパ人が始めて上陸した歴史的場所でもある。ただ今回は、サンパウロに移動する経由地に過ぎない。一四時三二分の定刻にフォルタレザ着、一六時四五分再び定刻に離陸、今度はサンパウロまで三時間半の飛行であるが、着席するや眠ってしまった。

二〇時過ぎ、サンパウロ空港に着陸。日系ブラジル人長谷川氏の出迎えを受けて、空港近くのマルコポーロ・ホテルに二一時にチェック・インした。ただちに、ホテル

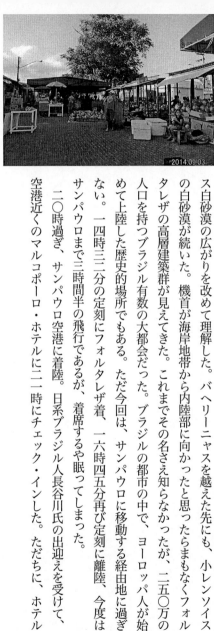

のレストランで夕食を摂った。ただ、レセプションでの事務手続きの雑踏の中で、釣巻氏が自身のパスポートを入れていた手鞄を盗まれてしまった。さて、明日からのツアーはどうなるのか。いささか不安を感じながら、明日のボリビア入国に備えて荷物の詰め替えをする。低地のパンタナールやレンソイスと異なり、これからは高所の旅になる。

六、ブラジルからボリビアへ、世界遺産の街スクレ、ガリガリコの花と赤いセーターの生徒たち

六時に起床し、暫時ホテル周辺を散歩した。壊れかけた家屋や造成中の空き地があり、雑然とした街区で雰囲気はあまりよくない。釣巻氏と長谷川氏が道路わきの溝を覗いていた。金目のものを手に入れれば、盗人は鞄を手早く道端に放棄するかも知れないという。残念ながら、添乗員のパスポートは戻ってこなかった。釣巻氏は、新しいパスポートが発行されるまで、サンパウロに残らなければならない。ボリビアのスクレまでは、長谷川氏が一行に同行することになった。

八時、ホテルを出て空港へ向かう。長谷川氏に教えてもらって空港内のサッカー・ユニフォーム店に立ち寄った。同行の豊中市からきた上田さんも付いてきた。彼女もブラジルのサッカー・チームのユニフォームを頼まれているらしい。この店で、サンパウロの地元の三大チームのひとつコリン・チャンスのユニフォームを手に入れる。上田さんが頼まれたチームの名とは違うが、コリンチャンスも有力チームと私が保証した。実は、ブラジルのクラブ・チームの名など全く知らなかったのだが、息子が書いたメモの受け売りだった。本物のユニフォームなので、二一〇リアル（約一〇〇ドル）もかかった。

ボリビアのサンタクルス行きのゴル航空は、一〇時一〇分離陸、サンタクルス着が一三時丁度、しかし

サンタクルスも本日の目的地ではない。ここで三時間の待合の間に、空港のレストランで伊藤夫妻と合い席でランチを済ませる。

「ボリビアでは、四〇〇〇メートルを越える場所を歩くことになります。奥さん、高所は大丈夫ですか」ご主人の伊藤氏が山登りの達人であることは分かっている。

「もちろん、二人でヒマラヤに行ったくらいですから」と伊藤氏。「ただし遊覧飛行でしたが」

彼は、今回一ドル紙幣を五〇枚準備してきたという。先日の遊覧のときも飛行士にチップを渡したそうだ。「金は使いようですよ。おかげで白砂丘を至近距離から楽しませてもらいました」

現在、彼は好きな登山を止めて、もっぱら奥さんの外国旅行に同伴しているらしい。「養子の身は辛いよ」などと冗談をいいながら目が少し不自由な夫人の歩行を助けているが、自身も結構楽しんでいるようだ。

一七時、人口二三万のスクレに着いた。二七〇〇メートルの標高がある。飛行場でボリビアの滝谷さんの出迎えを受けた。彼女にバトンを渡した長谷川氏は、明日の飛行機でサンパウロに戻る。

ホテルに向かう前に、早速ユネスコの世界遺産に登録されているスクレ市の旧市街を観光した。

一五四五年、南に一六〇キロ離れたポトシに銀山が発見されると、その管理のため当地にラ・プラタ（銀）市が建設された。一八二六年、この地で共和国として独立宣言したとき、南米独立運動の指導者シモン・ボリーバルの名に因んで国名をボリビアとし、初代大統領の名を冠してラ・プラタ市を首都スクレと改名している。スクレは、ボリーバルの副官だった。その後、最高裁判所以外の主な政府機関はラ・パス市に移ったが、スクレは名目上の首都として現在に至っている。

私たちは、市街地の北西にあるボリーバル公園から歩き始めた。高い樹木が茂る下道に芝生が広がり、

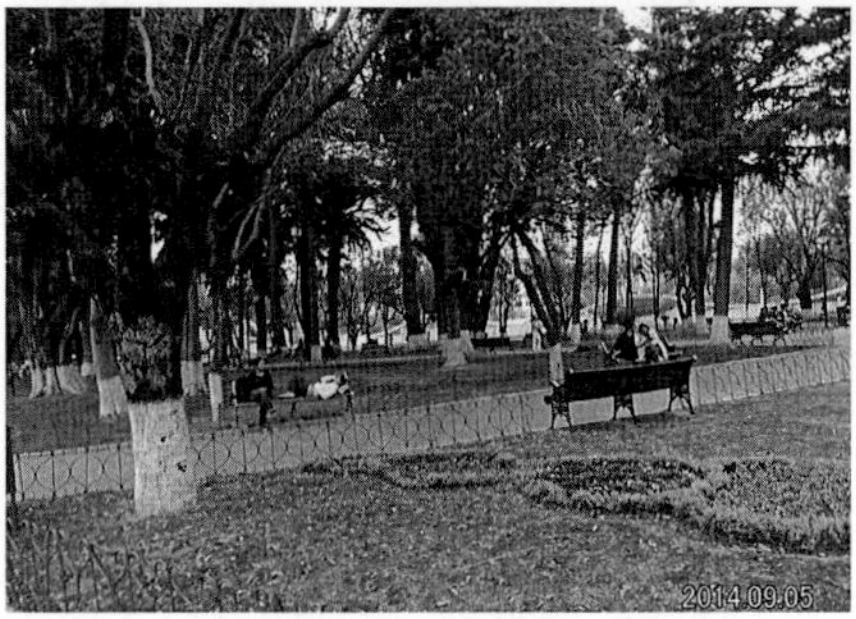

図（9-13）スクレのボリーバル公園

ベンチに人々が憩っている。ボート遊びができる池もあった。「この国のエッフェル塔をお見せします」と滝谷さんがいう。やがて木立の陰から、先細りした白いミニ・エッフェル塔が現れた。公園に隣接する四角の塔を持つ白亜の建物は、最高裁判所だ。正門に、赤、黄、緑の横縞からなる国旗が靡いていた。ラヴェイオ通りに沿ってさらに南東に進むと、同じく白亜の市内最古のサン・フランシスコ教会がある。現在スクレ市は、建物の壁を白く塗ることが条例で定められているという。町全体が、明るく清潔な雰囲気に包まれている。

サン・フランシスコ教会の前から道を南西方向に曲がり、スクレ市の中心五月二五日広場に出た。中南米では特定の月日をつけた広場が多いが、その殆んどは独立に関わりを持っている。中心にボリーバルの像が立つ。この広場の一角にある白い「自由の家」は、独立文書が調印された建物である。内部には歴史図書館などこの国の歴史を語る史料が保管されているが、時間外で立ち寄れない。私たちは正門の上に時計塔があるカテドラルの内部に入り、中央祭壇左手の美しいマリア像だけ拝観した。南米のカトリック国では、キリスト同様マリア信仰が盛んらしい。

日没前に市街地南部のラ・レコレータ修道院のある高台へと急いだ。アーチ状に開かれた修道院の長い回廊が崖の上に連なり、スクレ市街地の絶好の展望所になっていた。低地に広がる赤い甍に白壁の旧市街、彼方にはアンデスの支脈が連なっている。その峯々に黄昏が迫っていた。同行の仲間は、そこらに散ってシャッターを切っている。私は、背後の修道院の中庭にも注意を向けた。太い幹から頑強な枝を分岐した木が、全面に真紅の花を咲かせていた。滝谷さんに尋ねると、ガリガリコの木という（341頁　図9-15参照）。

図（9-14）スクレ市街

中庭には、赤いセーターの制服を着た男女の生徒がたむろしている。中学の高学年生と思われた。可愛い女子生徒に声を掛け記念撮影を撮ろうとしていたら、男の子が割り込んでくる。結局、頑強な男子生徒に肩を抱かれた記念写真が出来上がった。そうこうしている内に、夕日が山の端に迫った。残照に浮かび上がった美しい山稜のシルエット写真が、いま手元にあるアルバムに残っている。

スクレのヴィラ・アンティグア・ホテルは、旧市街の便利な場所にあったので、夕食後に数ブロック先の五月二五日広場まで今一度ひとりで散歩した。片隅で人々が、楽器の演奏を楽しんでいる。ベンチでは、家族連れが談笑していた。周囲のカフェの明かりが広場を包む。治安がよくリッチな空気がここには流れていると思った。

七・アルチプラノ（アンデス高原）の移動、ピルコマヨ川の吊橋、黒いソンブレロ姿の農民、ポトシ銀山

翌朝五時半のモーニング・コール、六時一〇分朝食、七時の出立。ポトシ経由のバスによる長い移動が始まった。高度も四〇〇〇メートルまで上がることになる。次第にボリビアの高地に順応してゆく行程である。アンデス山脈は、ボリビア内で東西に別れ、その中央部を占める高原地帯をアルチプラノ（アンデス高原）と呼ぶ。アルチプラノは海底の隆起により生まれた。本日は、そのアルチプラノの中の移動になる。

谷間の斜面に、家並みが見える。リャマやアルパカが放牧されている。いずれもアンデス地方固有のラクダ科の動物である。同じ科のビクーニャは絶滅危惧種として特別に保護されているという。鉄条網で囲

図（9-16）ピルコマヨ川の吊橋

われた兵舎の空き地で、兵士の訓練が行われていた。この国は徴兵制である。七時半、車両のチェック・ポイントで、バスが暫時停車した。主要な道路にはこのようなポイントが設けられているらしい。何をチェックしているのか。コカの取り締まりが厳しいのである。アルチプラノの主な農産品は、ジャガイモ、トウモロコシ、大麦など、三〇〇〇メートルを越える地帯で収穫できるものに限られる。

七時四五分、道の辺に小さな祠を見つけた。しばらく走っていると別の祠もある。ガイドに訊くと、交通事故死者の遺族が建てたものという。公道では、結構飛ばすドライバーが多く、交通事故が頻発するらしい。あまり楽しい話ではない。

八時一七分、右手を併走しているピルコマヨ川に架かる吊橋が見えた。端の両端が城門のように高い二本の塔で支えられている。塔の上部には見晴台や狭間まであり、まるで城砦のようだ。過疎の山間部にしては目立つ橋なので、小休止して皆で写真を撮った。二本のジャカランダが、薄紫の花をつけていた。豪華な吊橋に比べ、木や石造りの貧しい農家、畑地に黒いソンブレロを被った農民の男女が佇んでいた。このあたりが、本日の移動中の最低部二二〇〇メートル地点である。

九時、バスは急速に高度を上げ、アルチプラノの台地部に来た。一見平地を移動しているように思えるが、実際は四〇〇〇メートル前後の赤茶けた高原を走っているのである。日干し煉瓦造りの農家が散在する。一〇時、カラチバンパというポトシの入り口に来た。高い煙突が立ち、廃車の集積場がある。

ポトシは標高四〇七〇メートル、世界で最高所に位置する都市のひとつである。一五四五年、市街地の後背に聳えている茶褐色の、後にセロ・リコ（富の山）と呼ばれるようになった山で銀鉱が発見されてから、この街は一躍脚光を浴び、多くの労働者を引き寄せた。ポトシの銀は、ペルーのリマ、パナマを経由して本国に持ち込まれ、スペイン帝国に膨大な富をもたらした。ポトシ（Potosi）のスペルを図案化して現在のアメリカの$マークが生まれたのである。この街は、一六、七世紀におけるスペイン帝国の富の源泉であり、国力の基盤であった。銀の鉱脈は掘り尽くされたが、スズやタングステン鉱山としてセロ・リコは現在もボリビア経済発展に寄与している。

私たちは、コロニアル風な建物が残る狭い路地を抜けて、ポトシの独立日を記念する一一月一〇日広場近くの旧造幣局に向かった。現在博物館として公開されている。門を潜ると噴水がある四角い中庭に出た。第二の門の上に、口を開けたインディオ風の髪型をした大きな首が掛けてあった。入場してきた若い人たちが、両方の手の平を向けている。風変わりな首からなにかの魔力を得るためらしい。この首は、富の神とか、セロ・リコで銀鉱を発見した原住民を模したものとの説がある（342頁　図9－17参照）。

銀の鉱石は、まずフイゴによる九〇〇℃の熱風で溶融された。ついでコイン室で展示されている大きな歯車を持った大型鋳造機に流し込まれる。この歯車はラバの力で回転し、鋳型からコインを押し出すのである。

その横にある大型金庫は、新しいコインの保管だけでなく、各地の教会での信者の喜捨を纏めて本国に輸送するときにも使われたものである。金庫の鍵も馬鹿でかく複雑だ。いずれにしてもポトシを中心に、多量の銀が本国の政府や教会本部に集められたのである。主な輸送手段は馬車と船だった。当時の馬車も保存されている。

一二時から一三時半まで、市内のレストラン「エル・エンペドラリージョ」で、店名どおりの石焼料理

図（9-18）ポトシ銀山セロ・リコ

の昼食休憩。丸い土鍋に焼け石を置き、トウモロコシ、ジャガイモ、ソラマメ、唐ガラシらを加え、タレをつけて食べる。滝谷さんに午後の予定を訊くと、ただちにウユニに移動を開始するという。セロ・リコに立ち寄る暇は無い。ポトシ発祥の原点である山を撮らないで立ち去るのは、心残りである。私は、レストランを中座し、数ブロック歩いて建物に遮られないセロ・リコの山をカメラに収めた。市街地のはずれに聳える赤茶けたコニーデ型の禿山である。

一四時半、一〇〇〇メートルほどバスが下った。丸坊主の小山に囲まれた草地を走っている。放牧されている黒毛のリャマを見た。一五時、赤褐色の岩山が連なり、小川の縁りに数軒の家が並んでいる。枝垂れ柳が一本。一五時半、谷合に小さな集落が現れた。草を食むロバ、農民が畑地に鍬を入れている。畑地の周囲に灌木が散在する。海底が隆起してできたアルチプラノは塩濃度が高く、農作に向いた土壌とはいえない。大きな樹林も育たない。一六時三〇分、かつて銀鉱山があったというプラカイユのゴースト・タウンを過ぎた。

一七時ちょうど、ようやくウユニの街に着く。風が強く、塵埃が空中に舞った。くすんだ褐色の殺風景な町並みだ。私たちは、塩湖地帯の移動のため四輪駆動車五台に分乗し「塩のホテル」に向かった。私は一人参加の田村氏と相乗りした。バスのドライバーは、ただちにポトシまで引き返すらしい。起伏の多い山道を夜走るのは大変だと思った。

四輪駆動のドライバーに、ホテルまでどのくらい掛かるかスペイン語で訊いてみる。三〇年ほど昔二年ほど学校に通っていたから、簡単なガイドブックや説明書の内容は理解できる。しかし会話言葉は、基礎的なものさえ殆んど忘れてかけている。ドライバーの名前はレミ氏、ホテルまでは約二〇分かかるという。黄昏始めた道は、土色から次第に灰色に変わる。塩湖地帯にいると、何処が道路か分からぬような灰色の台地を私たちは走った。前後に続く四輪駆動車以外は、物体が見えない薄明かりの平原を進む。一八時、明かりが見えたと思ったら、今宵から二連泊する塩のホテル「クリスタル・サマナ」だった。

八．塩のホテル、ウユニ塩湖の遊覧、インカ・ワシに登る、月影の塩湖、南十字星

九月六日、六時に起床しホテル周辺を歩く。ホテルは、円柱状の二階建ての中央ホールから客室に通ずる通路が延びているレンガつくりの建物である。すぐ近くにも一つだけ宿泊地らしい建物がみえる。あとは塩混じりの土砂からなる荒蕪地が広がっているだけだ。

図（9-19）ウユニ塩湖のホテル

ホテル内部の床やベンチ、ベッドは、塩でできている。暖炉横の小熊の彫刻も塩を素材にしている。誰かがホテルを塩で作ることを思いつき、観光客が物珍しさに集まるようになったため、現在までに三軒の塩のホテルが建てられた。それまではウユニの街に簡易な宿が点在するだけだった。そもそもウユニ塩湖が観光地として知られるようになったのも近年のことなのである。土地の人にとっては、塩湖など生まれたときから見慣れた平凡な風景だった。むしろ、作物栽培に適さない不毛な荒地に過ぎなかった。ウユニ塩湖が貴重な観光資源であることを教えたのは、外国からの旅人である。とはいえ、珍しい体験ができたという点を除けば、塩のホテルは格別なものではない。快適さでは通常のホテルに及ばないだろう。床のざらざら感には馴染めないし、

木製の温かみが欠けている。そのうえ乾期の今は、室内が肌寒いのである。

七時半、朝食のため中央ホールの二階食堂に行き、三日ぶりに添乗員の釣巻氏に再会した。一行がスクレ、ポトシ、ウユニと移動しているあいだ、彼はサンパウロに足止めされ、孤軍奮闘していたのである。まず、パスポートの再発行には、本籍地の証明書や住民票の写しが必要になる。本籍地の所在地によっては、証明書の取得にも時間がかかる。ブラジルと日本の時差も考えなければならない。週末にあたれば、双方の官庁が閉まる。だから、通常はパスポートの取得には最低でも一週間から一〇日かかることを覚悟しなければならない。現地、日本官庁の反応も、常に敏感とは限らない。これらの条件をクリヤーして釣巻氏は、何とか一行に合流することができた。彼は、サンパウロからペルーのリマ、ボリビアのラ・パスと乗り継いで今朝ウユニに到着したのだった。

一〇時、昨日と同じ組み合わせで四輪駆動車に分乗してウユニ湖の遊覧に出発した。塩湖は、雪原に似た広大な白い原野である。高峻なアンデス山脈もこのあたりでは遥か地平線近くまで退いている。私たちは、まず塩湖の中の唯一の村コルチャニに立ち寄った。土産物店が並ぶ裏手に小さな塩工場があった。小柄な工場主が出てきて、挨拶した。製塩の行程はいたって簡単である。原塩は、近くでいくらでも手に入る。それを集めてきて、一袋一五〇キロを三〇分乾燥粉末化し、これにヨードを加える。ただそれだけだから、二、三分で説明は終わった。村の屋台店で塩を買う人もいたが、私は塩を使ったマグネットや絵葉書を手に入れた。

塩湖の地下に流れている川が地上に間欠泉のように吹き出している場所があった。硫黄の匂いがする。火山性のものだろうか。元祖塩のホテル「プラヤ・ブランカ」の前に、パリ・ダカール・ラリーの白い大き

図（9-20）インカ・ワシ

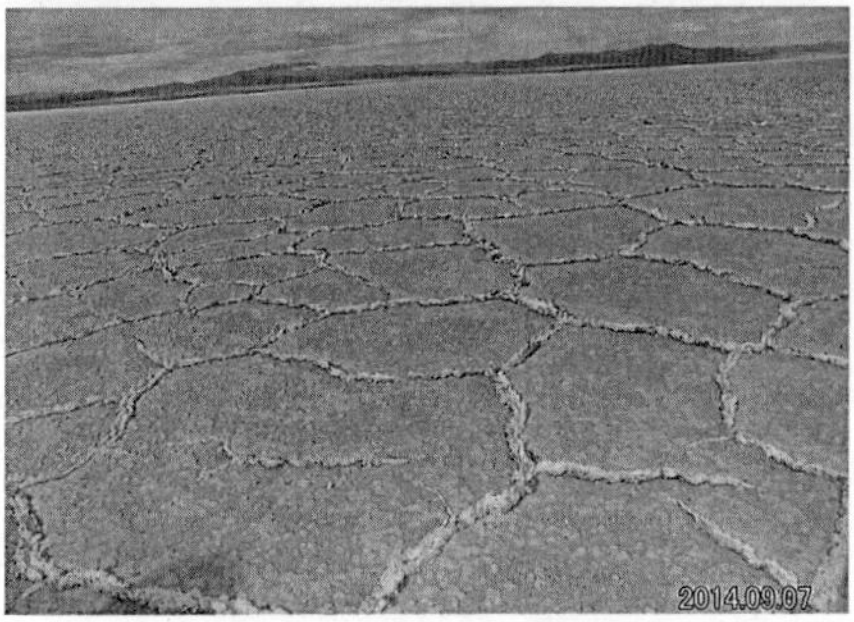
図（9-22）ウユニ塩湖②

なモニュメントが建っている。台座にボリビアの国名が彫られていた。数年前から治安上の理由で、パリ・ダカール・ルートが変更されたと聞いていたが、現在は塩湖の中を通り抜けているのである。近くの平地に、棹ざしの国旗が何本も立っている。各地からの旅行者が持ち込んだらしい。日本の国旗は見当たらなかったが、皆で写真を撮った。

塩湖の中にただ一ヶ所、インカ・ワシ（インカ人の家）と呼ばれる小さな丘が見えた。近付いてみると丘の下部は、針千本のようにサボテンが林立しているのだった。希望者数人が、四〇分の制限時間内に丘の上まで歩いた。二億年前の海底隆起による丘なので、水成岩の間に珊瑚跡が残っている。サボテンは土着の住民により後から植えられたものである。三四三二メートルの最高所に立つと、殆んど遮るものが無い広大な白い大地を実感する（342頁 図9－21参照）。塩湖の中には、他にもいくつか類似の丘があるらしいが、もっと長い滞在が必要になる。「朝の出発を早めたら、もっとゆっくり散策できたのに」と鋸南市の田村氏は少しご不満のようだったが、足腰が弱い人も参加しているから仕方ないのだろう。二人で最後に丘を降りてきたら、「あら、男性組みは意外に遅いわね」と先に下りていた神戸から来た西尾さんや厚木市からの佐倉さんに冷やかされた。

一四時から、塩湖の真ん中に急遽セットされたテーブルを囲んでピクニック・ランチを楽しむ。メインは、これまで幾度もお目にかかったリャマのステーキに、サラダ、缶ジュース、リンゴなど、リャマの肉は意外に柔らかい。釣巻氏特製のチラシ寿司は、評判がよかった。

食後、水が溜まりやすい場所に移動したが、雨季に見られる水鏡のような塩湖の様子を観察することはできず、携帯した長靴を利用する機会がなかった。塩湖の表層に浮き出た亀の甲羅のような紋様が美しかった。塩が固化するとき生ずる現象らしい。一旦ホテルに戻り数時間の休憩、ベッドに横たわっていたら眠ってしまい、けたたましい電話のベルで起こされた。暮れのウユニ湖と星空見物のお誘いである。今回のツアーは、夕暮れにこだわりがあるような気がする。北パンタナールのナイト・サファリで見た夕景、レンソイスの林間に落ちる日輪、スクレの修道院の展望台から眺めた市街地の背後に沈む太陽、そして塩湖の彼方アンデスの山並みを浮き上がらせる残照。日が沈むと、月の明るさが目立ってきた。塩湖に長い人影を映し出す月影。たまたま今夜は、満月だった。その月が、昼間に見た亀の子紋様を茶褐色に染めて、一層くっきりと輪郭を地上に浮き彫りにしていた。その上に私の二本足の影が、数十メートル先までくっきりと伸びているのだった。

地上界の鑑賞が終わって、今度は天空の観察がはじまった。子供のころ叔母に教えて貰い、主な星座や一等星の名を覚えたものだが、長い歳月の間星空を観察するゆとりも無く過ごして、星の名前もおおかた忘れてしまった。そのうえ、視力が衰えている。月明かりのため星の輝きが目立ち難いが、南半球に来たのだからせめて南十字星くらいは見ておこうと思った。仲間の数人は、目ざとく見つけて教えてくれるが、よく分からない。この星座には目立つ一等星が無いからだ。しびれを切らせた田村氏が、私の腕をとり人差し指を無理やり南十字の方に向けた。ようやく目的の星座が見つかった。寒いので一枚ジャンパーを羽

図（9-23）塩湖上に伸びる影

織る。用意されたマテ茶やココ茶で、少し温かくなった。

ホテルに戻り夕食。カボチャのポタージュにチキン、イチゴのムースが出た。室温がさがり冷気を感じる。釣巻氏が一同に湯たんぽを配った。子供のときから殆んど湯たんぽを使った経験がなかったが、足元に入れてみると意外に心地がよい。そのまま布団に潜り込んで、朝まで熟睡した。

九．月の谷、ラ・パスの町歩き、最後の晩餐とフォークロアのショー

五時のモーニング・コール、六時のチェック・アウト。ところが、五台予約していた四輪駆動車が三台しか来ない。止むを得ず、三台の車に人と携帯品を詰め込んで飛行場に向かった。七時半離陸、アマゾナス航空でラ・パスに向かった。しばらく窓下に塩湖を見る。

ラ・パス国際空港は、四〇〇〇メートルを越えるアルチプラノにある。百万都市ラ・パスの中心部セントロからは一二キロしか離れていないが、移動には小一時間掛かった。ラ・パス市が擂り鉢状の斜面に広がり、セントロはその谷底近くに所在している。バスは、急峻な斜面上に密集する人家の中の路地をジグザグに抜けて次第に低所に降りていった。逆にこの市街地は、底部から高所へと発展してきたのである。谷底には植民地時代からの旧市街、教会、官庁や高層ビル、高級住宅地、ホテル街が連なり、サンタクルス通りや七月一六日通りなどのメイン・ストリートが走っている。遅れてこの街に来た移住者達は、傾斜地を上へ上へと居住区を広げていった。かくて現在、市の高所が貧困層の居住区になっている。

私たちは、七月一六日通りから伸びるアルセ通りのリッツ・アパート・ホテルに一旦荷物を預け、市街

図（9-24）ラ・パス―月の谷

地から一谷東に隔てられた「月の谷」の観光に出掛けた。ドライバーが急いでいるのは、たまたま今日が「廃棄ガス規制日」にあたり、車両の通行が制限されているからである。市内の観光は、規制が緩和される夕方に急遽変更された。谷合に発達したラ・パスは、特に廃棄ガスの滞留に弱いのである。

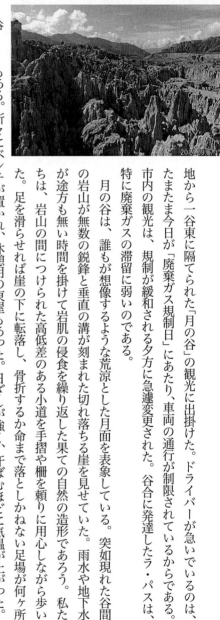

月の谷は、誰もが想像するような荒涼とした月面を表象している。突如現れた谷間の岩山が無数の鋭鋒と垂直の溝が刻まれた切れ落ちる崖を見せていた。雨水や地下水が途方も無い時間を掛けて岩肌の侵食を繰り返した果ての自然の造形であろう。私たちは、岩山の間につけられた高低差のある小道を手摺や柵を頼りに用心しながら歩いた。足を滑らせれば崖の下に転落し、骨折するか命まで落としかねない足場が何ヶ所もある。所々にベンチが置かれ、休憩用の東屋もあった。日ざしが強く、汗ばむほどに気温が上がった。いささか驚いたのは、目の不自由な夫人の手を引きながら伊藤氏も月の谷を一周したことだった。一時間掛けて入り口に戻り、早めのランチを済ませる。午後は、夕方までホテルでの休息時間。ホテルはイサベラ円形広場前の都心にあったので、仲間数人と近くのスーパーまで買い物に出掛けた。

一七時に観光再開、まず市街地東北部にあるキリキリ展望台に登り、これから歩く旧市街の一角を見下した。市街地の中心部は既に日が翳っている。背後の人家が密集した斜面上部は、日照で赤茶けて光った。さらに遠景に、霞んだアンデスの山々があった。市街地の中心部にあるムリリョ広場に下りていく。この広場を囲んで東側に時計塔がある白い国会議事堂、南面にエビ茶色二階建の大統領官邸とカテドラルが並んでいる。大統領官邸の玄関前には、赤いチョッキを着けた数人の衛兵が立つ。広場の敷石では、子供た

図（9-25）キリキリ展望台から見たラ・パス市街地

図（9-26）ムリリヨ広場と議事堂

ちが撒く餌に沢山の鳩が群がっていた。大きく伸ばした枝先に、真紅の花を目いっぱい咲かせた数本の樹木があった。ガイドの滝谷さんに訊くと、「国花のカントウタです」という（342頁　図9－27参照）。広場の角にボリビア全土の基点となる標識プレートがあった。

数ブロック坂を上がった所は、コロニアル風の大きな窓と色とりどりの美しい壁を持つ民家が連なるハエン通りに出た。これまで中南米各地を旅してきたから私も、コロニアル風家屋は一目で分かるようになっている。ここには独立運動の指導者ペドロ・ムリリョの家もあった。続いて、サンタクルス通りを南西に横切り、サガルナガ路地に来た。このあたりは魔女市場といわれリャマの胎児のミイラや先住民のエケコ神を写した人形、呪いグッズなどを雑多に配置した少し怪しげな小店が並んでいる。

散歩の最後は、サンタクルス通りに面した一六世紀創建のサン・フランシスコ教会である。市街地に明かりが灯り始めた。夜のミサが始まる時間まで少し待って、内部に入った。これまで見飽きるほど訪ねたので教会への関心は少し薄れているが、仔細に観察するとそれぞれに特徴が認められた。この教会は、内部正面が三つの祭壇で仕切られ、中央祭壇の金箔がひと際まぶしく輝いている。右の祭壇には、フランチェスカの黒衣像が立つ。左右の通路壁の窪み（キユープラ）にもそれぞれ六体の黒衣の聖人像が並ぶ。外に出ると、完全に日が暮れていた。ハエン通り近くのレストランで、ショーを見物しながらのこの旅最後の晩餐を摂る。二人のドイツ人客を除けば、私たち一行の貸切といった雰囲気である。ギター、クラリネット、竹製のパイプ（サンブク）、チャランゴ、太鼓からなる楽器による演奏で、その合間に民族衣装をつけた男女の踊りが加わった。「リャマを飼う人の踊り」「さあ、皆で踊りましょう」「カーニバルの踊り」などの曲目があった。陽気な音楽であるが、どこかに哀調を感じるのは、インディオの音感から来るものか。楽器の演奏者は、みな明らかにインディオ系のひとたちである。最後にドイツ人も一緒に輪になって踊った。二二時半、ホテルに戻る。

一〇．ティワナク遺跡とモノリト（立像）、帰国便の遅延

七時間熟睡して六時に起床、八時地上階で朝食を済ませた。九時に荷物を出し、一〇時の出発を待つ。ところが予定のバスがなかなか到着しない。途中の道路事情によるものらしいが、私たち旅行者には貴重な時間のロスである。小一時間遅れて出発した。「どこかで観光時間が短縮されるに違いない」と田村氏が批判した。「毎日平均六万円ほどかかっているとすれば、一時間当たりに参加者が失う損失は約五〇〇〇円にもなるし、二度と見れないものもある」

一一時半、ようやくラ・パスの傾斜地を抜け出し台地の上に達した。空港があるエル・アルト市に入る。今夕この空港から帰国の途につくのだが、それまでさらにペルーの国境近くまで約七〇キロ北に移動し、ティワナク遺跡を見学することになっている。一三時、ティワナク遺跡前の博物館に着いた。

この地ティワナクに文化が栄えたのは紀元五世紀から九世紀ごろである。その消滅の原因としては、気候の乾燥化や南方のアイアラ族の侵攻説がある。いずれにしても、インカ文明に先立ちかなり広大な範囲

図（9-28）モノリト（立像）

に高度の文明が存在していた。両文明の間には高度の石器技術など多くの共通点が見られる。ティワナクは、インカの祖先が生んだ文明の可能性がある。ただし、インカは一人の皇帝が支配していたのに対し、ティワナクでは複数の神官による指導体制だった。この遺跡の数キロ先に、インカ発祥の地とされるチチカカ湖が広がっている。

博物館内には、神官を造形したと見られるモノリト（立像）、粟や稗に近い穀物キヌア、天上界を示すコンドル、あるいは地上世界を示唆するピューマを模した土器、埋葬方式などの展示品があった。博物館の見学を終えて、近くのレストランで昼食休憩。早速キヌアのスープが出た。

午後、ティワナク遺跡の宮殿と呼ばれている現場に足を踏み入れる。西門を入ると、広い砂利道が東門まで直線的に伸びている。右手の一五メートルほどの小丘は、アカパナと呼ばれる台形ピラミッドの跡である。さらに進むと、巨石を重ねた数メートルの高い壁で四周を囲まれたカラササーヤと呼ばれる一辺一三〇メートルほどの正方形の広場がある。この広場の中には神官（エル・フライレ）立像のほかに、この遺跡を代表する高さ七メートルを越える立像ポンセが立っていた。ポンセとは、このモノリトを発見した人の名前である。帽子を被った四角な顔、胸の前で合わせた両手に支えられた杓、細やかな衣服の襞、縞模様のパンツ。涙を流しているのが、モノリトの特徴といわれる。これはなにを意味しているのだろうか。元はもっと多くのモノリトがこの広場には立っていたのだが、博物館などに移され、現在二体だけが現場に残っている。

カラササーヤの南側には、さらに低所の半地下宮殿と呼ばれる方形の空間があった。その石壁の下部に写実的な顔面像がいくつも掛けられていた。戦闘で得た敵の首とも言われるが、実体は分かっていない。半地下宮殿の中央祭壇には、当時信仰されていたコンチキ神のモノリトがある。結局、時間が足りず、ピラミッド跡には立てなかった。

図（9-29）ティワナク遺跡半地下宮殿

これで私たちの観光スケジュールは終った。後は今宵エル・アルト空港を発ち、サンタクルス、米国のマイアミ、ダラスを経て明後日、日本に帰国する予定だった。だが、今回の帰路はスムースには行かなかった。翌日のダラス空港に午前九時半に到着しながら、飛行機の整備遅れで予定の搭乗時間を一時間も遅れた一四時にようやく機内に乗り込むことになる。しかし結局飛行機は飛ばず、急遽ダラスのホテルでさらに一晩過ごすことになり、帰国が遅れた。

伊藤氏によれば、最初の募集ではこのツアーは、帰途米国内で一泊することになっていたらしい。参加人員の関係でホテルの調整がつかず、三〇時間を越える少し過酷な復路のスケジュールに変更されていたのである。

「家内の体力を考えると困ったことです」と心配していた伊藤氏だが、航空機の故障のため、当初のスケジュールに戻ったわけだ。

「今回の遅延は、伊藤さんの念力が通じたのかもしれませんね」と私が冷やかした。旅を繰り返していると、時折このような予定外の事態も起こるのである。

（二〇一四年一一月一一日、記）

第一〇章　チリ、アルゼンチン再訪

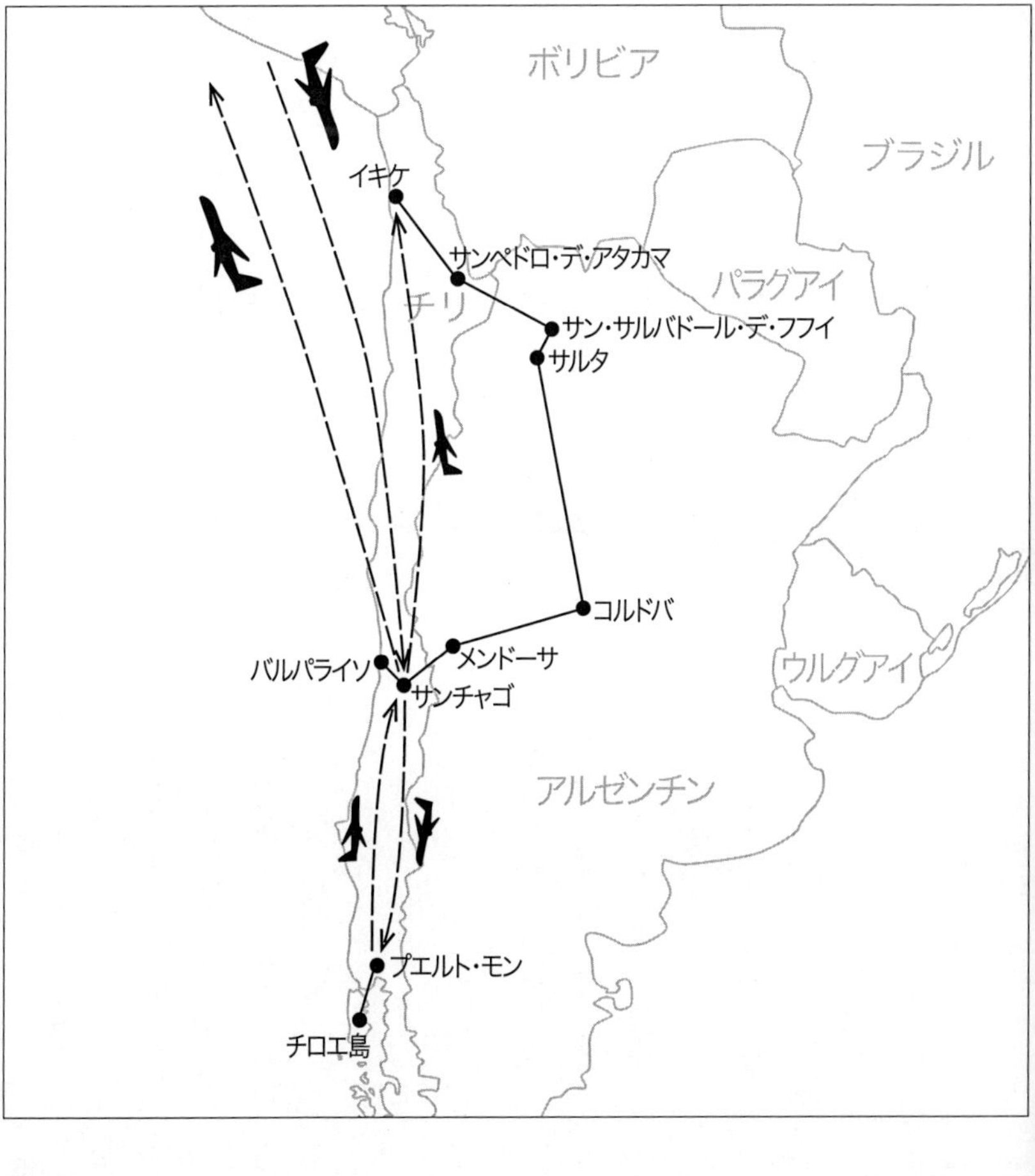

一．プエルト・モン

二〇一五年一月二五日九時二四分、サンチャゴ国際空港に着いた。ちょうど二年ぶりでチリの土を踏む。暑い。真冬の日本から厚着のまま、地球の反対側真夏の国に来たのである。しかし、チリの首都サンチャゴは、今日の目的地ではない。ラン航空の窓口で、サンチャゴから南に一〇〇〇キロ離れたプエルト・モンまでの国内便チケットを購入する。換算すると三一四米ドルだった。日本で購入すれば約四万円だったので、現地ではその半値、せいぜい一五〇米ドルと考えていたあてがはずれた。昨年来の円安は、私のような個人旅行者にとってかなり負担増になりそうだ。

さて、一一時五五分のラン航空に搭乗し、一三時五〇分プエルト・モン空港に降り立った。乗り合いマイクロ・バスで一八キロ離れた市の中心部に向かう。ただ、事務員が中座していたため、同じ飛行機で来た二人のバックパッカーと一緒に、チケット売り場を探して空港内を右往左往した。市街地の西端にあるバス・ターミナルは、プエルト・モンで行動するための基点となる場所である。サンチャゴからの長距離バスやアルゼンチン側サン・カルロス・デ・バリローチェからアンデス山脈を越えてくる国際バスもここに到着するし、ターミナル・ビル内には、観光案内所、各種旅行社がオフィスを構え、食堂、売店、土産物店が並んでいた。

まず、インフォメーションで宿泊施設の情報を得ようとしたが、英語が通じない。近くにいた旅姿の女性が英語で仲介してくれる。ただ、このインフォメーションはホテルの情報を持たなかった。

「ターミナル前の通りの北側にある坂の辺りに手ごろなホステルが幾らもありますから、直接訪問されたほうが手っ取り早いですよ」

　という仲介の女性の意見に従うことにする。この後の旅行中、英語が通じ難いインフォメーションや旅行社の職員には悩まされることになる。英語が通用しやすい欧米と異なりスペイン語圏である中南米では、観光案内所や旅行社の担当者でも英語が理解できる人は限られている。このことはこれまでの旅で十分承知していたのだが、今回はスペイン語のおさらいをするゆとりがなかった。二〇年ほど前学習したスペイン語は、パンフレットなどの文章を読むときには今でも役立つ。しかし意図を直接交換する会話用の語彙力が全く落ちている。二年まえの旅行で、昔から愛用してきたテキストを失ったことも響いた。

　ターミナル北側のディエゴ・ポンタレス海岸大通りを横切り、カーブした坂を登っていくとホステルとかホステージョ（民宿）の看板を挙げた家が並んでいた。少しうらぶれた通りである。そのなかのホステルの一つに立ち寄る。受付の年配の女性は、英語が全く通じない。素泊まり二万三〇〇〇チリ・ペソ(以下、「Cペソ」と略、1US$＝六〇〇Cペソ）の部屋を見せてもらった。あまり活気がないホステルだったが、これに決めようかと思った。ところがクレジット・カードの処理機がうまく作動しない。おまけに、受付に電話が掛かるたびに話が中断し、待たされた。これでは滞在中何かと不便で支障が出ると、このホステルを諦める。

　少しターミナル側に戻った路地に二軒のホテルがあった。そのひとつホテル・セントラルには、受付に英語が話せる中年の男性A氏がいて、てきぱき応対してくれた。他にも従業員がいて、規模も先のホステルより大きい。フロント脇のレストランでは、客が談笑していた。宿泊費は、バス・トイレつき朝食込みで二万二〇〇〇Cペソ（三六US$）という。クレジット・カードも効く。案内された部屋は、中庭を抜

図（10-2）プエルト・モンの青空マーケット

けた別館の二階だった。中型の黒毛の犬が、寝そべったままで私を見上げた。周りは高い塀で外部の闖入者から隔離され、安全上も問題ない。かくてこのホテルが、プエルト・モン滞在四日間の私の宿になった。

バス・ターミナルに戻って、アンデス・ツアーという旅行社の窓口で、明日からの相談をする。ホテル・セントラルのA氏お奨めのツアーを催行していたからだ。先ず明二六日には世界遺産に登録された木造教会があるチロエ島を訪ねようと思う。ツアー・ガイドが英語を話せることを応対した女性に確認した。

プエルト・モン滞在中のスケジュールが一応決まったので、市街地を散歩することにした。一七時を回ったばかりでまだ日は高い。市街地は一キロ半ほどの海岸通の北側数ブロックの範囲にかたまっているから、ゆっくり歩いても一時間もあれば一周りできるだろう。岸壁沿いの遊歩道には、家族連れや犬を散歩させている人の姿が見られた（375頁　図10－1参照）。沖には、島がいくつか浮かんでいて、外洋を遮っている。そのため、波もなく穏やかな海面が広がっていた。さらに進むと、屋台の店が立ち並び青空市場になっている空間に出た。鞄や手提げ、きらびやかな布地、アクセサリー、人形、サングラス、スリッパや履物などの店が、それぞれ客を集めているのだった。今日は日曜だったことを思い出した。このあたりでUターンして、海岸通りの北側を引き返す。市の中心にアルマス広場という小公園があり、その横にカテドラルが建っているのは、チリやアルゼンチンら南米の都市によく見られる特徴だ。ただ、アルマスという呼称の由来は、まだ調べができていない。ローラー・スケートを付けた若者が、私の身体を掠めるように公園の中を駆け抜けていった。バス・ターミナル二階の簡易食堂で、海辺を見ながら軽食を済ませてホテルに戻る。

チリ共和国は、東に迫るアンデス山脈と西側太平洋の間に挟まれた南北四〇〇〇キロを越える世界でも最も長細い国土を持っている。その南は、南米大陸最南端のホーン岬からフエゴ島、パタゴニア地方、北はアリカという町を経てペルー共和国と境を接する。一〇数年前、南極大陸を訪ねた帰途、プンタ・アレナス、プエルト・ナタレスらチリ側のパタゴニア地方を旅したことがあった。しかし、ここでアルゼンチン側に国境を越えて北上したため、プエルト・ナタレス以北のチリの国土が私の頭の中に空白のままで残った。

二年前チリに来たのは、この空白を埋めるためである。そして、サンチャゴの長距離バス・ターミナルで、プエルト・モン行き深夜便を待っていた。その搭乗直前一瞬の隙を衝かれて、携帯していたコロ付き小型トランクを盗まれたのだった。一度は断念したチリ縦断の旅だが、その後どうしても拘りが消えない。少なくともプエルト・モンまでは行かなければならない。完結させなければ、悔いがいつまでも残る。これは一種の執念あるいは脅迫概念だった。旅には人それぞれの目的があり楽しみ方も様々だろう。私にも昔から憧れている景観や歴史的に興味を持っている国々がある。ゆとりのある優雅な旅もいい。

その一方で、旅の楽しみというよりどうしても訪ねなければならない都市や場所がある。自分に課した義務やある種の固定観念という妻にもよく分からないようなマニアックな動機が、しばしば私を旅に誘うのである。自宅を出てから三〇時間以上をかけて、そのひとつプエルト・モンにやって来た。今回のバックパッカーの旅がどのようになるかはまだ分からない。

二、チロエ島の美しい家並み

翌朝七時に本館の食堂で朝食を摂り、ツアー添乗員のピック・アップ・サービスを待つ。八時にアンデス・ツアーの添乗員が迎えに来た。ただ彼女は英語ができない。申し込みのときに確認したはずなのにと不満を口にすると、

「それではキャンセルされますか」という趣旨のスペイン語が返ってきた。キャンセルすれば今日一日が無駄になる。日程に余裕があるわけではない。歴史や地理的背景もよく分からずに観光するのは少し残念だが、せいぜい景観を楽しむことにしよう。そう気持ちを切り替えて、ツアーに加わることにした。

中型のバスは、片側二車線の高速道を湾に沿って走っている。この道路は、南北アメリカ大陸を縦断しているパン・アメリカン・ハイウエイの南部である。プエルト・モンより南の都会プエルト・ナタレスやプンタ・アレナスまでは陸路が途絶え、連絡船に頼らなければならない。いわゆるパタゴニアとは、南米大陸のうち南緯四〇度以南のチリやアルゼンチンの寒冷地帯の呼称である。南緯四〇度線は、プエルト・モンの少し北側を走っていた。つまりプエルト・モンは、パタゴニア地方の北端に位置する都市だった。私がこれまでいつも一月末から二月にかけてパタゴニア地方を目指すのは、この土地の短い夏季を選んでいるからである。

八時半、テングロ島との間の狭い海峡の岸辺をバスが走った。今朝はうす曇の日和で、風景に少し靄が掛かり幻想的である。島の山上に大きな十字架が見える。アンヘルモという美しい漁村を通り過ぎた。多くの漁船が入り江に係留されている。小さな造船所もある。真っ白な粉末が麻布の上に広げられていた。

「塩田ですよ」

図（10-3）サン・アントニオ要塞

前の席に腰掛けていた夫婦のうち夫人のほうが時々振り向いて、たどたどしい英語で添乗員の説明を取り次いでくれた。私と添乗員との最初のやり取りを聞いていたのである。人のよさそうな夫の方は、聾唖者らしい。夫婦は絶えず手話を交わしているのだった。ハイウエイの両側は、針葉樹の林に変わっている。

九時四〇分、チロエ島へのフェリー乗り場に着いた。甲板に車両が固定されてから、私たちは車から出て右舷にある小さな船室やその上のデッキに上がった。先ほどの夫婦が近付いて写真を撮ってくれるという。フェリーが動き出して間もなく、雨が降り出した。風も出て少し肌寒い。船室に下りて、コーヒーを飲む。二〇分ほどでチロエ島に着いた。

チロエ島は、東西五〇キロ、南北二五〇キロもあり世界地図にも載っている結構大きな島である。前述した南極旅行の折に知り合った大津市で電気部品の販売業を営む入江さんから、この島のことを初めて耳にした。五〇代で現役の彼は、登山で鍛えた筋肉質の締まった体形をしていた。南極行きの前に既にパタゴニア各地を気侭に旅してきたらしい。さらに帰途、カーニバル見物のためリオデジャネイロに立ち寄るということで、現地ホテルの手配をするよう家人に電話を入れていた。自営業とはいえ数ヶ月も留守ができるとは、いったいどういう身分かと羨ましく思った。ともあれ、入江さんは世界文化遺産の建造物があるチロエ島の美観を教えてくれたのだった。旅先での同好者間の会話は、しばしば心にひっかかるのである。

バスで移動を再開して間もなく、雲間に青空が見え日照で気温が上がってきた。島は平地が多く羊を飼う牧場がつぎつぎに車窓を過ぎていく。冬の積雪のためか家屋の屋根は低く二重に折れている。一〇時五〇分、島の北部にあるアンクーという町に入った。一八六七年スペイン人により建設された港町で、チロエ島の中心である。アンクー湾を囲む傾斜地に家屋が広がっている。

私達は、まず入江北側の高台にあるサン・アントニオ要塞を訪ねた。町の防衛のため、町の建設とほぼ同時に構築されたもので、広場の一角に百周年を記念する白亜の記念塔があった。湾口に向けて八門の大砲が並んでいた。カリブ海の島々や中南米の海岸で、私はこのような要塞をこれまで数多く見ている。海賊や他の植民者の来寇に備えて、新興の植民地には守備隊の拠点が不可欠だった。実際に、外敵に破壊されて、別の場所に移転した要塞もあった。母国での戦と連動するようにヨーロッパからの移住者は、植民先でも争いを繰り返していたのである。

敷地内で、鳥の羽毛で作った扇やスケッチ画を、男が売っていた。その周りの芝生では、黒や褐色の格別に大きな犬が四匹、じゃれたり寝そべったりしている。今回の旅で以後毎日目にすることになる、自由犬の初見だった。犬好きの私は、日ごろ近所に飼われている数匹の犬と仲良しである。飼い主とも犬を通じて親しくなった。彼等は、当然みな自らを犬好きと信じている。ただし、室内で飼われている小型犬は別にして大型の犬は、朝夕の短い散歩時間を除けば玄関脇の狭い空間に一日中鎖で繋がれていた。私が近付くと、後足で立ち上がり柵の上から顔を摺り寄せてくる。一生の殆んどの時間を鎖で拘束されて過ごす日本の犬が、自分をハッピーと思っているだろうかといつも疑問に思っている。日本社会の情況からやむを得ないともいえるが、自他の敷地を自由に往来している猫族に比べ、あまりに待遇が不公平ではないか。

一方、今回の旅では、チリでもアルゼンチンでも鎖に繋がれている犬は殆んど見かけなかった。首輪を嵌めた飼い犬も、おそらく飼い主のない野良犬も、そこらを自由に徘徊し妨げられることもなく路上で眠り呆けている。小型のテリアなどでなく、大多数が超特大の犬族である。ことの良し悪しや趣味の違いはさておき、当地は犬の天国だと思った。

バスが駐車している所まで戻ったが、集合まで時間があるので入り江を見下ろす坂を少し下る。このあたりの民家は、みな木造である。壁は、薄い板を下部から次第に上部に向かって重ねていく。その上に明るい色の煉瓦屋根を載せるのである。そのような民家のなかで、木立の茂みの向こうに一際目立つ複雑で見事な屋敷があった。入母屋式のグレイの瓦屋根が数列並んだ三階建てのさらに上部に、ひとつ別の入母屋屋根を重ねた城郭のような巨大な木造建築だった。屋根瓦の間には、天窓が開かれている。個人宅にしては大きすぎるので、ホテルかもしれない。なんとかよい画題にならないかと数枚の写真を撮った。坂のさらに下手には、赤い尖がり屋根を持つ小さな家も見えている。此方は、小店かカフェだろうか。

図（10-4）アンクーの木造建築

一一時半全員が集まったところで私たちは、ガソリン・スタンドや市場、スーパーが集まるアンクーの中心部までバスで数分移動した。ここで四〇分間の散策時間が与えられた。とりあえず、カテドラルのある坂の上を目指して歩き出す。カテドラルは、町に相応しく小ぶりな、しかし超モダンな建物。内部には入らず、教会前にある小公園のベンチで休憩した。セーターを脱ぐ。日ざしが強くなり、汗ばんでくる。二股に分かれ密集した枝葉の先に黄色の花を付けた大木が立っている。公園内に、変わった石の彫刻があった。ラマと蛇を混成してできた「カシ・カシ」と称する架空の生き物である。そこに、同行者の数人がやってきた。この少し上手にあるアンクー博物館に行くという。私は、海岸通りから商店街を歩くことにした。小船が数艘係留されているが、大型船の姿はない。向かい側に、倉庫らしい建物がひとつ見えるだけである。小店の並ぶ狭い道路も市場も、人で混みあっている。アンクーは、小さいが活気のある町だと思った。

チロエ島の中央部をさらに一時間ほど南下した。木板の壁にトタン屋根を載せた貧しい民家が散在していた。時々農場が現れ、菜の花畑に変わる。白っぽい葉を付けたトウヒの林、材木工場、八角形の塔のある農家、あれはサイロだろうか。一三時三〇分、島の中部東海岸のダルカウエという町に着いた。海浜に建つ赤壁のレストラン二階で、一時間のランチ・タイム。込み合う店内でやっと見つけたテーブルに着いたが、ボリュームのあるメニューが並んだリストを見て困惑する。時差のせいか体調も今一で食欲がない。各自が負担するのだからランチ・タイムは自由に過ごさせて貰いたかったと思った。ガイドの説明が私に通じていなかっただけかもしれない。ダルカウエは、深い入り江の奥にあり、大小の漁船が舫っている天然のよい漁港である。海辺に伸びた土産物市場の商品は、ショールなどの衣類から、穀物、野菜、魚介類と豊富だった。

図（10-5）カストロの市場

食後さらに三〇分ほど南下して、この島縦断の丁度半分、第二の町カストロに来た。本日最後の訪問地である。カストロの見所の第一は、ユネスコの世界文化遺産に指定された木造教会群である。町には全部で一六あるというが、私たちが訪ねたのは町の中心部にある最大のサン・フランシスコ教会だった（375頁　図10－6参照）。正面左右に二つの高い鐘楼を備えた黄色い壁の建物は、外観は何処にでもありそうな地方の教会だった。しかし一歩教会内部に足を踏み入れると、最初の印象は全く間違っていたことに気

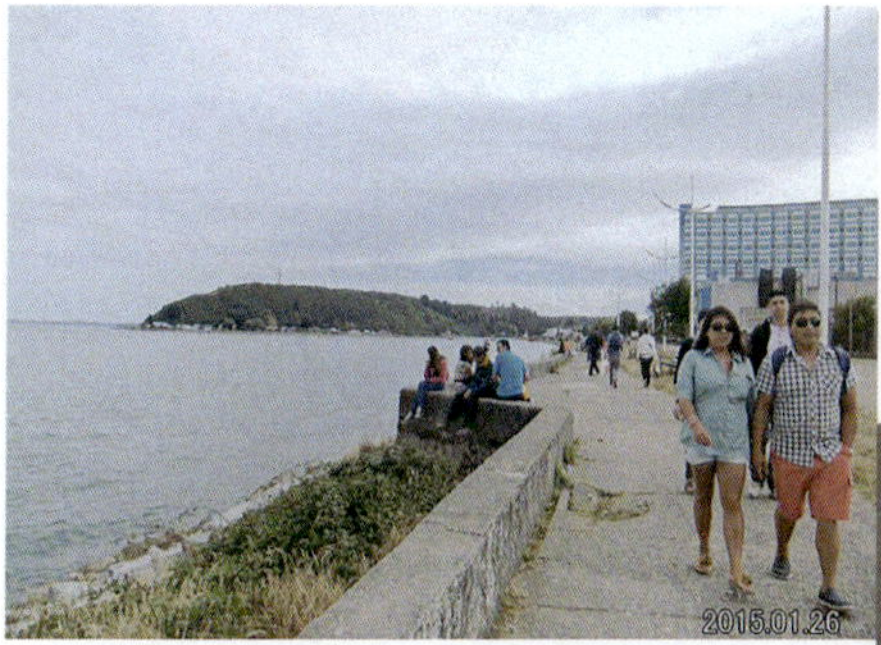

図（10-1）プエルト・モンの海岸

図（10-6）カストロのサン・フランシスコ木造教会

図（10-11）サンタラウラの硝石工場跡

図（10-18）塩湖のフラミンゴ

図（10-19）キヌアの葉

図（10-24）プルママルカの原色の岩

図（10-29）メンドーサ、サン・マルティン公園のポプラ並木

図（10-32）パブリッツア宮殿（著者自筆）

図（10-31）バルパライソ市街

付かされる。これまで飽きるほど見てきた教会独特の形式、内陣や祭壇の配置、重厚な雰囲気とはかなり異質の空間がこの教会内部を満たしている。穏やかな充足感とでもいおうか、威圧感とは程遠い安らぎがそこにはあった。それは、金属とかコンクリートなど硬質の素材を完全に排除した木造の構成から来ているのだろう。左右の回廊も床も落ち着いた褐色の良質の木材が敷かれている。歩くと、柔らかな反応が膝に伝わって来た。天井の複雑に組まれたアーチにも素材の縞目が浮き出ていて、尖鋭さを緩和している。内陣の手前の高い丸天井は、大きな明り取りになり、その奥にある低い天井をもつ暗い内陣とコントラストをなしていた。このような教会が近くにあれば、時々訪ねて思索したり瞑想に耽りたいと思った。

教会に隣接して木造の集会所があり、その間の空き地は幼児達が遊ぶ小遊園地になっていた。その雰囲気もよかったので、絵の構図を考えながら写真を撮る。町の地図を眺めていて、直ぐ近くにラン航空の事務所があることに気付いた。今日もホテルに戻るのは遅くなるし、明日も朝から晩まで観光で出歩く。チリ北部へ移動する航空機のチケットをまだ買っていないことが気になっていた。カストロでの短い時間を利用して入手できるか。幸いラン航空のオフィスには他に客もなく、担当女性はただちに応対してくれた。第一希望はチリ最北の都会アリカまで飛ぶことだったが、これは途中サンチャゴでの接続が悪く、アリカ空港着が二二時を回る。その後で土地勘がないアリカ市内でホテルを探すのは危険なのでこのプランは諦め、アリカより三〇四キロ南のイキケまでのフライトのチケットを手に入れた。アリカへどうしても行きたくなれば、長距離バスを利用すればよい。イキケから四時間ほどの行程だ。バックパッカーの旅は、臨機応変に旅程を修正しなければならない。

チケットの入手に時間を取ったため、カストロのもうひとつの観光スポットである水上集落パラフィトス・デ・ガンボアを見物する時間が足りなくなった。カストロの去り際に車窓から一瞥できたに過ぎない。日本で言えば、丹後半島にある伊根の舟屋集落に似ている。ただカストロの水上集落の方が、家屋が立体的に広がり屋根色が多彩で華やかである。

プエルト・モンに戻り、アンデスマール社のオフィスで、ガイドが英語を話せなかったことに抗議する。明日のオソルノ山行きのツアーはどうしても英語ができるガイドにして貰いたいと主張すると、昨日ツアーを手続きした若い女性に代わって応接していた先輩らしい事務員が、当惑した表情を浮かべた。私は、ただちに電話でボスに客の希望を伝えるよう要求した。しばらく電話でのやり取りのあと彼女は、「オソルノ山だけでなく周辺の滝を見物する英語ガイド付きのツアーがあります。三〇〇〇Cペソの追加料金が必要ですが、これでよろしければ」といった。かくて、明日九時半ホテルにガイドが迎えに来るということで、一件落着した。二〇時ホテルに戻る。依然食欲がない。二三時、夜食抜きで就寝した。

三．ジャンキウエ湖、ペトロウエ川の滝、オソルノ山

翌朝、六時半に起床。依然、時差の影響が残っていて眠りが浅い。ツアーの出発が遅いので、朝食後バス・ターミナルに出掛けて、明日の空港バスの時刻とプラットホームの場所を確認する。主要都市のバス・ターミナルには、相当数のプラットホームが並んでいる。バスの到着直前まで、正確なプラットホーム番号が決まっていないので、おおよその場所を調べておくのである。

九時半、本日のガイドのカラハさんが出迎えに来た。英語を話す若い女性なので一安心した。三〇分ほど北に走って、プエルト・バラスに着いた。リゾート地としてはプエルト・モンよりも人気があり、設備

図（10-7）リャマの牧場

が整ったホテルも多いという。ジャンキウエという大湖が北に広がり、湖越に、オソルノ山（二六六一m）やカルブーコ火山（二〇一五m）が望めるからである。この国には約二〇〇〇の火山があり、その四〇%が活火山という。日本以上に、チリは火山国なのだ。当地はバラ栽培でも有名らしい。町は一九世紀にドイツからの移民により建設された。

私たちのバスは、ジャンキウエ湖の東岸に沿って反時計回りに走った。かなり大きな湖だ。曇り空で、北のオソルノ山は雲に隠れている。昨日の朝は、驟雨もあったが日照が出て暑い陽気に変じた。本日もやがて陽光が輝くかもしれない。

牛が点在する牧場が見える。すべて乳牛である。円柱状に巻き取って乾燥している牧草の塊が、そここに転がっていた。輸入されたユーカリの人口林、別荘風の家。一〇時五五分、リャマを飼育する牧場で小休止した。全身褐色の羽毛に覆われたもの、背中だけ褐色のもの、鼻から顔面が黒いものと、厚い毛皮の色は様々だ。ただ、近付くと長い首を寄せてくる人懐こさはどのリャマも変わらない。

図（10-8）カルブーコ山系とペトロウエ川

一一時、右手にペトロウエ川が流れているところでバスを降りた。川沿いの谷間は国立公園になっている。入場料を払って、川沿いに付けられた遊歩道を歩いた。右手はカルブーコ火山に連なる山地の崖が迫っている。ペトロウエ川は、ところどころ瀬を

図（10-9）オソルノ山

つくり、滝になって落ちた。日本の景観に似ていると思った。少し上流に移動して、今度は小船で小一時間遊覧するという。私は船には乗らず、川辺で写真を撮ったり、近くのリゾート・ホテルを訪ねたりして過ごした。

　バス道路の脇に低い柵をめぐらせた一角があり、赤い屋根のレストランがあった。海鮮料理の店らしい。ここで一三時から一時間のランチ・タイムを摂るという。昨日同様今日も食欲がないので、カラハさんにことわって私だけ自由に散策することにした。柵の内側には他に数件の人家があったが、特に営業しているところもない。レストランの入り口付近から、オソルノ山の山腹が見える。時々雲が薄くなり期待を持たせるが、なかなか山頂は姿をみせない。中腹以上は、かなり残雪があるようだ。レストラン前の公道は、このあたりではジャンキウエ湖から少し離れている。近くには人家が見当たらない。すこし歩くと、農場の入り口があった。奥につづく小道の両側にポプラが並んでいた。さらに公道を進むと別な農場の前に出たが、こちらの入り口には、「売り出し」の看板が立っていた。一時間経ったので、レストランに戻った。前庭に、アジサイや千日紅が咲いている。

　一五時二〇分、オソルノ山の中腹一六〇〇メートル付近の山小屋まで、バスで一気に登った。完全に雲が切れ、太陽が顔を出す。眼下にジャンキウエ湖が広がり、目の前に雪山が迫っている。ただ余りに身近に来たために、山頂は見えない。真の頂は、山小屋脇から伸びているリフトの行く手に隠れているのだった。

「観光にいらした方から、日本の富士山によく似ているとよく言われます」とカラハさん。「でも富士山は、もっともっと高いのでしょう」

同行者の中には、雪道を歩いてさらに上を目指すひともいた。以前だったら、私もひたすら動き回ったかも知れないが、現在ではゆとりをもって景色を楽しみたいという心境になっている。慌しくリフトに乗って山頂を見極めたいとも思わなかった。コニーデ型の美しいオソルノ山の全容は、この後帰途のバスから眺めることになる。体が冷えてきたので、山小屋のストーブ近くに座り、ホット・コーヒーを注文した。

集合時間が過ぎたのに、ガイドも運転手も山小屋で談笑している。確認すると、

「リフトで上に向かった人がまだ戻ってこないので」という返事。結局バスが下り始めたのは、予定の一六時半より三〇分遅れの一七時過ぎだった。当地ではガイドも顧客も、日の明るいうちに戻れたらよいという暗黙の了解があるのかもしれない。バス・ターミナルで、明日朝の空港行きバスのチケット、夜食用のサンドやドリンクを買って、ホテル・セントラルに戻った。

四　チリ北部のイキケに飛ぶ、旅程の変更

六時起床、曇り空で雨が落ちてきそうだ。しかし、やがて日照が出てくることが二日間の経験から予測できる。これがプエルト・モンのこの時期の気象なのだ。七時に、本館食堂に行く。中庭で犬が伸びをして立ち上がった。黒毛なので離れると目が何処についているのか判別できない。おとなしいこの犬ともお別れだ。ホテルで飼われている動物が、ホテル以上に私の記憶に残ることがあるのだった。ホテル・セントラルは、フロントの応対もよく料金も手ごろで居心地が良かった。バス・ターミナルに近いこともなにかと便宜があった。今回の旅は、幸先がよい。

昨日下見をしていたから、ターミナルで右往左往することはない。一四番のプラットホームに着いた八

時のバスで空港に行く。一〇時離陸、すぐにスチュワーデスが、ドリンクとケーキを配って歩いた。一一時二〇分サンチャゴ空港着陸、イキケ行きのゲイトまで荷物チェックも無く移動した。

一二時半改めて離陸、丁度飛行一時間でイキケに着いた。樹木ひとつ無い岩山が四辺を囲んでいる。緑林に覆われた丘陵や島々の中にあった南部プエルト・モンとまるで対照的な景観である。イキケ市街地は、空港から四〇キロも離れている。この間を繋ぐのは個人タクシーしかない。タクシーは、左手に太平洋、右手に岩山と荒蕪地を見ながら小一時間北に向かって走った。

イキケは、岩山のあいだの平地に広がるかなり大きな都会である。タラパカ州の州都だ。高層ビルも結構建っている。一九世紀には、少し内陸部の山地で採れるチリ硝石の積み出し港として発展した。運転手が、どこに下ろせばよいのかと訊ねた。私は市街地の北寄りにあるカテドラルを指定する。バス・ターミナルにも近いし、二、三見当をつけていた安宿も周囲にあったからである。最初に訪ねたカテドラル前の宿はシングルの空きが無いと断られた。一ブロックほど先の次に訪ねたホステル・サン・ハビエルの方は、朝食付きで一万一〇〇〇Cペソ（約一七〇〇円）という。プエルト・モンのホテルの半値である。窓も無い部屋だったが、イキケは短期の滞在に過ぎないからこのホステルに決めた。既に一五時をまわっている。ホテル探しに手間取っている場合ではない。

急いで町の中心プラット広場に近い観光案内所に向かった。幸いこのオフィスには、英語に堪能な男性職員がいて、プラット広場周辺にある旅行社をいくつか紹介してくれた。イキケ近郊で私が見たいものは、チリ硝石で有名なハンバーストーンの採掘場跡とピンタードスの地上絵だった。これらを廻るツアーを催行している旅行社はいくつもあったが、英語のガイド付きツアーがなかなか見つからない。最後に、土産物店の入り口の横に机と椅子を並べて営業している小旅行社の女性事務員に声を掛けてみた。この女性は英語が話せなかったが、店の前に屯していた年かさの男が英語で応対した。彼が責任者のようだ。あまり見込みがなさそうに見えたこの旅行社が、なんと英語のガイド付きのツアーの企画があるというのである。こうして明日、九時にホステルに迎えに来るということで話が決まった。

落ち着いてプラット広場の周囲を見回すと、これがなかなか好いのである。中央に直方体の筒を大きい順に下から三段に重ねたような白亜の時計台が建つ。青空の下、最上階にはチリの赤い国旗が翻っていた。広場を囲む四辺には、市庁舎や銀行、ファサードに列柱を並べたオペラ・ハウスなどの重厚な建物があった。広場の一角から延びた商店や旅行社などのオフィスが並ぶ石畳の道が、この町の見所であり人気スポットのようである。

図（10-10）イキケのプラット広場

当初は、チリ北端に近いアリカまで一気に飛ぶ予定だった。アリカから南下を始めれば行程に無駄が無い。しかし、フライトの都合でイキケにおりた。ここからアリカまで長距離バスで往復するとさらに四泊ほど見込まなければならない。チリの最北端のアリカ行きを省くのは少し心残りがする。しかし旅程から考えると、イキケから直接チリ山岳地帯のアタカマ高地に向かうほうが交通の便宜もよく効率的である。アタカマ高地は、この旅の主要な目的地のひとつだった。イキケに着いてから今後の計画を考えているうちに、次第にそんな気持ちになった。そうなるとイキケが、チリ旅行での最北端の町になる。日中にイキケの中心部を歩くのは今だけかもしれない。バス・ターミナルに出向き、アタカマ高地の中心サンペドロ・デ・アタカマ行きの便を探した。プールマン社が催行している明二九日二二時四五分発の夜行バスのチケットを手に入れて、ホステルに戻る。携帯電話で、現在の所在を知らせるメールを家宅に送った。

五．世界文化遺産の硝石工場跡、山肌に残る地上絵、夜行バスでアタカマ高地へ

朝、ホステルに今晩の宿泊費も払った。今晩は宿泊しないけれど夜分遅くに出立するので、それまで荷物を預かって貰うためである。九時丁度、昨日応接した男性が小型の車で迎えに来て、旅行社の本部オフィスらしい場所まで連れて行く。ここで大型のバスに乗り換えるのである。本日のツアー参加者は、総勢二〇数名だった。先ず、イキケ東方五〇キロの内陸部にある硝石の採掘跡に向かう。ガイドは、スペイン語で長い挨拶をした。次に英語での説明に移るのかと期待していたがその気配がない。若い男が私の席に近付き、自分が英語でガイドの話しを補うという。本日のツアーで、英語による説明を希望していたのは、前の席に座っていた夫妻と私の三人らしい。道路工事のため渋滞した市街地を抜けたバスは、褐色の岩山に囲まれた土漠地帯を走る。このような不毛に見える荒蕪地にも所有者があるのか、境界を示す木柵が立っていた。

昔、地理の授業でチリの特産品硝石を学んだことがある。一九世紀から二〇世紀にかけて、世界の市場で圧倒的なシェアを誇り、チリといえば硝石が連想される時代があった。その採掘現場がこれから向かう地域に集中している。このあたりには三〇〇を越える硝石工場があったが、現在は全てゴースト・タウンになった。そのゴースト・タウンの一部が、ユネスコの世界文化遺産に指定されている。

一一時、そのひとつサンタラウラの硝石工場跡に来た（375頁　図10－11参照）。砂漠の中の廃墟という

図（10-12）ハンバーストーンの硝石工業団地

感じである。廃墟の中に鉄骨の異物が散在している。文化遺産に指定された当初から危機遺産に登録されてもおかしくないような景観だ。屋根がまだ残っている硝石精製工場、発電機の残骸、コンプレッサー。一番奥には、二つの巨大な外気に吹きさらしの建物が建ち、両者は滑り台のように傾斜をつけた板で連結されていた。ここで当時は不要な不純物とされたリチウムが、硝石から分別されたという。入り口近くにある本館だけは昔のまま維持保管されていて、工場支配人の事務所、家族の居間や寝室、工具など当時の生活を垣間見ることができた。わずか四〇分の見学だけでも、うだるような暑さで汗が流れ落ちる。このあたりの年間降水量は、ゼロに限りなく近い。往時の過酷な作業が偲ばれるのである。

つづいて、サンタラウラからあまり離れていないハンバーストーンの硝石採掘場に立ち寄った。一八七二年から一九六二年まで、採掘が続いていた場所である。こちらは、工場労働者だけでなくその家族も居住した大集落で、最盛期には八〇〇〇人の人口を擁したという。工場に付設した小学校、病院、集会所、教会などが当時のまま維持されている。病院の産室の壁には、誕生した赤子の名前と誕生日の落書きがあった。テニス・コート、スイミング・プールも残っていた。時代背景を考えると、設備がよく整った村だったと思う。それほど国家としても重要な産業だったのだろう。付き添った英語ガイドの案内で、これらの建物を逐一確認しながら一回りする。毎年九月の記念日には、ボリビア、パラグアイ、アルゼンチンら近隣諸国にも離散した昔の住民たちが再会を喜び懐旧の思いに浸るという。マーケット跡で営業している土産物店のひとつで、硝石でできた小さな置物を買った。休憩所で、飲み物を注文し各自持参の軽食を摂る。

一四時、さらに五〇キロ南下してピンタドス塩湖に来た。このあたりは、太古海底だったといわれる。オリーブのように淡い緑の葉を付けた樹林がある。全て乾燥地に強いタマリンドの木である。ピンタドス渓谷に沿った山肌に、数キロに渡って幾何学模様や動物の絵が描かれていた。一二世紀から一五世紀のプレ・インカ時代のものだ。ペルーにあるナスカの地上絵に次ぐ規模といわれる。ナスカの方は、かつて遊覧飛行機の上から見物したことがある。ただ動態識力が弱い私は、動く飛行機からは、地上絵を十分に判別できず消化不良のままで終わった経験があった。しかしピンタドスの山の斜面に描かれた絵は、紛れも無く形状が特定できた。ただし、何のためにこのような地上絵が描かれたかについては、暦説、農作業の指標説ら意見が分かれていて、定説がない。

最後にピンタドス渓谷の奥にある清流に分け入って、一時間以上の自由時間が与えられた。この地方の景勝地らしく、レストランやホテル、土産物店が並んでいる。この場所の目玉は、川床のプールだった。すでに多くの水着姿の人が、水に浸かったり岩棚で甲羅干しをしていた。ツアー同行者の中にも、水着を用意している人がいた。そのため、十分な自由時間がとられているのである。あたりの写真を撮れば他にすることもない私は、茶店によって時間をつぶした。

ツアーの最後に、小さなテントで行われたシギリアの儀式というものに立ち合った。どうも土俗的呪術的なものらしい。民族衣装を着けた男が長口舌を振るい、神への祈りや結婚式のやり方を説明する。その後で、参加者を指名して、男が吹奏するフルートやでんでん太鼓の拍子に合わせて儀式のシミュレーションをするのだった。最後に、男女がペアになってテントの中をぐるぐる回る。これは結婚式かもしれない。このような場面でヨーロッパ系の人は悪びれず、気楽にゲームに参加する。雰囲気に合わせ、座をしらけさせない。これは彼等の長所と思う。この様な場合、残念ながら私はいつも単なる傍観者に過ぎない。

二一時過ぎ、ホステルに戻る。近隣でサンドイッチやドリンクを手に入れて夜食を済ませた。二二時半、ホステルをチエック・アウトし、五分ほど歩いて長距離バス・ターミナルに来た。チリやアルゼンチンの長距離バスは二階建で、その二階部分は言葉の意味は聞きそびれたが「カマー」（特等）ないし「セミ・カマー」（準特等）と区分されて快適なリクライニング・シートになっている。カマーのほうは、さらに飲み物や弁当のサービスも付いている。今夜乗ったのは、セミ・カマーらしい。二三時、バスが発車して直ぐ寝入ってしまった。

午前二時、バスの停車で目覚めた。荷物を手にした他の旅客に続いて、寝ぼけ眼で車の外に出た。見ていると、飛行場での手荷物検査同様に、旅客の荷物がすべてエックス線にかけられている。検査を終えた客が元の座席に納まったところでバスは移動を再開した。国境でもないのに何のための検査なのか。私自身は手荷物の検査も受けずわけが分からぬまま、座席に戻る。後日分かったことだが、チリでは植物検疫が特に厳しいということだった。そのため国境や飛行場でなくても州境などの要所に、このような検疫所が設けられているらしい。それにしても真夜中に夜行バスの旅客を叩き起こしてここまでやるか、と思う。

六．サンペドロのホテル、タティオの間欠泉

翌朝九時過ぎ、サンペドロ・デ・アタカマ（通称「サンペドロ」）のバス・ターミナルに着いた。標高二五〇〇メートル、日本でいえば富士山五合目の高さにある土漠地帯の中のオアシスだ。標識に従って一〇分ほど歩いて町の中心の小さなアルマス広場に来た。舗装されない土道の両側に、日干し煉瓦でき

た平屋の家が並んでいる。殆んどの家が、土産物店、レストラン、ホテル、旅行社、両替など観光客向けの店だった。サンペドロは、チリ北部を代表する景観であるアタカマ高地観光の基地となる町だ。

手元のガイドブックで最初に予定していたホテルは、現金払いのみに変更されていたので別のホテルを探した。私がホテルを選択する基準は、

① 飛行場やバス・ターミナルへの便宜がいいこと

② 手ごろな料金で、できたらクレジット・カードによる支払いができること

③ 望ましくは英語を話せるスタッフがいること

④ 安全で盗難の恐れが低いこと

などである。

レストラン、小店、ツアーの支払いは、現金に限られることが多い。そのため、ホテルやバスの支払いはクレジット・カードで済ませ、現金はできるだけ手元に温存しておきたい。

二番目に訪ねたレジデンシャル・チロエは、一泊朝食付きで二万Cペソ（約三三〇〇円）、クレジット・カードでも構わないという。応接した二人の女性は、英語は通じないが人懐こく感じがよかった。正面の木枠の門には錠がかけられ、前の道路との間には清流が走る二メートルほどの側溝で遮られていて、外部からの進入が難しい。二つのベッドがある本館横手の部屋は、十分広く明るい。私が気に入ったのは、通路に当たる本館前や部屋の外に、テーブルやイスが置かれ、宿泊客が寛げることだった。高地にあるこの町は、現在が日本の初夏のように戸外の空気が心地よいのである。こうして、四泊することになるサンペドロでの私の宿が決まった。

図（10-13）タティオ間欠泉

一段落したところで、明日からの観光プランの検討を始めた。アタカマ高地で是非訪ねたい場所は既に決っていた。あとは滞在中にどの順序で実行するかである。街中を散歩しながら、英語で応対できる旅行代理店ＥＣＯを見つけた。まず明日の午前中は、タティオ間欠泉を訪ねることにした。明朝四時にホテルに迎えに来てくれるという。目覚まし時計もないので少し不安だったが、ホテルの従業員にモーニング・コールを依頼して就寝した。

さて翌一月三一日（土）、目覚めて時計を見ると、既に四時三〇分を回っていた。あわてて正面玄関に急いだが、鍵が掛かっている。近くのイスで仮眠を取っていたらしい宿直の男が目を覚まして、誰も来なかったという仕草をした。何かの手違いがあったのか、諦めてベッドで再び眠りに入ったところで、けたたましいドアのノック音で叩き起こされる。五時半になっていた。各ホテルの顧客回りで時間を取られて、やっと私の宿にやって来たらしい。結局、客全員を集めて間欠泉に向かったのは六時である。初めから、そのようなスケジュールだったらしい。やきもきしたのは、私だけだった。

一時間半ほどで、目的地に着いた。あちこちに、水蒸気が吹き上げていた。当地の間欠泉は、吹き上げの高さは、六、七メートルに過ぎない。しかし、全部で六〇ほどの間欠泉が交互に吹き上げるので、殆んど連続的に水煙が一帯に立ち込めているのだった。気温の関係で午前中の早い時期に噴出が盛んという。

しかし、予期していなかったことが体に起こった。バスを降りて歩こうとすると、バランスが上手く取れず足元がふらつくのである。それは四三〇〇メートルの高所に

図（10-14）ビクーニャの群れ

図（10-15）サンペドロの村内

いきなり上がった故らしかった。この高さならチベットで既に経験しているので、少し甘く見ていたのである。ただし、チベットでは平地から次第に移動し、三七〇〇メートルに近いラサに数日滞在した後のことである。今回は、二五〇〇メートルのサンペドロに昨日着いたばかりだった。少し風邪気味なのも影響していたのだろう。同行者が元気に歩き回っている中でもたついているのは、登山者を自認している私としては少しショックだった。添乗員からマテ茶を貰い、水を繰り返し飲んだ。ある場所には温水のプールが溜まり、水着で温泉浴を楽しんでいる人たちがいた。水溜りが散在する平地でビクーニャの群れを見る。アンデス固有のラクダ科の動物である。一一時に、サンペドロに戻った。

同じＥＣＯ旅行代理店に出向き、今夕に予定していた「月の谷」へのツアーを明日に変更した。明後日の塩湖やインディオの集落を巡るツアーも申し込む。午後は、ベッドでごろ寝したり、洗濯ものを干したり、庭のテーブルで読書をして過ごす。夕方、驟雨がきた。食欲がないので、バナナ、桃、リンゴを買って夜食代わりにする。

七．月の谷、アタカマ高地に沈む夕日、インディオの集落を訪ねる、塩湖のフラミンゴ、世界最高

所のラグーナ、ホテルの女性達

二月一日、背中が痛くなるほど睡眠をとって目覚めた。「月の谷」へのツアーは午後遅いので、それまでは街中の散策だ。小規模ながら整然と碁盤の目のように小道が縦横に通じ、両側に土塀と小店が続く。中心にあるアルマス広場には、巨大な樹木が柳のように枝をたらしていた。隣接するサンペドロ教会は修復中で、回りに足場が組まれてよく見えない。町を一歩でも出ると一木一草もない岩山の連なりである。一一時、朝食を摂りに、一旦ホテルに戻る。ホテル代に朝食が含まれていることを思い出したのである。一〇時までの朝食時間をかなり過ぎていたが、最初に受付で応接した女性が特別に用意してくれた。適宜に摂るので食時の時間が不規則になっている。

図（10-16）月の谷

一六時二〇分、一日遅れで町の西一〇キロにある月の谷に向かって出発した。国立公園へのゲイトで、別途三〇〇〇Cペソの入場料を支払う。まずバスの駐車場から少し歩いてから、谷底に降りていく。洞窟への入り口があった。天井が低いので用心していても二度、三度頭をぶっつけてしまう。この洞窟が曲がりくねって結構長いのだった。凹凸の激しい崖の上に出る。上層はダストと呼ばれるきめの細かい岩石、中層はプレイト状、下層はクリスタルと称する一億年前の古い岩盤である。砂丘（dune）と呼んでいるが岩丘といった方が適切な高低差のある地形が、地表を覆って遥かな彼方まで拡がっているのだった。その中で三つのマリアと呼ばれる尖った岩が地表から突き出ている。かつて三本あったが、現在は二本しか残っていない。月の谷の風景を象徴する岩らしいが、広大な岩の大地の中では点景に過ぎない。

図（10-17）トコナオ村の教会

さらに進んでいくと、横縞が入った屏風のような巨大な岩壁が一〇〇メートルほど続いていた。屏風状の岩を過ぎると、しばらく平坦な道が開けた。このあたりの最高峰リカンカブール山（五七〇九ｍ）が遠方に霞んでいる。やがてグランド・キャニオンのような絶壁の上に来た。渓谷に突き出た岩の先端でポーズを取っている若い女の子がいた。低所には幾重にも重なる丘陵が連なる。しかし雨が降らないこの地域には、砂丘は殆んどできなかった。ここで三〇分ほど夕日の入りを待つという。これが「月の谷」と称されるアタカマ高地を代表する風景である。ボヘミアの作曲家ドボールザークの交響曲『新世界より』の第二楽章「山道を行く」を思い出させる悠揚としてせまらない大地だった。その谷合いが急速に黄昏れ、遠い山稜に一気に夕日が沈んだ。

翌朝六時半、ホテルの従業員に起こして貰った。旅行中、生活習慣が一定せず、寝起きに自信が持てない。アタカマ・トラベルのガイド、キャサリンさんの案内で、今日はサンペドロの南一〇〇キロ地点まで出掛ける。当地のツアー・ガイドは英語が話せるので助かる。首都サンチャゴから南部に離れたプエルト・モンに比べ、アタカマ高地には欧米からの観光客が多いのであろう。八時、本日最初の訪問地トコナオ村に着いた。一二、三世紀のプレ・インカから続く典型的なインディオの居住区という。もともとの家屋はアドベ（日干しレンガ）で作られていたが地震で破壊され、リバリタという岩石を使った住居に変わった。サボテンを素材にしたドアを開いて、簡素な教会に入った。白や黒の顔面をした神像が並び、通常のキリスト教会と異なる雰囲気の内部である。インディオの土着宗教とキリスト教が混交したためという。観光客を目当てに土産物店を営む農家を訪ね、プラムやアプリコットのワインを試飲する。小屋に二匹のつがいのアルパカと黒毛の子アルパカが飼われていた。

九時半、国道を離れ国立公園である塩湖への脇道に入る。塩湖といってもボリビアのウユニ塩湖のように純白ではなく、岩石が混在しているためか少し濁っている。車を降りて塩湖の中に付けられた幅五メートルほどの道を五〇〇メートルほど歩いた。浅い水溜りが拡がり、フラミンゴが適当な間隔で分散して水中の餌を啄ばんでいる。かつてパタゴニアのパイネ国立公園で観察したフラミンゴはもっと密集した集団を作り、一〇〇メートル圏内に近付くことができなかった。ケニヤで見たフラミンゴも同様だった。しかしアタカマ塩湖のフラミンゴは、二〇メートルの至近距離で写真を撮っても、餌あさりを止めない（375頁　図10‐18参照）。地もとの人たちが、注意深く保護してきたためであろう。この地に生息しているのは、従来からのチリ・フラミンゴと、黒目で尾羽も黒いアンディアン・フラミンゴの二種という。九時四五分、飲み物とサンドの朝食が参加者に配られた。昨日見たリカンカブール山に加えて、今日はラスカル山（五六〇〇m）も姿を現した。

一一時過ぎ、今度はソカイレ村で停車した。ティワナク・インカの末裔が住む四〇〇人ほどの集落である。藁葺き屋根にキヌアの葉を混入させた土壁、教会の屋根も草藁葺きだった。周りの空き地には、背の高いキヌアが一面に茂っていた。当地では、キヌアは雑草ではなく貴重な素材なのである（375頁　図10‐19参照）。

灌木と草原が広がるプラーノ（アンデス高原）を走る。今日もビクーニャの集団を見た。ビクーニャは、一頭の雄に二〇頭ほどの雌からなるハーレムを作り、約八〇平方キロのテリトリーを居住区とする。アタカマ高地のように季節や昼夜の温度差が激しい過酷な環境に、順応してきた動物だ。体内で一六ヶ月も過ごした子供は、生後わずか二時間でこの環境の中自力で活動できなければならない。

一二時半、四〇〇〇メートルを超える世界で最も高所のラグーンのひとつミスカンティ湖に着いた。ミスカンティ山（五六〇〇m）やミニケス山（五九〇〇m）に囲まれ、エメラルドグリーンや濃紺の水を湛えた静かな湖面である。少し高所に慣れてきた故か、体調に異常は感じない。

「〝ラグーン〟と〝レイク〟の区別、皆様ご存知ですか？」とキャサリンさんが参加者に訊いた。答えが返ってこない。

「〝ラグーン〟は、流れ出る河川が無い水溜り、一方〝レイク〟の水は河川を通じて流れ出ます」

もとはミスカンティ湖と繋がっていたといわれるミニケス湖まで散歩して帰途に就いた（口絵2 10-20参照）。アルマス広場に戻ると、山車行列と人で混雑している。この時期中南米各地はカーニバルの季節であるが、この小さな町でもカーニバルを楽しんでいるのだった。今日は次第に日ざしが強くなり、山車の担ぎ手の額に汗が光っている。

明日のアルゼンチンへの移動に備えて、一〇〇米ドルを一一二二アルゼンチン・ペソ（以後「Aペソ」と略す）に換金した。ホテルに戻ると、顔馴染みになった二人の女性従業員が、自分たちのスマート・フォンで一緒の写真を撮らせて欲しいという。私も同じことを考えていたので、交互に写真を撮り合った。笑顔だけで言葉は殆んど交わせなかったが、なぜか心が通った女性達だった。

八．アンデスの山越え、ドイツ人夫妻との会話、アルゼンチンのサルタへ

二月三日（火）七時半、このホテル四日目にして初めて規定の時間に朝食を摂った。八時半、チェック・アウト。プラットホームを確認するためバス・ターミナルに隣接するアンデス・マール社の窓口に立ち寄ったところ、勘違いした受付の事務員が「三、四、五、六日の座席は全て予約済みです」と言った。サンペドロからアルゼンチン側のサルタに抜けるアンデス山脈越えのルートは、プールマン社とアンデスマール社の二社だけがそれぞれ週五便を運行しているに過ぎない。他にアンデス越えの手段はない。予定が決まり次第バスのチケットを確保しておくことを、ガイドブックも薦めていた。旅のプランを立てるにあたり、私が最も気にしていたポイントのひとつだった。幸いイキケのターミナルでチケットを入手していたので、安心してサンペドロの滞在を楽しむことができたのである。

一〇時過ぎ、四泊五日を過ごしたサンペドロを離れた。一〇分ほどで昨日走った南方に向かう国道と別れたバスは、東に連なるアンデス山脈に向かう。左手にリカンカブール山が近付いてきた。二階最前列の私の座席は、アンデスの景観を眺め写真を撮るのに最高だ。セミ・カマーの椅子は、座り心地がよい。岩山が連なる山顛の間を緩やかに起伏する舗装道路を走っている。アンデス高原の一部であろう。もともと出発点が、既に二五〇〇メートルの高所である。急峻な登りは、イキケからサンペドロまでの夜行バスで眠っている間に通り過ぎていたのかもしれない。

右側の席に座った夫婦のうち夫の方が熱心にビデオを写していた。写真に撮りたくなる山容や谷合が、次々に車窓に展開するのだった。日本では、このような規模の大きな風景を目にすることが難しい。一二時半、ルートの最高地点ジェームス峠を越えた。少し下ると、蘚苔類が地表に見られるようになる。大小の湖沼地帯、トタン屋根にアドベ壁の村落。一三時、チリ／アルゼンチンの国境管理事務所に着いた。出入国に一時間近くも掛かった。時間待ちのあいだ、隣席の夫妻に「どちらから」と声を掛ける。

「ドイツから来ました。私はベルリン、妻はライプチッヒ生まれです」

熱心にビデオを操作していた夫が、私の問いに答えた。どちらの都会も曾遊の地だ。

「かつて、ベルリンからフランクフルトまで一人旅をしたことがあります。ベルリンや寄り道したドレスデンには多くの瓦礫がまだ残っていました」いつものように相手の舞台に話を持っていく。

「ライプチッヒのすばらしい旧ラートハウス（市庁舎）も、一部修復中でした」

ライプチッヒは、バッハが活躍した場所として知られている。音楽とのかかわりで、ライプッチ・ゲヴァントハウス・オーケストラに触れた。

「私の地元高槻という町で、ドイツ人のヘル・ドクトル・ボッセの指揮によるコンサートを一〇年ほど毎年楽しみました。ボッセ先生は、昔ゲヴァントハウスでコンサート・マスターを勤められた方で、高槻でも名誉市民として尊敬されていました。三年前に亡くなられましたが」

「ドクトル・ボッセは、私も存じています。日本の女性と結婚されたと聞いていますが」予想しなかった答えが夫人から返ってきた。

「オーケストラ引退後日本に来られたボッセ先生は、地方音楽祭の振興に尽くされました。そのとき通訳をされていたのが奥様です。演奏会に先立つ恒例のドクトルによる音楽解説に付き添われていた彼女にも幾度もお目にかかっています」

図（10-21）アンデス高原の塩湖

図（10-22）アンデス山脈を下る

アルゼンチン側に移ってバス移動が再開されても、車窓の風景はあまり変わらない。起伏が続く高原を走る。しばらく転寝し、窓ガラスを打つ雨音で目覚める。一六時、左手に切れ落ちた崖上の道を走り、やがて草地の広がる低所に来た。一六時二〇分、本道を少し外れた谷合の小邑に停まり、二人の客が降りた。一六時三五分、さらに雑草が茂った平原を走る。そろそろ低部かと思ったら、さらに下の谷間が見えた。サボテンが一本、二本と増え、やがて山肌全体がサボテンの林になった。

一七時一五分、遠方に広がる山並みを目がけて、広大な平地を走っている。その大地の色が白く変化し、小屋が建ち人影がみえた。近付くと、クレーン車で作業をしている労働者がいた。塩湖の塩を採取しているのだった。浅い水を湛え、光っているところもある。塩湖を過ぎて遠方に見えていた山岳地帯に入る。これまでの走行でかなり低地に降りてきたと思っていたが、本日のアンデス越えのハイライトは、これから始まる大下りだった。

山の傾斜に沿った九十九折れの車道が、遥かな谷底まで延々と下っている。おそらく一〇〇〇メートル以上の標高差があるだろう。道路脇には、低いブロックが積まれているだけで、ガードレールは無い。下っても下っても麓にたどり着かない気がした。このあいだ約四〇分、ようやく森林帯に入り人家も現れた。一八時半、プルママルカに着いた。ウマワカ渓谷の入り口であり、渓谷探訪の基地となる町である。観光客の姿が見られた。初めからバスがプルママルカを経由することが分っていたら、ここに泊まることも検討すべきだったが、本日はとにかく終着のサルタまで急がなければならない。

図（10-23）ウマワカ渓谷の村
プルママルカ

二一時半、ようやくサルタのバス・ターミナルに着き、ドイツ人夫妻と別れた。二人は、明日からレンタカーでこの地域を遊覧するという。私が心配していたのは、見知らぬ都市で日没後宿を探すことだ。しかし、ターミナルを出て歩き始めてから、杞憂であったことが分かる。市の中心部に向かって歩き出した道の脇にも、手ごろなホテルがあった。通りも道行く人の雰囲気も悪くない。ただ、当てにしていたホテルは、クレジッド・カードによる支払いを止めていた。ほかに二、三ホテルを当たってみたが、いずれも現金払いを求められた。夜半にこれ以上時間を費やすことはできない。下見のなかで最も小奇麗なカサ・デ・リンデ・ホステルに決めた。一泊朝食付きで、二五〇Aペソ（約二五〇〇円）である。

九．プルママルカの原色の岩、サルタの町歩き、にわか雨、快適な夜行バス

ホテルで朝食を済ませ、早々にバス・ターミナルに出掛けた。サルタから隣国パラグアイに移動するルートを確かめるためである。インフォメーション・デスクに座っていた数名の事務員のうち英語が判る男性職員が応対してくれた。彼の後についてメルコ社の窓口に行き、サルタ—コルドバ—アスンシオン（パラグアイ共和国）の明晩のバス・チケットを入手した。しかしこのルートは、後日考え直すことになる。今回の旅行プランの中で、サルタからアスンシオンへの移動区間は十分な調べがついていなかった部分だった。

一〇時半のバスで、昨日車窓から瞥見したプルママルカに向かう。昨日と逆に、川沿いの緩やかな登り道である。世界自然遺産ウマワカ渓谷の最奥まで入りたいが、交

図（10-25）サン・サルバドール・デ・フフイ

通の便が悪く日帰りは難しい。渓谷中の代表的景観であるプルママルカまでの往復で満足することにした。

二時間半で、プルママルカに着いた。標高は二〇〇〇メートル前後である。道端に土産ものを拡げている売り子の前の土道を、山側に向かって歩く。すぐ小公園のスクエアーに出た。人々がベンチで憩っている。公園の周りを屋台の店が囲む。派手な色彩の衣装を売っている業者が多い。民族衣装だろうか。

プルママルカの特徴は、アンデスの末端である裏手に迫る岩山の色調である。手前の木立や人家に遮られることなく写真を撮るため、最奥の高所に建つホステルの前まで砂利道を登った。身近に、赤、紫、緑、濃紺など生の絵の具をそのままパレットの上に載せたような岩肌が並んでいるのだった（376頁 図10－24参照）。これほど鮮やかな色をした岩山はこれまで見たことがない。岩石中の金属成分が、色の区分ごとに全く違っているのだろうか。麓のバス停付近は訪問者で混みあっているのに、このあたりまで来る人は、殆んどいない。日本から遥かな山中でこのような不思議な景観を眺めていると、現在自分がなぜこのような場所に一人立っているのかを一瞬忘却し、今が果たして現実なのかという奇妙な想念が浮ぶのだった。

バス停の向こうには、反対側の山が迫っていた。その間をリオ・グランデが流れる。ウマワカ渓谷は、リオ・グランデが刻んだ大渓谷だった。その渓谷にプレ・インカ時代から人々が住み、交易ルートを作っていた。訪ねることはできなかったが、現在もインディオが暮らす集落が点在しているという。

帰途は一五時過ぎのバスで、リオ・グランデの少し下流にあるサン・サルバドール・デ・フフイまで移動し、ここで一時間待ってサルタ行きのバスに乗り換えた。時間待

図（10-26）サルタの七月九日広場

ちの間に散歩したフフイは、山に囲まれた川沿いに伸びる活気のある町である。川端の商店街入り口の脇に建つ巨大な老朽化したビルが記憶に残った。一九時過ぎサルタ着。ターミナル近くの食堂で夕食を済ませて、カサ・デ・リンデ・ホステルに戻った。

翌二月五日（木）、蔦を這わせた白壁に囲まれ、草花や灌木を植えたスペイン風パティオで朝食を摂った。コルドバ行き夜行バスの時刻まで、日中はサルタ市内を散策しようと思った。当地では高い橋脚と世界有数の高所を走り、サルタから西の山岳地帯まで日帰りできる「雲の列車」が有名だが、今はその季節ではない。とりあえず、バス・ターミナルに出向き、荷物を預けて身軽にした。

ターミナルの直ぐ西にサン・マルティン公園と呼ばれる緑地帯が広がっている。土産物や民芸品の店、食堂などが集まる市場の一画を通り抜け、池の畔に出た。中央に二つの小島が浮かぶかなり広い池で、この公園の中心になっている。一〇羽ほどのアヒルが、泳いだり水中で餌を探している。小島のひとつにある小屋は、彼等のねぐらのようだ。休日なのに人出は多くないが、スワン・ボートに乗っている親子連れを見かけた。

池を一周し、小橋を渡って反対側に来た。池の中から間欠的に噴水が上がった。木陰のベンチに座って、一休みする。日照が、結構きついのである。近くのトウモロコシ売り屋台では、店の男が居眠りしていた。旅に出てから毎日動き回っているので、少し気が緩むとつられて午前中から私自身も眠気に誘われそうだ。

四ブロック西に歩きブエノスアイレス通りを北に、町の中心七月九日広場に向かった。広場の北に建つカテドラルの正門は閉じていたが、人の動きに従って小さな脇門から内部に入る。格別特徴があるとは思わないが、この町に滞在した表敬の気持ちで頭を下げた。広場の西の人ごみを歩いていると、サンペドロでのツアーで出会ったスイス人夫妻がショー・ウインドーの前に立っている。彼等も直ぐ私に気付いて笑みを浮かべた。ベンチに掛けて、持参のサンドを食べる。公園の南側にカビルド（旧市庁舎）が建つ。現在歴史博物館だが、今日は閉館のようだ。一、二階とも外面にアーチ状に開かれた通路を持つ特徴ある建物である。黄色の花をつけた樹木が、花びらを辺りに飛散していた。

サン・ベルナルドの丘を目指して、市街地を東に戻った。一ブロック全体を占める白と紫のツートン・カラーのサン・フランシスコ教会の前を通る。さらに進むと、古びた壁に囲まれたサン・ベルナルド修道院に突き当たった。その背後にサン・ベルナルドの丘が迫っていた。丘の上は、人口五〇万を超える市街地を見晴らす展望所である。サン・マルティン公園からのケーブルが、頂に向かって延びている。次々にゴンドラが空中を往来していた。

はじめは、展望所まで歩いて登るつもりだったが、意外に急斜面だ。夜行バスのことも考え、ケーブルを利用することにした。ところが天候が急変した。黒い雲が次第に広がり、日が翳る。風も吹き始めた。ケーブルの麓駅に着いた頃には、強風に変わった。予期したように運転が中止されている。ほかにやることも無いので、再びサン・マルティン公園に向かった。雨がぱらつき出し、たちまち本格的な夕立になった。あわてて近くの市場にある店の軒下に駆け込むが、飛沫で靴が濡れる。すこし先の店の女性が手招きした。この店は長いトタンの庇を家の前に出しているので、十分雨風を凌ぐことができそうだ。後から飛び込んで来た男と二人で、夕立が過ぎるのを待つことになった。この場所は、市場の中にある二つの通路を繋ぐ小空地である。通路にはビデオ・ショップや飲料店が並ぶ。アイスクリーム・スタンドで、店の主が手持ち無沙汰顔で此方を見ていた。

三〇分ほどして小降りになったので、バス・ターミナルに急いだ。コルドバ行きバスの発車まではまだ数時間もあるが、ほかに時間待ちする場所が無い。ターミナル内には、ベンチもありカフェや食堂もある。隣接する町の通りにはレストランもあった。半日の街歩きで少し疲れているから、これ以上動き回らぬことにした。今後の旅のスケジュールを考え、ガイドブックを読み直す。するとパラグアイの首都アスンシオンに近いアルゼンチン側の町レシスタンシアとサルタを結ぶバスが運行されていることが分かった。レシスタンシアは、サルタとほぼ同じ緯度で東に位置する。これがサルタからパラグアイに向かう最短ルートのようだ。一方今夜の夜行バスで向かうコルドバは、サルタの南東にある。つまりコルドバ経由のアスンシオン・ルートは、かなりの迂回路といえる。昨日は、インフォメーションの男性の仲介でとにかくアスンシオン行きのバス・チケットをうまく入手できたと喜んだが、再考しているうちに少し疑念が生まれたのだった。もともとコルドバは、アスンシオン訪問の後に立ち寄る予定だったからである。

さらに、アスンシオンの治安が近年の不景気で悪化し、掏りや引ったくりが横行しているという記事も気になった。バス・ターミナルや飛行場も市街の中心から離れている。パラグアイからチリへの帰途を空路にする場合、必要な航空機の頻度や日時も分からない。要するに、パラグアイの首都アスンシオンについての下調べが不十分だった。とにかくコルドバまで行ってから再考しようと思う。

夜食のサンドと飲料を買って、バスに乗り込む。二二時一五分の定刻にバスは、サルタを離れた。坂道を登り、丘の上にある高速道に出る。日中展望できなかったサルタ市の夜景が眼下に輝いていた。出発後すぐ、車掌が弁当とペットボトルを配って回る。このバスの二階席は、アルゼンチンが誇るカマー・クラスだと気付いた。座席は左側二列、右一列、いずれも幅広いリクライニング・シートである。そのリクライニング・シートの湾曲ときたら、脊椎にぴったり合うように上手く工夫されていた。今まで内外で利用した汽車の夜行寝台のハイ・クラスに比べても決して遜色ない夜行バスで、心地よい眠りに落ちたのである。

一〇．パラグアイ訪問を断念、イエズス会の遺産コルドバ大とモンセラート校

二月六日(金)、六時半に目覚めた。七時間近く熟睡したことになる。バスは、アルゼンチンの大平原（パンパ）を走っているらしい。疎林のシルエットが、夜明けに近い東の空に浮かび上がる。七時、陽が昇った。黒褐色の牛が、草を食んでいる。昨夜配布された弁当を食べ終わったところで、ビスケットとコーヒーを手に、再び車掌が車内を回った。

一〇時、アルゼンチンでは首都ブエノスアイレスに次いで二番目に大きなコルドバに着いた。バス・ターミナルも三階建てで相応に大きい。ただちに一階のメルコ社のオフィスに行く。当初の予定通りパラグアイのアスンシオンに回り道しても行くか、あるいは取り止めるか。そもそも、アスンシオンに行く目的は？

アスンシオンの名は、中学のころから知っていた。友人とふたりで、世界地図に載っている国名と首都を片っ端から覚え合ったのである。いまや、南米の中でまだ足を踏み入れてない残り少ない国の首都である。殆んど予備知識を持たないが、一度は実見しておきたい。コルドバからアスンシオンへのチケットのキャンセルができなければ、そのままアスンシオン行きを決行したであろう。アスンシオンに滞在するとなれば少なくとも五、六日旅行期間が長くなり、その分費用が嵩むとしても。

当初メルコ社の職員は、クレジット・カードで支払われたチケットのキャンセルはできない、と主張した。

図（10-27）モンセラート校、コルドバ大が並ぶ市街地

しかし私が同社のバスによるメンドーサ行きチケットへの変更を提案すると、職員は新しいチケットを発行し、差額を返還することを認めた。メンドーサは、チリに戻る途中のアルゼンチン側国境の都会である。コルドバからメンドーサを経由してチリへ越境するルートは、ここまで南下した今となっては無駄が少なく治安上の問題もない。これが、今回の旅で最も大きなスケジュールの修正になった。南米諸国の中でパラグアイと首都アスンシオンは、私の脳裏に白地図のままに残ったけれども。

当地では宿泊しないので、ターミナルの荷物保管所にバックパックを預けて町に出る。コルドバは大都市だが、私が是非訪ねたい場所はダウンタウンの一画に集中している。ターミナル内のインフォメーションで貰った市街地図を広げて方角を確かめた。ターミナルを出ると直ぐ右手に、鉄道の駅舎が見えた。立派な建物だが、入り口が閉ざされて人気がない。廃線になっているのかも知れない。ここで左手のエントレ・リオス通りに折れて、六ブロック先の市街地の中心部にあるサン・マルティン広場を目指した。広場の一角にあるインフォメーションでさらに情報を得て、今日の散策の計画を立てようと考えていた。

コルドバ観光の目玉は、広場の一ブロック西を南北に走る歩行者天国の小道に並んだ三つの建造物、ラ・コンパニア・デ・ヘスス教会、国立コルドバ大学、国立モンセラート中等学校である。いずれも一七世紀初頭、イエズス会によって建造されたこの国で最も歴史ある建築物であり、二〇〇〇年にユネスコの世界文化遺産に指定されている。コルドバ市自体が首都ブエノスアイレスより先に建設された植民都市だった。インフォメーションの係りの人によれば、一二時半からモンセラート校、一八時からコルドバ大学内を案内する英語のツアーがあるようだ。ツアーに加わらないと内部の参観ができないらしい。私は、とりあえず出入り自由なヘスス教会を見てから、モンセラート校の見学に参加することにした。南米出身者として初めて選出された現在のローマ教皇フランチェスコは、この教会の指導者として六年間過ごしたという。ラテン・アメリカのカトリック教徒が、人口の上でも相対的に重視されるようになった現状を反映しているのかもしれない。教会内で目を引くのは、華麗な主祭壇を飾る縦横三列に配置されたイエズス会の九聖人のレリーフである。その中には、日本でもよく知られているフランシスコ・ザビエルやイエズス会の創立者イグナティウス・ロヨラの像があった。

次に訪ねたモンセラート中等学校は、黄色い外壁が特徴である。隣接するコルドバ大学と共に、現在も学生が通う現役の学び舎だ。一六八七年の創建当時のまま残っている一階部分が見学コースになっていた。案内してくれたのは、三〇代の丈の高い男性である。中等学校の教師かもしれない。見学者は、教室を見ながら廊下を抜けて最奥にある中庭に出た。サイプレスの大木が、三階の校舎より高く梢を伸ばしている。中央には大理石の大きな受け皿を持つ噴水があった。スペイン南部のアルハンブラ宮殿に見られるような噴水だ。学校創立三〇〇周年を記念して設置された泉という。案内者は、この学校を設立したイエズス会師がピレネー山麓のモンセラート修道院にゆかりの人物だったと語る。私の中で今まで係わりがなかった二つのモンセラートが結びついた。かつてバルセロナ滞在中の一日、五〇キロほど北のモンセラート修道院を詣でたことがあった。本堂祭壇奥には黒いマリア像が安置されている。長い行列の後に続いて細い隧道を登り、背後からマリア像の後頭部に触れた。そのご利益のおかげで私もコルドバを訪ねていると思った。

その後イエズス会は次第に財力権力を増し国王の権威を脅かす存在になったため、一七六七年解散され、

図（10-28）コルドバのショッピング・センター

会員は追放された。以後大学、中等学校共に国立になり今日に至っている。学校の長い歴史を裏付けるように、講堂の壁に設立時、二〇〇周年、三〇〇周年時に在学した全教員の集合写真が飾られていた。

コルドバ大学のツアーまでの数時間、この界隈を散策する。カテドラルは、どの都市でも歴史ある一番大きな教会である。ただコルドバのカテドラルは、ヘスス教会より一世紀遅れた一八世紀の創設で世界遺産には指定されていない。壮麗さの点では、数ブロック離れたサント・ドミンゴ教会が優れていると思った。薄いピンクの壁面の左右に二つの鐘楼が突き出ている。その上に載った青タイルのキュウポラが美しい。

カテドラル裏の歩行者天国のベンチに座って、道行く人を眺めた。通りの入り口に立つ緑色のゲイトには、白字で「花の小路」と書かれている。散策者や買い物をする家族連れが、ゲイトを通りぬけていった。大樹が翳を落とす下道にキャンディ売りが、屋台を停めて客待ちしていた。交差する道の角で、サングラス売りが、商品を並べる。小一時間の間に、二、三人が立ち止まったが、ひとつも売れなかった。まだ時間が余ったので市街地図で見つけたショッピング・センターを訪ねる。三階建てのビルの一階二階がデパート、三階にバーガーキングやモスバーガーが店を出す若者向けのモールである。ここで軽食を摂る。

一八時、ようやくコルドバ大学に入場した。入り口は、ヘスス教会の祭壇の裏手にある。もともとイエズス会の教義を教授するために教会に付設された大学である。教義を集めた貴重な古書の一部や、学位審査をする重厚な講堂を案内人に付いて見学した。ただこの案内人の説明は少し専門的に過ぎた。イエズス会自体に格別の関心や知識のない一般参加者には難しい話が続く。結局、期待が大きかった分、消化不良に終わったツアーだった。二二時の夜行バスで、コルドバを発つ。真夜中に二度ほど途中で停車した。

一一．メンドーサ再訪、一キロも続くポプラの並木道、グローリアの丘とサン・マルティン将軍

七時半、メンドーサのバス・ターミナルに着いた。ターミナルのカフェで朝食を摂りながら、今日のスケジュールを考える。まずはホテル探し、二日間夜行バスを使った後だから今夜はゆっくり休養したい。あらかじめ見当をつけていた三つ星のホテル、プエルタ・デル・ソルを訪ねる。一泊朝食付きで五七〇Aペソとガイドブックに載っていたより料金が値上がりしていたが、バス・ターミナルと市の中心部の中間という立地がよくカード支払いも認めるので、このホテルで泊まることに決めた。一旦バス・ターミナルに戻り、明日九時発チリのサンチャゴ行き国際バスを予約する。あとは一日、この街中を気侭に散策するだけだ。インフォメーションで貰った市街図を片手に歩き出す。

実は、メンドーサは私にとって初めての町ではない。二〇〇七年三月、南極やパタゴニア旅行の帰途に一泊している。ワイン祭りの当日だった。アルゼンチンは世界第五位のワイン生産国で、その中心地がメンドーサである。ワイン好きなら見過ごすことができない絶好の機会に私が何をしたかといえば、市バスで二時間ほど西のチリ国境近くまで往復し、アンデス山脈の最高峰アコンカグア山（六九六〇m）を見物していたのだった。メンドーサに戻った頃には祭りは終わっていた。そのためメンドーサについては、樹木が多い落ち着いた町だという印象以外殆んど記憶が残っていない。

地図を見ると市街地は、四ブロックを占める独立広場を中心に東端のバス・ターミナルまで一〇ブロッ

ク、西端にあるサン・マルティン公園の入り口までさらに一〇ブロックほどある。メンドーサは、東西南北に整然と区画された計画都市らしい。サン・マルティン公園は、動物園、バラ園、野外劇場、一九七八年のW杯サッカー場、博物館、グローリア（栄光）の丘という展望所など何でも揃った膨大なレジャーランド、と手元のガイドブックに載っていた。少し離れているが、時間も十分あるし運動も不足気味なので、とにかくグローリアの丘まで徒歩で行こうと思った。

独立広場から先は緩やかな傾斜で道幅が広くなった。東京で言えば、山の手というところか。路面電車が道路を横切った。さらに進むと、大型の屋敷が並ぶ高級住宅地らしい区画に来た。高い柵が廻らされている。柵の間から高級自家用車が見える。プール付きの中庭を持つ家もあった。閑静な住宅街だが、夜間の一人歩きは寂しく不安な場所であろう。

やがてサン・マルティン公園の前に来た。公園の北東端である。高い鉄柵の間に開かれた正門を抜けて内部に入った。サン・マルティン将軍の騎馬像が立っている。カフェ・レストランがある。日照の中を歩いてきたので、飲み物を注文し一休みした。レストラン横から直線的な道の両側に、ポプラ並木が続いている(376頁　図10－29参照)。一キロ以上あろうか。このように密集した長いポプラ並木は見たことがない。並木が尽きたところで右手に、地元のカレッジのキャンパスが拡がっていた。道が左にカーブしている。さらに一キロほど進むと、左に動物園の入り口がある。その横に石段の登り道が見えた。グローリアの丘に通じているのだろう。

少しガレた山道を一〇分ほど登ると、広場があり、石碑に嵌めた銅版の上に文字が記入されている。この記念碑の裏手から丘上に向かって、さらに石段が続いていた。数分登って一層大きな広場に出た。大きな茶店もある。裏手の車道から上がって来た車が停まっていた。バス停の標識が立っている。市内からの定期バスもあるらしい。広場の一画にある石段を登った上に、巨大な「栄光の碑」が建つ。碑の最上部は両翼を拡げた鳥、中段にサン・マルティン将軍の騎馬像。南米スペイン圏の各国にその名を残すサン・マルティン将軍は、各地の独立運動支援のためこの栄光の丘から出発した。丘からのメンドーサ市街の遠望をカメラに収めた。

動物園の柵に沿って歩いているうちに、迷ってしまう。池があった。どうも公園の中央部に来ているらしい。地図を見ながら、軌道修正する。サッカー場の横に出た。かつてW杯が開かれたという、その会場のひとつであろう。やがてレストランや遊園地のある少し賑やかな場所に来た。子供の歓声が聞こえた。若い人や家族連れが多い。今日は土曜日なのである。プラタナスの並木道に変わる。この道は湾曲して正門横に通じていた。かくて、市街地に匹敵するほどの広大な敷地面積を持つサン・マルティン公園を廻り終えた。日照りの中、全てを合わせると一〇キロ程歩いたかもしれない。

ホテルの近くで、オレンジ、桃、リンゴ、飲料、サンドなどを手に入れた。今晩と明日のバス旅行のための買い物である。

一二．再度のアンデス越え、チリ側の検疫の厳しさ、苦い思い出のバス・ターミナル

七時に目覚め、地上階のフロントの奥のレストランでビュッフェ朝食を摂った。内容は悪くないのだが、この国では一般に野菜類が少ないようだ。バス・ターミナルで、残った三五〇Aペソを両替して六〇〇〇Cペソを得た。九時一〇分、チリの首都サンチャゴ行きの国際バスが動き出した。先日と逆に、アルゼン

図（10-30）再度のアコンカグア山

チン側からアンデス山脈を西に越え返す旅である。アコンカグアを見るために、右側の窓辺の席を選んだ。

一〇時過ぎ、西方に見えていた山地に入った。次第に標高が上がっている。湖がある。濁った水が進行方向と逆に流れた。川の対岸にも車が走っている。一〇時四五分、サービス・ステーションのところで車道が二つに分岐し、バスは左の道に向かった。ホテルの看板が立つ小さな町を過ぎる。一一時半、植生が完全に欠損したアンデスの山々の谷合を走った。山頂から谷底に向かって、長いガレ場が無数に切れ落ちている。おそらく一〇〇〇メートルを越えるものもあるだろう。日本アルプスでは想像できない迫力だ。やがて岩山の間からひときわ高いアコンカグアの頂が見えた。この山だけ雪を戴いているから見間違うことはない。

七年前は、メンドーサからこの辺りまで市バスで往復したのである（第五章参照）。バス停の横で地もとの人たちが農産物の露店を開いていたが、その場所からはアコンカグア山が見えない。訊ねても彼等は言葉が通じなかった。周辺を見回すと、道路の向かい側から婉曲した土埃の道がせり上がっていた。試しにその坂を一〇分ほど登ると、忽然雪を冠った巨大な岩峰が姿を現したのだった。馬に跨った男が、すさまじい勢いで駆け下りてきたのを憶えている。一瞬に通過したためか今回の特急バスの車窓からは、七年前に下車したバス停やアコンカグアを見た坂道を特定できなかった。

一二時過ぎ分水峠を過ぎ、谷川の流れが進行方向に変わった。間もなくアルゼンチン／チリ国境に着いた。ドライバーが、出入国手続きをリードしてくれる。両国審査官の窓口が隣り合わせにいくつも並んでいるので、混乱しやすいのである。ここまでは比較的短時間で終わった。しかしさらにチリの手荷物検査が待っていた。動植物の検疫がやたらと厳しい。旅客の荷物は一つ一つ開示され内容が調べられた。結局、一二時一五分に入出国手続きが始まり、バスが移動を再開したのは一四時一五分だった。

チリ側に入ってしばらく走り、急峻な下りになった。反対側の座席に座っていた年配の男性が、私に声を掛け写真撮りを薦める仕草をみせた。さらに彼は、手帳に書いたヘアピン・カーブの図を見せる。そこには二七という数字があった。麓まで二七のつづら折れが続く、という意味だろう。四日前、サン・サルバドールからサルタに抜けた山道に劣らない厳しくも雄大な景色である。さすがにヘアピンの曲がり角だけはガードレールがあるが、残りの部分には路肩を支えるものは何もない。この難所を、大型トラックも、長いバスも、オイル車も離合して行くのだった。この下りだけで、三〇分以上もかかった。平地に降りて小一時間でサンチャゴ市内に入る。一七時丁度に、サンチャゴ・バス・ターミナルに着いた。比較的狭い空間に多くの会社のバスが発着しているから、いつも雑踏している。丁度二年まえ、コロ付きの小型トランクを一瞬の隙に盗まれた因縁のターミナルだ。親切に助けてもらったギアコニ一家のことを思い出す（第六章参照）。

サンチャゴ・バス・ターミナルからダウンタウンにかけての中心部は、この前来たとき歩き回っているから土地勘がある。地下鉄一号線沿いのオ・ヒッギンス通りをロス・ヘレス駅まで歩いて、目的のハッピーハウス・ホステルを訪ねた。空港行きシャトル・バスのターミナルやダウンタウンに近い便利な場所にある。ただ個室が満室で、ミクスド・ドーミトリー（男女共同部屋）の六ベッド室しか空いていなかった。朝食つきで一万二〇〇〇Cペソである。本日はこれ以上宿探しをやりたくないので、このホステルに決めた。日本のホステルでは、男女共同部屋は皆無だが、外国ではよくあることだ。近くのスーパーで、ドリンク、サンド、果物を買った。

一三．エアー・フランスの事務所探し、バルパライソ訪問、サンチャゴへの別れ

二月九日（月）七時半、フロント奥の食堂で朝食を摂った。ヨーグルト、グレープフルーツ、ドリンクやパンの種類も多い。コーヒーは、中庭のベンチに持ち出して飲んだ。プール付きの中庭は広く、ミニ・バーもあって、昨夜は若い人たちで賑わっていた。このホステルは、二〇世紀初頭に建てられた富裕な屋敷全体を利用したものという。地上階のホールは吹き抜けで天井も高く、客室の間取りも大きい。壁や廻り階段、床は全て木作りで温かみがあり、ホステルにしてはリッチな仕様になっていた。

帰国便の出発日は二月一六日で、まだ七日も先である。アスンシオン行きを諦めたので、当初の予定よりかなり早くサンチャゴに戻ってしまった。航空会社に掛け合ってチケットの変更をして貰らわなければならない。エアー・フランスのオフィスは、どこであろうか。フロントの事務員に調べてもらうと、近くのダウンタウンに店を構えているチリのラン航空とちがい、エアー・フランスの場合は郊外に出向く必要がありそうだという。それならサンチャゴ国際空港に出掛けた方が手っ取り早いのではないかと思った。

サンチャゴ国際空港内にエアー・フランスのオフィスが在ったが、チケットの予約や変更は、サンチャゴ市内東の新市街ラス・コンデス地区にあるコール・センターだけが担当しているという。その所在地と電話番号を書いた紙片を手渡された。かくて、再びダウンタウンに戻り、紙片を頼りにエアー・フランスのコール・センター探しが始まった。

まず地下鉄一号線で、ロス・ヘロス駅から一一番目の最寄り駅エル・ゴルフまで行く。ここでタクシーを拾えば簡単に目的地にいけるのだろう。しかし私は外国でも殆んどタクシーを使わない。ぼられることを警戒する意味もあるが、できるだけ自分の足で動きたいのである。市内地図で見ると、駅の三ブロック北に、ゴルフ・コースを示す緑地帯が広がっている。目的地は、ここに突き当たり左手に迂回したところにある。ところが地図上でゴルフ・コースがあるはずの場所に行って見ると、住宅地が密集していてコースなどない。ただし、左回りの道とこれに交差する小路は地図通りだから、全く間違った場所に来ているわけでもなさそうだ。地下鉄の駅名になっているくらいだから、かつてこのあたりに大きなゴルフ・コースがあったのだろう。左回りの路を半周したところでロータリーに出た。これも地図のとおりである。ロータリーから派生している二本目の道の先に目的のオフィスが在ると見当をつける。近くの雑貨屋のおかみに確認してもこの辺りだという。しかしそのまま道を辿っていくと、紙片に記された番地の数字と辺りの家屋番号が次第に離れていく。たまたま犬を散歩させている中年の男性が向こうから来たので、紙片を見せる。彼はポケットからスマートホンを取り出し、コール・センターの所在地を調べてくれた。

「道の向い側のようです」

彼の後に続いて、少し奥まった住宅地の一角にある二階建てのビルの前に立つ。明確な表示版は掛かっていないが、住所番地が合っている。このビルの二階にエアー・フランスのオフィスがあった。

やっと辿りついたオフィスの担当女性は、きれいな英語でてきぱき応接してくれた。

「明一〇日ないし一四日の夕刻発の便なら、チケットの変更ができます。手数料が二〇〇ドルかかりますが」

一四日は、まだ五日も先なので、二〇〇ドルも出してまで変更する効果が薄い。いっぽう一〇日は、性急過ぎる。明日は、サンチャゴの外港バルパライソを訪ねる予定だった。

「バルパライソだけなら、今からでも往復できますよ。なんなら向うで一泊して明朝サンチャゴに戻ることも」と彼女はアドバイスした。私は、この提案に乗ることにする。

「ではお気をつけて」

バルパライソの一部には、多少治安が良くないところもあるらしい。オフィス探しに手間取ったが、単に時間のロスだったとは思わない。取り立てることもないような場所や情景が記憶の底に沈殿し、年月を経て懐かしく甦ることも、私は経験で知っている。

サンチャゴとバルパライソ間のバスは毎時、数本出ている。約二時間の行程に過ぎない。そのまま、ホステルに戻らず、サンチャゴ・バス・ターミナル発一四時少し前のプールマン社のバスでバルパライソに向った。バルパライソは、サンチャゴの一二〇キロ西にある首都に次ぐこの国第二の都市で、最大の港町である。その旧市街が、二〇〇三年世界遺産に登録された（376頁　図10－31参照）。二〇一三年に立ち寄れなかったので、今回は是非訪ねなければならない。

一五時四五分、旧市街の北、国会議事堂に隣接するバス・ターミナルに到着する。東側に山が迫りその斜面に家屋が密集している。バルパライソは、この海岸山地と太平洋に面した湾に挟まれた南北に伸びる市街である。スペイン人征服者ディエゴ・デ・アルマグロが、「天国のような谷」と讃えたのが、市名の由来とされる。南北に走る目抜き通りに沿って、ソトマヨール広場まで半時ほど歩いた。交通量の多い活気ある町である。市の中心にあるヴィクトリア広場辺りから海岸寄りに道路がカーブし幅が狭くなった。車の渋滞が目立った。

図（10-33）コンセプシオンの丘を下る

ソトマヨール広場に面して、中央屋上に鐘楼を載せ際立って壮麗な二階建てのビルがあった。写真を撮ったあとガイドブックで調べると、海軍総司令部の建物なのでカメラを向けないようにとの注意書きがあった。広場からプラット埠頭まで緩やかな傾斜地を下る。屋台が並んだ埠頭前広場は、平日なのに雑踏していた。巨大な豪華客船が岸壁に停泊している。背後の湾内に二隻の駆逐艦が浮かぶ。客船を撮る振りをして、この軍艦もカメラに収めた。チリは南米有数の海軍国で、バルパライソは重要な軍港でもあった。

海軍総司令部の裏手を歩いていると、とあるビルの小さな入り口にアスセンソール（Ascensor《昇降機》）という表示を見つけた。これは、崖上の家屋と平地を結ぶ傾斜式エレベーターで、この町の名物である。現在全部で九機ほど稼動しているというが、私が見つけたのは市内で最も人気あるアレグレの丘に登るアスセンソールだった。入り口を入ると、既に三〇人ほどの行列ができていた。ビルの谷間に刳り貫かれた小さな空間を殆んど垂直にアスセンソールは、上下していた。一〇人も乗れば満員になる古びた木製の箱である。高度差は、五、六〇メートルほどだから動き出せば直ぐに崖上に着く。

アレグレの丘は、眼下に広がる埠頭や港と後背の斜面に密集する立体的な市街地を実感できる展望台だった。密集している建物の殆んどは、庶民の家宅であろう。場所によっては貧民地区も含まれているのかもしれない。しかし、自然環境を合わせ持つパノラマとして見れば、バルパライソの名に相応しく美しいのである。テラスに面して、複雑に入り組んだ青屋根を載せた洒落たイタリア建築が建っていた。パブリッツア宮殿と呼ばれている（376頁　図10－32参照）。長崎港を見晴らす山手に建つグラバ

図（10-34）サンチャゴのアルマス広場

ー邸に似た立地の名所といえよう。その表にジャカランダが満開の花を咲かせていた。

アレグレの丘から、尾根沿いにカフェやレストランが並ぶ小道を抜けてコンセプシオンの丘に来た。色鮮やかなコロニアル様式の住居が並んでいる。カーブする急斜面を下って、本通りに戻った。バス・ターミナル近くのオイギンス公園では、観客がバンド演奏を囲んでいる。公園入り口のテーブルで、四人一組の男たちがカード遊びに興じていた。

一九時三一分のバスに乗り、二二時半、サンチャゴ・バス・ターミナルに帰着した。明日は直接空港に向かうので、長距離バス・ターミナルを使うのはこれが最後になる。二年前のトラウマが、今回の旅で払拭できたであろうか。帰国が早まったことを携帯メールで家に連絡したら、「また何事か起きたのか」と質問が返ってきた。

翌二月一〇日（火）午前、今回の旅で最初にして最後になるサンチャゴのダウンタウン散策をした。ホステルから数ブロック西に歩けば、モネダ宮殿（大統領官邸）前の広場に出る。一〇時丁度、衛兵の交代が始まるところだった。正面左右に騎兵、その手前に衛兵の列、一番手前に正面を向いた軍楽隊が並ぶ。衛兵の儀礼が続いたあと、軍楽隊が演奏しながら宮殿正面から右手に折れて歩き去った。衛兵、騎兵がこれに続いた。このあいだ、三〇分足らず。

ついでアルマス広場を訪ねた。カテドラルの屋根が修復中である。椰子や棕櫚、プラタナスの大木が茂る緑豊かな空間だ。日本では厳しい寒気が来ているらしいが、こちらは夏の盛りで皆半袖姿である。ただ、木陰は涼風が通っている。ボリーバル記念噴水の横では、客用の椅子に座った靴磨きの男が船を漕いでいた。二年前とあまり変わらぬ広場の情景である。遥かな日本から、三度この地を踏むことは難しい。これがサンチャゴの見納めになるだろう。

（二〇一五年三月二三日、記）

（追記）

帰国後二ヶ月ほど経った四月二二日、カルブコ山が突然大噴火を起こし、噴煙は約一万七〇〇〇メートルの高さに達した。チリ政府は非常事態を宣言、半径二〇キロ圏内の住民約四〇〇〇人が避難したという。プエルト・モン空港も閉鎖された。地球規模で影響が出るかも知れない。なにより、地元の人々が無事であることを祈っている。

おわりに

本書は、二〇〇二年のユカタン半島に始まり、二〇一五年のチリ、アルゼンチン再訪で終わる一四年間にわたる旅の記録である。現地の気候を考え一月から二月に出掛けたことが多い。一ヶ月を越えるバックパッカーとしての一人旅も、数回あった。

直行便が殆んど無いラテン・アメリカへは、途中での航空機乗り継ぎ時間を入れると片道で少なくとも三〇時間はかかる。本書には収録されていない旅も含めて私は、これまで日本と中南米のあいだを九回ほど往復してきた。それでもラテン・アメリカには、訪ねたい地域や国がまだ幾つも残っている。例えば、ブラジル連邦共和国のリオデジャネイロ、首都ブラジリア、大アマゾン河中流域のマナウス、ベネズエラ・ボリーバル共和国の首都カラカスやマラカイボ湖、コロンビア共和国のカルタヘナ、パラグアイ共和国にある日本人移民の居住地など。

最終第一〇章の末尾でも触れたとおり、日本から遥かなラテン・アメリカへの旅をさらに繰り返すのは気力体力の点で少し厳しい。そうであればラテン・アメリカで未訪問の都市や自然景観は、私の憧れの中の心象風景としてこれから残ることになるだろう。

二〇一四年に刊行した姉妹編『東西回廊の旅』同様、本書も編集、校閲、装丁全般にわたり、叢文社編集部の方々にいろいろお世話になりました。末尾ながら、ここに深甚の謝意を表します。

高槻市の自宅にて、二〇一七年六月

■ラテン・アメリカの歴史略年表

メソ・アメリカ

オルメカ文明（BC12－BC3世紀）
　メキシコ湾岸からグアテマラの太平洋岸に拡がり、巨石人頭像で知られる。

古典期マヤ文明（AD2－9）
　チチェン・イッツア、ウシュマル、テオティワカン等

後期古典期トルテカ・マヤ文明（AD9－12）
　新チチェン・イッツア

アステカ文明（AD13－16）

スペイン植民地（1521－1810）
　コルテス、メキシコ市建設（1521）メキシコ市で、スペイン副王にアントニオ・デ・メンドーサ就く（1535）

中央アンデスとブラジル

チャビン文明（BC9－BC4世紀）

ワリ文明（AD5－10）

インカ文明（AD13－16）

コロンブス新大陸へ到達（1492）

トルデシアス条約（1494）
　ポルトガルはブラジル、スペインはその他の地域を獲得

スペイン植民地
　ピサロ、クスコ市リマ市の建設（1534－5）
　ニュニエス・ベラ、ペルーのリマでスペイン副王に就く（1543）

ポトシ銀山の発見（1545）

ラプラタ（アルゼンチン、ウルグアイ、パラグアイ）にスペイン副王領追加（1776）

ポルトガル王室、ナポレオンに追われてブラジに逃れる

ラプラタ諸州連邦（＝現アルゼンチン）独立（1816）

サン・マルティン（1778－1850）、メンドーサ市からアンデスを越えてチリに入る（1817）

メキシコ独立（1821）
1810　イダルゴ、アジェンデ等の独立運動の狼煙
1821　イトビルデ　共和国大統領に
1823　中米連合メキシコから分離

サンタ・アナの時代（1836-55）
テキサス、アリゾナ、カリフォルニアら国土の半分を失う

改革（レフォルマ）（1867-71）
ベニート・ファレス改革を進める

ポルフィリオ・ディアスの独裁（1876-1911）
極端な欧化政策、労働者農民の貧困化

メキシコ革命（1911-20）
オブレゴン大統領に
文部大臣バスコンセロスによる教育文化改革
三大画家、壁画運動で活躍
オロスコ（1883-1949）
リベーラ（1886-1957）
シケイロス（1896-1974）

チリ独立（1818）
大コロンビア共和国（現コロンビア=ヌエバ・グラナダとベネズエラを含む）成立（1819）、ボリーバル（1783-1830）大統領に
エクアドルのグアヤキルで、ボリーバル／マルティン会談（1822）、独立構想不一致
ボリビア独立（1825）
ウルグアイの独立（1828）
大コロンビア共和国崩壊（1829）
コロンビア、ベネズエラ、エクアドルの三共和国分離独立
ブラジルの独立（1834）

ペルーの第2次独立戦争（1863-66）
スペイン本国軍を破り、独立へ

著者／北原　靖明（きたはら・やすあき）
英国近現代史、特に英国植民地研究が主なテーマ。
東京大学卒業、英国ウォーリック大学で修士号。大阪大学で博士号「文学」取得。

主な著書
『インドから見た大英帝国』（昭和堂，2004）
「ヒル・ステーション―インド植民地における英国人の特異な空間」『空間のイギリス史』所収（山川出版社，2005）
「キプリングの帝国」『キプリング―大英帝国の肖像』所収（彩流社，2005）
「セルヴォンとナイポール―相対するコスモポリタニズム」『現代インド英語小説の世界』所収（鳳書房，2011）
『カリブ海に浮かぶ島トリニダード・トバゴ―歴史・社会・文化の考察―』（大阪大学出版会，2012）
『東西回廊の旅』（叢文社，2014）

訳書
「百の悲しみの門」『キプリング―インド傑作選』所収（鳳書房、2008）

ラテン・アメリカの旅

平成二十九年九月十五日　初版第一刷

著　者　北　原　靖　明
発行者　伊　藤　太　文
発行所　株式会社　叢文社
〒112―0014
東京都文京区関口一―四七―一二
電話　〇三（三五一三）五二八五

印　刷　モリモト印刷株式会社

定価はカバーに表示してあります。
乱丁・落丁についてはお取り替えいたします。

ISBN978-4-7947-0773-4